主　编　周永明　执行主编　王晓葵
主　办　南方科技大学社会科学高等研究院

遗产

【第三辑】

社会科学文献出版社
SOCIAL SCIENCES ACADEMIC PRESS (CHINA)

学术顾问（按姓氏拼音为序）
　　　　　　常　青（中国科学院院士）
　　　　　　刘魁立（中国社会科学院荣誉学部委员）
　　　　　　刘庆柱（中国社会科学院学部委员）
　　　　　　阮仪三（同济大学教授）
　　　　　　王　巍（中国社会科学院学部委员）

编委会主任　周永明（南方科技大学）
执行主编　王晓葵（南方科技大学）
编　委（按姓氏拼音为序）
　　　　　　戴吾三（清华大学）
　　　　　　荻野昌弘（日本关西学院大学）
　　　　　　高丙中（北京大学）
　　　　　　高大伦（南方科技大学）
　　　　　　荆志淳（英属哥伦比亚大学）
　　　　　　马克·雅各布（比利时安特卫普大学）
　　　　　　潘立勇（浙江大学）
　　　　　　苏荣誉（中国科学院）
　　　　　　唐际根（南方科技大学）
　　　　　　田卫平（澳门大学）
　　　　　　万书元（同济大学）
　　　　　　张江华（上海大学）

Advisory Board (in alphabetical order)

    Chang Qing (Academician of the Chinese Academy of Sciences)

    Liu Kuili (Honorary Academician of the Chinese Academy of Social Sciences)

    Liu Qingzhu (Academician of the Chinese Academy of Social Sciences)

    Ruan Yisan (Professor of Tongji University)

    Wang Wei (Academician of the Chinese Academy of Social Sciences)

Director of the Editorial Board

    Zhou Yongming (Southern University of Science and Technology)

Executive Editor

    Wang Xiaokui (Southern University of Science and Technology)

Editorial Board (in alphabetical order)

    Dai Wusan (Tsinghua University)

    Gao Bingzhong (Peking University)

    Gao Dalun (Southern University of Science and Technology)

    Jing Zhichun (University of British Columbia)

    Marc Jacobs (University of Antwerp, Belgium)

    Ogino Masahiro (Kansei Gakuin University)

    Pan Liyong (Zhejiang University)

    Su Rongyu (Chinese Academy of Sciences)

    Tang Jigen (Southern University of Science and Technology)

    Tian Weiping (University of Macau)

    Wan Shuyuan (Tongji University)

    Zhang Jianghua (Shanghai University)

目录

·遗产研究的理论与实践·

一种知识的人类学 … 〔挪威〕弗雷德里克·巴特 著　马郁靖 译 / 3

文化景观的未来愿景
……〔澳〕波莱特·华莱士　〔澳〕克里斯塔尔·巴克利 著
张柔然　钟映秋 译 / 26

框架理论：朝向遗产研究中的思辨性想象
……〔澳〕艾玛·沃特彤　〔英〕史蒂夫·沃森 著　唐璐璐 译 / 42

人类命运共同体视域下的战争遗产与和平建设 ………… 马　萍 / 63

·遗产、记忆与历史文化·

"格林童话"之今昔 ……〔美〕丹·本-阿默思 著　张举文 译 / 81

战迹与讲述
——围绕着日俄战争的旅顺战场遗迹
…………………………〔日〕一之濑俊也 著　魏浦嘉 译 / 121

中国东北地区殖民地建筑的"文物化"及旅游资源化 … 周　星 / 134

梦与幽灵中的生死观
——活在暧昧之境 ……………〔日〕金菱清 著　王　慧 译 / 165

燕园抗战的多重面相
　　——从日本宪兵中尉山崎贞一致司徒雷登的一通书信
　　　谈起 ·· 张红扬 / 182

· 遗产与灾害研究 ·

流动的遗产文化：新加坡、马来西亚的麻风病院
················〔新加坡〕罗家成 著　王立阳 译　王莉莉 校 / 199
生活史讲述之难
　　——从一位麻风病人的讲述谈起
··························〔日〕兰由岐子 著　周　丹 译 / 221
可怕的遗产：解读埃姆村的瘟疫（1666-2000）
·········〔英〕帕特里克·沃利斯 著　王莉莉 译　王立阳 校 / 236
灾害民族志标准化方法的开发
　　——访谈、案例的编辑、编码化、灾害过程的认定
············〔日〕田中聪　〔日〕林春男　〔日〕重川希志依
〔日〕浦田康幸　〔日〕龟田弘行 著　黄　洁 译　王晓葵 校 / 274

· 遗产保护研究 ·

中国传统村落的研究现状及保护策略
　　——基于"引文空间"分析方法的计量
　　　分析 ······································ 马知遥　吴建垞 / 301
基于文化社区模式的古村镇遗产保护
　　——以大理喜洲古镇为例 ·················· 张柔然　孙蒙杰 / 321
以退为进：日本"非遗名录"申报策略的转变
　　——以2013-2019年实施的申报项目为例 ············ 白松强 / 339

Contents

Theory and Practice of Heritage Research

An Anthropology of Knowledge
　　　　　　　　Written by Fredrik Barth, Translated by Ma Yujing / 3

Imagining a New Future for Cultural Landscapes
　　　　　　　　Written by Paulette Wallace and Kristal Buckley,
　　　　　　　　　　Translated by Zhang Rouran and Zhong Yingqiu / 26

Framing Theory: Towards a Critical Imagination in Heritage Studies
　　　　　　　　Written by Emma Waterton and Steve Watson,
　　　　　　　　　　　　　　　Translated by Tang Lulu / 42

War Heritage and Peacebuilding in the Vision of a Community Based on
　a Shared Future for Mankind　　　　　　　　　　Ma Ping / 63

Heritage, Memory and Cultural History

The Brothers Grimm: Then and Now
　　　　　　　　Written by Dan Ben-Amos, Translated by Zhang Juwen / 81

Historical Battlefields and Narratives: The War Remains in Lvshun after
　the Russo-Japanese War
　　　　　　　　Written by lchinose Toshiya, Translated by Wei Pujia / 121

Colonial Architecture in North-eastern China as Cultural Relics and
　Tourism Resources　　　　　　　　　　　　　Zhou Xing / 134

Perceiving Life and Death through Dreams and Spirits:
　Living in Ambiguous Limbo
　　　　　　　　Written by Kanabishi Kiyoshi, Translated by Wang Hui / 165

The Multiple Faces of the Anti-Japanese War in Yenching University: On a Letter to Dr. John Leighton Stuart from Sadaichi Yamazaki, Who Led the Military Occupation of Yenching University　　Zhang Hongyang / 182

Heritage and Disaster Research

"No More Road to Walk": Cultures of Heritage and Leprosariums in Singapore and Malaysia
　　　　　Written by Kah Seng Loh, Translated by Wang Liyang,
　　　　　　　　　　　　　　　Proofread by Wang Lili / 199

The Difficulty of Narrating a Life History: The Narrative of a Leprosy Patient
　　　　　　Written by Araragi Yukiko, Translated by Zhou Dan / 221

A Dreadful Heritage: Interpreting Epidemic Disease at Eyam, 1666–2000
　　　　　　Written by Patrick Wallis, Translated by Wang Lili,
　　　　　　　　　　　　　　Proofread by Wang Liyang / 236

Development of Standardized Procedure for Disaster Ethnography-Interview, Case Compilation, Coding, and Disaster Process Identification
　　　　Written by Tanaka Satoshi, Hayashi Haruo, Shigekawa Kishie, Urata Yasuyuki, and Kameda Hiroyuki, Translated by Huang Jie, Proofread
　　　　　　　　　　　　　　　by Wang Xiaokui / 274

Research on Heritage Protection

The Status Quo of Chinese Traditional Village Research and Conservation Strategies: A Quantitative Analysis Based on CiteSpace
　　　　　　　　　　　　　Ma Zhiyao, Wu Jiankai / 301

A Cultural Community Model for the Protection of Cultural Heritage in Ancient Villages and Towns: A Case Study of Xizhou Ancient Village
　　　　　　　　　　　　Zhang Rouran, Sun Mengjie / 321

Door-in-the-Face: Strategic Changes in Japan's Applications to the List of ICH: A Case Study of Japan's Applications (2013–2019)
　　　　　　　　　　　　　　　Bai Songqiang / 339

遗产研究的理论与实践

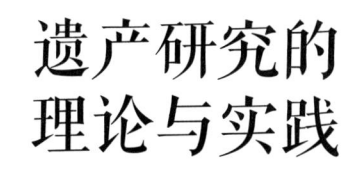

一种知识的人类学[*]

〔挪威〕弗雷德里克·巴特 著

马郁靖 译[**]

摘　要：人们通过知识建构世界，并且赖以生存，知识储备的差异导致人们对世界产生不同的理解，采取不同的行动。"知识"有三个维面：一个庞大的承载主张的语料库，一系列表达的媒介，一个社会组织。知识的这三个维面以特定的方式相互影响，并生成符合特定知识传统且严格的有效性标准。因此，知识传统的路径在很大程度上是内生性的。一种知识的人类学通过建立比较民族志的分析框架，使我们着眼于不同的个人和人群所维系的社会关系，描述不同的知识传统在不断的私人化与公众化中生成的过程，从而探索这种多样性是如何以多种方式被生产、再生产、传播和应用的。知识人类学的民族志研究，需要细致地描述知识的项目如何与具体的实践相联系，进而揭示人类知识多样性的更多过程和动态。

关键词：知识人类学　比较民族志　知识传统

人类知识的比较性视角，能使人们看到人为建构的文化世界的诸多维面。"知识"有三个维面：一个庞大的承载主张的语料库（a substantive corpus of assertions），一系列表达的媒介（a range of media of representation），

---

[*] 原文发表于2000年11月2日约翰霍普斯金大学人类学系2000年"西敏司讲座"，文献出处：Fredrik Barth, "An Anthropology of Knowledge," Current Anthropology 43 (2002)。本文摘要经译者在原文提要基础上进行改写，并按中文论文结构增设关键词。

[**] 作者简介：弗雷德里克·巴特（T. F. W. Barth, 1928-2016），先后任教于奥斯陆大学、卑尔根大学、艾默理大学、哈佛大学、波士顿大学，1997年获选为美国人文与科学院外国荣誉院士。

译者简介：马郁靖，华东师范大学社会发展学院人类学研究所博士生。

一个社会组织（a social organization）。我采用的民族志材料取自新几内亚湾、巴厘岛以及我们所在的大学。我将尽力展示在不同的知识传统中，知识的这三个维面是如何以特定的方式相互影响，并且生成符合特定传统的知识有效性的标准。因此，知识传统的路径在很大程度上是内生性的。但这蕴含的不是"一切皆可"的扩散的相对主义（diffuse relativism），而是这样的一种相对主义——我们可以证明已经建立的思想、表征和社会关系在相当大程度上是如何配置和过滤我们个人对周围世界的经验的，从而产生文化上的多样性的世界观。

我希望集中关注知识的研究——一个人运用什么对世界做出解释和采取行动。在这个标题下，我想涵盖情感/态度（feelings/attitudes）和信息，具体技能（embodied skills）以及语言的分类（verbal tanxonomies）和概念（concepts）：我们用来构成经历、把握现实的所有理解方式。我们所有人的生活都充满了那些从未经历过和意想不到的事情，[①] 我们只有在能够解释它们的时候，才能将其控制——根据我们的知识抛开它们，或者最好能预估它们，使我们在某种程度上可以采取合适的措施关注它们、应对它们。因此，一个人的知识储备结构是一个人对这个世界的理解和带有目的性的应对方式。

人与人之间的知识储备量的差异是巨大的。这意味着，在当地人口中，民族志惊人的多样性；在社会群体中，成年人的知识储备量各不相同。的确，它会随着发展而变化，从婴儿有限的情感产生、表露和对声音的控制，到成年人在洞察力、信息和体验上的复杂性。我认为，可以建立一种比较的民族志，处理知识体系如何在个人与群体所处的社会关系中被生产的问题，这将极大地推进人类学的议程。

我曾有幸与格尔茨（C. Geertz，1926-2006）就这个主题进行过一次简短的交流。他认为，我关于知识的观点以及它在人类生活中扮演的角色，看起来与人类学家惯用的"文化"没有太大的区别。的确，它们关注着许多相同的资料并且致力于分析许多类似的现象。但是，我认为，将其称为

[①] 我指的是韦伯所说的"无意义、无穷的世界过程"（meaningless infinity of the world process）。译者注：参见 Max Weber, The Methodology of the Social Sciences, trans. and ed. by E. A. Shils and H. A. Finch, Glencoe, Ill: Free Press, 1949, p. 8.

"知识"而非"文化",是因为我们人类学者将能以不同的方式分析,并且发现我们分解现有文化类别的特定方式源自我们自身对知识的理解。

知识给人们提供反思的材料和行动的前提;反之,文化则过于轻易地采纳了那些同样的反思和行动。而且,只有在事实发生之后,这些行动才能变成他人的知识。因此"知识"这个概念使它的内容以特定而明确的方式与事件、行动和社会关系联系起来。

知识分布在一个群体中,而文化使我们从广泛共享的角度思考。我们应该仔细地观察知识的分布——它在特定的人群中存在或缺失,影响这些分布的过程可以成为我们研究的对象。

从闲谈八卦到劳动分工,知识的差异为我们的社会交往提供了动力;为了交流,我们必须分享一些知识;与此同时,通常只有在某些知识有所不同的情况下,才能将注意力集中在我们的互动上。在基于社会合作的知识中,一种对共享和差异的平衡性的理解,应该是任何人类社会理论的关键组成部分。

我们人类的知识构成在概念上与社会关系和群体成员,以及我们生活的社会空间是分离的。当然,社会组织建立在知识的基础上——尤其是社会地位和与其相关的权利与责任、资产以及专业技术的知识;但是,社会层面具体指向的是展开的(unfold)行动模式。因此,在此基础上出现的社会互动,可以从提供给它基础的知识中区分出来。"社会结构"使两者混淆并且一直纠缠着人类学的诸多思考,而这个区别可以帮助我们摆脱这一概念在分析中的阻碍。

一 "知识"是什么?

我们不应该过于聪明,开始以业余的哲学家和形而上学者的身份实践,而不像一个人类学家。在一定程度上,我们熟知这些主题的当代趋势,这也许是把我们从对真理、理性和科学方法的强制性探索中解放出来的最好方法,并且会鼓励我们的民族志探索,但我们也不能过于简单化。为了寻找中间地带,我诉诸罗素(B. Russell,1872-1970),一位功勋卓著却在当下不甚流行的哲学家,尤其是在 1948 年广为流传的他的综述《人类的知识——其范围和界限》。

罗素为我们解决了主体性和共享知识的悖论。他指出，一个人知道什么取决于这个人的个人经验："他知道他看到的和听到的，阅读到的和被告知的以及其他一些，从这些材料他已经能够推断。"① 最关键的是最后一句：知识可以建立在推论的基础上。

通过我自己生活中的某些事情，我对没有经历过的事情有了许多的信条——他人的思想和情感，我周边的物质实体，地球历史和地质的过去，以及天文学所研究的宇宙中遥远的区域。就我而言，除去细节上的错误，我接受了这些信条的有效性。因为接受了这些，我认为存在从某一事件到其他事件的有效推理过程——特别是从那些我没有通过推断而意识到的事件到那些我还没有意识到的事件。

通过接受有效的推理，依靠建立在任何我们所接受的有效性标准之上的判断，我们极大地扩展了我们知识的范围——最重要的是，我们信任的人告诉我们他们相信什么。

因此，我们通过向他人学习而积累许多知识——的确，包括我们已经学会用来评判有效性的标准。虽然知识以经验为基础，但是大多数的知识没有在任何个人层面上私有化。这使每个人的知识在很大程度上是"传统的"（conventional），建立在我们每个人都参与的知识传统中。我的个人技艺和具体呈现的知识同样主要建立在我所参与的社会活动的基础上，其中一些通过有目的的实践体现，一些是先入之见，源于我们的物质身体如何在世界上活动的经验。② 我的分析将努力去精确地展示这些：一种以个人经验为源头的知识是如何在社交圈里成为更大范围内的传统，反之凭借这些传统的知识体系体现它们局部特征的过程是怎样的？

我们对于"知识"的学术原型大概指的是那些被收纳在教科书、百科全书、字典中的事物。这些来源显得知识似乎是凭空出现的——这种模型摧毁了获取知识、细致分类和取得一致的历史时期。它模拟了一种没有"知情者"（knower）的知识，我们确实以这样的方式看待我们的许多知

---

① Bertrand Russell, *Human Knowledge: Its Scope and Limits*, New York: Simon and Schuster, 1948, p.9.

② George Lakoff, *Women, Fire, and Dangerous Things: What Categories Reveal about the Mind*, Chicago: University of Chicago Press, 1987.

识,但是对有些知识我们不是如此。重要的是在知识的比较研究中,我们不能只考虑这个狭隘的原型,因为尽管它无疑在西方和其他文化传统中对于某些目的是重要的,但对于所有传统中的任何人而言,它肯定不是知识唯一的模型。

目前人类学对"知识"概念的关注,日趋集中于当代问题的一种"特定综合征"。知识最好是被理解为一种事物还是一种关系呢?"想法"到什么程度可以(也应该)受到版权保护或者获得专利?① 或许一种全球知识产权的守则可以提供一种方法,确保原住民从他们的遗产中获利?人类学家陷入了抵抗自身世界失控的商品化和期望捍卫原住民权利的紧张关系中。这些是重要的议题,但或许不是进行人类学知识研究最恰当的方式。我建议我们先将其搁置,集中精力为知识人类学寻找一般的见解、语言和概念及其他方面,或许能因此得到更有效的方式捍卫原住民的权利。

格尔茨认为:"对于一位民族志学者,通过梳理遥远想法的机制,知识的形态必然是地方性的,无法从工具和包装中分割的。"② 我认为这是对的——可能我正确地理解了这句话。对于沉浸在特殊"文化"视角的一代民族志学者而言,这一直都是对的。我要说的是,我们要打破这种框架,而去呈现把形态、工具和包装从彼此中分离的智力的、分析性的操作,更好地分析构成不同知识传统的内部过程。

二 一种分析框架

人类学家应该在何处建立一个概念和问题的框架来探索"知识的比较民族志"? 不要成为一个轻易接受既定西方知识体系的学生,以免我们丧失一个获得全新视角的机会,这个新视角可能来自一个相对未经探索的民族志世界。作为学者,我们一直沉浸在西方哲学的话语中,我们轻易地接受它当前的狭隘主义作为具有普遍性意义的前提。我们希望能够了解新奇

---

① 关于这一讨论的回顾,参见 Michaelf Brown, "Can Culture be Copyrighted?," *Current Anthropology* 39 (1998): 193-222。关于本地知识与发展的讨论参见 Paul Sillitoe, "The Development of Indigenous Knowledge," *Current Athropology* 39 (1998): 223-253。

② Clifford Geertz, *Local Knowledge: Further Essays in Interpretive Anthropology*, New York: Basic Books, 1983.

的他人生活，通过各自的语境相对了解他们生活中的传统习俗、知识体系以及经比较分析后证实其具有同时期、可延续的特点的人们实践的认识方式。因此我们首先也是最关键的一步是尝试展现这些知识的传统如何形成以及它们是如何以各种方式被复制和改变的。

我观察到知识的三个维面可以通过分析来识别。一是任何知识的传统都包含着一个关于世界各个方面的大量的主张和想法的语料库。二是它必须在一种或几种媒介中被实例化和交流，以文字、具体符号、指向手势以及行动的形式进行一系列的部分展演。三是它必须在一系列已建立的社会关系中被分布、交流、运用和传播。知识的这三个维面相互联系。

它们相互联系，相互决定吗？我想用以下的例证来说明我的看法。但是，为了尽可能简单地展开这个观点，需要在构想分析的时候，转变我们一贯的思考方式。我不是想让你以一个高度概括的和抽象的整体（知识）将它分割成三个部分（庞大的语料库、交流的媒介、社会组织），然后逐步地将这些部分的每一项更深入地分解，最终达到特定的人类行为和事件的层次。与之相反，我的论点是，知识的这三个维面一同精确地出现在每一次知识的应用、每一次知识的传播、每一次展演的行动细节之中。

这个观点可以确保在我们的分析中给中介留有空间：它使我们给予知情者及其行为以必要的关注——那些在他们多样的活动和生活中持有、学习、生产和应用知识的人们。因此，正如我将要尝试阐述的，在对行动细致的分析中，我们将会看到一种影响知识这几个维面相互决定的运作机制。

我们可以观察在任何特定传统中，生成管理知识有效性标准的环境之间的相互作用。它们通过对嵌入社会组织的约束行为的影响而产生——知识的分布，它表现的惯例、认同和信任关系的网络，以及已建立的赋权和去权的权威地位。但它们也受到了知识被投置的媒介性质所引起的局限的影响，这影响了可以通过表现形式传递的想法，这些表现形式对于那些在媒介中的想法而言是恰当的、有限的或是不可能的。之后，这些因素的结合将会产生这样的效果：为本土的思想家和行动者指明努力、创造性和表现的特定方向。

最后，我们也许能够揭示在各种知识传统中取得的一致性或系统性形式的一些决定因素,这取决于语料库中这些项目如何被建构、如何在社会组织中被普及,以及信息被投置在运行的媒介和表现形式上的精确程度和力度。

迄今为止,我已经尝试去展现一个分离、解剖和分析的最基本的简单框架。为了更清晰地阐述这个过程和联系,我的模型是一个简约化的模型,它忽略了外部因素施加给这一过程的多种方式。如果将外部因素施加给这一过程的多种方式考虑在内,我似乎必须深化和扩展模型。但是,在每一个特定的实例中,这种外部性必须被考虑在内,而且这种外部性可能是十分显著的。这样的因素是物质环境中普遍存在的,它决定了在当地人所展现的生活之下的语用学。其他的将会处理当地社会环境外部的权力关系:在一个有非本地人士的环境中,他们的知识系统、实践和优势将会从外部冲击当地世界。然而,在我看来,在此处涵盖它们,将会破坏我目前的论证框架,并且妨碍我所设想的对系统的地方过程的详细探讨。由此产生的实践可能会变成对全球过程及其局部影响更为广义的描述。就目前的目的而言,我采用了比较狭窄但是十分复杂的范围。

三 知识的传播和它的改变路径

接下来,将详细阐述应该如何利用我在上文中所描述的框架。首先,我会总结一些已有的材料和分析,它们来自此前我在新几内亚湾的奥克地区(OK region)展开的研究。[①] 这是一个小型且分散的本土社区。在1968年,我进行第一次田野工作的对象巴克图人(Baktaman)便是这些群体的其中之一。这些群体自地方性冲突之后直到最近才开始相互接触,而且在相邻的定居点之间才进行一些有限的接触,与更远的外部世界仍然没有发生接触。他们的生计以种植芋头这一主食为主,兼有狩猎、采集和适量的养猪业。知识最抽象化和系统化发展的传统在他们中间以神秘性仪式的形式投射,这些仪式主要是处理生长、植物培育和祈求祖先荫庇。顺便提一下,他们的祖先可能是意图报复的,也可能是慷慨大方的,甚至在他们自

---

① Fredrik Barth, *Ritual and Knowledge among the Baktaman of New Guinea*, New Haven: Yale University Press, 1975. 另见 Fredrik Barth, *Cosmologies in the Making*, Cambridge: Cambridge University Press, 1987.

己的祭祀主持者的掌握下是危险的。我将试图论述社会组织的特定特征和交流媒介对于在这种知识传统中形成的知识形式及其细微变化轨迹的重要影响。

巴克图人仪式/宗教/宇宙传统十分符合我的"知识"概念：它提供给人们一种方式（是用以感受和思考世界的方式，也是采取行动的方式）去理解世界的主要方面。有人可能会称其为神秘的祭祀，认识到"神秘"（mystery）是一种在哲学上相当复杂的建构。它并不意味着知识在当地的缺席，而是在一些现象和问题之前敬畏的经验，这些现象和问题往往被人们视为不可能有可被理解的最终答案。动物的种类、祖先的骨头、自然的物质、火、水、颜色、禁忌、欺骗、病痛，以及恐惧、祭品、符咒、祈祷、吟唱和一些神话构成了祭仪和交流的象征和行动。在这些时间段内，人们尤其会在小型的寺庙中进行传统教育，一些长者会参加，或者在重要的启蒙阶段，在较大的集会上，长者和初学者都参与到大规模的仪式中，这些仪式的部分内容是在妇女和儿童等观众面前进行的，他们也是这个社区中经验较少的人。

在本土意识中，这种知识的有效性在于它存在于其保密性的约束之下，即是从已故祖先那里传承下来的信息。因此，男性初学者神秘的成年仪式为知识的再生产和传播提供了有效的组织形式。在巴克图人这种包含七个程度的阶段性的传授学习中，初学者在一位祭祀主持和一位较高级别的学习者的指导下取得进步。这个过程在一群同年龄组的男孩 5-14 岁的时候开始（巴克图人没有历法时间，该地也没有明显的季节），直到这个年龄组的男孩们超过 30 岁甚至 40 岁出头时，才能完成全部的仪式。

我希望去掌握这一知识传统的动态图景，因此我努力在巴克图人以及与之毗邻的居民那里获得一些在成年仪式中代表历史变迁的标志。考虑到他们能接受的前提，有效的知识是那些由他们的祖先传承来下的知识，这也是没有改变过传统的口述的历史，但在整理一些年纪较长的巴克图男性回忆的细节时，我了解到在他们的一生中，仪式的九个次级项目的确已经发生了改变或已经有改变的倾向。更加值得注意的是，通过在更大的区域内比较当地和明显与之同质的社区所展现的多样性变化后，似乎意味着随着时间的推移，快速的历史性变迁是普遍存在的。下面我将回到这些区域变化的资料，它们表明了在知识传统中相关的改变路径。

首先，通过上述分解和分析的程序，我将为呈现的具体形式和传播的方式提供更多的文本。如我们所见，传统中蕴含的知识，主要以非语言的图像和行动的编码形式被投置。在仪式中，用仪式性的操纵和并置（juxtaposition）在现象间建立类比，以此创造出隐喻作为符号使彼此共融，丰富对方的意涵。因此，比如一系列的类比在不同的生长模式中被呈现——树上的叶子，人类的头发，有袋类动物的皮毛，露兜树的叶子，庙宇的屋顶，猪的皮下脂肪——联系一切作为对一股不可见的力量所产生效果的想象。这有点像热量，它使芋头植物和地下的芋头球茎生长。因此，我的看法不同于结构主义的模型。在结构主义的模型中，这些图像由一系列相反的事物构成，它们将生长和消逝间的对比编码。这种对相关知识的呈现，使它琐碎到无法修复。我更倾向于将这些知识理解为积累与和谐的隐喻，联系世界的已知方面去塑造一种对生长的普遍性和神秘性的称许。这种称许是不易掌握的、复杂的，而且是难以理解的。

以我之见，在芋头生长的奥秘中，最具有神秘性和神圣性的图像，不是到入会仪式的第六个阶段才显现出来的，而是由灌丛火鸡展现的。这些灌丛火鸡的骨头在庙宇中被沿着置于神龛内的祖先骨头独特地摆放。灌丛火鸡是一种体形较大的野生禽类，它将自己的蛋埋藏在用森林地被物搭建的厚叶窝巢中，这些蛋通过覆盖物的热度温育，直到雏鸟孵化从地面飞向空中。这种诡异的图像在奥克地区的祭祀仪式中十分受欢迎，因为它们创造出一种隐藏着神秘的转化力量——在这里，翱翔在天空中的鸟挣脱芋头生长的地面，这些地面以存在难寻找的、无源头的热量为特点。为了达到类似的效果，在仪式的初级阶段，小男孩被教授的第一个小秘密是用猪的脂肪抹擦在自己的前额以助自己快速成长——还会在胳膊和胸前擦拭露水。与此同时，水通常被视为流动的中介，既能清洗掉其他物质，又不会损坏猪油带来的成效。在晨间，附着在树木枝叶上的露珠被视为一种能秘密生长的能量：在漆黑的深夜，水珠在树木的枝叶上从无到有。这种奇迹般的逆转，展现着生长。

因此，这种隐含着知识和想象的交流媒介是一种力量。这种力量取决于由神秘和危险引发的高度经验的结合，所选自然符号形象的生动性，以及通过多重显示的类比和仪式的联想展现出它们和谐的复杂性。被这些方式创造出的独特的求知路径所建构的事物作为一个知识的语料库，或许可以用外部的语言描述为一种诗歌——一种视觉上的交响乐，表达出祖先所传递的生长的神秘性，随着一些东西悄无声息地渗透到大自然中，创造出人类日常的食物。

它遵循着有效性最基本的标准——这些是在祖先去世前被传递的秘密——这种知识应该没有任何改变。但是，在巴克图人的传统中，我能觉察到的那些局部的变异和轻微的变化预示着变迁与改变的存在。我们从拉图尔（Latour）、伍尔德（Woolgar）[①]在一个现代生化实验室中对知识生产的开创性研究中已经得知，有效性最严格的方法论和理论的原则已经被社会组织和表现的语用学深刻地重塑了。

在奥克地区的一个知识传统中，什么有可能是知识生产和变迁的典型过程呢？为了寻找线索，我们应该将自己放置在主要行动者的位置上，在这种情况下，高级的教导者便负有在初学者观看之前，再次创造祖先"谐声"（symphony）的责任。这是很长的一段时间——至少5年，通常需要更长的时间，比如10年左右——因为仪式的主持者在最后受邀完成传授。同时，他在记忆中储存的知识神秘、充满禁忌而且颇具危险性，除了通过神圣物本身去记忆，没有任何闲谈这些秘密的间隙和机会，也没有任何助记装置和符号系统。

入会是一个需要许多日子的复杂仪式序列，它带有相当戏剧化的紧张感。此时仪式的主持者应该用视觉语言塑造信息，并使其引人注目，催发生产力以及教授和改造初学者，将祖先传递下来的秘密突然而有力地展现。这显然不是个人发明的场所，那样会损害作为祖先想象力的信息的有效性。但是，如果仅将多年前的仪式机械化地重复可能是不够的，即使仪式主持者有机械记忆的能力；它必须是"启示"（revelation）的再创造，具有使初学者和更高级别的知情者信服的力量。在这种情况下，人们希望仪式的主持者能真诚地努力重现神秘，对最大限度地确保有效性的表演非

[①] Bruno Latour and Woolgar Steve, *Laboratory Life: The Construction of Scientific Facts*, Princeton: Princeton University Press, 1979.

常关注。这意味着，他必须努力通过一些方式丰富仪式：突出图像诗意和它们的和谐性，提高情感的宣泄度以便在最高程度上震撼观众，并且尽可能清晰、形象地模拟他们宇宙论的内涵，以此强化他们的主旨。

因此，一组交叉压力似乎左右着仪式表演以及它随着时间而可能变迁的轨迹。它所揭示和传播知识的性质意味着它应该是稳定的，因为这里除了有初学者还有其他知情的年长者存在，所以变迁只能是适度的和渐进的。这也意味着，变迁的轨迹将是有路径依赖的，因为它是其最新的表演，这些表演的每一个步骤都界定着传统的源泉。这种媒介的本质要求它的惯用语和观众在情感上产生强烈的共鸣。所以，信息的精确性可能相对较低，但它言外之意的重要性是巨大的。人们关注丰富的表演，在这种情况下，知识细微的变迁能集中在和谐习语的丰富性、秘密性知识的一致性和内在性，以及新发现对初学者的震撼度和惊讶性的价值上。因此，隐藏在外显表象或之前的骗术中，更深层次真相的模糊性和悖论是非常宝贵的。只有这样，神秘性才能被再生产，从而确定它创新和变迁的缓慢轨迹。

奥克地区已知的多种传统祭祀以及巴克图人在实践中细微改变的细节，似乎支持我的已经呈现模型的预言。这份我试图用来展示该观点，广泛而复杂的民族志材料已经出版，它肯定会被放置在比以上更广阔的环境中加以评判。我向你们展示这个简单概述的目的，是用一种建立在知识生产和传播模型基础上的分析表达我的观点。在这些材料中，我们可以看到知识的三个维面发挥作用，并且彼此影响及对传统的形态施加影响。在它的社会组织许可或禁止，媒介的局限性和可能性，以及语料库中的知识元素彼此影响等方面，这个过程应该会在任何知识传统中显现出来。

四 知识传统中的一致性、精确性和一般性

在这些来自巴克塔曼及其邻居的材料中，我处理的是非常小规模的传播过程；在与邻居的交流非常有限的小社区中，一次只涉及几十人的单一表演链。环境变得非常不同，在这个多样且多点的传统中，大量的人口参与着更广泛的知识流动。在这种环境下，最突出的问题似乎是这三个：在人们所知的总体系下分支的性质，换而言之，在人群中，知识的分支共

存；知识标准化的程度和共享知识在每一个分支中被生产；观念的精确性、一致性、一般性的形式和程度在每一个分支中发展和保持。我将采用北部巴厘（North Bali）的民族志材料来探讨这些问题。

首先，关于知识分支的问题：在像巴厘这种复杂的文化中，它以描述性的意义将总体的知识分成可分离的传统。我所说的不是语言民族志学者的认知领域——或者，的确，分类学上倾向于本土——但是知识体系是社会建构的。在巴厘人中，你会发现很多职业和专业，其中的每一个都生产和维持着——而且经常努力去垄断——具体知识的领域。知识的一些部分属于更大的传统，它们有着不同的地理的和历史的根基，对于有效性的标准也截然不同。比如，在对病患的治疗中，一个人找到了巴厘印度教的牧师、巴厘人的治疗者、穆斯林老师和生物医学的医生，他们用各自的方式治病。这些治疗的方法是以他们采用的知识为基础，而且在不同的方向上连接着更广泛的知识传统，比如巴厘岛的印度教、巫术、伊斯兰教，以及西方的医药科学。

每一种传统也许都会就其隐含的逻辑和概念的结构被人类学的研究者观察，但我希望避免陷入循环论证——凭借着作为田野工作者从他们经验内容中提取的任何结构和逻辑去解释它们的独特性。如果我们有能力去识别知识的生产、再生产和利用，以及产生和塑造知识形式的显著过程，那么我们的分析会变得更加有阐释力。这些过程将存在于由当局、从业者和客户组成的社会组织中，已建立的人员招聘和替换模式中，以及传授、学习、应用和略微改变各种知识的交流形式中。而且，沿着我已经在上文概述过的分解项目（the lines of disaggregation）进行的分析，将展现出其中的每个传统都有着独特的本质性动态，从它的三个相互联系方面的内部产生。虽然在巴厘岛，许多个人同时参与了不同的传统，但是实际的材料表明，在每一个传统内，内生性的过程生成了大部分的特征，而且各传统间的交叉影响是缺乏证据的。

在此主要阐释一下巴厘印度教，因为它目前是巴厘岛独有的，因此巴厘岛的内部发展可谓决定了巴厘印度教目前的动态，这要比其他知识的传统简单一些。巴厘印度教的总和构成了一个大型的知识语料库——一套复杂且多变的信仰、技术和实践体系。它侧重的主题比我在新几内亚湾的例证更加全面，涉及了自然和宇宙，健康和生命，民族心理学和人类道德，以及一套不规律地影响甚至控制人类的超自然的实体。

我想提出的问题是：在何种程度和意义上，巴厘印度教十分沉迷的宇宙观、仪式典礼、道德规范和教义能被描述为一套连贯的学习系统？如果是这样的话，这套学习系统连贯的本质就是它系统性的特点。这提醒我，在人类学常用的"文化分析"的背景下，这样一个问题甚至不可能产生。在文化分析中，假定的统一事实是开展研究毫无疑问的预设前提。在这样的历史的分析中，分析者总是倾向于满足一些主要的陈述，详述它们外在的结构，并且为它们承载的概念、意义和符号做出一些阐释。然而，着眼于它作为一种知识的传统，我们应该能将知识分解成它的三个维面，研究它的建构过程；此外，我必须详述和阐释我分析中的一些步骤，让挑剔的读者参考其他地方出版的更多的民族志。

在一个复杂的民族志中，尽管知识的三个维面中的任何一个维面在大体上都可以作为我们研究的切入点，但是从已建立的社会组织开始标记社会行动的领域是方便的。在社会组织的最高层面，巴厘印度教宇宙观的前提是巴厘岛属于神——不是巴厘岛的所有都属于一座单一的万神殿，而是每个地点和每种职责都对应着一个独立的神/神性。每一个神有一座或者更多本地庙宇或在庙宇内有神位，在巴厘岛大约有2万座庙宇。每座庙宇都被一个当地的圣会维护，并且由一名神职人员领导。

庙宇是巴厘印度教信仰的主要活动场所，巴厘印度教的知识在这里被整体客观化——但是也在许多其他的活动场所应用、讨论和教授，比如，在神圣文本阅读的学习小组、非正式交谈、家庭成员的过渡仪式、戏剧和木偶表演、私人仪式，以及道德的讨论和争辩。他们不鼓励儿童和年轻人过于深入地钻研这些问题，以免他们陷入疯狂，而且成人集会也经常是在一个权威机构的引导下进行的。但是，这些权威组成了一个非常繁杂的场景。这些圣言文本章节的阅读仅能在严格的仪式情境下进行；这里有社会地位较高、族内通婚的高种姓血统的婆罗门祭司，他们完成过渡仪式并且侍奉新的寺庙；在每一座公共寺庙中有乡村祭司引导礼拜；这里有巴厘人的医治者（healer），这里有操纵木偶的人和仪式表演者的巡回队伍；这里有寺院控制的媒介和私人咨询的媒介；当然，这里也有无数的世代传承的祭司和家族的长者，以及在每一次圣会中意料之外的着魔情节。一个更加显著的特征是：在巴厘岛的寺庙祭司中，没有培训和授权的系统，也没有中央或地方控制祭司和神圣职位任职。在一所寺庙，祭司职位的继承是由庙宇的圣会自主决定的，或者由父系内部以多种方式继承，或者在圣会内部由大众选举，或者通过一个媒介由神灵选出。

这样一个社会组织对一个大范围的知识传统产生了许多极富挑战性的议题。最突出的问题是以下几项：（1）在它的专业人员的培训系统相当原始的情况下，怎样才能确保它知识的语料库的连续程度呢？（2）当它给予这种不稳定的本地创新以广阔空间时，在这个语料库中是什么能确保其一致性和连贯性呢？

关于第一点，应该强调的是寺庙的祭司被期待用看起来和听起来像复杂礼拜仪式的东西，领导一场最精心的公共仪式：梵文里的祷文，古老的巴厘语、爪哇语、供品、斋戒、祈祷，复杂的仪式目标的生产和操作等。我从现在的祭司那里获得了大量生动的证词，这些祭司声称自己一直在惊讶中，在一次寺庙的会议中毫无准备地被指定为已故祭司的继承人，寺庙会议控制的媒介将神灵的手指指向了他或是圣会突然地要求他同意。作为对这种明显的无序状态的限制，这里存在类似的环境思考巴厘印度教允许仪式命令在极高程度上特殊化和本地化，通过自发无规律的行为对传统整体产生的影响小于它们在更加全球化的系统中受到的影响。然而，我不禁思考，比如，如果教授们以相似的方式被指定，那么我们自己学科中连续性的性质可能是什么呢？

另一个挑战涉及在这样一种不稳定的创新之下，知识的传统的语料库在一定程度上的一致性和连贯性是如何持续的。在这些事件中，肯定有一些制度性的阻碍：祭司拥有权威通过媒介翻译或者阐释含糊不清的内容，而且如果展演完全失控，他断定这是一次邪恶的妖魔假扮神灵的侵占事件。然而，我曾遇到过这样的情况：一位成熟的祭司没有试图改变神灵通过寺庙媒介的讲话，还因为仪式上的错误而斥责他的祭司[①]，直至那位犯错的祭司不禁歇斯底里地哭泣。

---

① 译者注："他的祭司"指通过上文提到的选举方式产生的新祭司。

此外，在如此庞大的寺院祭司队伍中，每个祭司都独立地授权并参与他的信徒的崇拜和宗教思考。道德教育，似乎对任何教条和宇宙学的统一都是一种强有力的威胁。我们怎么能想象，一个拥有这种社会组织的宗教，凭借它分散的、多样的神圣权威，用一种声音讲述、维持、传播一个连贯的和一致的语料库？考虑到像天主教这样规模庞大的组织出于历史上的斗争且屡屡失败的情况，配备了神圣且权威的文本，它的研讨会、授权仪式、委员会以及管理纪律和逐出教会的规定，巴厘印度教传统的处境似乎是岌岌可危的。争论的焦点是，巴厘印度教内部成员或权威之间的知识标准化和一致性的程度，以及组成巴厘印度教知识的各个项目之间可以保持的一致性，无论是逻辑上的还是其他方面的。

巴厘人自己似乎的确很重视这个想法，即所有的事情都必须是完全正确的。在社会生活中，一个人恳求原谅"如果我犯了一个错误"——这个仪式的错误可能导致一个灾难性的结果。道德性和哲学性的辩论同样常常涉及抽象的原则和系统的逻辑。思想意识因此以苛刻且精准的标准作为最高的理想。但是，是什么提供了这个精确的标准，以此判断对与错呢？由于巴厘印度教的知识在很大程度上被客观化（仪式目标、祷告、晦涩难懂的咒语、生动的艺术形式、虚构和戏剧化的人物）的传播媒介是不精确的，所以，这种宣称的理想状态的确是有些虚假的。而且，一些一般性的巴厘哲学原理只会深化这些表现的模糊性。比如，世界上的一切事物都处于一种流动的状态，如果当前的实例化（instantiation）向一个极端漂移得太远，它可能会转向相反的极端，或者任何一种形式或现象，在特定的情况下，都可能以一种表面上完全不同的现象表现出来。

一种传统的民族志程序会在巴厘岛的民族志中寻找经验规律性，以便判断巴厘印度教机构的一致性程度，并且从一个系统的知识目录中获得作为知识的一般性原则。但是，没什么能比得上这个必要的数据对评估的有效性：民族志几乎不能捕捉到在巴厘印度教传统中本地和区域变动的表象或其中蕴含的"言外之意"（expressive wealth）。或许我们可以尝试像上面提到的利用新几内亚湾材料那样，寻找知识生产、创新和细小变化的过程。此外，在各种表现形式和表达方式中，生产力过剩阻碍了任何一种标准和时间线的形成，而根据这些标准和时间线，可以识别和衡量细小的经验创新和变化。

但是，或许我提出的整个议题是勉强的，考虑得过于狭隘。提到"知识"，我们总是太过轻易地关注一般性、连贯性和逻辑的一致性。在这种情况下，一个理想的知识系统被认为可以通过其推论从一些抽象原则中得出它的语料库中的事物。但是，知识是以它不同的形态从一个无关联的经验细节的集合过渡到一个"万有理论"（theory of everything），而且身处西方的我们，也是对前者的重视远多于后者。所以，让我们回到基本的问题，巴厘印度教如何作为知识被利用，也就是说，"被用来对世界做出解释和行动"。

通过观察和倾听人们利用它，我们得知，它主要被用于解释社会和道德的世界——的确，它蕴涵的远不止西方人建构的道德世界——在其中，善于交际地且符合道德地行动。人们所训练出的精确和苛刻是与社会和道德的方面紧密地联系在一起，而不是身体的或物质的方面。比如，在火葬时非常精致的表征、塔和祭祀品肯定意在其精确，以避免仪式的错误和灾祸，但是在他们的实际执行中，却不一定这样做去避免错误的可怕后果。大多数的仪式目标被其他人"分包"（subcontracted）和生产，因此，不是仪式和供品的赞助者而是仪式的生产者将会承担可能发生的任何仪式错误带来的后果。的确，如果生产者严格、细心且秉持着善意地操作它们，它们的生产者是可能摆脱仪式错误带来的后果的，或者获得其他规避方式。比如，在挖掘火葬的情况下，重新取回并且焚烧已故者全部的骸骨是非常重要的。但是，人们也许会仅选择从坟墓里抓一把土，这"在象征性上"代表了全部的骸骨。我们身处的世界总体上是由社会性和道德性建构的，而不是机械的因果关系。

因此，衡量这种知识体系的力量，应以它为反思和行动提供的图像、洞察力和解释的生产力来衡量，而不是以其对非个人的、有形的宇宙的抽象概括的严格程度来衡量。相较于在支配其逻辑的语料库中，它的一致性将会更多地融入其提供的社会组织和交流媒介以及图像之中。巴厘印度教在虔诚与合作、美德与邪恶、和谐与危险的讨论与判断中提供了一套丰富的词汇和图像。在仪式工作中，祭司的角色和对每个教士、宗教模范的压力是为了保持生产力和吸引会众。这不是要去制定出一套关于世界一致性的教条或是抽象的归纳。因此,作为其语料库之特征的独特构成方式,它并不是源于一种其他目的的失败,而是来自表达媒介和社会组织的动力所提供的那些将其应用于实际行动中的人的优势。

五 现代学术知识

任何对知识做一般性解释的尝试,都必须反过来适用于自身的工作——既然如此,应该适用于一般性的学术知识,也适用于人类学。那么,可以用我处理奥克宇宙观和巴厘印度教思想的简单视角去阐明现代的学术知识吗?

我正行走在一个危险的地方,但我需要澄清对我的偏见。以我的理解,现代学术知识是一种认识的方式,它在历史上通过许多思想的结合而产生。它源于启蒙运动和理性个人主义。这种全球的系统性通过拉图尔(La Tour)[①]所谓的"计算中心"(centers of calculation)培育了它惊人的积累、规模和势力。这是一种新兴的研究理念,严格意义上的系统程序被用于生产以前未知的知识,它赞扬对现存知识体系百科全书式的掌握。这种知识视角的意识形态和组织特征在洪堡大学的概念中被十分清晰地概括了。我认为它是无可争议的,这种知识最终生成的形式已被证明非常有效,也已经使现代思想和现代政治经济的诸多方面得以改革。一个人类学的视角使我们超越科学方法论,或者是真理和理性的狭义问题,转而观察现代知识的整体循环和部署——其建构、呈现、分布和再生产的交错阶段,以及行动者和团队对它的利用。这与我用以分析奥克和巴厘人材料的方法是一致的。我关注他们知识的呈现和传播以及使用的实践,而不是关注对基本的方法论原则的批判。一种对现代知识的相似观点使它完全能经得起我所提倡的方法的考验。因此,我认为,像对其他知识那样,将学术知识分解成三个部分是没有问题的:它被投置和交流的特有媒介和表征,以及它发生活动的社会组织。我们观察它们相互作用,尤其是有效性的标准和对展演的约束不是在一个虚构的和普遍的空间中,而是在行动实现的特定时刻被生成。

---

① Bruno Latour, *Science in Action*, Cambridge:Harvard University Press, 1987.

分别观察呈现和交流的媒介,使我们发现学术知识的不同分支存在怎样的不同。数学知识有其估算,人体解剖学有其图册,微观生物学有其技术设备和化学模型等。这些呈现塑造了思想和行为,也因此塑造了不同学科学者的实践。芮马丁(Emily Martin)① 已经深入揭示了更广泛的思想网络的作用以及科学如何在被呈现中形成隐喻:在生殖医学中,产业生产的语言(它所体现的传统性别知识的隐性课程)、军事演习的图像和身体边界的焦虑渗透了免疫学。在这些领域中,除了塑造大众知识,这种意象肯定也会影响研究计划的建立,进而影响新知识的生产。在科学、人文和社会科学中的任何一个不同的、特定的学科,沿着这条条线路都有许多实证的和分析的工作要做。

从知识组织的方面清楚地区分表现模式也能让我们对大学和学科内的结果实践(resulting practices)有一个更清晰的认识。比如,像奥克宇宙观和巴厘印度教思想,社会组织中相对较小的细节有可能对学术知识的生产和管理产生极大的影响。在英国,这些影响的证据已经在"审计文化"(audit culture)的标题之下被讨论了。②

与洪堡大学所描述的独立自主的学者们进行原创、批判研究的场景相对照,"研究和发展"的短期获利已经在大学自我辩护的修辞中日益重要。延续这个趋势,我们可以看到,目前在英国的大学中已完成工作的琐碎化,其他地方也处于通过"公共问责"要求正当性的压力之下。社会民主关注大学的服务对社会的有效性,新自由主义怀疑在任何与市场没有直接关系的机构中使用基金的效率,这要求由"质量评估"监督大学研究和教学程序的机制。据肖尔(Shore)和莱特(Wright)③ 所说,到 20 世纪 90 年代,英国人类学的每个机构都要接受为期一年的学术考核,第二年是研究产量的竞争排名,第三年是对教学质量的评估。任何一个令人不满的部门都被提出问题,被要求于 12 个月内改进它,否则该部门的核心资助和学

---

① Suzanner Kirschner, "From Flexible Bodies to Fluid Minds: An Interview with Emily Martin," *Ethos* 27 (1999): 247-282.
② Chris Shore and Wright Susan, "Audit Culture and Anthropology: Neo-liberalism in British Higher Education," *Journal of the Royal Anthropological Institute* 5 (1999): 557-575.
③ Chris Shore and Wright Susan, "Audit Culture and Anthropology: Neo-liberalism in British Higher Education," *Journal of the Royal Anthropological Institute* 5 (1999): 557-575.

生名额被撤回。到1997年，两个更深入的机构被设置：一个是学院教师的认证机构，它希望全体教员每年投入5—8日的时间"保持良好的声誉"；还有一个雄心勃勃的机构，将学位标准化，设置学科基准，为每个机构的每个项目规划目标，为每个学科指定学术审查员，并且每6年对每个机构的质量评估机制进行仔细的检查。

在英国，这个庞大的官僚体系完全有能力去取代和重塑支配人类学知识有效性的标准。即使传统学术有效性标准还没有完全失效，它们肯定也将被这种体制极大地补充。肖尔和莱特指出，在这种情况下，学者生存唯一的方式是根据质量评估机构的测量标准设计自己的研究和创建一个书面记录，提供可评估的绩效证明，并给出积极的评分。因此，无法避免地，这个测量工具的设计定义了什么是有价值的。因为，组织控制着资源和合法性的授予。从这时起，英国人类学有效性的标准，将在由审核机制的评估能力施加的简单化和官僚体系中那些挑选出来掌握权力的人之间的党派争斗、任免权的兴衰交替中呈现一种平衡。令人沮丧的是，在这种管理体制下，学者很少有想象力和创造力，更多的是琐事，在一定程度上这个模型预示着英国人类学知识的路径。

我们将会越来越熟悉复核和学术审查的技术，但我们有把握估计它在学术表现中的效果。比如，对美国学术产生的效果将会小于英国。在美国学术中，集中控制比较少，私人大学的校长拥有极大的权力。自相矛盾的是，这也许会有助于美国同僚的创造力。毕竟一个大学校长的表现，一部分是根据校长的学术成就和名望判断的，另一部分在于他招募著名的教员以使他在校长职位上更为成功。这反过来在每个学科的学者中都形成了对名声的追求，这意味着对他们生产出的知识有效性的不同标准和不同结构的一种回报。因此，这种质量评估技术可能会被证明在美国比在英国有更少的使用且有着更小的均化效果。

六　一般性思考

毫无疑问，前节文字中用来分析奥克人和巴厘人知识的视角，也同样可以用来阐述学术知识的重要方面。因为，它首要且基本的工作步骤是建立基于所有知识真理的描述纬度（语料库、媒介、社会组织）。这个问题是，沿着这些路线，一个更全面、更详细的分析可能会使我们了解学术知识是如何运作的。在上述列举的小的例证中，我关注大学和人类学社会组织的一些特征以及有效性的标准和生成的实践。这不是一种严格意义上的方法论分析。在这个方面，我的方法模型有些像从 1970 年开始在科学研究中称为"强纲领"（strong program）① 的方法，尤其是以不可知论为特点的关于知识特定项目的真伪。②

但是，我的目的是不同的：一种人类知识民族志的探索，在形式上它们明显存在于不同的人群中，而不是对科学研究方式进行规范性的批判或揭示。显然，如果人类学家研究人类知识的多样性，却因为方法的错误而否定了其中的大多数，那就不是很有成效了。人们通过他们的知识建构世界，并且赖以生存，因此，一种知识的人类学应该探索这些多样性是如何以多种方式被生产、再生产、传播和应用的。当然，这种描述肯定是"相对主义的"，而且对真理与虚假、理性与非理性的概念仅会有细小的且有限的作用。真理不是底线，③ 但是，这种相对主义并不意味着"一切皆有可能"（anything goes）——耶阿本德（Feyerabend）。④ 我所举的例子表明，每一种知识的传统都有其独特的特点，并且有其自己严格的有效性标准——大概是与知识的使用有某种系统的关系。

围绕科学研究中的强纲领的争论，很大一部分来自许多自然科学家的反对——认为这种方法忽视了科学的全部意义：它通过与作为外部裁判者的自然界本身的接触来发现真理，从而最终解释了所有科学知识的真相。⑤

---

① Barry Barnes, David Bloor, and John Henry, *Scientific Knowledge: A Sociological Analysis*, Chicago: University of Chicago Press, 1996.
② 大卫·布鲁尔（Bloor）所阐述的原则是以下四点。（1）它将是因果关系，也就是说，它关注的是带来信仰或知识状态的条件。当然，除了社会性的原因，自然还会有其他类型的原因，这些原因会配合带来信仰。（2）对于真与假、理性与非理性、成与败，它将是不偏不倚的。这些二元对立的两面都需要解释。（3）它的解释方式将是对称的。同样类型的原因会解释，比如说，真信和假信。（4）它将是反身性的。原则上，它的解释模式必须适用于社会学本身。参见 David Bloor, *Knowledge and Social Imagery*, Chicago: University of Chicago Press, 1991。
③ Hilary Putnam, *Reason, Truth, and History*, Cambridge: Cambridge University Press, 1981.
④ Paul Feyerabend, *Against Method*, London: New Left Books, 1975.
⑤ Shore, Chris, and Wright Susan, "Audit Culture and Anthropology: Neo-Liberalism in British Higher Education," *Journal of the Royal Anthropological Institute* 5 (1999): 557-575.

现在，正如定义中指出的那样，所有知识都与"自然"有关，因为它被用来解释世界并对世界采取行动。我们在描述不同的知识表象和不同的社会如何与对自然的不同应用实践联系在一起时，需要准确和有区别地进行。巴克图人的培育者在他们的芋头周围堆砌树叶和连根拔起的植被，因为"芋头像是腐败植物的气味"。他们无疑已经积累了农艺学的经验，这个实践影响着世界，即芋头的生长。他们没有进一步研究他们的表现，以确定是气味而不是他们实践中的其他结果使芋头生长。但是，他们用来呈现的图像似乎足以激发他们的所有具体行为。对我们来说，将它们的形象逐字翻译，然后批评它，好像是它让他们没有一贯连续的实践，这有什么意义呢？我建议，在我们对知识的描述中，我们需要非常细致地记录知识项目如何与具体实践相联系。我们不应该像早期的民族学家那样，迷失在那些让我们感到奇怪的意象中。

这种小心谨慎，会使我们忽视自然作为知识的裁决者，而完全以社会的和具象的因素解释知识的内容和路径吗？当然不是，如果我们狂妄地希望解释人类知识的虚无。但是，社会性和表象性的描述，将使我们在具体说明行动对世界的反馈路径方面走得很远——从自然界到社会定位的思考者和行动者，收获的经验是由他们所建构的具体任务、目的和知识的表象所深刻塑造的。因此，如果我们对变化的理解是一种边际变化，就像对正在发生的事情的微分方程一样，那么，我们必须将这些人的一系列假设和模式用于解释行为的明显结果，从而对可能产生的新知识产生影响。原始的自然只能获得非常有限的参与权限，而且只有一个微弱的声音能通过人类建构的紧密网络。

但是，也许许多人像以前的一些民族志工作者那样缺乏想象力，在非常规的文本中，采用常规的思想表达方式。正如巴克图人的培育者有时会猜测，既然芋头能发出气味，它是否也能听到呢？（它或许不能看，因为它深埋地下。）闻也在他们的仪式中扮演了某种角色，他们在我从未理解的情境下吹野姜（wild ginger）。也许气味作为一种模型、一个图像，在远方起作用——我曾经听到他们不由自主地表达了疑惑：在寺庙中祖先的骸骨是怎样影响远处花园中芋头的生长的。每一种知识传统的变化肯定都来自它的内部，根据毫无根据的推测（idle speculation），通过转换模型

(transposing models）和混合隐喻（mixing metaphors），以及从经验中解释世界的外部反馈。这种推测，必然推进传统知识的边界。我们能发现和描述这种推测所遇到的现实检验的具体形式吗？当然，知识传统的变化显然是有路径依赖的。这一事实表明，人类的这些建构不受任何大规模的外部性质的检验，我们需要一种不那么简单的方法模拟知识语料库及其对世界行动的一系列应用。

为了揭示人类知识多样性的更多过程和动态，我们面前似乎有一个无穷无尽的探索和分析计划。

An Anthropology of Knowledge[*]

Written by Fredrik Barth[**]

Chinese version translated by Ma Yujing[***]

Abstract: People construct the world via the knowledge they acquire and also live according to that knowledge. The different knowledge bases lead to different understandings of the world, which in turn lead people to act differently. Knowledge always has three facets: a substantive corpus of assertions, a range of media representations and a social organisation. These three facets of knowledge interrelate in particular ways and generate tradition-specific criteria of validity for knowledge about the world. Thus, the trajectory of a knowledge tradition will be a

---

[*] This paper was originally delivered, as the 200 Sidney W. Mintz Lecture, to the Department of Anthropology of The Johns Hopkins University on November 2, 2000. Originally published information: Fredrik Barth, "An Anthropology of Knowledge," *Current Anthropology* 43 (2002). This translation is permitted by the editors, publisher and the author. The abstract of this paper is rewritten by the translator on the basis of the original abstract, and the key words are added according to the structure of the Chinese paper.

[**] Author Bio: T. F. W. Barth (1928-2016), taught for most of his career at Universitetet i Oslo, Universitetet i Bergen, Emory University, Harvard University and Boston University. In 1997, he was elected a Foreign Honorary Member of the American Academy of Arts and Sciences.

[***] Translator Bio: Ma Yujing is a PhD. student at the Institute of Anthropology, College of Social Development, East China Normal University.

large extent endogenously determined. By building a framework of analysis based on comparative ethnography, an anthropology of knowledge helps us focus on the social relationships maintained by different individuals and groups, depict how different knowledge traditions are produced through endless privatisation and publicisation processes, and reveal how this diversity is produced, reproduced, communicated and applied in diversified ways. The ethnographic research on the anthropology of knowledge requires detailed descriptions of how knowledge projects are linked to specific practices so that it can identify more processes and practices of human knowledge diversification.

Keywords: Anthropology of Knowledge, Comparative Ethnography, Tradition of Knowledge

文化景观的未来愿景

〔澳〕波莱特·华莱士　〔澳〕克里斯塔尔·巴克利　著

张柔然　钟映秋　译

摘　要：1992年，联合国教科文组织将"文化景观"类别列入《世界遗产名录》，推动了澳大利亚和新西兰两国对遗产观念的认知及实践。2015年，文化景观的观念已经深入人心，但很少被运用到遗产保护、管理和土地利用的实践过程中。同时，一个新兴的遗产思辨研究团体认为，文化景观是世界遗产系统"被迫"采纳的新方案，旨在扩大遗产价值的范围。这种评论对遗产理论研究的确有促进作用，但缺乏对遗产实践者的引导。展望文化景观未来的愿景，应当在遗产实践中关注创新，将遗产理论运用于实践，并通过实践中反映出的问题影响理论发展；应当广泛采取自下而上的方法，广泛听取社区居民、遗产管理者和研究人员的声音，从遗产地学习新的经验。

关键词：文化景观　遗产理论与实践　文化与自然融合　"知行合一"

---

*　原文出处：Paulette Wallace and Kristal Buckley, "Imagining: A New Future for Cultural Landscapes," *Historic Environment* 27, 1 (2015): 42-56。本文系国际古迹遗址理事会（ICOMOS）与世界自然保护联盟（IUCN）合作项目"文化—自然之旅"项目、国家自然科学基金青年科学基金项目"探索'非权威'利益相关者对中国世界遗产地价值认知"（编号51908325）；天津市哲学社会科学规划资助项目（编号TJGLQN18-002）阶段性成果。

**　作者简介：波莱特·华莱士，新西兰普埃尔泰加遗产机构经理；克里斯塔尔·巴克利，澳大利亚迪肯大学讲师，国际古迹遗址理事会前主席。
译者简介：张柔然，深圳大学建筑与城市规划学院副教授，国际古迹遗址理事会文化旅游科学委员会副主席；钟映秋，南开大学旅游与服务学院本科生。

近20年来，文化景观观念逐步被人们接受并被纳入遗产管理体系。面对新形势，需要重新规划议程并将重点放在新的优先事项上。故此，本文将借鉴以往以社区参与为基础的实践工作经验，思考新兴的遗产研究和跨学科领域的理论基础对于遗产实践的影响。本文将从几种相互关联的视角分析文化景观的成就、差距以及其潜在的未来，旨在提高文化景观遗产管理效用。所谓"文化景观遗产管理"，是对如何将文化景观的思想转化为遗产管理的实际领域这一过程的总体描述，包含了为与"遗产框架"或为遗产保护而建立的专业评估、保护、管理系统相结合而发展起来的"文化景观构想"。这些构想包括（有意识或无意识地）从社会和自然科学等学科中汲取的理论，为"文化景观实践"奠定基础。本文还将确定"文化景观目的"，这些目的是由社会背景和权力关系所决定的，具有政治性和争议性。

一 遗产理论如何帮助构想文化景观新愿景

遗产研究领域的学者，尤其是那些致力于"遗产思辨研究"的学者，主张21世纪的遗产运用应重新思考遗产的定义，重视遗产理论研究。[①] 这样的呼吁能够促使文化景观研究将理论与实践相结合，有利于文化景观的未来发展。[②] 沃特顿（Emma Waterton）、沃特森（Steve Watson）认为，文化景观的未来应基于"遗产理论的批判性想象"。[③] 她们希望运用更广泛的理论来重新定义遗产研究领域：

[①] 参见 M. F. Baird, "'The Breath of the Mountain is My Heart': Indigenous Cultural Landscapes and the Politics of Heritage," *International Journal of Heritage Studies* 19, 4 (2013): 327-340; R. Harrison, *Heritage: Critical Approaches*, Abingdon, Oxon: Routledge, 2013; L. Smith, *Uses of Heritage*, Abingdon, Oxon: Routledge, 2006; J. E. Tunbridge, G. J. Ashworth, and B. J. Graham, "Decennial Reflections on A Geography of Heritage (2000)," *International Journal of Heritage Studies* 19, 4 (2013): 365-372; E. Waterton, L. Smith, and G. Campbell, "The Utility of Discourse Analysis to Heritage Studies: The Burra Charter and Social Inclusion," *International Journal of Heritage Studies* 12, 4 (2006): 339-355.

[②] P. Merriman, et al., "Landscape, Mobility, Practice," *Social and Cultural Geography* 9, 2 (2008): 197.

[③] E. Waterton and S. Watson, "Framing Theory: Towards a Critical Imagination in Heritage Studies," *International Journal of Heritage Studies* 19, 6 (2013): 546-561.

通过重新定义遗产的研究范围，扩展现有研究领域和研究方法，不仅能推进遗产研究，而且还会促进对遗产本质的探索。这将为我们提供一个议程和前进的动力，使我们能够在更广泛的文化世界中探索参与遗产意义的构建。[1]

在解释如何建立她们"对遗产研究的批判性想象"时，沃特顿、沃特森认为，有"遗产理论的对象"（theories in heritage）、"遗产理论的现象"（theories of heritage）、"遗产理论的本质"（theories for heritage）三种类型。[2] 本文将讨论她们提出的三种理论类型，分析如何将这三种理论运用到文化景观遗产管理中，提出未来管理的新方向。

- "遗产理论的对象"，包含有关保护和管理遗产"对象"的"最佳实践"（best practices）的理论。该理论重点关注对有形特征（或属性）的保护，围绕对象/文物内在价值进行假设，为受同种狭义"遗产框架"影响的"文化景观构想"和"文化景观实践"提供理论依据。

- "遗产理论的现象"，将遗产视作一种产业或文化现象，促使人们对遗产的思考从关注对象转向社会、文化语境及意义。该理论能够促进"文化景观构想"的发展，形成包含"文化景观目的"在内的"文化景观实践"。该理论重新研究了人们普遍认可的遗产意义与变化的社会态度之间的关系，有利于对遗产框架的审视。

- "遗产理论的本质"，以人为研究对象，包括对个人遗产经历的自我反思。该理论认为，需要进一步研究人与遗产的关系，不再将遗产局限于"物质"的观念。鼓励人们对"文化景观实践"的内容进行更深入的研究，帮助人们在遗产理论和实践的协同工作中得到深刻的认识。

沃特顿、沃特森提出的三种理论类型在"文化景观构想"的发展历程中得到了很好的反馈。文化景观的概念化（主要在文化地理学科内）始于

---

[1] E. Waterton and S. Watson, "Framing Theory: Towards a Critical Imagination in Heritage Studies," *International Journal of Heritage Studies* 19, 6 (2013): 558.

[2] E. Waterton and S. Watson, "Framing Theory: Towards a Critical Imagination in Heritage Studies," *International Journal of Heritage Studies* 19, 6 (2013): 548-551.

自然景观的物质转化。①"文化转向"将焦点转移到文化的内在维度,即权力、政治和经济因素②;当前的焦点已经转移到考虑如何将文化景观视为人与周围环境之间具体、动态关系的呈现方式。③ 在"遗产理论的本质"这一较新的领域中,需要做进一步的实证研究,为理论提供更多的信息。加拿大学者史密斯(Julian Smith)认为,人们不再应该是遗产的"客观观察者",而应该成为遗产"积极的参与者";"在后现代背景下对景观的保护需要更多的生态方法……[这些方法]不仅涵盖文化和自然系统,而且还应该将自然景观置于更大的文化、社会、经济和政治景观之中"。④ 澳大利亚的丹尼斯·伯恩(Denis Byrne)、布罗克韦尔(Sally Brockwell)、奥康纳(Sue O'Connor)认识到,遗产管理的二元思维"使人们了解生态关系的概念以及人类与非人类在自然界的辩证纠缠关系变得困难",这也说明了构建生态"文化景观构想"对于"文化景观实践"的意义;他们认为,文化遗产从业者所面临的重要挑战是,如何让以保护自然为宗旨的从业者理解文化的意义,因此,实现文化景观遗产管理的"生态途径",必须把文化视作地区生态不可或缺的部分,这需要文化和生态保护从业者之间进行"协调","这种协调性话语可以表述为将文化映射到景观内部,而非景

---

① W. G. Hoskins, *The Making of the English Landscape*, London: Penguin, 1955; J. B. Jackson, *Discovering the Vernacular Landscape*, New Haven and London: Yale University Press, 1984; C. O. Sauer, "The Morphology of Landscape," *University of California Publications in Geography* 2, 2 (1925): 19-54.

② 参见 S. Daniels and D. Cosgrove, "Introduction: Iconography and Landscape," in D. Cosgrove and S. Daniels, eds., *The Iconography of Landscape*, Cambridge: Cambridge University Press, 1988, pp. 1-10; P. Jackson, *Maps of Meaning: An Introduction to Cultural Geography*, London: Unwin Hyman, 1989; D. Mitchell, *Cultural Geography: A Critical Introduction*, Malden: Blackwell Publishing, 2000.

③ 参见 P. Merriman, et al., "Landscape, Mobility, Practice," *Social and Cultural Geography* 9, 2 (2008): 191-212; E. Waterton, "Landscape and Non-Representational Theories," in P. Howard, I. Thompson, and E. Waterton, eds., *The Routledge Companion to Landscape Studies*, Abingdon, Oxon: Routledge, 2013, pp. 66-75; J. Wylie, *Landscape*, London: Routledge, 2007.

④ J. Smith, *Cultural Landscapes Theory and Practice: Moving from Observation to Experience*, Berlin: De Gruyter, e-book, 2013, pp. 49, 56.

观表层"。①

本文构想未来文化景观遗产管理的能力，很大程度上得益于我们在该领域内已经开展的工作所提供的大量信息。这种能力，正是由"生态途径""将文化映射到景观内部"的思想所指导的。因此，我们将在承认文化景观所取得成就的基础上，探索其所面临的挑战。

二 审视：认可文化景观成就

1992年，世界遗产委员会将"文化景观"纳入世界遗产的新类别具有里程碑意义：

> 将文化景观引入世界遗产领域，使人们意识到这些景点并非孤立的存在，它们在时空上的文化联系超越了单一的古迹和严格的自然保护区。因此，这一概念对于保护区思维和遗产保护的整体发展具有示范意义。②

众所周知，世界遗产体系对文化景观理念的传播和认可产生了多重影响。③ 一方面，世界遗产巩固了1992年以前存在的文化景观遗产管理，使之更具有效性（例如，澳大利亚古迹遗址保护协会和美国国家公园管理局制定的方法）；另一方面，人们不断尝试，将景观视为遗产，并将遗产置于更广泛框架内（承认自然和文化多种叙述，并融入非物质遗产）来保护。

---

① D. Byrne, S. Brockwell, and S. O'Connor, *Introduction*: *Engaging Culture and Nature*, Canberra: ANUE Press, 2013, p. 4. http://press.anu.edu.au/titles/terra-australis/transcending-the-culture-nature-divide-in-cultural-heritage/pdf-download/.
② M. Rössler, "World Heritage Cultural Landscapes: A UNESCO Flagship Programme 1992–2006," *Landscape Research* 31, 4 (2006): 340.
③ 参见 G. Aplin, "World Heritage Cultural Landscapes," *International Journal of Heritage Studies* 13, 6 (2007): 427-46; C. Cameron and M. Rössler, *Many Voices*, *One Vision*: *The Early Years of the World Heritage Convention*, Farnham, England: Ashgate Publishing Ltd, 2013; P. Fowler, "Cultural Landscapes of Britain," *International Journal of Heritage Studies* 6, 3 (2000): 201-212; A. Phillips, "The Nature of Cultural Landscapes-A Nature Conservation Perspective," *Landscape Research* 23, 1 (1998): 21-38; K. Taylor and J. L. Lennon, eds., *Managing Cultural Landscapes*, Abingdon, Oxon: Routledge, 2012.

"设计"（designed）、"有机演化"（organically evolved）、"关联性"（associative）文化景观的三种类别，已在包括澳大利亚的众多国家遗产体系中得到了广泛应用。① 在某种程度上，这是建立在对萨奥尔（Carl Sauer）文化景观概念化的共识之上的。根据他的观点，审视"景观形态"，就是观察诸如建筑结构、聚落、土地使用模式的物理形式，"文化景观是由一个文化群体从自然景观中塑造出来的。文化是主体，自然区域是媒介，文化景观是结果"。② 他所提出的概念引人入胜、易于理解，并能够被纳入遗产框架，且不会挑战该框架的科学和实证主义基础。

　　此外，在自然和文化的融合方面也有所进展，尤其对于土著遗产，关联性文化景观类别的非物质层面将土著居民的文化与所居住的空间联系起来，使他们能够作为景观的一部分。③ 在许多情况下，土著居民表示文化景观更符合他们的文化观点和宇宙观。总的来说，文化景观的"思想""目的""实践"似乎正在为更全面和以人为本的遗产概念开辟一条道路。④ 文化景观理念创造了新的表现空间和可视性，也让更多新的、更复杂的地方被视为遗产。

---

① 参见 K. Reeves and C. McConville, "Cultural Landscape and Goldfield Heritage: Towards a Land Management Framework for the Historic South-west Pacific Gold Mining Landscapes," *Landscape Research* 36, 2 (2011): 191-207; Taylor, K. and Tallents, C., "Cultural Landscape Protection in Australia: The Wingecarribee Shire Study," *International Journal of Heritage Studies* 2, 3 (1996): 44-133.

② C. O. Sauer, "The Morphology of Landscape," *University of California Publications in Geography* 2, 2 (1925): 46.

③ 参见 M. Kawharu, "Ancestral Landscapes and World Heritage from a Maori Viewpoint," *Journal of the Polynesian Society* 118, 4 (2009): 38-317; I. McBryde, "Travellers in Storied Landscapes: A Case Study in Exchanges and Heritage," *Aboriginal History* 24 (2000): 152-174; L. Prosper, "Wherein Lies the Heritage Value? Rethinking the Heritage Value of Cultural Landscapes from an Aboriginal Perspective," *George Wright Forum* 24, 2 (2007): 117-124; T. D. Andrews and S. Buggey, "Canadian Aboriginal Cultural Landscapes in Praxis," in K. Taylor and J. L. Lennon, eds., *Managing Cultural Landscapes*, Abingdon, London: Routledge, 2012, pp. 71-253.

④ 参见 S. Brown, "Applying a Cultural Landscape Approach in Park Management: An Australian Scheme," *Parks* 18, 1 (2012): 99-110; L. Head, "Cultural Landscapes," in D. Hocks and M. Beaudry, eds., *The Oxford Handbook of Material Culture Studies*, Oxford: Oxford University Press, 2010, pp. 427-439.

三 审视：未来文化景观的挑战

迪肯大学的约翰·列农（John Lennon）认为：

> 尽管澳大利亚承认并采纳了文化景观的概念，但除了一些土著人管理的地区——例如国际上公认的具有普遍的文化价值的国际示范区乌鲁鲁，对自然区文化价值的管理并没有得到改善。①

承认仍有一些紧张和不确定的问题存在，并不会削弱现有成就的重要性。但是，我们观察到，有关文化景观遗产管理的对话陷入僵局，而早期的创新势头正在减弱。关于文化景观的历史和理论发展、概念框架的定义、类别和关键要素，以及赞扬文化景观遗产管理益处的案例的讨论，如今已是司空见惯。虽然这种熟悉是成就的标志，但我们想知道该对话的下一个步骤该如何进行，如何在我们参与的众多以文化景观为主题的专题讨论会上找到新的想法，而不是对我们已经足够了解的话题反复进行讨论。

在遗产学科中，我们一直立足于萨奥尔在1925年提出的文化景观的概念，或者受1979年伯克利学派所提出的文化景观框架的束缚。② 因此，在与其他学科（例如文化地理学、环境科学、文化研究、人类学等）一同进行景观构想的调查和实验时，遗产研究失去了自己的节奏。我们发现的另一个重要问题是，对定居者社会而言，我们努力尝试将更广泛的文化景观构想和实践纳入基于属性的遗产框架中，但这些遗产框架专注于土地利用和开发控制，因此在非物质性方面有所欠缺。

为了将这个"遗产框架"的含义以及它的工作原理形象化，我们想到了给儿童用的玩具，不同形状的物体只能被放入形状与之对应的孔中。通过这种视觉上的类比，我们认为，文化景观通常可以被看作一个复杂的对

---

① J. Lennon, *Reading between the Lines: Cultural Landscape Conservation in Australia*, Submitted in fulfillment of the requirements for the degree of Doctor of Philosophy, Melbourne: Deakin University, 2005, p. 18.

② D. W. Meinig, "Introduction," in D. W. Meinig, ed., *The Interpretation of Ordinary Landscapes: Geographical Essays*, New York: Oxford University Press, 1979, pp. 1-7.

象,无论如何努力,都难以将文化景观的构想、实践和目的强制转化为标准化的遗产模型。

在这些得到人们认可的成就的背景下,值得注意的是,在20世纪90年代初,为文化景观遗产管理全球化做好准备之后,除了汤加里罗国家公园和乌鲁鲁-卡塔丘塔国家公园分别被重新定义为关联文化景观,澳大利亚和新西兰都没有再获得世界遗产文化景观的提名(尽管澳大利亚目前正在进行一些可能得到文化景观提名的项目)。

我们还面临遗产理论与实践脱节的问题。多学科(或跨学科)协同运作并不总是可行的,资源越来越倾向于在新发展或土地利用的变化之前进行以遵从为导向的影响评估,从业人员越来越感到与学术同行渐行渐远。由于这些因素,人们可能会犹豫不决,并放弃已经确立的文化景观构想和实践,这减缓了20世纪90年代取得的进展。为了重新制定文化景观议程,以便能够专注于新的优先事项,例如"生态途径""将文化映射到景观内部"的思想,我们正在推广"知行合一"(knowing-by-doing)的理念。

四 "知行合一"理念

本杰明·霍夫(Benjamin Hoff)指出:

> 有时学者的知识比较晦涩,因为它与我们对事物的经验不符。换言之,知识和经验不一定是同一种语言。但是,来自经验的知识难道不比来自书本的知识更有价值吗?很明显,对于我们中的某些人来说,很多学者需要走到外面去嗅嗅,在草地上走走,和动物们聊聊天。或者类似的事情。[①]

地理学家海登·洛里默(Hayden Lorimer)也认为,那些真正接触到风景的人,以及接触并关注"细微细节"的人,能够更好地洞察未来理解和成长的可能性。洛里默认为,这种"权宜之计"(make-do)的方法可以产生丰硕的成果,但与此同时,它也可能缺乏理论家所认为的对推进可指

---

① B. Hoff, *The Tao of Pooh*, New York: Penguin Books, 1982, pp. 28-29.

导实践的概念框架至关重要的严谨性和议程。① 因此,我们强调自反性的必要性,即在着手"知行合一"时,我们会重新思考这些理论。为了阐明自己的观点,我们一直在收集研究案例,并认为自反性学习是可以实现的。我们在此提供两个案例,以阐释在本地环境下的创新。这些例子是打着遗产的旗号进行的,但它们并不依赖于遗产,有时甚至根本没有应用遗产框架。案例研究表明,重要的领导力和新方向可能来自当地方案的探索,单靠"自上而下"或"自下而上"的创新思路都有所欠缺。

案例研究一:新西兰赫罗范努瓦的奥豪河循环系统、蒂哈卡里沙丘湿地和马纳基·塔哈·莫阿纳

赫罗范努瓦地区位于新西兰北岛较低的西海岸,曾因满布本土鸟类的茂密森林和遍布鱼贝的水道而闻名。但由于与新西兰首都惠灵顿近在咫尺,赫罗范努瓦的环境遭到了破坏,该地区的沿海平原逐渐被畜牧业(尤其是乳业)占领。近期,人们选择摒弃拥挤的惠灵顿城市生活而转向赫罗范努瓦海岸的细分生活方式街区的空间。②

在众多变化中,唯一不变的是大量毛利家族和较大的部落群体以及几个非毛利家族对赫罗范努瓦海岸的占领。他们世代居住在该地区,耕种土地,目睹并痛心于周围环境的日益恶化。大型沙丘湖泊和湿地系统的排水被用于更为集约化的耕作,这给土地带来了巨大的压力,污水污染了水道,摧毁了曾经丰富的粮食资源。

2000 年,对退化的不满使得恩加蒂·托勒河部落(hapū of Ngāti Tukorehe)与该部落的农业企业"塔哈巴塔公司"(Tahamata)意识到,尽管他们无法让时间倒流,但可以解决人类改变他们周围环境所带来的一些更负面的后果。他们的第一个项目是,解决奥豪河循环系统(Ōhau River

---

① P. Merriman, et al., "Landscape, Mobility, Practice," *Social and Cultural Geography* 9, 2 (2008): 197-198.

② S. M. Smith, *Hei Whenua Ora: Hapū and iwi Approaches for Reinstating Valued Ecosystems within Cultural Landscape*, Submitted in partial fulfillment of the requirements for the degree of Doctor of Philosophy in Maori Studies, Palmerston North, Aotearoa/New Zealand: Massey University, 2007.

Loop Revitalisation）附近的问题，其流量由农民调节和控制，使该流域只剩下供牲畜饮用的淡水。恩加蒂·托勒河部落致力于恢复水道，使之对大海的潮汐流开放，并安装了一个不会伤害鱼类的闸门。

蒂哈卡里（Te Hākari）沙丘湿地恢复项目是该地区的一项关联计划，涉及恩加蒂·托勒河部落、当地的一所种植园以及新西兰保育部土地储备处（Nga Whenua Rahui）。① 蒂哈卡里项目涉及种植和修筑栅栏、堰等部分，与此同时，恩加蒂·托勒河族裔（TeIwi o Ngāti Tukorehe）基金会致力于对"老者"（kaumātua）的口述历史进行数字化存档，这些历史涉及生物多样性、其家族的历史及其与该地区的联系。蒂哈卡里项目创建了一个存有大量航空照片的档案，致力于复兴本地的亚麻编织技术，恢复鳗鱼种群，并与老者、年轻人和其他对该项目感兴趣的社区合作伙伴建立包括"步行"（hīkoi）在内的培训计划。② 蒂哈卡里项目采用包罗万象的方法，着眼于毛利人和非毛利人几代人对这片土地的了解，以及这些知识应该如何作用于减轻当前的退化。这与振兴该地区的生态、文化和精神价值息息相关，对于生活在此的社区来说至关重要。该计划还促使人们根据《1987年保护法》（*Conservation Act 1987*）关于沙丘湿地地区签订了一项盟约。

奥豪河循环系统和蒂哈卡里项目刺激了更大的合作研究项目马纳基·塔哈·莫阿纳（Manaaki Taha Moana），该项目由新西兰商业、创新和就业部资助。其成员包括拉卡瓦环境（Taiao Raukawa，恩加蒂·托勒河部落的一支环境科学团队）、瓦卡数码（Waka digital，一家毛利人主导的 IT 公司）、梅西大学人类环境与规划学院以及考斯顿研究所（Cawthron Institute）。③ 来自不同团队的研究人员按照行动研究方法进行协作，开展诸如测量贝类种群数量下降并分析其对部落与人（iwi and hapū）的影响

---

① 新西兰保育部的一个分支，其宗旨是促进对遍及新西兰的毛利族拥有的土地生态系统的自愿保护，具体信息参见：DOC nd-a, Nga Whenua Rahui, http：//www.doc.govt.nz/getting-involved/volunteer-join-or-start-a-project/start-or-fund-a-project/funding/nga-whenua-rahui/nga-whenua-rahui-fund/. ［accessed 23 May 2015］

② DOC nd-b, Te Hakari, http：//www.doc.govt.nz/getting-involved/volunteer-join-or-start-a-project/start-or-fund-a-project/funding/nga-whenua-rahui/nga-whenua-rahui-fund/featured-projects/te-hakari/. ［accessed 23 May 2015］

③ 一个企业研究中心，参见 http：//www.mtm.ac.nz/。

等活动。

史密斯·胡哈纳（Huhana Smith）评论道，这些相互关联的项目都致力于解决有关人类与环境福祉的联系问题，并遵循一个理念："水路和陆地上的生命力增强了，社区会随之繁荣。"①

该案例的创新点在于：围绕"自然—文化"二元体系进行工作的自然资源管理项目研究，产生了引人注目的创新和成果。尽管本案例研究涉及三个相互关联的生物多样性研究项目，但由于管理问题需要考虑土地和水在文化认同、祖传关系和资源使用权方面的重要性，因此，每个项目都以文化景观遗产管理为基础。这些项目都认识到，保护环境不仅仅是孤立地照顾"自然"。我们可以看到，恩加蒂·托勒河部落的方法建立在将人"嵌入景观"并确保文化是生态不可或缺的基础之上。这些项目为我们提供了有用的视角，它表明，关键的遗产研究和遗产框架（在一定程度上基于环境的需求）需要采用可持续性和生态系统的方法。

案例研究二：加拿大新斯科舍省格朗普雷景观

"格朗普雷"的意思是大草地或大田野，由17世纪80年代移居加拿大的法国人（阿卡迪亚人）命名。② 它位于新斯科舍省芬迪湾的海岸，因其大量的堤坝系统得到认可。这些水闸结构可以使淡水从盐沼中流出，同时防止海水在涨潮时倒灌。③ 这些横跨沼泽地的堤坝为极端潮差的地区创造了可耕种的农田。除了精细的耕作技术，格朗普雷还被铭记为"阿卡迪亚人的家园"。④ 法国阿卡迪亚人是最早在北美大西洋海岸线定居的欧洲裔之一，格朗普雷的景观"与他们直接相关"。⑤ 然而，在阿卡迪亚人与一群

---

① 2013年4月18日与史密斯·胡哈纳的访谈。
② C. Rivet, *World Heritage Nomination Proposal for the Landscape of Grand Pré*, 2011, http：//whc.unesco.org/en/list/1404/documents/.［accessed 15 April 2014］
③ C. Rivet, *World Heritage Nomination Proposal for the Landscape of Grand Pré*, 2011, http：//whc.unesco.org/en/list/1404/documents/.［accessed 15 April 2014］
④ C. Rivet, *World Heritage Nomination Proposal for the Landscape of Grand Pré*, 2011, http：//whc.unesco.org/en/list/1404/documents/.［accessed 15 April 2014］
⑤ C. Rivet, *World Heritage Nomination Proposal for the Landscape of Grand Pré*, 2011, http：//whc.unesco.org/en/list/1404/documents/.［accessed 15 April 2014］

英国新教定居者之间爆发了一场领土争端，这导致了许多暴力冲突，最终，在1755-1762年，超过14000名阿卡迪亚人被迫离开格朗普雷及其周边地区并被驱逐出境。① 此后，被称为"新英格兰种植园主"的英国新教徒定居者在英国政府的支持下，从1760年开始占领格朗普雷农业区。新英格兰种植园主继承了阿卡迪亚人的定居和耕作模式，扩大了第一批阿卡迪亚人建造的堤岸范围，并对其进行维护。② 自此，阿卡迪亚人又回到了作为朝圣之地的格朗普雷。多年来，为了纪念他们"家园"的历史性错位，人们建立了纪念馆和纪念碑。

尽管该地区的经济、政治、军事和社会已经发生了翻天覆地的变化，但格朗普雷仍然保持着17世纪首批阿卡迪亚人定居者建立的线性、分散和低密度的居住模式。③ 由于认识到其遗产的重要性，格朗普雷当代社区于2007年进行了联合，共同致力于世界遗产的申报。世界遗产的申报准备历时三年，其中包括制定"2008年格朗普雷与地区社区计划"，该规划旨在"在具有重大环境、文化和历史意义的景观中反映社区对其未来的愿景"。④ 社区计划是在准备世界遗产提名的初始阶段编制的，说明了当地社区在承认格朗普雷遗产价值方面所具有的重要意义。社区计划的核心地位、更常规的管理计划以及政府当局对该地区未来保护所做出的承诺，说明了当地社区在指导遗产申报进程方面的关键作用。

格朗普雷各大公共机构、省级团体和当地居民的总体协调令人印象深刻，其中包括：作为加拿大格朗普雷国家历史遗址管理者的加拿大公园管理局、新斯科舍省政府、国王郡市政当局、国王区域发展署、阿卡迪亚民族协会、格朗普雷和地区社区协会、格朗普雷社区促进会（la Société Promotion Grand-Pré）以及格朗普雷沼泽机构（Grand Pré Marsh Body）。国

---

① C. Rivet, *World Heritage Nomination Proposal for the Landscape of Grand Pré*, 2011, http://whc.unesco.org/en/list/1404/documents/. ［accessed 15 April 2014］
② C. Rivet, *World Heritage Nomination Proposal for the Landscape of Grand Pré*, 2011, http://whc.unesco.org/en/list/1404/documents/. ［accessed 15 April 2014］
③ C. Rivet, *World Heritage Nomination Proposal for the Landscape of Grand Pré*, 2011, http://whc.unesco.org/en/list/1404/documents/. ［accessed 15 April 2014］
④ Municipality of the County of Kings, Grand Pre & Area Community Plan, 2011, http://www.county.kings.ns.ca/residents/planning/grandpre.aspx. ［accessed 15 April 2014］

际古迹遗址理事会在其世界遗产申报评估报告中指出:"该遗产将从当地社区和阿卡迪亚社区对遗产细致的管理和保护中受益。"①

2013年3月,我们与来自格朗普雷的朋友们(Les Amis de Grand Pre)和苏蕾特-德拉佩(Susan Surette-Draper)一起参观了格朗普雷。她向我们透露,各个社区之间之所以能够紧密合作,是因为他们都有一个共同的愿望,即为将来而保护格朗普雷景观。她认为,全球变暖的负面影响是促使社区成员摒弃分歧的一个关键。世界遗产委员会在将格朗普雷列入《世界遗产名录》的决议中也提到了这一问题,该决议特别指出了沿海不稳定性以及在海洋及沿海区域正在开发的风电场项目可能对格朗普雷景观产生不利影响。②

2012年7月,"格朗普雷景观"符合世界遗产标准第五、六款被成功列入《世界遗产名录》,表明人们对17世纪由阿卡迪亚人建立并使用至今的堤坝和排水系统的认可;同时,格朗普雷也成为纪念阿卡迪亚移民的标志性场所。③

自格朗普雷成为世界遗产以来,负责将众多格朗普雷社区团结在一起的格朗普雷景观世界遗产管理委员会(隶属于前国王区域发展署)于2013年5月被格朗普雷景观协会所取代。该协会有一个由在格朗普雷景观的某些部分具有管辖权/主要利益的组织组成的董事会(管理委员会),该董事会持续促进信息共享并构建伙伴关系。管理委员会定期召开向公众开放的董事会会议,邀请社区参与为落实世界遗产对格朗普雷景观的要求而采取的行动。④

该案例的创新点在于:它提供了一个通过关注社区历史和身份来发展文化景观遗产管理的示例。尽管以申报世界遗产为战略导向,但格朗普雷景观的管理模式仍是由17世纪80年代首批阿卡迪亚人制定的传统模式发展而来。显然,阿卡迪亚社区试图通过"遗产框架"(在本案例中为"世

---

① ICOMOS, The Landscape of Grand Pré (Canada) No 1404 ICOMOS Evaluation, 2012, http://whc.unesco.org/en/list/1404/documents/. [accessed 15 April 2014]
② UNESCO, Committee Decisions 36 COM 8B.27 Cultural Properties-Landscape of Grand Pré (Canada), 2012, http://whc.unesco.org/en/decisions/4798. [retrieved 15 April 2014]
③ UNESCO, Committee Decisions 36 COM 8B.27 Cultural Properties-Landscape of Grand Pré (Canada), 2012, http://whc.unesco.org/en/decisions/4798. [retrieved 15 April 2014]
④ Landscape of Grand Pré Society, The Landscape of Grand Pré, http://www.landscapeofgrandpre.ca/. [accessed 15 April 2014]

界遗产")来证实自身的历史和当代身份。从文化景观的角度来看,社区团体、加拿大公园管理局和市政当局共同为格朗普雷制定了清晰的社区和管理计划,并为解决影响景观的复杂压力提供了实践基础,尤其是在海岸管理问题上。格朗普雷社区还利用世界遗产的地位统一各群体的理念和设计,在共同的愿景下对格朗普雷进行未来管理。

值得注意的是,在传统的遗产管理中,文化景观的影响逐渐变小,并且变得可以预测。原因在于,文化景观的构想和实践逐渐被禁锢在现行遗产管理系统中。然而,上述两个案例的研究却表明,遗产地在遗产从业者、土地管理者、政府机构的支持下正在进行理论与实践的"知行合一",并取得了成果。在这两个案例中,我们发现了遗产管理的创新、创造力和改进的成果。如何将这些从因地制宜的创新成果中学到的知识转移到规范的遗产框架中,还需要不断观察、倾听和尝试。

综上所述,围绕文化景观的"构想""实践""目的"构建遗产研究方向,这应该是"内在的",而不是什么新观点。换句话说,由于文化景观牵涉到遗产的各种复杂方面和不同利益的相关者,它的未来不可能存在单一的路线图或完美的配方。然而,我们仍确定以下三个方面对重新制订文化景观遗产管理的议程至关重要。(1)推进标准化、规范化发展并不一定是正确的方向,模板工具不一定有作用,"遗产框架"也并非面面俱到。遗产管理者不断尝试将文化景观纳入"遗产框架",建立起分类、阈值和决策系统,但其回报正在递减。这表明,或许应该采取一些非常规的方法。实际上,问题的部分原因是建立模板和一致应用的动力。我们需要一些正式认可文化景观遗产管理的系统,但这并不需要简化模板,也不需要强行编纂的准则,因为这些准则并不适用于所有情况。我们更倾向于做出既能确定方向又能开辟可能性的安排。在这一阶段,我们既要有高层次的承诺,也要有对实施过程中的多样性的容忍度。(2)反思性的实践必不可少——我们需要尽可能地找到创新的地方。我们对迄今为止所取得的文化景观成就的认可只能体现出正在采取的举措的广度和深度。这些举措,致力于将文化景观遗产管理"构建"成为文化和自然遗产保护的方法。格朗普雷的案例,是社区选择并策略性地使用"遗产框架"以实现预期结果的研究;而新西兰的案例表明,有些举措是在我们认可的传统遗产框架之外进行的。(3) 我们需要跨越遗产实践和理论之间日益加深的鸿沟。重振遗产管理的方式需要我们关注周围正在发生的事情,并与遗产从业者、学者、其他学科的同事和社区共同努力。为了实现这一目标,其中一些群体可能需要改变他们的立场。例如,遗产从业者需要对新思想持开放态度,学者需要提供更具建设性的解决方式,而非仅仅批判性地描述现行遗产框架的不利结果。然而,每一个这样的团体都需要通过"知行合一"的方式来完成理论与实践的结合。以理论与实践相结合的方式所创造的遗产管理文化景观的未来将产生一种跨越二元对立的直观对话。这种对话有足够的力量来振兴文化景观的"构想""实践""目的",并为我们重新制订如何进行遗产管理提供动力。

Imagining a New Future for Cultural Landscapes[*]

Written by Paulette Wallace and Kristal Buckley[**]

Chinese version translated by Zhang Rouran and Zhong Yingqiu[***]

Abstract: The 1992 adoption of "cultural landscape" as an additional category of the World Heritage List was supposed to be a ground-breaking moment for heritage management in Australia and New Zealand, as both countries had argued that the recognition of continuing and associative landscapes would change the perceptions and practices of heritage. Yet fast-forward to 2015, and one might be left wondering what happened. While there is no longer a need to convince people of the value of cultural landscapes in heritage management, the

---

[*] Originally published information: Paulette Wallace, Kristal Buckley, "Imagining a New Future for Cultural Landscapes", *Historic Environment* 27, 1 (2015): 42-56.

[**] Author Bio: Paulette Wallace is the manager of Heritage New Zealand Pouhere Taonga; Kristal Buckley is a lecturer at Deakin University, former Vice-President of the International Council on Monuments and Sites ICOMOS.

[***] Translator Bio: Zhang Rouran is an Associate Professor at School of Architecture and Urban Planning, Shenzhen University. He also is a Vice President of ICOMOS International Scientific Committee on Cultural Tourism; Zhong Yingqiu is an undergraduate student at the College of Tourism and Service Management, Nankai University.

incorporation of the ideas and practices cultural landscape into our property-based "heritage frame" with its preoccupation with land use and development controls appears to have stalled. At the same time, a growing community of heritage studies scholars are critical of current heritage practices, and position cultural landscapes as an initiative that the World Heritage system was "forced" to adopt in order to "incorporate a broader range of values around heritage". This critique of the under-theorised heritage field has had some stimulating effects, but falls short of providing guidance for practitioners. To consider the aspirations and directions for the future of cultural landscapes within heritage practices, this paper suggests that we need to look at heritage theory and practice together, focussing on innovation wherever we find it and developing further theorisation through our experiences. We suggest that innovation can come from local settings away from more formalised heritage processes, where communities, practitioners, managers and researchers are trying new things as a result of their encounters with cultural landscapes, and where they are learning and "knowing-by-doing".

Keywords: Cultural Landscapes, Heritage Theory and Practice, Culture-nature Integration, "Knowing-by-doing"

框架理论：朝向遗产研究中的思辨性想象[*]

〔澳〕艾玛·沃特彤　〔英〕史蒂夫·沃森　著
唐璐璐　译[**]

摘　要：遗产理论在过去30年得到逐步发展，但在充分理解该主题可以或应该被理论化的方式方面却进展甚微。如果梳理遗产理论的一些主要来源以及由此形成的方法和观点，可以发现，它们都是基于学科渊源而形成的理论框架，可被视为遗产本体、遗产表征、遗产实践理论。但作为目前可以检验遗产的框架，它们在被使用时仍相对孤立。因此，应当将它们视为互补而非互相竞争的方法，以便为遗产研究中思辨性想象的发展提供动力。

关键词：遗产理论　具身性　非表征理论　遗产经验　遗产实践

引　言

关于遗产问题的争论，虽然尚缺乏理论上的"噪声"，但可以肯定的是，有人想知道结果是什么，以及是在何处被发现的。这种缺乏，可以理解为一种指征，即遗产研究的范围已经明确，理论基础已经确立，相关教科书、专著、期刊文章在不同程度上反映和推动着过去30年不断发展的框架，或至少在表面上达成了一些共识。然而，这种沉默更多暗含的意味

---

[*]　原文出处：E. Waterton and S. Watson, "Framing Theory: Towards a Critical Imagination in Heritage Studies," *International Journal of Heritage Studies* 19, 6, (2013): 546-561. 重设了中文关键词。

[**]　作者简介：艾玛·沃特彤（Emma Waterton），澳大利亚西悉尼大学文化与社会研究所副教授；史蒂夫·沃森（Steve Watson），英国约克圣约翰大学商学院教授。
译者简介：唐璐璐，北京外国语大学艺术研究院讲师。

是，遗产研究开拓的领地中特定概念和理论已确定，它们仍未受到挑战并且缺乏生产力。西方遗产视野中许多思考和出版物所固有的技术焦点，就是一个主要例子。由于遗产植根于过去的重要性以及相关保护、阐释和展示的必要性，这种情况可能是无法避免的；然而，我们会发现自身仍处于这样一种境地，就是很难将辩论的焦点转移到可能更富成效的领域。

但是，这并不意味着过去几年中理论已经消失了。恰恰相反，似乎还发生了一些理论争鸣，例如那些与身份、真实性或失调相关的"大概念"的讨论，但无论是作为概念还是实践，这似乎都没有充分解决遗产的本质问题。[①] 造成这种情况的部分原因是，在这些概念被应用和传播到相关领域之前，它们往往没有被正确地理论化。这并不是说，更广泛的其他学科的理论不应该用于遗产研究；而是说，在采用这些理论之前，需要对它们进行充分的审视和调整。基于这个原因，现在迫切需要对理论观点进行更明确的阐述。事实上，遗产研究只能受益于一些思辨的发展，即使这意味着对遗产及其研究已经认可的许多本体论的特性提出质疑。

在此文中，能涉及的范围很有限。笔者要做的是，对已经运用于相关概念的一些主要理论路径进行历史化，同时推动这种讨论向更深广的社会和文化思考发展。当然，这一过程在此文并不能完成；笔者这种简单探索，旨在为遗产理论的发展奠定一些基础。此文是一种思索性的阐述，不涉及具体的数据或成熟的案例研究。因此，读者将看到，抽象的理念、构建、概念和标准都是理论上的信息，它们本身并不一定构成完整的理论。如果仅采用一种较为狭隘的观点，那么围绕遗产发展起来的各种各样的观点就会丢失，而现在需要筛选和整理这些观点。与这种大视角保持一致，笔者要提到的是"思辨性想象"，这是尊重多个学科的理论来源并从中汲取养分的一种路径，并且可以区分各种理论干预的范围和目的，以便在适当的情况下有效应用。

---

① 当然也有例外，参见 L. Smith, *Uses of Heritage*, London: Routledge, 2006; D. Crouch, "Meaning, Encounter and Performativity: Threads and Moments of Spacetimes in Doing Tourism," in L. Smith, E. Waterton, and S. Watson eds., *The Cultural Moment in Tourism*, London: Routledge, 2012, pp. 19 – 37; R. Harrison, *Heritage: Critical Approaches*, London: Routledge, 2012。对术语进行了更严格的概念化。

尽管遗产可以通过不同的表现方式来看待，但在这种思辨性想象中，笔者将使用现有的和新兴的理论来构建框架，包括遗产本体、遗产表征、遗产实践理论。在提出这些理论时，笔者的目的不仅是要呈现遗产研究中可用的各种理论，而且还要探索这些框架与其学科渊源之间可能存在的任何关联的程度。在描绘它们的发展时，笔者受益于粗略的年表，但重合的部分至少也与排序一样重要。因此，更令人感兴趣的是它们之间的结点和联系，正因为这些结点和联系，在尊重近年来所做的各种贡献的前提下，理论得到了有益发展。考虑到这一点，笔者的目的就不是建立统一的观点，而是为推进理论创造一种环境，开启一种具有创造性、探索性的议题，这将打破关于遗产是什么或可能是什么的假设，并用理论能做什么以及如何做的问题取而代之。从某种意义上说，笔者希望实现的目标是离开遗产本身的概念，更密切地关注那些能够为遗产提供动能的其他知识和理论干预，它们能使遗产在更广的范围内具有意义并变得重要。

一 遗产本体理论（Theories in heritage）

遗产本体理论构成了笔者的第一个框架，它最直接地聚焦于遗产本身的"对象"上。这在遗产研究领域是最早发展起来的，并且在解释范围上也最接近所指的物质文化。意料之中的是，这都反映在了最常见这些观点的基础学科上，比如考古学、艺术史、建筑学、人类学等。已有很多文献反映了这些学科的影响，比如对物质性的绝对强调，围绕内在价值的假设，以及对遗产管理模式一种根深蒂固的关注。[1] 鉴于已有大量的相关二手文献存在，因此，笔者在此寻求的是通过关注旅游、博物馆学等领域的一些类似研究贡献来加以补充。例如，保护、游客管理和解说问题是蒂尔登[2]（Tilden）著作的首要关注点，也许这也是相关研究贡献中最成型的问题，它为关于解说和游客管理的文献奠定了基础，也阐述了教育方向和管

---

[1] L. Smith, *Uses of Heritage*, London: Routledge, 2006; E. Waterton, "Branding the Past: The Visual Imagery of England's Heritage," in E. Waterton and S. Watson, eds., *Culture, Heritage and Representations: Perspectives on Visuality and the Past*, Aldershot: Ashgate, 2010, pp. 155-172.

[2] F. Tilden, *Interpreting Our Heritage*, Chapel Hill, NC: University of North Carolina Press, 1957.

理框架。在此基础上，围绕着需要用正确方法或管理技术来解决的实际事件和问题（辅以一两个案例研究）形成了一些想法。反映这种研究路径的包括摩尔①（Moore）、斯沃布鲁克②（Swarbrooke）、霍尔与麦克阿瑟③（Hall & McArthur）、利斯克与约曼④（Leask & Yeoman）、沙克利⑤（Shackley）、麦克切尔与迪克罗斯⑥（McKercher & du Cros）等人的相关文献，哈里森⑦（D. Harrison）也从几乎纯粹的管理角度对遗产和遗产旅游进行了最全面的描述。在这里，只是在开始讨论有关游客管理和利润空间的问题之前，从概念层面对遗产进行简单探讨。在运用理论时，是通过教育和解说来促进遗产与目标受众之间进行有意义的互动。这种定位，或许最常与乌泽尔⑧（Uzzell）及其"主题—市场—资源"的模型联系在一起。

在理论化方面，这个框架建立在运营管理的真实性与更深层次的遗产概念化之间不稳定的关系上。这种紧张关系会产生一种担忧——围绕管理和展示方面，什么才构成"良好的实践"，这通常包括在市场营销、金融、人力资源、酒店、餐饮和零售业方面的尝试。如今，遗产本体理论继续充斥着这个领域，尤其是在以旅游为焦点的观点中，有效的遗产管理以及实现方式仍是最重要的。人们常常被想象为与其所处的社会环境相隔绝，在这个框架中被视为消费者、观光者，或者更模糊地说，是游客。因此，理解他们与遗产的互动就等同于了解他们作为消费者的"概况"，同时构建细分理论并根据他们作为"文化"游客的行为和动机进行详细分类，以更

---

① K. Moore, ed., *Museum Management*, London: Routledge, 1994.
② J. Swarbrooke, *The Development and Management of Visitor Attractions*, Oxford: Butterworth-Heinemann, 1995.
③ C. M. Hall and S. McArthur, *Integrated Heritage Management*, London: Stationary Office, 1998.
④ A. Leask and I. Yeoman, eds., *Heritage Visitor Attractions: An Operations Management Perspective*, London: Thompson, 1999.
⑤ M. Shackley, *Managing Sacred Sites*, Padstow: Thompson, 2001.
⑥ B. McKercher and H. du Cros, *Cultural Tourism: The Partnership between Tourism and Cultural Heritage Management*, Binghamton, NY: The Haworth Hospitality Press, 2002.
⑦ D. Harrison, ed., *Manual of Heritage Management*, London: Butterworth-Heinemann, 1994.
⑧ D. Uzzell, "Interpreting Our Heritage: A Theoretical Interpretation," in D. Uzzell and R. Ballantyne, eds., *Contemporary Issues in Heritage and Environmental Interpretation*, London: The Stationary Office, 1998, p. 235.

好地了解他们的需求。①

于笔者而言，这些遗产本体理论在解释和阐明遗产的发现和发展方面具有中短期的意义。它们通常来源于其他领域，但最终在这里得到应用。例如上面讨论的管理模式，通常会借鉴美术、艺术史、建筑学等其他以物质为中心的观点作为补充。在这个框架内，理论是工具性的。例如，这些方法很少在本体论层面去质疑遗产。在确立对于物质文化和过去的这种定位时，它们通过提出问题和解决问题的方式对遗产进行管理。这些理论与实践相互联系，很容易被归类为应用理论——它们可以与实践者共享，也可以用发展的眼光去看待和利用。

虽然在这一点上，笔者的审视力度还不够，但笔者注意到，这些方法也在许多方面影响到了遗产的概念化。因此，尽管笔者不太确定它们是否有能力充分处理近代学者所设想的更完整的遗产概念，但仍有很多值得汲取的教训。例如，在这里，或者是在其他任何地方，笔者都质疑这样一种假设，即游客作为"接受者"，在很大程度上是被动的，交流是针对他们的，产品是为他们设计的，观光内容也是受限的。同样地，笔者也开始思考一种正在商品化或过度商品化的遗产的潜力和可能性。这反过来会被指责为不真实，是肤浅的、无价值的折中主义，过分关注于物质性、戏剧性和视觉感。因此，可以看出，选择过程的标准更多地来自有效营销的要求，而不是与历史的真实接触。这种思考会停留在遗产中一些在某种程度上被认为有问题的特征上，或者是把对传统特征的质疑当成一件好事。此处，我们就有了关键性的转折点。实际上，在这个层面上，遗产本体理论可以被视为从实践上"处理"遗产产生的问题，反思其不当行为并纠正其过度行为。

一些重要概念发展的成果已经成为遗产理论"结构"的一部分，彼此之间紧密相关。真实性、身份、商品化和社区遗产都是在 20 世纪 80—90 年代随着该领域概念的发展而出现的，并从那时起被重新审视。例如，真

---

① B. McKercher and H. du Cros, *Cultural Tourism: The Partnership between Tourism and Cultural Heritage Management*, Binghamton, NY: The Haworth Hospitality Press, 2002.

实性的问题既涉及遗产的来源问题,也涉及早期忽视旅游业影响的担忧。①在"世界遗产"和联合国教科文组织的语境下,它甚至已经被制度化了。②遗产旅游方面,在各种社会学观点的推动下,③真实性被解读为缺失或易变的,因此,在遗产或许多无果猜测的来源中,其价值逐渐攀升。同样,"社区"的概念在政治、冲突和后殖民时代的背景下也得到了持续的关注。这些背景本身以及其他问题,如身份和失调,已经成为遗产内部的关注焦点。④

二 遗产表征理论（Theories of heritage）

遗产本体理论在将遗产理解为一种生产系统和一种展示方法方面取得了成功并颇具影响力,但在成功地架构好让当下理解过去的方式之前,它还被一些需要解决的问题所困扰。因此,遗产表征的历史化框架是笔者进行的第二次尝试。为了弥补这种不完全性,这里将回溯20世纪80年代中期到80年代末英国的遗产争论。当时有一种观点认为,遗产已经成为一种"产业",它从国家的历史文化中获利,却忽视了未来。这种说法在历史和文化方面具有很重要的意义,它将对遗产的思考从对象转移到社会和文化

---

① D. J. Boorstin, *The Image*: *Or*, *What Happened to the American Dream*, New York, NY: Atheneum, 1962.

② 参见 S. Labadi, "World Heritage, Authenticity and Post-auhenticity, International and National Perspectives," in S. Labadi and C. Long, eds., *Heritage and Globalization*, London: Routledge, 2010, pp. 66-84. 一些最近且重要的阐述。

③ 参见 D. MacCannell, "Staged Authenticity: Arrangements of Social Space in Social Settings," *American Journal of Sociology* 79, 3 (1973): 589-603; D. MacCannell, *The Tourist*: *A New Theory of the Leisure Class*, New York, NY: Schocken, 1976; E. Cohen, "Authenticity and Commoditization in Tourism," *Annals of Tourism Research* 15, (1988): 371-386; E. Bruner, "Abraham Lincoln as Authentic Reproduction," *American Anthropologist* 96, 2 (1994): 397-415; N. Wang, "Rethinking Authenticity in Tourism Experience," *Annals of Tourism Research* 26, 2 (1999): 349-370; Y. Reisinger and C. Steiner, "Reconceptualizing Object Authenticity," *Annals of Tourism Research* 33, 1, (2006): 65-86.

④ 参见 J. Littler and R. Naidoo, eds., *The Politics of Heritage*: *The Legacies of "Race"*, London: Routledge, 2005; L. Smith and E. Waterton, *Heritage*, *Communities and Archaeology*, London: Duckworth, 2009; E. Waterton and S. Watson, eds., *Heritage and Community Engagement*: *Collaboration or Contestation*?, London: Routledge, 2011.

背景及其意义上。洛温塔尔①（Lowenthal）、赖特②（Wright）、荷维森③（Hewison）和塞缪尔④（Samuel）的著述是这种考察的关键，特别是他们在历史和文化方面所做出的研究。他们共同将遗产视为一种文化现象，使之具有至关重要的优势，并突破了时间覆盖范围更短的遗产本体理论。在这种背景下，洛温塔尔提出遗产争论的结果是一种"反遗产的意图"，而塞缪尔也几乎同时试图支持这一观点，将之视为底层价值观和流行文化反应的一种历史根据的表达。正是这些广泛的、包容的、抽象的解释整个现象的尝试，以及同时意识到的其思想基础，才成就了遗产表征理论而非遗产本体理论。

这些路径也必然会反映出当时的主流理论运动：西方马克思主义的结构主义、后结构主义/后现代主义、建构主义理论和后殖民主义理论。例如，利用一种本质上具有批判性的结构主义的方法，与法兰克福学派的影响和在战后社会科学中出现的西方马克思主义联系在一起，遗产被视为经济基础—上层建筑关系的众多表现之一。在后结构主义的影响下，对遗产的分析出现了话语（通常是福柯式的）和意识形态术语，并与其他对象、时刻和实例一起被构筑为可读性文本。利用符号学理论规则，遗产中的表征实践被理解为可被解构的事物，以揭示更深层次的意义，同时也说明了对这些意义进行编码的过程。因此，遗产表征理论曾经（并将继续）致力于对意义（尤其是霸权意义）的表征提出质疑。当一个国家被认为可能面临经济重组、社会态度变化或受到全球化带来的负面影响时，它的过去能够有效地验证现状，或者可以用本质主义来重新进行审视。

如果我们重新回到这些理论的立场，就能够收获很多。例如，重新引入符号学作为一种处理和分析的方法，可以让我们再次审视"使表征、意

---

① D. Lowenthal, *The Past is a Foreign Country*, Cambridge：Cambridge University Press, 1985；D. Lowenthal, *The Heritage Crusade and the Spoils of History*, Cambridge：Cambridge University Press, 1998.

② P. Wright, *On Living in an Old Country：The National Past in Contemporary Britain*, London：Verso, 1985.

③ R. Hewison, *The Heritage Industry：Britain in a Climate of Decline*, London：Methuen, 1987.

④ R. Samuel, *Theatres of Memory*, London：Verso, 1994.

义和语言运作的符号化实践和过程"。① "意义"在遗产理论的研究中是个长期存在的问题,甚至比语言更加深刻,当我们理解了其中的含义时,它就会揭示出不会立即显现但潜在的联系,直到有意识的行为使表面意义被破坏(解构)并与社会世界建立联系。在这种背景下,新兴的视觉文化理论被应用于遗产,引起了人们对其文化背景的关注并释放了它所做的一些"秘密"文化工作。② 在这里,遗产如何成为神圣的历史文物,与各种形式的展示、博物馆参观和旅游交织在一起,成为关注的焦点。③

与此同时,遗产的再生和作为旅游业经济资源的作用仍然是人们关注的焦点,格雷汉姆等人④(Graham et al.)、哈维⑤(Harvey)、史密斯⑥里程碑式的著述,都可以定位在遗产表征的框架中,它们将帮助人们把遗产定位为一种社会和文化过程,而不仅仅是一些物质或资源的集合。从这里开始,通过分析和解读表现形式,了解它的内容和价值是如何被传递和理解的,什么被掩盖,什么被揭示,就变得十分重要。正如史密斯所言,遗产的特征是一种独特的、占主导地位的话语,它反映了在解读过去面对潜在的冲突时,对于身份、民族性和建立社会凝聚力的关注。她的"权威遗产话语"(Authorised Heritage Discourse)从此以后实际上已成为一种遗产表征理论,作为一种文化现象运作的方式,这种分析在遗产研究中的价值与其对遗产对象表征作用的理解以及在构建意义方面所做的文化工作有关。表征理论与话语分析的结合不同于遗产本体理论,因为这是试图将遗

---

① 参见 S. Hall, "The Work of Representation," in S. Hall, ed., *Representation*:*Cultural Representations and Signifying Practices*, London:Sage, 1997, p. 25。原稿强调部分。
② S. Watson and E. Waterton, "Reading the Visual:Representation and Narrative in the Construction of Heritage," *Material Culture Review* 71,(2010):84-97.
③ E. Hooper-Greenhill, *Museum, Media, Message*, London:Routledge, 1995;B. Kirshenblatt-Gimblett, *Destination Culture*:*Tourism, Museums and Heritage*, Berkeley, CA:University of California Press, 1998.
④ B. Graham, G. J. Ashworth, and J. E. Tunbridge, *A Geography of Heritage*:*Power, Culture and Economy*, London:Arnold Hodder, 2000.
⑤ D. Harvey, "Heritage Pasts and Heritage Presents:Temporality, Meaning and the Scope of Heritage Studies," *International Journal of Heritage Studies* 7,(2001):319-338.
⑥ L. Smith, *Uses of Heritage*, London:Routledge, 2006;E. Waterton, Branding the Past:The Visual Imagery of England's Heritage, in E. Waterton and S. Watson, eds., *Culture, Heritage and Representations*:*Perspectives on Visuality and the Past*, Aldershot:Ashgate, 2010, pp. 155-172.

产概括和解释为一种社会和文化现象。符号学、话语分析以及文本与意义、表象与结构的分离，推动了视觉文化表征的研究。① 作为一种社会世界的话语，遗产的政治关系也对一些根深蒂固但颇为温暖的社区遗产概念提出了质疑，这些概念鼓吹包容性，但最终形态仍然保持其政治性。②

三 遗产实践理论（Theories for heritage）

在过去的 10 年中，同许多研究范式一样，表征理论也受到越来越多的质疑，挑战来自它似乎无法回答的问题。这些问题超出了遗产表征理论会给予优先考虑地位的问题的范围，包括蒂奇内托·克拉夫（Ticineto Clough）所说的，"政治经济力量、文化差异、符号链的意义和身份，以及基于语言的意义建构"③。事实上，这些问题都切实关系到我们的存在，以及我们的身体、我们自身会发生什么。换句话说，这些问题其实是：我们是怎样改变的，有什么不同。也许这些都是新的问题，但我们并不确定。相反，由于忙于整理关于遗产建构及其在更广泛的社会和政治实践中的位置的各种观点，这些问题一直都存在，却被忽视了。它们的核心问题是关于个人、普通大众和日常在遗产空间中的作用，无论是物质的、话语的还是情感的方面。在很多方面，它们延伸出了更早的情感人类学研究，其中

---

① 参见 B. Kirshenblatt-Gimblett, *Destination Culture: Tourism, Museums and Heritage*, Berkeley, CA: University of California Press, 1998; E. Hooper-Greenhill, *Museums and the Interpretation of Visual Culture*, London: Routledge, 2000; D. Crouch and N. Lübbren, eds., *Visual Culture and Tourism*, Oxford: Berg, 2003; T. Schirato and J. Webb, *Understanding the Visual*, London: Sage Publications, 2004; E. Waterton, "Sights of Sites: Picturing Heritage, Power and Exclusion," *Journal of Heritage Tourism* 4, (2009): 37–56; S. Watson and E. Waterton, "Reading the Visual: Representation and Narrative in the Construction of Heritage," *Material Culture Review* 71, (2010): 84–97.

② 参见 E. Waterton, "Whose Sense of Place? Reconciling Archaeological Perspectives with Community Values: Cultural Landscapes in England," *International Journal of Heritage Studies* 11, (2005): 309–326; L. Smith and E. Waterton, *Heritage, Communities and Archaeology*, London: Duckworth, 2009; E. Waterton and S. Watson, eds., *Heritage and Community Engagement: Collaboration or Contestation?*, London: Routledge, 2011.

③ P. Ticineto Clough, "Afterword: The Future of Affect Studies," *Body & Society* 16, (2010): 223.

一些已经通过史密斯、①巴格诺尔②（Bagnall）、麦克唐纳③（Macdonald）、伯恩④（Byrne）的著述进入了遗产文献；特别是后者，与本文介绍的方法一致。总的来说，这些文献揭示的是，不可否认，遗产表征是复杂的工作，但我们还有进一步的"工作"需要进行——关于身体的工作——而这超出了文本和视觉所能表达的范围。

因此，这些问题在基本层面上是由"重新校准（文化）理论与'科学'之间的关系"这种尝试所引导的；⑤ 或者说，摆脱一种理论迷恋，即"从表面上看，文化表征（地域、种族、性别等）的无限可分析性超越甚至反对仅仅是'自然'或生物物理的东西"⑥。同上，这些观察发现可以追溯至20世纪80年代出现的早期人类学文献，特别是约翰·莱维特（John Leavitt）关于意义/感觉、精神/身体、文化/生物的著述，⑦ 将情感追溯为"社会性和象征性地产生、表达和感受"的东西。这些问题也与遗产的重新理论化密切相关，因为它们增加了围绕遗产空间生产和人们作为中介利用遗产空间已经发展起来的理论的复杂性。也许，这些问题带来的最大挑战是随之而来的需要解析"实践"和"过程"的概念。事实上，我们不得不承认，一旦这些术语融入我们对遗产的思考方式，就很难从方法或是概念上界定它们。我们通过自己的实践了解遗产，但要把"它"记录下来，

---

① L. Smith, *Uses of Heritage*, London：Routledge, 2006；L. Smith, "Affect and Registers of Engagement：Navigating Emotional Responses to Dissonant Heritage," in L. Smith, G. Cubitt, R. Wilson, and K. Fouseki, eds., *Representing Enslavement and Abolition in Museums：Ambiguous Engagements*. London：Routledge, 2011, pp. 260-303.

② G. Bagnall, "Performance and Performativity at Heritage Sites," *Museum and Society* 1, 2, （2003）：87-103.

③ S. Macdonald, *Difficult Heritage：Negotiating the Nazi Past in Nuremberg and Beyond*, London：Routledge, 2009.

④ D. Byrne, "Gateway and Garden：A Kind of Tourism in Bali," in R. Staiff, R. Bushell, and S. Watson, eds., *Heritage and Tourism：Place, Encounter, Engagement*, London：Routledge, 2013.

⑤ C. Papoulias and F. Callard, "Biology's Gift：Interrogating the Turn to Affect," *Body & Society* 16, （2010）：30.

⑥ A. Saldanha, "Skin, Affect, Aggregation：Guattarian Variations on Fanon," *Environment and Planning A* 42, （2010）：2414.

⑦ J. Leavitt, "Meaning and Feeling in the Anthropology of Emotions," *American Ethnologist* 23, 3, （1996）：532.

或者对它"做"了什么（它传播了什么，产生了什么）形成清晰的印象，却不是那么容易的事了。因此，需要通过引入一种方法来拓展笔者的思维，就是在获取的呈现状态中，除了话语，还应包括"感官的，触觉的，有形的和动觉的"①。

一些可以帮助填补这些空白和处理这些缺陷的理论方法已经出现了。例如，虽然情感（源于心理学，发展于社会理论和文化地理学）对笔者自己的思考影响更大，但流动性理论（Mobilities Theory，来自社会学）和行动者网络理论（Actor-Network Theory，ANT，来自自然科学和社会学）也都在遗产实践理论的发展中发挥了作用。这三者可以以多种方式组合在一起，但在此处主要是因为它们对表征性思维的共同批评，以及对实践复杂性和广泛相关观点的共同欣赏。还有一些同样重要但更深远的影响。德勒兹式对生活、生命、表达和体验、感觉与情绪的探索，以及从既存文化背景的脱离行动中产生的新关系，使注意力的焦点转移到表演性上，成为对事物、空间和时间的主观参与的新兴动态的描述。正如戴维·克劳奇（David Crouch）所说：

> ……表演性的概念将我们的实践、行为、关系、记忆、表演时刻也定义为新兴语境。生活和许多受到影响的方面都以一种流动的、部分开放、部分受限的方式混合在一起。②

在此，克劳奇打破了关于遗产的一种传统定位，即将其视为独立于其他经验的事物，而是把它与人类和生活重新整合在一起，使它从不断流动的、复杂的生命中产生的存在、形成和归属的感觉中凸显出来。据此，遗产理论所能做的就是思辨地想象如何在一种理论环境中调试或适应现有的观点，而这种理论环境在界定范围时明显超出了文本和表征性。

---

① J. Cromby, "Towards a Psychology of Feeling," *International Journal of Critical Psychology* 21, (2007): 96.
② D. Crouch, "Meaning, Encounter and Performativity: Threads and Moments of Spacetimes in Doing Tourism," in L. Smith, E. Waterton, and S. Watson, eds., *The Cultural Moment in Tourism*, London: Routledge, 2012, p. 21.

流动性理论和行动者网络理论在近期与遗产相关的出版物中均有所体现，前者虽受到后者的强烈影响，但根基却更加牢固。① 这与约翰·尤瑞（John Urry）的著作以及旅游业相关领域有关。流动性理论作为"非表征性"的凭据，根植于主体与对象的关系以及主体和空间联合的代谢，因此，我们可以在变化的城市生活中辨别出它们之间的联动和节奏。② 随着时间的流逝，专注于物体和人在地点和空间中的运动，作为人、物体、地点动态交汇的结果，流动性理论似乎为理解遗产提供了机会，特别是政府希望在特定地点聚集起旅游潜力，从而使文化与这种动态融为一体时，遗产有可能成为社会与空间互相作用的实例。③ 关于流动性理论在遗产旅游中的应用，较早可见于贝恩霍尔特等人（Bærenholdt et al.）的一本重要论文集。在文集中，一个中世纪的城堡和沙滩上的沙堡成为他们研究的重点，特别是后者，完美地唤起了空间和时间的表演性，而这是流动性理论的重点：

> 在孩子们期待和急切的心情中，被参与和热忱所建构的这座城堡成为杰作和今天的亮点。在这几个小时里，城堡一直是表演的中心舞台，观众们会报以赞赏的掌声。这是快乐的中心。到了下午，涨潮了，海水漫了上来。父母带着孩子们离开了。波浪轻轻地拍打着海岸，一天结束时，白天的表演仿佛没有留下任何痕迹。所有的一切都

---

① 详见 S. Byrne, A. Clarke, R. Harrison, and R. Torrence, "Networks, Agents and Objects: Frameworks for Unpacking Museum Collections," in S. Byrne, A. Clarke, R. Harrison, and R. Torrence, eds., *Unpacking the Collection: Networks of Material and Social Agency in the Museum*, New York, NY: Springer, 2011, pp. 3 – 28; R. Harrison, "Consuming Colonialism: Curio Dealers' Catalogues, Souvenir Objects and Indigenous Agency in Oceania," in S. Bryne, A. Clarke, R. Harrison, and R. Torrence, eds., *Unpacking the Collection: Networks of Material and Social Agency in the Museum*, New York, NY: Springer, 2011, pp. 55 – 82.

② H. Lefebvre, *Rythmanalaysis: Space, Time and Everyday Life*, London: Continuum, 2004; T. Edensor, "The Rhythms of Commuting," in T. Cresswell and P. Merriman, eds., *Mobilities: Practices, Spaces, Subjects*, Aldershot: Ashgate, 2011, pp. 189 – 204.

③ M. Sheller and J. Urry, *Tourism Mobilities: Places to Play, Places in Play*, London: Routledge, 2004, p. 3; M. Sheller, "Cosmopolitanism and Mobilities," in M. Nowicka and M. Rovisco, eds., *The Ashgate Research Companion to Cosmopolitanism*, Aldershot: Ashgate, 2011, pp. 561 – 589.

被冲走了，只有城堡的塔楼留在家人的记忆中，留在带回家的胶片照片中，留在对第二天海滩表演的期待中。①

贝恩霍尔特等人继续讨论，很少有比与旅游相关的物理移动和动机更明显的全球性流动，而在这种流动中创建的地点往往集中于具有文化意义的对象和地点。②

与流动性理论一样，行动者网络理论为社会行动提供了一个情境化和具体化的视角，其重点在于制造意义的过程中人类和非人类参与者或"行动者"之间的互动。③ 虽然行动者网络最初被认为是创造科学技术意义上的社会与物质的相关性，但现在它可以被理解为任何一组个体、群体、物体、人工制品和无形物品，它们结合在一起并以其连接点为中心的领域内活动。简而言之，人类和非人类对象都有"行动"的潜力和能动性。这一思路对"理论"一词的具体用法最值得关注，它指出重点是"研究什么"而不是如何理解。④ 它在旅游领域的重要性展示了与遗产最明显的联系，最近对其价值的探索也可能会产生影响。⑤ 从遗产的角度来看，兴趣来源于提供给行动者的多样性和异质性，它们结合起来创造了一个可以称为遗产、遗产旅游或博物馆的网络。行动者可以是博物馆的艺术品或收藏品，可以是存放此类物品的建筑或其他类似的建筑，可以是保存这些物品的机构，也可以是那些在学校组织的出游中匆匆一瞥玻璃橱里物品的普通游客。

---

① J. O. Bærenholdt, M. Haldrup, J. Larsen, and J. Urry, *Performing Tourist Places*, Aldershot: Ashgate, 2004, p. 3.

② S. Coleman and M. Crang, "Grounded Tourists, Travelling Theory," in S. Coleman and M. Crang, eds., *Tourism: Between Place and Performance*, New York, NY: Berghahn Books, 2002, pp. 1 - 17; M. Crang, "Tourist: Moving Places, Becoming Tourist, Becoming Ethnographer," in T. Cresswell and P. Merriman, eds., *Geographies of Mobilities: Practices, Spaces, Subjects*, Andover, MA: Ashgate, 2011, p. 211.

③ J. Law, ed., *Power, Action and Belief: A New Sociology of Knowledge*, London: Routledge and Kegan Paul, 1986; B. Latour, *Reassembling the Social: An Introduction to Actor-network-theory*, Oxford: Oxford University Press, 2005.

④ G. T. Jóhannesson and J. O. Bærenholdt, "Actor-network Theory/Network Geographies," in R. Kitchin and N. Thrift, eds., *International Encyclopaedia of Human Geography*, Oxford: Elsevier, 2009, p. 16.

⑤ R. Van der Duim, C. Ren, and G. T. Jóhannesson, *Actor-network Theory and Tourism: Ordering, Materiality and Multiplicity*, London: Routledge, 2012.

虽然笔者与上述讨论的观点有许多相同的立场，但也有自己的特殊倾向——对情感的关注——更坚定地位于"更多"或者说"表征性之外"的旗帜下；之所以这样选择，是因为它似乎充分总结了"应对我们这个明显超越人类、超越文本、多感官世界"的尝试。① 在这里，除了流动性理论和行动者网络理论，该领域内外的研究人员已经开始思考让更多难以理解的日常行为、过程与文化世界产生交集的方式。这些思路指向了感觉、情绪和情感的中心地位，并通过突出展演、具身性等概念呼应了现象学的语言。在很大程度上受到克劳奇、莱瑟姆（Latham）、麦考马克（McCormack）、派尔（Pile）、思里夫特（Thrift）等文化地理学家的影响，这些被松散地贴上"非表征"标签的方法构成了遗产实践理论，部分原因是它们试图使人们可以理解"意识之外的整个人类生活领域"。② 因此，作为理论，它们可用于遗产，从而使遗产研究超越其先前的范式范围，同时保持独立性并与之相区别。非表征理论并不寻求成为遗产表征理论，因为这不是它们所必需的，但它们可以作为一种理论和解释动力的外部来源作用于遗产。

如果认为这些想法是最近才形成的，那就有误了，因为至少在20世纪90年代中期，它们就广泛出现在地理学、文化研究、哲学、社会学、性别研究和心理学等领域朝向"情绪"（emotion）的转向中。③ 的确，自2001年起以及主题为"遇见情感"的会议举办以来，大家就一直在专门谈论"情感（affective）转向"；但在更早时候，在凯瑟琳·伍德沃德④（Kathleen Woodward）、劳伦·伯兰特⑤（Lauren Berlant）和尼科尔森⑥

---

① H. Lorimer, "Cultural Geography: The Busyness of Being 'More Than Representational'," *Progress in Human Geography* 29, (2005): 83.
② A. Amin and N. Thrift, *Cities: Reimagining the Urban*, Cambridge: Polity Press, 2002, p. 28.
③ D. Thien, "After or Beyond Feeling? A Consideration of Affect and Emotion in Geography," *Area* 37, (2005): 450-456.
④ K. Woodward, "Global Cooling and Academic Warming: Long-term Shifts in Emotional Weather," *American Literary History* 8, 4, (1996): 759-779.
⑤ L. Berlant, *The Queen of America goes to Washington City. Essays on Sex and Citizenship*, Durham, NC: Duke University Press, 1997.
⑥ L. Nicholson, *The Play of Reason. From the Modern to the Postmodern*, Buckingham: Open University Press, 1999.

（Nicholson）的学术合作中，就已经对情感和亲密关系进行了更广泛的思考。① 情感的哲学原理可以进一步向前追溯，在斯宾诺莎（B. Spinoza，1632-1677）、德勒兹（G. L. R. Deleuze，1925-1995）、伽塔利（F. Guattari，1930-1992）等人的著作中就有所显现，它们后来被翻译成英文并被马苏米② （Brian Massumi）等社会理论家所补充。因此，如果说福柯（M. Foucault，1926-1984）的思想为遗产表征理论提供了哲学支柱的话，那么，关于遗产实践理论，斯宾诺莎对表达本身（名词）的关注与对表达的（形容词，能指）和被表达的（动词，所指）③ 的关注是一致的，尤其具有影响力。

很明显，笔者在这个框架上的思考与在遗产本体理论、遗产表征理论中的思考是不同的，因为在此处，笔者比在任何地方都要更关注未来的意图。笔者想要从这场更广泛的讨论中得到的结论是，既要考虑作用于遗产的情感，也要考虑在主体和地点之间流动的强度，这会以感受和情绪的形式表现出来。但这不应该被简单地解读为某个人或某些人特有的问题，因为情感并不局限于个人或身体。④ 相反，它会传播、移动、循环、流动，在这个运动中还包含了一系列的事物、地点和技术。⑤ 在此处，社会、文化、政治等背景问题发挥着更稳固的作用，这些因素迫使我们重新理解与他人、人类和非人类的关系。⑥

对笔者来说，这意味着将一种已经发展起来的对表征和语境的兴趣与

---

① 详见 A. Koivunen, "Preface: The Affective Turn?," in A. Koivunen and S. Paasonen, eds., *Conference Proceedings for Affective Encounters: Rethinking Embodiment in Feminist Media Studies*, Turku: University of Turku, School of Art, Literature and Music, Media Studies, Series A, No. 49, 2000; K. Gorton, "Theorizing Emotion and Affect: Feminist Engagements," *Feminist Theory* 8, 3, (2007): 333-348.

② B. Massumi, *Parables of the Virtual: Movement, Affect, Sensation*, Durham, NC: Duke University Press, 2002.

③ S. Günzel, n. d., "Immanence and Deterritorialization: The Philosophy of Gilles Deleuze and Félix Guattari," 18 December (2012), http: //www.bu.edu/wcp/Papers/Cont/ContGunz.htm.

④ 详见 L. Blackman and C. Venn, "Affect," *Body & Society* 16, (2010): 7-28; E. Manning, "Always More Than One: The Collectivity of a Life", *Body & Society* 16, (2010): 117-127.

⑤ H. Lorimer, "Cultural Geography: Non-representational Conditions and Concerns," *Progress in Human Geography* 32, (2008): 551-559.

⑥ L. Lackman and C. Venn, "Affect," *Body & Society* 16, (2010): 7-28.

一种正在发展的关于实践和感觉发挥作用的认识结合起来。① 因此，尽管到目前为止，笔者的工作突出了"表征的"，但同时也有意识地强调它的表演性，将表征性只是视为众多表达遗产参与可能性的其中一种。笔者的意思是，表征将通过"表演"影响我们的情感自我。② 即使面对同一特定的遗产地，不同的人必然会产生不同的反应——有些人可能感到骄傲，有共鸣、快乐，其他人则可能感到排斥和拒绝，还有人会感到无聊——但是这些感觉，他们的情感，在某种程度上可能是通过遗产地在语意上、视觉上被召唤和唤起的方式所构成的。通过与遗产互动而产生的身体运动发生了变化，而且产生的一些（尽管不是全部）感觉具有重要意义。因此，遗产实践理论应该以实践和展演为框架，后者将身体运动与巴特勒（Judith Butler）所提出的更广泛的表演性的概念结合在了一起。正如吉布斯③（Gibbs）所论证的那样，这是因为"身体捕捉感觉与着火一样容易：情感可以从一个主体跃到另一主体，唤起柔情，激起羞愧，产生恐惧"④。正是通过这种概念化，笔者希望持续关注语言的表演性，同时在史密斯⑤被广泛引用的观点即遗产是内在、本能的社会和文化过程之后，采取下一个逻辑步骤。

对于"情感"这个理论词汇的发展，这里不想做深入的探究（已经在其他很多地方写过了），但是，在对遗产进行理解时，要致敬在人文和社会科学中德勒兹—斯宾诺莎式的发展对情感的特殊演绎。⑥ 当把这些思维方式组合在一起时，会构想出一个连续的更混乱、复杂的世界。⑦ 它特别

---

① 参见 H. Lorimer, "Cultural Geography: Non-representational Conditions and Concerns," *Progress in Human Geography* 32, (2008): 551-559.
② E. Waterton, "Heritage Tourism and Its Representations," in R. Staiff, S. Watson, and R. Bushell, eds., *Heritage Tourists in Dialogue*, London: Routledge, 2013, pp.64-84.
③ A. Gibbs, "Contagious Feelings: Pauline Hanson and the Epidemiology of Affect," *Australian Humanities Review*, (2001): 1, http://www.lib.latrobe.edu.au/AHR/archive/Issue-December-2001/gibbs.html.
④ G. Deleuze, *Expressionism in Philosophy: Spinoza*, New York, NY: Zone Books, 1992, p.625.
⑤ L. Smith, *Uses of Heritage*, London: Routledge, 2006.
⑥ 详见 A. Saldanha, "Skin, Affect, Aggregation: Guattarian Variations on Fanon," *Environment and Planning A* 42, (2010): 4210-4227.
⑦ N. Thrift, "Performance and…," *Environment and Planning A* 35, (2003): 2021.

考虑了预知性和非认知性——直觉的、习惯性的、生物性的①——以此作为捕获和解释行动与意识之间"半秒延迟"的基础。② 在这一理论中,情感被认为是超越个人的、流动的和易变的,而且,重要的是,总是"不可言传的:无法带入到表征中"。③ 简单来说,这是因为"感触比语言的速度更快"。④

在此之后,情感就开始变成类似于气氛的东西——虽然看不见,但在人们的身体内部和身体之间却可以作为一种感觉感受到,也能够作为情绪被理解和表达:虽然这三者(情感、感觉和情绪)是相互关联的,也时常相互协助,但它们并不相同。⑤ 这三种模式可能暗示着对个人的关注,但这种思维方式更加重视的是人类的互动以及日常生活中为此所提供的边界。于是,情感会在空间的实现中发挥作用,就像它在身份和意义的实现中所发挥的作用一样。因此,在博物馆展览或遗产景观(这两处已经成功地被理论化为生产、维护或超越一系列社会实践与信仰的地方)的语境中,情感和具身关系也正在形成并展示。⑥

就像"遗产表征"框架一样,这是对世界的一种把握,由后结构主义思维引导,并与当前时刻、"当下"及所有复杂性的前景相结合,对此需要小心谨慎。笔者不想以牺牲更广泛的分析为代价,去鼓励一种个人和日常生活的朝向。同样,对"情感"的关注,也不应该意味着放弃"情绪"

---

① N. Thrift, "Understanding the Affective Spaces of Political Performance," in L. Bondi, L. Cameron, J. Davidson, and M. Smith, eds., *Emotion, Place and Culture*, Aldershot: Ashgate, 2009.

② H. MacPherson, "Non-representational Approaches to Body-landscape Relations," *Geography Compass* 4, 1, (2010): 5.

③ S. Pile, "Emotions and Affect in Recent Human Geography," *Transactions of the Institute of British Geographers* 31, 1, (2010): 8.

④ B. Massumi, *Parables of the Virtual: Movement, Affect, Sensation*, Durham, NC: Duke University Press, 2002, p.25. 引自 D. McCormack, "An Event of Geographical Ethics in Spaces of Affect," *Transactions of the Institute of British Geographers* 28, 4, (2003): 495.

⑤ D. McCormack, "Remotely Sensing Affective Afterlives: The Spectral Geographies of Material Remains," *Annals of the Association of American Geographers* 100, 3, (2010): 643; B. Anderson, "Becoming and Being Hopeful: Towards a Theory of Affect," *Environment and Planning D: Society and Space* 24, 5, (2006): 733-752.

⑥ 详见 J. Holloway, "Enchanted Spaces: The Séance, Affect and Geographies of Reason," *Annals of the Association of American Geographers* 96, 1, (2006): 182-187.

和"感觉"。笔者对情感的解读似乎偏离了思里夫特的想法，但与女权主义学者如西恩①（Thien）、夏普②（Sharp）建立了更紧密的联系。他们的叙述在很大程度上带有一种抵制的意味，这可能是无意的，但非常真实，走向一种"无标记的、无实质的，但含蓄的男性主题"。③ 例如，西恩担心存在一种隐性的二元性，于是微妙地将男性化的"情感"与女性化的"情绪"分开。而夏普认为，关键问题在于，在对"个人"的思考背后，存在分散注意力的风险，④ 使笔者远离其他相关的、集体的关切和政治。他们都对一种超人化、距离化模式的推动感到担忧，更倾向于将地位政治和权力政治视为探究的中心。当情感的焦点被视为一种生理现象而非社会现象时，这一点尤为重要。人们真的能把它包含在一个试图解释社会行为、政治和权力行使的理论中吗？情感的内在状态需要一种社会背景，而不仅仅是一种主观的背景，因此，遗产实践理论需要与一些遗产表征理论保持联系。

同样，托利亚-凯利（Tolia-Kelly）对民族中心主义的关注也需要得到认识，这样，笔者所设想的"情感"现实也会受到权力和社会定位的影响。这一争论，在克朗（Crang）与托利亚-凯利对国家身份和遗产地的情感记录的阐述中得到了总结和推进。⑤ 这种描述，阐释了具身反应、感觉和感情的方式，而非公民知识生产的认知性，牵涉到人们在遗产经验中的包容和排斥。这里的重点是，如果直觉和具身理论过于松散，都倾向于一种几乎普遍主义的情感的概念化，那么，所有的主体看起来都是相同的，从语境和历史上看也都是"西方的"，而这就掩盖了边缘化和差异性问

---

① D. Thien, "After or Beyond Feeling? A Consideration of Affect and Emotion in Geography," *Area* 37, (2005): 450-456.

② J. Sharp, "Geography and Gender: What belongs to Feminist Geography? Emotion, Power and Change," *Progress in Human Geography* 33, 1, (2009): 74-80.

③ J. Jacobs and C. Nash, "Too Little, Too Much: Cultural Feminist Geographies," *Gender, Place and Culture* 10, (2003): 275.

④ J. Sharp, "Geography and Gender: What belongs to Feminist Geography? Emotion, Power and Change," *Progress in Human Geography* 33, 1, (2009): 78.

⑤ M. Crang and D. Tolia-Kelly, "Nation, Race and Affect: Senses and Sensibilities at National Heritage Sites," *Environment and Planning A* 42, 10, (2010): 2315-2331.

题。① 正如洛里默②所指出的，人们常常是自由自在、不受束缚的，丝毫不会考虑强加的主体地位和伴随的影响与被影响的能力。因此，这些方法倾向于假定参与的主体是具有流动性的公民，"没有对种族和/或性侵犯的恐惧和担忧……也摆脱了育儿、工作和经济的束缚"③。但是，参观遗产和参与到遗产中的主体是有差别的。每一个被困于场域循环的情感网络中的主体都会到达、融合、离开，并且承受着许多负担，包括那些欲望、期待和能力。④

因此，从情感政治的角度出发，必须承认，不能只通过关注遗产的物质性或其话语建构来充分了解遗产；在这个问题上，一种具身的生物还原论也无法单独解释人们与遗产的互动。相反，人们所拥有的这种理论方法旨在消除遗产本体理论和遗产表征理论所构成的框架，提取早已被遗忘的"具身的""外部话语的"非认知或预知的反应，这些反应更容易从日常经验和实践中获得。⑤

结 论

经过谨慎的思考，笔者知道自己的方向就是探索利用框架来配置一种连贯基础的可能性，从而发展所谓的思辨性想象。因此，阐述不同的理论立场对遗产研究的作用是十分必要的。它们是独立的，还是结合在一起的？是提出了新的问题，还是为现有问题提供了新的答案？笔者相信，它们都可以实现，并且这样做可通过认识现有概念和理论化的局限性来重新设定遗产研究的议程，要求那些在该领域进行研究和写作的人明确其理论背景、学科权威以及注意到这些问题的意图。

---

① L. Lees and R. Baxter, "A 'Building Event' of Fear: Thinking Through the Geography of Architecture," *Social and Cultural Geography* 12, 2, (2011): 116.

② H. Lorimer, "Cultural Geography: Non-representational Conditions and Concerns," *Progress in Human Geography* 32, (2008): 551-559.

③ D. Tolia-Kelly, "Affect-An Ethnocentric Encounter? Exploring the 'Universalist' Imperative of Emotional/Affectual Geographies," *Area* 38, 2, (2006): 213-217.

④ J. Sharp, "Geography and Gender: What belongs to Feminist Geography? Emotion, Power and Change," *Progress in Human Geography* 33, 1, (2009): 78.

⑤ A. Latham, "Research, Performance, and Doing Human Geography: Some Reflections on the Diary-photograph, Diary-interview Method," *Environment and Planning A* 35, (2003): 2001.

严肃的理论建设需要实践。本文列出的每个框架都是有价值的，没有一个是多余的。此外，研究它们可能结合在一起的方式，或研究通过遗产实践理论框架使遗产本体理论更具有活力的可能性，也是有价值的。事实上，克努森与瓦德（Knudson & Waade）在《重铸真实性：旅游、地点与情感》(Re-investing Authenticity: Tourism, Place and Emotions) 中，[①] 结合书中所提的理论，在对真实性的重新审视中已朝着实现这一目标的方向迈出了一步。笔者猜想，通过积极使用表征理论或非表征理论来定位表征，以验证它们在理论和实践中的表达方式，可能会有很多收获。[②] 例如，有可能存在一条尚未探索的从非表征性到表征性，再通过对社会实践和表演性的深入理解而复归的路径；在某种程度上，这类似于从预知到认知反应，从情感到情绪表达的路径。所有这些还有待观察，但已足够表明这些理论立场之间的关系是互补的，而不是继承或竞争关系。

那么，遗产理论中的思辨性想象到底能实现什么呢？对遗产的思辨性想象将使它能够从清晰明确的学科基础出发去阐明案例、相关事物实例以及物质、社会和文化问题，可以审查这些学科基础为人们的理解提供的内容，不是一些模糊的、描述不清的主题，而是能反映新观点和既定准则的细致入微的、积极的思考。我们的理论范围应该扩大，要考虑到那些可以供给遗产实践理论的学科的思考，由此，可以批判性地审视和重新检查遗产本体理论和遗产表征理论。

自始至终，笔者并不寻求统一的理论叙述，要寻求的是在构成复杂理论范围的一系列概念、"转向"、趋势、来源、定位之间发现接触点、互补性与对应关系的价值。一项议题也可能使现有的遗产概念偏离中心，可以研究使其在当代文化语境中变得更有趣和更重要的理论知识和渊源。在遗产研究中，离开遗产中心似乎是一件奇怪的事情；但无论是超越这件事去看，还是超越它所使用的表征和话语去看，囊括其与现实经验可能存在的其他关系都将收获很多。因此，笔者下一步就是运用更广泛的理论，通过

[①] B. T. Knudson and A. M. Waade, eds., *Re-investing Authenticity: Tourism, Place and Emotions*, Bristol: Channel View, 2010.

[②] 见 H. Lorimer, "Cultural Geography: The Busyness of Being 'More Than Representational'," *Progress in Human Geography* 29, (2005): 83.

重新界定研究范围，超越研究领域，重塑研究方法，以一种不仅推进遗产研究而且推进探究本身本质的方式，来重新塑造这个领域。这将为笔者在与遗产相遇、互动时探索遗产的意义提供一种议程和前进的动力，并且在一个更广阔的文化世界中去增添强有力的一笔。这对于笔者来说，就是遗产研究中的思辨性想象。

Framing Theory: Towards a Critical Imagination in Heritage Studies[*]

Written by Emma Waterton and Steve Watson[**]

Chinese version translated by Tang Lulu[***]

Abstract: Heritage theory has developed piecemeal over the last 30 years, with little progress made in fully understanding the way the subject can or should be theorised. This paper identifies some of the main sources of theory in heritage, as well as the approaches and perspectives that have been formulated as a result. These are framed on the basis of their disciplinary origins and can be viewed as theories in, theories of and theories for heritage. As frames through which heritage can currently be examined they are still employed in relative isolation from each other and we suggest, therefore, a way by which they might be considered as complementary, rather than competing approaches in order to provide impetus for the development of a critical imagination in heritage studies.

Keywords: Heritage Theory, Framework Construction, Non-representational Theory, Speculation, Imagine

---

[*] Originally published information: E. Waterton and S. Watson, "Framing Theory: Towards a Critical Imagination in Heritage Studies," *International Journal of Heritage Studies* 19, 6 (2013): 546–561. This translation is permitted by the editors, publisher and the author.

[**] Author Bio: Emma Waterton Work at Institute for Culture and Society, University of Western Sydney, Australia; Steve Watson Work at Business School, York St John University, England.

[***] Translator Bio: Tang Lulu is a Lecturer at the Institute of Art, Beijing Foreign Studies University.

人类命运共同体视域下的
战争遗产与和平建设

马 萍[*]

摘 要：战争遗产多被与和平建设关联起来加以理解，其内涵因之发生转变。在人类命运共同体语境下，和平不再被仅仅理解为没有战争，更是一种利益共同体意义上的建构模式，相应地，对战争遗产价值的理解也更加丰富多元，战争遗产在当下和平建设中的实践方式实现了包含宣扬和平潜能、传递和平智慧、培育反思精神、传授和平技能等方面的创新。新语境下的中国战争遗产在今天的积极和平建设中格外具有力量和优势。它将为维护世界和平贡献出更多的和平智慧，为推动世界和平发展发挥更大的作用。

关键词：人类命运共同体 战争遗产 和平建设 和平智慧 积极和平观

和平，不仅是人类社会的普遍期待，是世界发展的时代主题，也是中国提出构建人类命运共同体理念的核心关键词。区别于传统意义上对和平的理解，人类命运共同体语境下的和平观无论是在和平内涵上，抑或是在实现和平的方式上，都更为深入与丰富。那么，在人类命运共同体的新语境下，战争遗产（既包括战争时期产生的与之直接相关的遗迹、遗存，也包括战争之后在遗产地建设的一系列纪念物、纪念建筑、博物馆，还包括与战争相关的一系列口头文学、记忆传统、礼仪节庆等非物质文化形态等）能否为维护世界和平提供更加多元的和平价值与智慧？我们又该围绕

---

[*] 作者简介：马萍，南京大学社会学院博士后。

战争遗产，如何展开更加丰富的和平建设实践？本文试图通过对战争遗产概念与内涵演变的梳理，以及对人类命运共同体语境下和平观的解读，来对上述问题予以分析、讨论。

一 "战争遗产" 概念与内涵的演变

战争贯穿了人类文明的发展，所以，与战争相关的场所具有重要的保护和考古价值。作为文化遗产研究中的一个重要分支，学界对战争遗产的系统化讨论主要开始于第二次世界大战之后。随着对战争的反思和对生命的感悟，人们对战争有了更多的认识和理解。不仅仅是丰富战争史料，而且更多地与和平建设、战后治愈、战后文化更新等社会问题联系在了一起。作为文化遗产与和平建设研究的热点话题，1979 年，前纳粹德国奥斯维辛－比克瑙集中营（1940－1945 年）被联合国教科文组织收录，成为首个以战争为主题的世界级文化遗产。随后，华沙历史中心、广岛和平公园、比基尼环礁核试验场、《南京大屠杀档案》等战争遗产也相继被收录进世界级文化遗产名录之中。

燕海鸣认为："文化遗产并非简单给定的存在，它是在社会文化体系中的过程产物，其意义会随着叙事框架的变化而调整，甚至会根据不同的政治和文化利益被相关群体用不同的方式进行解读。"[①] 战争遗产同样如此。随着时代语境的变化，战争遗产的内涵与文化意义也不断发生着变化与再建构。

从世界范围来看，早在 19 世纪末 20 世纪初，军事武装斗争类的历史文化遗迹就已经开始被各国予以关注和保护。在中国，对此类遗产关注的时间更为提前。因为中国自古以来就有修建纪念性祠堂的传统，而祠堂中有一部分就是在战争原址地为军事将领修建的，用来表达对英雄们丰功伟业、尽忠报国精神的肯定与宣扬。正如本尼迪克特·安德森（B. R. O. Anderson，1936－2015）所说："战争与死亡是锻造伟大国家最有效的途径。"[②] 它们不仅构成了一个民族最基本的心理基础，也是塑造民族

[①] 燕海鸣：《警示遗产与申遗政治》，《文化纵横》2015 年第 4 期。
[②] 〔美〕本尼迪克特·安德森：《想象的共同体：民族主义的起源与散布》，上海世纪出版社，2005，第 265 页。

国家自我意象最好的素材。所以，早期世界各国对战争遗产的诠释，往往都与胜利、攻克、国家光荣、英雄等文化意义相关联。在民族国家的话语里，它们因为可以很好地彰显排除万难，勇敢的爱国主义战斗精神，而被精心保存，成为培育、涵养爱国之心，启发、形成国防意识的重要场所。

由于各国在战争中地位以及各民族历史文化背景、战争前后社会状况的不同，即便是对于同一场战争，各国人民的战争体验与感受也往往迥然不同。不仅如此，由于民族国家话语模式中对战争遗产的诠释与展示往往具有极强的政治性，因此，当战争遗产的解读权不幸被军国主义者所垄断，战争遗产所呈现出来的就不仅仅会是虚假、不真实的历史信息，它们也会成为与别的国家、族群之间误会、隔阂，甚至是新仇恨与新冲突的导火索。不仅如此，一味地从胜利、攻克、国家光荣、英雄等文化意象的角度去挖掘战争遗产的内涵也会给人们造成一种错误印象，即人类进步都必须建立在流血和暴力基础之上。

两次世界大战给人类社会带来了深刻的改变。战争所造成的空前破坏和对人类的屠戮使得世界各国都将防止战争再次大规模爆发置于国家发展的首要位置。对战争的恐惧和对和平的渴望让人们对于战争遗产的解读与之前有了很大的不同。作为残酷、痛苦与悲剧的战争见证物，战争遗产，开始越来越多地被理解为引导、教育人们警醒战争，吸取战争教训，维护世界和平的重要场所。不让战争悲剧重演，永葆世界和平成为二战之后，大多数战争遗产在诠释与展示时所遵循的主要话语逻辑。因此，战争遗产又被学者们称呼为"警示遗产"。

警示遗产，顾名思义，就是意味着它要通过展示、再现人类文明进程中最残酷、最黑暗的负面，让人们时刻警醒，不让战争悲剧重演，以此实现反对战争，珍惜和平的目的。与民族国家话语中战争遗产叙事所呈现出的胜利、攻克、国家光荣、英雄等文化意象不同，警示遗产在叙事中所呈现出的文化意象更多地与破坏、非人道、受难者、残酷等相关联。"不允许战争再次发生"的和平话语逻辑让警示遗产的内涵超越了民族国家范畴，更加具有人类整体视野下普适化的情怀。截至目前，被收录进世界文化遗产名录的战争遗产基本都属于警示遗产的文化价值范畴。

二 构建人类命运共同体语境下的"积极和平观"

从培育爱国主义精神,到避免战争再次发生,战争遗产的内涵不断丰富,且越来越多地与和平建设相关联,它被理解成和平的重要源泉与对话的动力。事实上,自二战之后,国际社会已达成了"合作、和平与发展"的共识。维护世界和平成为每个国家一项长期且基本的责任与任务。和平,无疑也是中国提出构建人类命运共同体新型全球治理理念的核心关键词。在2018年9月召开的以"推动构建人类命运共同体,携手建设持久和平、普遍安全世界"为主题的国际和平日纪念活动上,中国明确提出:"和平始终是人类社会的普遍期待与殷切向往。当今世界,和平与发展成为时代的主题。中华民族热爱和平,中国人民深知和平之可贵,中国将坚定不移地走和平发展道路。"①

然而,从世界范围来看,尽管全球化所形成的"重叠命运共同体"让人们之间的关系前所未有地紧密相连,但国家之间和国家内部之间的冲突矛盾仍然不断。而且,像饥饿、政治压制、心理冷漠、资源短缺、环境污染、气候变化、粮食安全等一系列新问题,也在不断威胁着人类的和平与安全。这不仅让人们一直处于对战争的恐惧与对和平的向往之中,也推动了学者们对于和平理解与研究的不断深入与拓展。

学者们指出,一直以来和平被解读为没有战争,意味着没有现行和有组织的军事暴力的发生。因此,以军事结盟和干涉他国内政来应对安全威胁是维持和平、缔结和平最常见的方式。但没有战争与实现和平可以画等号吗?大卫·巴拉什(David P. Barash)称,这是一个必要但非充分条件。② 约翰·加尔通(Johan Galtung)进一步指出:"即使没有战争,也可能没有和平。因为暴力的形式多种多样,除了像战争冲突等显性暴力形式,还包括像自然暴力、文化暴力、结构暴力和时间暴力等其他形式。与显性暴力形式不同,其他形式的暴力虽然无形,且看似呈现出一种稳定状

---

① 侯红育:《加强和平安全理念引领推动构建人类命运共同体》,《当代世界》2018年第10期。
② 〔美〕大卫·巴拉什:《和平与冲突研究》,刘成译,南京出版社,2016,第117页。

态,但一旦发生质变,也同样会引发战争或冲突。"① 反观当今世界,虽然传统意义上的战争冲突已经越来越少,但大规模非法移民、环境与资源、经济萧条等问题都无时无刻不对世界和平构成威胁。

与传统意义上对和平的理解不同,人类命运共同体语境下的和平观是一种整体性意识。它倡导的和平,不仅意味着没有战争,更是强调了包含政治、经济、安全、社会、文化等一系列具有公共利益的共同体在整体意义上所呈现出的积极、持久而有意义的和平状态。如果说传统理念下的和平观凸显的是"消极和平"的价值内涵,那么,人类命运共同体语境下的和平观体现的便是"积极和平"的价值内涵。

因为和平不仅仅停留于战争的不在场,它的终极目标是要让全人类都可以在和平稳定的社会环境中提升尊严,享受美好的幸福生活。所以,与"消极和平"依据的防御性思维不同,人类命运共同体语境下的"积极和平观"强调的是建构性思维,它不仅关注防御性思维所一直强调的和平恢复(peace storing)、维持和平(peace keeping)、和平缔结(peace making)等和平模式,同时,也更为关注建构性思维所推崇的和平建构(peace building)模式。和平建构模式倡导要在全社会广泛构筑起基于公正和宽容的"和平文化"(culture of peace)。并且,唯有将"和平文化"广泛渗透于法律、意识形态、科学、文化教育等各个方面,才能确保让每一个个体都建立起融情感控制能力、沟通能力、批判思维能力、问题解决能力为一体的和平人格。因为,只有拥有和平人格的个体才能真正在内心树立起维护和平的责任意识,才能真正做出合乎人性的和平价值选择,如此,世界也才有可能真正实现和平发展。

表 1　两种理念中"和平观"的区分

	传统意义的和平理念	人类命运共同体和平理念
和平思想	"消极和平"思想	"积极和平"思想
和平内涵	战争的不在场	包括政治、经济、安全、社会、文化等一系列具有公共利益的共同体在整体意义上呈现出的积极、持久而有意义的和平状态

---

① Johan Galtung, "Violence, Peace and Peace Research," *Journal of Peace Research* 3, (1969).

续表

	传统意义的和平理念	人类命运共同体和平理念
和平终极目标	没有现行和有组织军事暴力的发生	让全人类都可以在和平稳定的社会环境中提升尊严，享受美好的幸福生活
和平建设思维	单纯的防御性思维	积极的建构性思维
和平实践模式	恢复和平、维持和平、和平缔结	恢复和平、维持和平、和平缔结、和平建构

三 新语境下战争遗产"和平价值"的转向

劳拉简·史密斯（Laurajane Smith）指出："遗产是一种文化展演。它是一种人为的过程而非一个既定事实。在这个过程中，遗产的意义与价值被不断生产、交流，并且被重制与再思考。"① 随着新语境对于和平内涵解读的深化与拓展，战争遗产的和平话语逻辑也将发生新的转变。自两次世界大战之后，战争遗产就一直与和平活动紧密相连。无论是被收录至世界文化遗产名录的战争遗产，抑或是进入21世纪之后，联合国教科文组织先后成立的与战争遗产相关的国际组织，如"良心遗址国际联盟""国际公共犯罪受害者纪念博物馆委员会""国际和平博物馆联盟"等，它们无一例外地都将"坚持不允许战争再次发生，促进世界和平发展"列为其建设运营与和平建设的主要价值导向。

然而，虽然联合国教科文组织语境下的战争遗产在诠释与展示时遵循的是和平话语逻辑，但这一逻辑凸显的是传统理念中"消极和平"的价值内涵。它强调要通过培育人们的反战意识，来达到预防战争，最终没有战争的和平状态。这种和平诉求方式，笔者将其概括为"反战和平"的价值面向。

不可否认，中国自古就有"居安思危"的传统，通过对过往灾难的审视和文化反省，通过人们的教育和引导，告诫人们不能让灾难悲剧再次重演。但在人类命运共同体新语境下，和平不但被理解为战争的不在场，更被理解为包含了社会整体积极建构下所形成的持久而稳定的积极状态。因

---

① 〔澳大利亚〕劳拉简·史密斯、朱煜杰、张进：《话语与过程：一种批判遗产学的视角》，《白色学院院报》2014年第9期。

此，反对战争，预防战争只是和平取得的第一步，而构建面向和平的积极社会才是和平持久的最稳定形式。毋庸置疑，随着新语境对于和平内涵理解的深化与拓展，战争遗产的和平价值取向与诉求方式也需要相应予以调整，从具有"消极和平"内涵的"反战和平"价值面向转向具有"积极和平"内涵的"面向和平"价值取向十分有必要。从"反战"到"面向"，虽然遵循的都是和平的话语，但它体现的却是和平内涵的丰富与和平逻辑诉求的不同。

事实上，一直以来，针对以"反战和平"价值面向定位的战争遗产，到底在多大程度上能够发挥它在推动世界和平发展中的作用，学者们有过怀疑与反思。譬如，古骐瑛就指出：尽管战争的影响确实与破坏紧密相连，该悲剧的力量是巨大的，它能够带给人们精神和生命上巨大的战栗。这对塑造观众愤怒、悲伤和厌战的情绪十分有效。但是，这些合成的情感到底能够在多大程度上促使个体态度和行为的转变呢？更多时候，它们充当了人们呼喊口号的动力，却无法真正促使人们转化成实际的动力。对此，阿莱达·阿斯曼（Aleida Assmann）也提出："战争遗址地所蕴涵的神秘性氛围，会让人们自然而然地产生对于杀戮的反感和战争的憎恨，但这种力量和情感却根本不足以支撑它成为当战争再次来临时，人们记取教训，化解冲突的工具。"①

当代中国的"积极和平观"强调唯有在全社会构筑起基于公正和宽容的"和平文化"（culture of peace），唯有培育出具有强大和平人格与反思力量的和平个体，那么当冲突来临时，人们才有可能做出合乎人性的和平价值选择，世界才有可能真正实现和平发展。可见，从"反战和平"到"面向和平"，新语境下的战争遗产无疑将会为维护世界和平贡献出更多的和平价值与智慧，为推动世界和平发展发挥更大的作用。它不仅仅是一个仪式化空间、情感性空间，让人们能够通过对"暴力文化"的再体验，于悲情、愤怒和反战的情绪中完成对和平的诉求；它更是一个和平文化空间，反思批判性空间，致力于通过宣扬人类和平潜能、传递和平智慧、培

---

① 〔德〕阿莱达·阿斯曼：《记忆中的历史》，袁斯乔译，南京大学出版社，2017，第106页。

育反思精神、教授和平技能，来培育能够将和平行为、和平品质与和平使命内化于心的和平个体，并真正在全社会构筑起基于公正、宽容、移情、非暴力的"和平文化"。

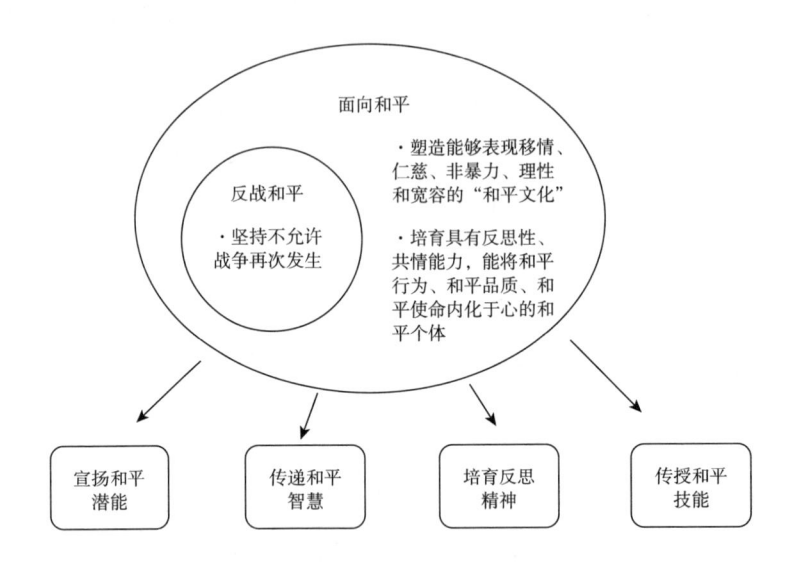

图 1　战争遗产和平价值面向的转向

四　战争遗产在和平建设中的实践路径

一种价值能否得到有效实现取决于其具体的实践路径能否得到有效落实。新语境下中国战争遗产和平话语逻辑的调整，也必将会对其在和平建设中的实践活动产生深远影响。从曾经单纯的防御性思维，到今天的积极建构性思维，在"积极和平观"强调的"和平建构"（peace building）模式里，战争遗产在和平建设中的实践方式也将更加丰富多元。那么，在不断寻找维护和平智慧的道路上，如何更好地发挥战争遗产在当代和平建设中的作用，本文总结了以下四点。

（一）加强和平信息的挖掘，宣扬和平潜能

作为一种媒介，文化遗产最主要的特征便是诠释性。费门·提尔顿（Freeman Tilden）曾定义道："诠释的目的在于通过原物的使用、切身体验以及说明媒介来揭示事物的内涵及其相互关系,而不仅仅是传达事实信息。"①亨利埃塔·利奇(Henrietta Lidchi)也形象地使用羊皮纸来形容遗产本身蕴含的多元意义,他指出:"遗产犹如羊皮纸,聚集了一堆反复叠写的意义。因此,当我们在对它进行诠释时,就应该把它视作是参与到一段'连续事物历史'当中,把其反复叠写的意义罗列并完整地呈现出来。"②

战争遗产,蕴含了丰富而立体的信息、观点和意义。但传统意义上,大多数进入博物馆遗产语境中的战争遗物往往只被赋予了主人身份代言的单一含义。它们要么象征了战争加害者的"在场",要么象征了战争受害者的"缺席"。如此一来,遗产本身所蕴含的多元信息,尤其是在原始语境下,或许包含了期盼和平,以及赞美和平的信息和意义,便会在进入遗产解释系统之后被忽略。

具有"面向和平"价值取向的战争遗产强调在记住战争曾经巨大破坏性影响的同时,要为观众提供战争历史的另一种写照,一种能够表现出移情、仁慈、非暴力、理解和宽容的和平表述方式。约翰·加尔通(Johan Galtung)称:"为了正义,人们有时候有必要动用军事力量。然而,尽管冲突不可避免,但如何减少军事力量的介入,而更多地采用非暴力方式去解决冲突却考验着人们的和平智慧。"③事实上,人类天生就具有和平的潜能,"以和邦国""和而不同""以和为贵"等词汇都显示出,自古以来,人们即积累了丰富的以非暴力方式去解决冲突、推动和平的主动性和创造性。而这些能反映出人们主动性和创造性的和平潜能也蕴藏在战争遗产多元的信息价值体系之中,等待着人们的挖掘和阐释。

以肯尼亚国家博物馆采用民族志方法诠释战争遗产为例。该馆在诠释一件名为"坎巴围裙"的战争遗物时,不仅标注了它曾经被出征士兵随身携带,还重点阐述了它在原始语境里期盼和平的意义。原来坎巴围裙是当

---

① Freeman Tilden, *Interpreting Our Heritage*, NC: University of North Carolina Press, 2007, p. 128.
② 〔英〕亨利埃塔·利奇:《他种文化展览中的诗学与政治学》,载〔英〕斯图尔特·霍尔《表征:文化表象与意指实践》,许亮译,商务印书馆,2005,第162页。
③ 〔美〕约翰·加尔通:《和谐致平之道——关于和平学的几点阐释》,《当代西方研究》2005年第2期。

地妇女祈愿和平的典型信物。围裙上的装饰饱含了人们对出征士兵早日平安归来的期盼。其中，围裙上的白色串珠象征和平，黄色象征对话，绿色代表和平树，又意味着牺牲，而红色代表和解与调停，黑色寓意丰收神，象征希望的获得。

正如"和平潜能论"的创始人道格拉斯·弗瑞（Douglas P. Fry）所言："暴力并非人性的固有部分，相反，人类天生具有构建和平的主动性和创造性。如何充分挖掘，推广人类利他、友爱、宽容、和解、尊重等维护和平的潜能，对构建和平社会十分重要。"[①] 因此，完整呈现战争遗产多元立体化信息内涵，尤其是挖掘它可能在原始语境里有关期盼和平、赞美和平、庆祝和平等历史信息，对于新时代和平建设至关重要。

（二）构筑交流互动空间，传递和平智慧

和平心理学家认为，大多数时候，群体之间的敌意与反感是由不同群体之间的隔阂造成的。如何寻找到一个可信赖，持中立态度的第三方机构，让不同群体可以于此敞开心扉交流、互动，对减少群体之间的冲突，促进群体和谐，培养具有包容性和理解性等和平人格的个体十分重要。今天，在批判遗产学视角下，文化遗产不仅仅被视为一个历史经验性空间，它更被理解为一种文化过程或涉身的展演。"它犹如一个舞台，一个让人们参与进来协商意义的场所。"[②] 可见，文化遗产对于自我角色的再定位使得从理论层面上看，战争遗产符合了曼奥尔·波特提出的可信赖第三方中立机构所应该具备的一系列条件。那么，从实践操作层面上看，战争遗产又应该如何打造成为波特所期望的道德且安全的和谐关系促进者呢？英国北爱尔兰为我们提供了很好的可借鉴案例。

由于族群之间的矛盾、隔阂，北爱尔兰社会一直处于冲突不断的状态。为了促进社会的和平进程，满足一个新的、多元文化可以和谐共处的

---

① Douglas P. Fry, *Beyond War: the Human Potential for Peace*, Oxford: Oxford University Press, 2007, p. 3-5. 转引自刘邦春《从消极和平到积极和平——后冷战时代西方和平心理学思想管窥》，博士学位论文，湖南师范大学，2012，第 125 页。
② 〔澳大利亚〕劳拉简·史密斯、侯松、谢洁怡：《反思与重构：遗产、博物馆再审视》，《东南文化》2014 年第 2 期。

社会发展需求，当地遗产部门发起了一项名为"故事与对话"的系列活动。该系列活动旨在让不同背景的人可以在安全的空间内，通过讲故事的形式进行非正式会谈，以此尝试相互了解与信任。据项目负责人之一的威尔·格伦迪宁（Will Glendinning）介绍：冲突的记忆往往是导致社会不和谐的主要因素。因此，让对冲突事件持不同理解态度的群体在具有道德约束的遗产空间内，稳妥地互相讲述自己的经历与遭遇，对颠覆、扩大人们的固有认识，引发人们对其他群体的理解与同情，以及促进代际和解、创建共享记忆都具有极大的帮助。[①]

活动之中，为了建立一个道德且安全的模式，"对话精神"一直贯穿始终，与此同时，让所有参与者都可以在毫无压力或迫力的情形下充分知晓全部进程并自由参与，也是战争遗产在营造可信赖、安全的分享环境中尤其需要注意的。而就故事讲述的主题而言，以"故事与对话"系列活动为例，它们有的是围绕战争遗产本身历史展开，如"回忆疗伤""分享1917年梅西讷战役的体验"项目等，有的则是链接了当下某个与社会冲突相关的时事热点话题，如"与时俱舞"项目。然而，无论是何种主题的故事分享，通过交流、对话，参与者们在互动中完成了被接受、被理解、被尊重的友好和平体验。

交流与对话是改善群体关系的有效途径，同时，它们也是化解冲突的重要技巧。因此，构筑交流互动空间，也是让参与者们可以在和平沟通的友好体验中，潜移默化地习得、领悟关爱、包容，及站在他者角度去思考问题的和平态度与智慧。

（三）融入多元观点，培育反思精神

"对于历史而言，它本身就不是大写的、一元的，它具有多重面向，这让它很难得出非黑即白的历史论断。"[②] 尤其是对于战争历史而言，它往往涉及多方不同的观点。其多义性使得它经常会因为其中包含的敏感、棘

---

① 〔英〕威尔·格伦迪宁：《故事与对话：爱尔兰和平进程的一部分》，遇舟译，《国际博物馆》2011年第2期。
② 彭刚：《历史记忆与历史书写——史学理论视野下的记忆转向》，《史学史研究》2014年第2期。

手成分，而成为不同群体间争夺的对象。正因为如此，民族国家话语叙事中的战争遗产基本都会以宏大的叙事框架去解释复杂的战争历史。然而，这种教科书般的阐释方式虽然有利于特定历史观的传递，并避免对历史的争议，却也在一定程度上限制了人们批判性思维的形成。而缺乏对多重面向战争细节的描绘，以及对战争背后复杂历史背景的分析，战争遗产又能够在多大程度上促进观众对战争本质的思考呢？

汉娜·阿伦特（H. Arendt, 1906-1975）曾提出"平庸之恶"[①]的概念，她利用著名的米尔格兰姆心理学实验指出"平庸之恶"隐藏于每个社会、每一个人中，并不仅仅局限于一小撮人。唯有让每一个个体都能够保持独立意识，使他们能够在任何条件下，都无条件地承担起他们的道德责任，才能防止他们将自身推向旁观者之列，形成袖手旁观般的冷漠和麻木。齐格蒙特·鲍曼（Z. Bauman, 1925-2017）认为避免战争再次发生的唯一途径就是需要在"任何条件下，教育个体都要无条件地承担起他的道德责任"。唯有对现代文明内部阻碍和平的因素进行反思，人们才能更好地洞悉战争本质，才能不受战争发动者的蛊惑。[②]

战争遗产叙事需要具有与现代世界密不可分的反思特质。它不应该仅仅只是用一种外在仪式和形式把记忆包裹框架起来，它还应该借助其专业性，呈现出含纳多元观点的叙事，让人们既可以从中了解战争中到底发生了什么，形成对战争创伤的再体验，也可以了解战争发生时的起因背景，了解战争发生时各类人群的态度、遭遇，以及领导者做出任何不同决定会导致怎样的结果等复杂的历史细节，让人们可以在直面历史纷繁的观点与面向后，形成对战争本质的洞悉，并最终从重复"不允许战争再次发生"（Never Again）的修辞性口号，转换为对"战争为何仍在继续"（Why Still）的思考。

然而，不得不承认，在面对战争记忆这一会涉及国家历史认同与民族情感的话题时，其多义性的叙事方式在给予人们对战争深刻反思空间

[①] 〔德〕汉娜·阿伦特：《耶路撒冷的艾希曼》，孙传钊译，吉林人民出版社，2011，第17页。

[②] 〔英〕齐格蒙特·鲍曼：《现代性与大屠杀》，杨渝东、史健华译，译林出版社，2002，第65页。

的同时，有时也会引发广泛的社会效应。此时，对于战争遗产，在如何处理、叙述、诠释这些信息时，需要审慎再三，并采用最为恰当的方法。胡凯云称："在寻求兼容的文化解释氛围中，有时并不能对每个问题都给出完美的解答，那么，给予人们想象空间也是一种行之有效的方法。"① 譬如，美国犹太大屠杀纪念馆在展示一幅美国空军在1944年5月拍摄到的奥斯维辛集中营情报照片时，就将它与一封时任美国主管战争的副国务卿拒绝世界犹太人委员会提请轰炸奥斯维辛集中营要求的来信并置展示。长久以来，美国爱国代表们都将自身塑造成全世界范围内与恶势力斗争的纯粹正面人物形象，纪念馆通过将这两件战争文物组合对比展示的方式，使得虽然没有文字评述，却无形间将盟军的冷漠态度引入到人们对当时情形的想象与反思中。

（四）提升共情能力，传授和平技能

"和平人格论"的提出者丹尼尔·梅顿（Daniel Mayton）称："作为一种情感互动现象，共情能力对于培养人的社会责任信念、追求社会和平正义都具有重大意义。和平倾向较高的个体共情能力也较高。"② 可见，共情能力是和平技能的必要组成部分。

战争遗产往往会有较强的情感附着其上。残酷、苦难，让人深陷其中不能自拔。不仅如此，情感也被批判遗产学视为遗产意义生成的重要组成部分。遗产研究已经开始逐渐从理性维度转向感性维度。劳拉简·史密斯称："当人们利用遗产去改变他们自己关于过去，关于他者的理解时，就会产生很多的情感共鸣，而这些情感共鸣是极具想象力的'情感智力'，它可以让人们带着想象力去重新塑造理解过去和他人的方式。"③

但什么样的情感可以被称为共情能力，什么样的情感又可以被理解为情感智力呢？兰茨伯格·艾莉森（Landsberg Alison）将人们能够产生的情

---

① 胡凯云：《浅析"后博物馆"的展示诠释》，《东南文化》2017年第4期。
② Daniel Mayton, *Nonviolence and Peace Psychology*, New York: Springer, 2009, p.2. 转引自刘邦春《从消极和平到积极和平——后冷战时代和平心理学思想管窥》，博士学位论文，湖南师范大学，2012，第85~87页。
③ 〔澳大利亚〕劳拉简·史密斯、路芳：《游客情感与遗产制造》，《贵州社会科学》2014年第12期。

绪分为"移情"（empathy）和"同理心"（sympathy）两种。其中，移情是指透过对叙事观点的认同，引发与当事人同悲同喜的感受，它更多地与同情心相联系。而同理心则是一种类似于感同身受，并产生积极怜悯与认同的情感，它更多地与共情能力相联系。① 他继而指出把自己想象成受难者和把别人想象成受难者是完全不同的两回事。唯有激发人们的同理心，才能真正将人们的情绪与感受转化为积极行动的力量，产生出史密斯所说的"情感智力"。

在战争遗产的诠释过程中，增强以人性共生记忆的微观视角来讲故事是引发人们同理心，提升共情能力的有效路径。杰弗里·亚历山大（Alexander Jeffrey）提出犹太大屠杀记忆之所以能够引发强烈的普适化心理认同，正是因为它突出了以人性价值为核心的个体故事叙说。"这些故事通过人格化的方式还原了犹太大屠杀的精神创伤以及受害者形象。这种表现形式既没有采取宏观的历史视角，也没有聚焦于意识形态，而是从小团体，家人朋友、家长子女、兄弟姐妹的角度出发来予以描绘。这样，精神创伤的受害者就变成了每个男人和每个女人，每个孩子。"② 的确，与大写、一元的历史事实不同，小写、感性与多元的故事因为是以人格化的个体记忆为内核，所以相较于宏大历史叙说下内容的高导向性与教条性，可以更好地与观众自我记忆相连接，形成一种与自我经验、经历的共鸣与认同。

可见，新语境下对于战争遗产的诠释，不应该仅仅是将"人类经验割裂成一块块特定历史，而需要通过个体把过去和现在，把不同时代的不同人类都看成是一个用'人'来加以连贯的整体，从而见证属于个人的故事"，③ 这无疑对于培养人们的和平技能至关重要。

五 中国战争遗产在和平建设中的角色再定位

尽管战争遗产一直被认为是和平的源泉与对话的动力，是宣扬"坚持

---

① Landsberg Alison, "America, the Holocaust, and the Mass Culture of Memory: Toward a Radical Politics of Empathy", *New German Critique* 2, (1997).
② 〔美〕杰弗里·亚历山大：《社会生活的意义——一种文化社会学的视角》，周怡等译，北京大学出版社，2012，第53页。
③ 徐贲：《人以什么理由来记忆》，吉林出版集团，2016，第254页。

不允许战争再次发生"等反战意识的主要阵地,尽管如此,由于它并不能成为冲突直接的解决者,或是让对立双方走向谈判或结盟的工具,因此,长久以来,它承担的一直是维持和平、反战和平的推动者角色。① 人类命运共同体语境下的和平建设,强调"积极和平文化"的塑造和和平人格的培育。它的实践,依赖于自上而下和自下而上双重路径,而批判遗产学理论视角下的战争遗产恰恰满足并契合了这双重路径。从自上而下的角度看,战争遗产可以通过对和平信息的诠释和多元观点的融入,来实现国家和平意志与中国当代和平价值观的传递。而从自下而上的角度看,战争遗产又可以通过交流互动空间的构筑与个体故事的收集、整理、呈现,来传递和平智慧、传授和平技能,让和平人性充分成长。

一直以来,中国的战争遗产是典型的民族国家记忆空间,它承载着民族国家记忆的核心,充当着培养、凝聚爱国主义精神的"国家记忆之场"。随着国际社会对两次世界大战期间人类战争与罪行的不断反思及对反法西斯战争胜利的纪念,联合国教科文组织语境下的"和平发展"也成为中国战争遗产在诠释遗产价值与意义时所遵循的主要话语逻辑。以侵华日军南京大屠杀遇难同胞纪念馆为例,在21世纪初纪念馆的改扩建工程中,就意在展示这些创伤记忆,不是要彰显仇恨,而是要和解与和平,把"前事不忘,后事之师;以史为鉴,开创未来"16个大字列为建馆宗旨。

然而,构建人类命运共同体的新语境对于和平内涵理解的深化与批判遗产学理论在战争遗产内部的合流,为中国的战争遗产形成具有自己特色的和平话语提供了契机。这套具有本土特色的和平话语立足于中国对当今世界的态度与看法,体现了深层次的中国传统和平文化与当代中国的积极和平价值观。它既包含了具有"面向和平"的价值定位,也包含了融合宣扬和平潜能、传递和平智慧、培育反思精神、传授和平技能等更为丰富多元的和平实践方式。

阿尔君·阿帕杜莱(Arjun Appadurai)认为:"任何一种意识形态景观

---

① Diana Walters, Daniel Laven and Peter Davis, *Heritage and Peacebuilding*, The Boydell Press, 2017, pp.78-80.

的全球化流动都必须依赖并借助于媒介的构建与传播。"① 毫无疑问,新语境下的中国战争遗产在今天的积极和平建设中格外具有力量和优势。它无疑将为维护世界和平贡献出更多的和平价值与智慧,为推动世界和平发展发挥更大的作用。不仅如此,它也将在人类命运共同体理念全球化传播过程中被赋予更重要的角色,成为呼吁世界人民共同维护世界和平,构建人类命运共同体的重要媒介。

War Heritage and Peacebuilding in the Vision of a Community Based on a Shared Future for Mankind

Ma Ping[*]

Abstract: War heritage is mostly understood in relation to peacebuilding, and its connotation has changed accordingly. In the context of a community with a shared future for mankind, peace is no longer simply understood as the absence of war, but a construction mode in the sense of community of interests. Accordingly, the understanding of the value of war heritage is richer more diversified. Nowadays, the peacebuilding practices of the war heritage include promoting the potential for peace, passing on peace wisdom, cultivating a spirit of reflection and imparting peace skills. There is no doubt that Chinese war heritage in the new context has exceptional strength and advantages in today's active peacebuilding. It will contribute more peace value and wisdom to the maintenance of world peace and play a greater role in promoting world peace and development.

Keywords: A Community Based on a Shared Future for Mankind, War Heritage, Peace Development, Peace Wisdom, Positive Values of Peace

---

① 〔美〕阿尔君·阿帕杜莱:《消散的现代性:全球化的文化维度》,刘冉译,上海三联书店,2012,第47页。

[*] Author Bio: Ma Ping, Postdoctoral student, School of Social Sciences, Nanjing University.

遗产、记忆与历史文化

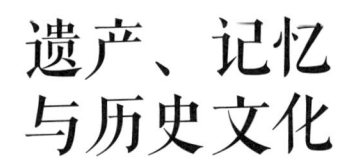

"格林童话"之今昔[*]

〔美〕丹·本-阿默思 著　张举文 译[**]

摘　要：如果比较"格林童话"与后来发掘和创作的童话，读者可能会发现，"格林童话"似乎在许多方面显得逊色，甚至与当今时代不符。但是，格林兄弟对童话和民间故事的搜集、整理、发表有着划时代的贡献，他们对后来的文化、社会、文学的贡献是质性而不是量性的。格林兄弟用他们的童话改变了社会和知识分子对民间故事的态度，使人们从故事中看到意义，而这种意义不只是宗教或伦理等体系之间的关系问题，更重要的是故事内在的意义，由此让人们从历史、诗性、国家或国际角度去阐释故事，而不是将故事弃为无聊或边缘的东西。"格林童话"也因此成为故事研究的丰碑，人类文化的一份重要遗产。

关键词：格林兄弟　格林童话　故事史　文本化

两百年前，来自德国卡森州的两兄弟，27岁的哥哥雅各布·格林（Jacob Grimm）和26岁的弟弟威廉姆·格林（Wilhelm Grimm）[1]，出版了他们的第一本书《儿童与家庭故事》（*Kinder-und Hausmärchen*）。它既不是哲学专著，也不是政治论著，而只是一本故事集，收录的是那些在家庭环境下给儿童讲述的故事，也是第一次将它们印刷出来。但是，斗转星移，这本书为整个西方世界带来的冲击反映在文化、民俗、思想、文学、艺

---

[*] 此文是2012年11月在雅典召开的纪念格林兄弟的《儿童与家庭故事》出版二百周年会议的演讲稿。后经修改，发表在 M. G. Meraklis et al., eds, *The Tale from the Brothers Grimm to Our Times: Diffusion and Study*, Athens: Gutenberg, 2017, pp. 83-121.

[**] 作者简介：丹·本-阿默思（Dan Ben-Amos），美国宾夕法尼亚大学东亚与中东文明研究系教授。
译者简介：张举文，美国威拉姆特大学东亚系教授，美国西部民俗学会会长。

术、音乐等领域，直至今天。[2]

的确，格林兄弟并不是将口头故事转化成文字的第一人。在他们之前，最广为人知的前辈是法国的女性童话作家们。对她们来说，口头故事滋润了她们的文学想象。她们的社交性讲故事娱乐将她们的沙龙变成一个交流平台，由此，那些来自童年或农民讲故事的记忆，或是想象的，或是记起的，以模仿古代口头演说的形式，转化成流行的印刷文学，塑造了文学创造性，并在都市社会的各个阶层找到了读者。无论是颠覆性的、怀旧性的还是讽刺性的故事，这些讲故事的女作家在口头文学的人物、主题和形式上充实了 17-18 世纪文学。[3]

在民俗研究历史上，只有夏尔·佩罗（C. Perrault）超越了那些女性作家。在他的晚年，作为诗人、作家、演说家和公众人物，① 佩罗开始发表民间故事，[4] 共有十一则故事，三则是诗韵体，② 八则是散文体，[5] 以此来表明他对现代文学胜过古代文学之观点的拥护。③ 这些故事随即成为时尚的法国文学，并跨境传入德国。在那里，格林兄弟和其他作家一样也投身于创造和再创作童话故事。④ 那些法国、德国的类似民间幻想文学作家都不一定与口头叙事者有直接的接触。道尔逊（R. Dorson）基于 20 世纪

---

① J. Barchilon and P. Flinders, *Charles Perrault*, Boston: Twyane Publishers, 1981; Perrault, Ch., *Memoirs of My Life*, ed. and trans., by J. M. Zarucchi, Columbia: University of Missouri Press, 1989.

② 见 Ch. Perrault, *Recueil de plusieurs pièces d'éloquence et de poésie présentées à l'Académie Française pour les prix de l'année 1691*, Paris: Jean Baptiste Coignard, 1691; Perrault, Ch., *Griselidis. Nouvelle avec le conte de Peau d'Asne, et celuy des souhaits ridicules*, Paris: Jean Baptiste Coignard, 1695. 三则故事是，"Griselda"［ATU 887 "Griselda"］（玛丽亚·格里塞尔达），"Peau d'asne"［ "Donkey-Skin" -ATU 510B "Peau d'asne"］（驴皮公主）和 "Les Souhaits Ridicules"［The "Ridiculous Wishes" -Motif J2071 "Three foolish wishes"］（三个愿望）。

③ 见 J. Morgan, *Perrault's Morals for Moderns*, New York: Peter Lang, 1985.

④ 见 W. de Blécourt, *Tales of Magic, Tales in Print. On the Genealogy of Fairy Tales and the Brothers Grimm*, Manchester: Manchester University Press, 2012; G. -L. Fink, *Naissance et apogée du conte merveilleux en Allemagne, 1740-1800*, Paris: Les Belles Lettres, 1966; M. Grätz, *Das Märchen in der deutschen Aufklärung: vom Feenmärchen zum Volksmärchen*, Stuttgart: Metzler, 1988; M. Grätz, "Kunstmärchen," *Enzyklopädie des Märchens* 8 (1996): 612-622; E. W. Harries, "The Literary Fairy Tale," in D. Haase, ed., *The Greenwood Encyclopedia of Folktales and Fairy Tales*, Westport, Conn.: Greenwood Press, 2008, Vol. 2, pp. 578-583; L. Mourey, *Introduction aux contes de Grimm et de Perrault: histoire, structure, mise en texte*, Paris: Lettres Modernes, 1978; H. Velten, "The Influence of Charles Perrault's Contes de Ma Mère l'Oye on German Folklore," *Germanic Review* 5 (1930): 4-18.

美国的背景所提出的民俗与文学的严格区分标准,不应被用来批评18世纪的法国和德国童话作家。①

尽管有关的文献信息不完整,但是,从文化文学史的广义角度,可以认为,从口头到文字文学的过渡要早于中层和上层阶级对口头文学的吸收。经济与文学的因素促使印刷业者将口头故事记录下来并印刷出来。他们将口头故事转换到印刷纸张上,非但没有阻止口头叙事的传播,而且也没有阻碍其他叙事形式的延续。这一点,已被随后的19世纪民俗学研究的发现所证实。

其他民俗类型,如歌曲和谚语,也出现在廉价的宣传海报、故事书和词典等印刷品上,并随着宗教和伦理读物一起被售卖。[6]正如最近一些学者所指出的,这些印刷文本并没有成为故事传播和翻译的唯一渠道。② 相反,这些东西更像"浮标"——借用沃尔夫森(H. Wolfson)的美妙比喻,标示着故事从口头传统中浮现出来。③ 那么,如果说17-18世纪已经有了大量的故事,那格林兄弟在19世纪初还有什么可贡献的,并值得我们在二百年后去庆祝呢?

这并不只是个反问。民间故事和文学自古以来一直有着互动的关系,不论是古典时代、中世纪还是文艺复兴时代,这在不同语言和传统的文本中都显而易见。

古代苏美尔地区(今伊拉克)的阿卡德人的故事《尼普尔来的穷人》,

---

① D. G. Hoffman, et al., "Folklore in Literature: A symposium," *The Journal of American Folklore* 70 (1957): 1–8. 对此观点的批评, 见 M. E. B. Lewis, "Folklore and Literature," *The Journal of the Folklore Institute* 13 (1976): 225–329; Br. A. Rosenberg, *Folklore and Literature: Rival Disciplines*, Knoxville: The University of Tennessee Press, 1991, pp. 57–58, 181–188.

② 例如, W. de Blécourt, *Tales of Magic, Tales in Print. On the Genealogy of Fairy Tales and the Brothers Grimm*, 2012; R. B. Bottigheimer, *Fairy Godfather: Straparola, Venice and the Fairy Tale Tradition*, Philadelphia: University of Pennsylvania Press, 2002; R. B. Bottigheimer, *Fairy Tales: A New History*, Albany, 2009; R. Schenda, *Von Mund zu Ohr. Bausteine zu einer Kulturgeschichte volkstümlichen Erzählens in Europa*, Göttingen: Vandenhoeck and Ruprecht, 1993.

③ 引语来自 D. Bynum, *The Daemon in the Wood: A Study of Oral Narrative Patterns*, "Foreword" by A. Lord, Cambridge, Mass.: Harvard University Press, 1978, p. 12. 沃尔夫森教授用这个比喻来描述词语与思想的关系,而在本文中,它被用来指书面与口头故事的不同异文之间的关系。

早在公元前 701 年就以诗歌的形式写在一块石碑上,尽管很可能更早就为人所知了。①这方式与两千四百年后佩罗将口头故事转写下来几乎是同样的。那个故事继续以口头形式流传,经历变异和转化,之后被以文字记录下来,成为不同传统中的叙事知识,更多的是以散文形式而不是诗的格式。②

然而,这种文学诗性的冲动本身并不能展示每个具体事例从口头到文字文学的转化。例如,两个古埃及故事的文本,《天命王子》和《两兄弟》都有叙事散文体。而有意思的是,另一个故事文本,《有口才的农民》则是以说唱体存在,将唱融入散文叙事,这种形式在今天的非洲社会仍很普遍。[7]

诸如此类的文本不一定在过去被叙事的拥有者所记录下来,但它们通过文字记录者、作家和诗人而被转化成文字文学,因为那些人扮演了将口头故事转化为文学故事和戏剧的"转化媒介人"。有关"转化了的口头叙事"的例子多得无可计数。古代有埃及文献,美索不达米亚石碑③,古

---

① J. S. Cooper, "Structure, Humor, and Satire in the Poor Man of Nippur," *Journal of Cuneiform Studies* 27 (1975): 163-174; M. de J. Ellis, "A New Fragment of the Tale of the Poor Man of Nippur," *Journal of Cuneiform Studies* 26 (1974): 88-89; O. R. Gurney, "The Sultantepe Tablets (Continued). V. The Tale of the Poor Man of Nippur," *Anatolian Studies* 6 (1956): 145-164; O. R. Gurney, "The Tale of the Poor Man of Nippur and Its Folktale Parallels," *Anatolian Studies* 22 (1972): 149-158; H. Jason, "The Poor Man of Nippur: An Ethnopoetic Analysis," *Journal of Cuneiform Studies* 31 (1979): 189-215; H. Jason and A. Kempinski, "How Old Are Folktales?," *Fabula* 22 (1981): 4-5; V. Julow, "The Source of a Hungarian Popular Classic and Its Roots in Antiquity," *Acta Classica* 6 (1970): 75-84; H. Lox, "Rache des Betrogenen (AaTh 1538.)," *Enzyklopädie des Märchens* 11 (2004): 149-153; S. B. Noegel, "Word Play in the Poor Man from Nippur," *Acta Sumerologica* 18 (1996): 169-186.

② 故事类型 ATU 1538 "The Revenge of the Cheated Man"(被骗者的复仇); Herodotus, *Histories*, trans. by A. D. Godley, Cambridge, Mass.: Harvard University Press, 1920, Vols. 1-4, pp. 413-423 [bk. 2. 121]. U. Marzolph and R. van Leeuwen, *The Arabian Nights Encyclopedia*, Santa Barbara, CA: ABC Clio, 2004, pp. 1, 267-268 [No. 376]; V. Julow, "The Source of a Hungarian Popular Classic and Its Roots in Antiquity," *Acta Classica* 6 (1970): 75-84.

③ 例如,B. R. Foster, *From Distant Days: Myths, Tales, and Poetry of Ancient Mesopotamia*, Bathesda, MD: CDL Press, 1995, pp. 355-376。除了本页注③,也要参考上页注②和注③。

典文本,①《圣经》叙事[8],匿名文学,② 希伯来文的米德拉什文献。③ 此外,在中世纪宗教和世俗文学中也有,④ 并激发了薄伽丘(G. Boccaccio)[9]、乔叟(G. Chaucer)[10]等人的文学想象,而百年后的莎士比亚(W. Shakespeare)则被视为"取材于民间知识的第一位伟大的民俗学家"。⑤

---

① 有关古希腊文化中的口头性问题的学术研究颇为广泛,有关民间故事的,见 G. Anderson, *Fairytale in the Ancient World*, London: Routledge, 2000; G. Anderson, *Greek and Roman Folklore: A Handbook*, Westport, Conn.: Greenwood Press, 2006, pp. 63 – 89; G. Anderson, *Folktale as a Source of Graeco-Roman Fiction: The Origin of Popular Narrative*, "Foreword" by D. Costa, Lewiston, NY: The Edwin Mellen Press, 2007; R. Carpenter, *Folk Tale, Fiction and Saga in the Homeric Epics*, Berkeley: University of California Press, 1946; W. R. Halliday, *Greek and Roman Folklore*, New York: Cooper Square Publishers, 1963 [originally published, New York, Longmans, 1927], pp. 74 – 114; W. Hansen, "Homer and the Folktale," in I. Morris and B. Powell, eds., *A New Companion to Homer*, Leiden: E. J. Brill, 1997, pp. 426-442; W. Hansen, ed., *Anthology of Greek Popular Literature*, Bloomington: Indiana University Press, 1998; D. Page, *Folktales in Homer's Odyssey*, Cambridge, Mass.: Harvard University Press, 1973; A. Sobie, *Aspects of the Ancient Romance and its Heritage: Essays on Apuleius, Petronius and Greek Romances*, Meisenheim am Glan: Anton Hain, 1969; R. Thomas, *Oral Tradition and Written Records in Classical Athens*, Cambridge: Cambridge University Press, 1989; S. Trenkner, *The Greek Novella in the Classical Period*, Cambridge: Cambridge University Press, 1958.

② 经书《多俾亚传》没有被包括在希伯来文或希腊文的《圣经》中,但它实际上是故事类型 ATU505("感恩的死者")的记述。虽然无法确认其口头起源,但其情节包括若干民间母题,见 Fr. Zimmerman, *The Book of Tobit*, New York: Harper & Brothers, 1958, pp. 5-12. 有关该书的起源年代的诸多研究,见 Fr. Zimmerman, *The Book of Tobit*, pp. 21-27. 有关的文献目录信息,见 H. J. Uther, "The Types of International Folktales," *Bin Gorion* 40 (1990): 74-75.

③ 见 B. Gerhardsson, *Memory and Manuscript: Oral tradition and Written Transmission in Rabbinic Judaism and Early Christianity*, Upsala: C. W. Gleerup, 1961.

④ 见 J. M. Ziolkowski, *Fairy Tales from Before Fairy Tales: The Medieval Latin Past of Wonderful Lies*, Ann Arbor: The University of Michigan Press, 2007. 有关可依从去辨认民间故事和童话故事的口头流行版本的"神奇故事搜集原则",见 R. J. Clements and J. Gibaldi, *The Anatomy of the Novella: The European Tale Collection from Boccaccio and Chaucer to Cervantes*, New York: New York University Press, 1977, pp. 229-231.

⑤ 见 H. B. Wheatley, "The Folklore of Shakespeare," *Folklore* 27 (1916): 378。此外,布洛(G. B Bullough, 1957-1975)的综合选集是很重要的文学文献来源。但是,莎士比亚的若干剧目都是对他所处时代的流行的民间故事或母题的戏剧化处理。例如,《辛白林》(*Cymbeline*)依据 ATU 882 "The Wager on the Wife's Chastity"(一个关于妻子贞洁的赌注);《威尼斯商人》(*The Merchant of Venice*)是依据 ATU 890 "A Pound of Flesh"(一磅肉)以及母题 L211 "Modest Choice: Three Caskets Type"(合适的选择:三种箱子);《李尔王》(*King Lear*)是根据 ATU 923 "Love Like Salt"(爱如盐);《驯悍记》(*Taming of the Shrew*)是根据 ATU 901 "Taming of the Shrew"(驯悍记)进一步的研究,见 Ph. C. Kolin, "A Bibliography of Scholarship on Shakespeare and Folklore," *Mississippi* (转下页注)

作家与诗人不仅从口头叙事中汲取灵感，而且也对讲述场景进行"虚构口头性"的再创作，从中想象故事讲述的情景，将故事融入其文学作品中。① 透过零散的古代文学文本，可以发现对不同类型的运用的记述，如为了伦理和政治目的而使用的寓言和谚语。在东方的"框架叙事"传统中，虚构口头性都是围绕伦理、教育、游说等问题。[11] 而在欧洲文学中，虚构口头性被用来作为社交性娱乐的框架。②

格林兄弟对口头性的文学再现对这两种传统都不陌生。在他们的第一册的《序言》中，他们只是特别提到作为前辈先锋的塔巴特（B. Tabart）③、《马比

（接上页注⑤）*Folklore Register* 19（1976）：210-233. 一些新近的研究，见 J. H. Brunvand, "The Taming of the Shrew: A Comparative Study of Oral and Literary Versions," in *Garland Reference Library of the Humanities*, New York: Garland, 1991, Vol. 1289; A. Dundes, " 'To Love My Father All': A Psychoanalytic Study of the Folktale Source of *King Lear*," in A. Dundes, ed., *Cinderella: A Folklore Case Book*, New York: Garland Publications, 1982, pp. 229-258; K. Muir, "Folklore and Shakespeare," *Folklore* 92（1981）：231-240.

① 见, Br. A. Rosenberg, *Folklore and Literature: Rival Disciplines*, 1991, pp. 77-88. 有关对这个叙事技巧的分析，见 W. Nelles, *Frameworks: Narrative Levels and Embedded Narrative*, New York: Peter Lang, 1997. 有关利用传统叙事的例子，如 ATU 1510 "The Matron of Ephesus (Vidua)"（以弗所的长老），有关对口头故事的虚构，见 Petronius, *Satyricon*, trans. by M. Heseltine, New York: G. P. Putnam's Sons, 1912, pp. 228-235 [110-113]. 有关该书及其作者的研究，见 D. Ben-Amos, ed., *Folktales of the Jews*, 2011, Vols. 3, pp. 481-491, No. 46; S. Trenkner, *The Greek Novella in the Classical Period*, 1958, pp. 14-22, 利用不同文学形式构建了对雅典生活的叙述。

② 有关框架叙事的综合比较研究，见 S. Belcher, "Framed Tales in the Oral Tradition: An Exploration," *Fabula* 35（1994）：1-19; K. S. Gittes, "The Canterbury Tales and the Arabic Frame Tradition," *Publications of the Modern Languages Association* 98（1983）：237-251; K. S. Gittes, *Framing the Canterbury Tales: Chaucer and the Medieval Frame Narrative Tradition*, New York: Greenwood Press, 1991; L. Haring, "Framing in Oral Narrative," *Marvels and Tales* 18（2004）：229-245; B. D. Irwin, "What's in a Frame? The Medieval Textualisation of Traditional Storytelling," *Oral Tradition* 10（1995）：27-53; W. Nelles, *Frameworks: Narrative Levels and Embedded Narrative*, New York: Peter Lang, 1997.

③ 本杰明·塔巴特（Benjamin Tabart）是伦敦的儿童读物出版商、作家和编辑，他的东西可能被传到哈瑙。他在英国民俗研究史上并没有地位，在儿童文学史上也很难说清楚。道尔逊在《英国的民俗学家》中没有提到他，在论述卡彭特和普里查德（H. Carpenter and M. Prichard）的那章中写道，"有关塔巴特我们几乎无所了解。很可能是借用他公司的名字而已，其实真正的作者可能是理查德·菲利普（Richard Phillips）勋爵本人"，另见 M. Moon, *Benjamin Tabart's Juvenile Library: A Bibliography of Books for Children, Published, Written, Edited and Sold by Mr. Tabart* 1801-1820, Detroit: Omnigraphics, 1990.

诺吉昂》（*Mabinogion*）[12]、塞万提斯（M. C. Saavedra）①、夏尔·佩罗[2][3][4]、斯特拉帕罗拉（G. F. Straparola）②、巴西耳（G. Basile）③；其实，还有许多别的人。④

  这些作家不一定是格林兄弟所追随的榜样。相反，格林兄弟则以谦虚的口吻、诚实的修辞和比喻性语言，表述出自己对故事与故事演述的概念，并以追求口头性⑤作为他们的根本方法。由于他们认为"讲故事的习俗正在消失"⑥，并设想人们很少参与那种"在火炉边、灶膛边、通往阁楼的石阶上，在与世隔绝的牧场和森林中庆祝神圣的日子……由此，故事得到保留并一代代传承下去"的自然的讲故事活动，⑦所以，他们只好特意请求讲故事人去讲故事。是当时的现实决定了他们的理论。对他们来说，

---

① 他们提到塞万提斯主要是为了表明在西班牙的权威性，尽管也可以联系到他的其他著作，如《典型故事》（*Exemplary Stories*，Novelas ejemplares，1613），其中有民俗的叙事母题，见 T. L. Hansen, "Folk Narrative Motifs, Beliefs, and Proverbs in Cervantes' Exemplary Novels," *Journal of American Folklore* 72（1959）: 24-29. 有关文选的英文译本，见 P. Hannon, *Fabulous Identities: Women's Fairy Tales in Seventeenth-Century France*, 1998.

② 一个英文译本出现于 1894 年。近年来对他的研究明显增多，见 R. B. Bottigheimer, *Fairy Godfather: Straparola, Venice and the Fairy Tale Tradition*, 2002; R. B. Bottigheimer, *Fairy Tales: A New History*, Albany, 2009; D. Ben-Amos, ed., "The European Fairy Tale Tradition between Orality and Literacy," *Journal of American Folklore* 123（2010）: 373-496.

③ 其英文翻译见 G. Basile, *The Pentamerone of Giambatista Basile*, trans. by Benedetto Croce, ed. by N. M. Penzer, London: John Lane the Bodley Head, 1932, Vols. 1-2; N. L. Canepa, ed., *Out of the Woods: The Origins of the Literary Fairy Tale in Italy and France*, Detroit, MI: Wayne State University Press, 1997; 有关研究，见 N. L. Canepa, *From Court to Forest: Giambattista Basile's Lo cunto de li cunti and the Birth of the Literary Fairy Tale*, 1999.

④ 一个非学术性的犹太民俗选集的例子，见 D. Ben-Amos, "Anthologies," in R. Patai and H. Bar-Itzhak, eds., *Encyclopedia of Jewish Folklore and Traditions*, Armonk, NY: M. E. Sharpe, 2013, Vol. 1, pp. 41-50, Vol. 2, pp. 585-593.

⑤ 格林兄弟没有使用这个词，而只是描述了他们的方法。有关"自然叙事"（natural narration）、"体制化后的叙事"（institutionalized narration）以及"特别选择的叙事"（solicited narration）之间的差异，见 M. Fludernik, "Conversational Narration-Oral Narration," in P. Hühn, J. Chr. Meister, J. Pier, and W. Schmidt, eds., *Handbook of Narratology*, Berlin-Boston: De Gruyter, 2014, Vol. 1, pp. 93-104; M. Fludernik, *Towards a "Natural" Narratology*, London: Routledge, 1996.

⑥ J. D. Zipes, ed. and trans., *The Original Folk & Fairy Tales of the Brothers Grimm: The Complete First Edition*, Princeton: Princeton University Press, 2014, p. 4.

⑦ J. D. Zipes, ed. and trans., *The Original Folk & Fairy Tales of the Brothers Grimm: The Complete First Edition*, p3. 参见，A. Falassi, *Folklore by the Fireside: Text and Context of the Tuscan Veglia*, Austin: University of Texas Press, 1980.

故事有着怀旧的审美感,而不是伟大的艺术,因为"每个故事都包含着各自美好的记忆"。① 对此,他们后来曾写道:

> 的确,讲故事的习俗正在消失,如同家里和院落中所有熟悉的地方一样,都正在被空洞的壮丽景观所取代。这些景观又如同人们听故事时的微笑,而那种微笑显得快乐开怀,但其实没有什么价值。在那些故事依然存在的地方,没有人去沉思故事是好还是坏,富有诗意还是充满残酷。人们知道这些故事,并爱听和讲这些故事,因为他们就是习惯性地被这些故事所吸引。他们从中获得愉悦,而不需要任何理由。②

他们以集体性的文学、文化引发了个人的记忆,而这种记忆代表着他们童年的天真。对格林兄弟来说,故事所关联的是他们成长的地区,也是他们和自己的朋友记录下那些故事的地方。他们将自己对故事的理解展现给他们的读者,并构想这些故事是依据两个二元对立体互动而存在的:地域性与普遍性;神话性与凡人性。他们也将保留这些故事的特质确立为目标,强调忠实地记录口头讲述者所讲的故事。

故事的地域性具有极大的重要意义,正如格林兄弟所说:"除了所提到的几个特例,我们将自己所生长的地区,德国黑森州的美因和哈瑙的金齐希河地区的所有的口头传统都搜集记录下来了。"③ 但是,这些故事是由该地区有诗性想象力的人所创造出来的,而不是该地区的历史叙事。这些故事"从来都不是固定不变的,而是从一个地区到另一地区有所变化,从一个讲故事人到另一个讲故事人有所变化;但它们忠实记录了共同的起源。这样看来,这些故事不同于最初的'地方民间传说',因为那些传说

---

① J. D. Zipes, ed. and trans., *The Original Folk & Fairy Tales of the Brothers Grimm: The Complete First Edition*, p. 4.

② J. D. Zipes, ed. and trans., *The Original Folk & Fairy Tales of the Brothers Grimm: The Complete First Edition*, p. 4.

③ J. D. Zipes, ed. and trans., *The Original Folk & Fairy Tales of the Brothers Grimm: The Complete First Edition*, p. 4.

与历史上的真实地方或人物有关"①。

对格林兄弟来说，故事不仅代表了地方历史，而且也反映了人性发展的共同历史。他们将人类原始的创作想象概括化，视其为人类共性，正如他们所表述的：

> 这些故事同生命的最初与最简朴形式如此接近，[所以]这种接近可以表明故事的普遍传播，因为没有任何一个人类群体没有这种"故事"。即使是西非的黑人也会用来娱乐自己的孩子，而古希腊的斯特拉波（Strabo, 64 BC-24 CE）也是这样说当时的希腊人的。②

格林兄弟在此对西非人所表示的轻微蔑视，并不会玷污他们对故事所持有的深刻的人文观。尽管他们以德国英雄诗歌为例注释了故事的神话性特质，但他们又很快以另外一种表述做了补充说明，即故事"超越了这些英雄诗歌，因为我们在整个欧洲都发现有完全同样的故事在传播"③。由此，地域性概括了普遍性。作为年轻的浪漫主义者，格林兄弟希望"以一粒沙子看到一个世界"。④

依据他们所概述的故事的神话性，格林兄弟界定了故事的第二个二元对立特质：故事曾经同时具有神话性和凡人性。"故事中的多数场景都是如此普通以至于许多人都经历过，但又如同生活中的各种事情，它们总是以新的面目出现，并不断流动。"⑤ 他们所选择的普通的例子可能在18世

---

① J. D. Zipes, ed. and trans., *The Original Folk & Fairy Tales of the Brothers Grimm: The Complete First Edition*, pp. 6-7. 他们在前言中简单提到这个差异问题，但在之后的多卷本《德国英雄故事》（*Deutsche Sagen 1816-1818*）中有更清晰的界定，见 D. Ward, ed. and trans., *The German Legends of the Brothers Grimm*, Philadelphia: Institute for the Study of Human Issues, 1981, Vol. 1, pp. 1-2.

② J. D. Zipes, ed. and trans., *The Original Folk & Fairy Tales of the Brothers Grimm: The Complete First Edition*, p. 7.

③ J. D. Zipes, ed. and trans., *The Original Folk & Fairy Tales of the Brothers Grimm: The Complete First Edition*, p. 7.

④ 威廉·布莱克（William Blake, 1757-1827），其中的"天真的预兆（Auguries of Innocence）"可能完成于1803年，但直到1863年才出版。

⑤ J. D. Zipes, ed. and trans., *The Original Folk & Fairy Tales of the Brothers Grimm: The Complete First Edition*, p. 5.

纪和 19 世纪是妥当的，但对 20 世纪的中产阶级就不妥当了。①

他们是这样筛选出叙事段落和人物的："父母没有饭吃了，绝望了，只能把孩子扔到门外。或者，一个狠心的继母让继子女受苦，希望看到他们消失。然后，在荒漠的森林里有了被抛弃的兄弟姐妹。"②

与故事中的神话性、英雄性层面对应的差异是日常的残酷现实。格林兄弟描述的是"国王、王子、忠实的奴仆、诚实的商人，特别是渔民、磨坊主、矿工、牧民"这些人物。③ 对格林兄弟而言，神话性与凡人性不是处于对立的叙事两极，因为它们关系密切而稳固。原始的神话与凡人的简单生活在本质上是相同的。

对民俗学者来说，格林兄弟的《序言》和他们对故事的概念阐述中明显缺失了一个词，即"民俗"。而且，"民间故事"一词也没有出现在他们的书名中。在 19 世纪初，这些词，还有"民歌"，都是知识界讨论中的几个术语。"民俗"早在 1782 年出现在一本流行的《旅行者》(*Der Reisende*) 刊物中，其中的文章可能是由编辑埃卡德（F. Ekkard）所写的。④ "民间故事"一词出现在穆萨思（J. K. A. Musäus）同年所著的一本书的书名中。⑤ "民歌"则出现在比之又早四年的一本国际民歌集的歌名中，由著名的赫尔德（J. G. Herder）所编辑。⑥

---

① 有关民间故事（在民俗研究中被视为虚构的叙事类型）与历史和现实的关系问题是民间叙事研究的永恒的问题。见 B. Gr. Bailey, et al., "Coming of Age and the Family in Medieval England," *Journal of Family History* 33 (2008): 41-60; E. Weber, "Fairies and Hard Facts: The Reality of Folktales," *Journal of the History of Ideas* 42 (1981): 93-113. C.

② J. D. Zipes, ed. and trans., *The Original Folk & Fairy Tales of the Brothers Grimm: The Complete First Edition*, p. 5.

③ J. D. Zipes, ed. and trans., *The Original Folk & Fairy Tales of the Brothers Grimm: The Complete First Edition*, p. 5.

④ 见，U. Kutter, "Volks-Kunde-Ein Beleg von 1782," *Zeitschrift für Volkskunde* 74 (1978): 161-166; P. Tokofsky, "Folk-Lore and Volks-Kunde: Compounding Compounds," *Journal of Folklore Research* 33 (1996): 207-211; J. Stagl, "Rationalism and Irrationalism in Early German Ethnology: The Controversy Between Schlözer and Herder, 1772/1773," *Anthropos* 93 (1998): 524. 另见，G. Lutz, ed., *Volkskunde: Ein Handbuch zur Geschichte ihrer Probleme*, Berlin: Erich Schmidt, 1958; A. Spamer, *Wesen, Wege und Ziel der Volkskunde*, Leipzig: F. Brandstetter, 1928.

⑤ J. K. A. Musäus, *Volksmärchen der Deutschen*, Gotha: C. W. Ettinger, 1782-1788.

⑥ J. G. Herder, *Volklieder*, Leipzig: In der Weygandschen Buchhandlong, 1778-1779, Vols. 1-2.

但是，格林兄弟则选择了《儿童与家庭故事》这个书名，表明了他们所针对的读者群体和讲故事场合，而没有显示出任何国家的或民族的特征。

这个书名的选定不是偶然的。尽管可能是出版商的建议，因为通常书名的选定是这样的，但无疑是得到格林兄弟的思考和认可的。通过把这些故事称为"儿童故事"，格林兄弟也以此联系到赫尔德的一篇论文《故事与小说》。① 文中，赫尔德认识到搜集儿童故事的必要，将童年折射为天真的时代，由此也认为故事中的这一特质是适合儿童的。②

童年和儿童故事的天真与纯洁是格林兄弟在《序言》中反复强调的主题。但是近年来，一位重要的批评家埃利斯（John M. Ellis）却攻击格林兄弟，指责格林兄弟在有关讲述者的国籍问题上有欺骗性，特别是有意遮盖了讲了近四十个故事的多罗特娅·菲曼（Dorothea Viehmann）的民族背景。她被视为"最最完美的讲故事人，一位裁缝的太太，住在卡塞尔附近的一个村子，给格林兄弟讲了四十几个故事。她是六个孩子的母亲。由于家境贫穷，她在市场买菜，有时会去格林兄弟的家讲几个小时的故事。格林兄弟将她视为农民故事家的典范。尽管对她的'农民'身份有着争议，但很显然，她属于下层社会，有着与卡塞尔城里的年轻妇女或明斯特的贵族很不同的生活态度"③。

埃利斯的批评关注的不是她的社会阶层，而是她的民族身份："多罗特娅·菲曼的第一语言是法语，不是德语，她是当地的一个很大的胡格诺

---

① J. G. Herder, "Mährchen und Romane," in B. Suphan, ed., *Sämmtliche Werke*, Berlin: Weidmann, 1891, Vol. 23, pp. 273 - 298.

② A. H. Marschall, "Innocent Tales for Innocent Children? Johann Gottfried Herder's Image of the Child and the Grimms' Fairy and Household Tales," in *Children's Literature Association Quarterly Proceedings*, John Hophins University Press, 1991, pp. 205 - 216; A. H. Marschall, *Oral Tradition, Written Collections: Johann Gottfried Herder and the Brothers Grimm*, unpublished Dissertation, The Johns Hopkins University, Baltimore, 1991. 另见 Chr. Federspiel, *Vom Volksmärchen zum Kindermärchen*, Vienna: Verlag Notring, 1968. 对这两个类型的差异的讨论，但不是对这两个类型的文学历史的讨论。

③ J. D. Zipes, ed. and trans., *The Original Folk & Fairy Tales of the Brothers Grimm: The Complete First Edition*, 2014, p. xxxiii. 另见 W. de Blécourt, *Tales of Magic, Tales in Print. On the Genealogy of Fairy Tales and the Brothers Grimm*, 2012, pp. 136 - 163; H. Ehrhardt, ed., *Dorothea Viehmann*, Kassel: Euregioverlag, 2012.

派教徒（Huguenots）群体的一员，在教堂和学校所用的语言仍然是法语。她不是农民，而是典型的中产阶级妇女。她不是没有受过教育的民间传统的传承者，相反，她是知道佩罗的有文化的妇女。她不属于德国人种，而属于法国人种。"①

这些事实还有待阐释。与埃利斯的看法相反，这些事实体现了格林兄弟在看待一个地区与其居民的关系问题时所持有的人文观，而不是民族主义观。这说明，格林兄弟对待家乡地域所反映出的民族多样性是包容的，尽管没有系统论述他们的观点。他们寻找的是讲故事能手，而菲曼当然是这样的一位能手。格林兄弟没有因为她的民族身份而将她和她的故事排除在对故事的搜集之外。

19世纪的最初十年，正是德国民族主义滋生期。有些学者将此思潮归于赫尔德，② 有些学者则发现了他的思想的复杂性，指出他"过于沉浸在普遍的文明思想中以至于无法拒绝这种思想"。③ 尽管赫尔德有关民众的概念无疑为德国民族主义提供了具有奠基性的思想，④ 但格林兄弟在搜集故事时所接受的是赫尔德有关人类童年与人类本性、语言、文学、感情、思想的共性的观点。⑤ 他们对故事的搜集是对人性的一种发现。他们将故事视为社会生活不可或缺的一部分，以此将所有人平等地连接起来，无论是什么阶级、民族或出生背景，而不是视其为对一种哲学、一种意识形态或是一种理性的追求。故事不是糖丸，而是包括了恐惧、仇恨、邪恶、残

---

① J. M. Ellis, *One Fairy Story Too Many: The Brothers Grimm and Their Tales*, Chicago: The University of Chicago Press, 1983, p. 32. 引用另外一位胡格诺派的讲故事的话来代表她的有关法规文学可能源头，以此来反对有关格林童话的心理分析阐释。

② A. J. Motyl, *Encyclopedia of Nationalism*, San Diego: Academic Press, 2001, Vol. 2, pp. 189-190.

③ H. Kohn, *The Idea of Nationalism: A Study in its Origins and Background*, New York: The Macmillan Company, 1944, p. 355.

④ 参见，F. M. Barnard, *Herder's Social and Political Thought: From Enlightenment to Nationalism*, Oxford: Clarendon Press, 1965; G. R. Simpson, *Herder's Conception of "Das Volk"*, Chicago: University of Chicago, 1921; H. Kohn, *The Idea of Nationalism: A Study in its Origins and Background*, 1944, p. 355.

⑤ H. Adler, Johann Gottfried Herder's Concept of Humanity, *Studies in Eighteenth-Century Culture* 23 (1994): 55-74.

酷、嫉妒，同时又含有爱情、友谊、热情、智慧、愚蠢、希望、绝望。① 这一切都通过象征再现于故事之中，出现在我们的历史和文化中，无论是地域性的还是全人类性的。

通过记录口头故事，格林兄弟逐渐意识到，他们两人与其他新兴知识分子以及口头文化之间的差异越来越大。他们的亲友圈，包括一般的熟人都在帮助他们搭建起沟通读者与故事家之间的桥梁，而他们之间的文化与社会割裂是因为出现了扫盲教育运动。当代研究格林兄弟的学者在两个问题上批评格林兄弟：给他们讲故事的人的农民身份的真实性；故事文本的忠实性。但这两个问题都经不住深刻的检验，在文学与民俗历史的镜子下形破影碎。②

这些民间故事研究中的"新批评论"，不是将格林兄弟的工作视为民间故事的学术研究的奠基石，或是民俗研究的起点，③ 而是公开指责他们欺骗、虚伪，操纵学术研究，并以安徒生的著名寓言故事《皇帝新装》中的小孩的口吻声称"他什么衣服也没穿"。但是，这些批评格林兄弟的作家不是小孩，而是居身于当代童话故事研究，其实也是广义的民俗研究队伍中，在研究中有着忠实、精准以及科学的责任感的优秀学者。那么，如果说他们是对的，那我们为什么今天还要庆祝《儿童与家庭故事》出版二百周年？难道我们是安徒生故事中那些在旁边叫好的观众，被敬意所蒙蔽，被大众的热情所感动？还是说在格林兄弟这部著作中的确有什么实在的核心，发挥着里程碑的作用，标志着文化、文学、民俗的历史，值得这些来自各国的人聚集到雅典以及世界上其他几个地方的会场来庆祝这本书

---

① M. Tatar, *The Hard Facts of the Grimms' Fairy Tales*, Princeton: Princeton University Press, 1987.
② 见，K. Derungs, ed., *Die ursprünglichen Märchen der Brüder Grimm. Handschrifen, Urfassung und Texte zur Kulturgeschichte*, Bern: Edition Amalia, 1999; Chr. Kamenetsky, *The Brothers Grimm and Their Critics: Folktales and the Quest for Meaning*, 1992; H. Rölleke, *Die älteste Märchensammlung der Brüder Grimm. Synopse der handschriftlichen Urfassung von 1810 und der Erstdruke von 1812*, Cologny-Genève: Fondation Martin Bodmer, 1975.
③ 威廉·汤姆斯（William Thoms）在其1846年写给《雅典娜宫》（*The Athenaeumm*）刊物的编辑的信中将可能扮演格林兄弟在德国角色的一个英国人称为"詹姆斯·格林"，由此认为格林兄弟不仅是民间故事的搜集者和编辑者，也是有关研究的奠基者，见 W. J. Thoms, "'Folklore' from 'The Athenaeum,'" *Journal of Folklore Research* 33 (1846): 187-189。

的出版？

尽管以当今的眼光对格林兄弟的批评是有效的，但是，通过对口头叙事向文字叙事过渡的初期过渡历史的回顾，可以澄清格林兄弟之行为在文化意义上的承启关系。他们与之前从事口头向文字转化的媒介人的做法没什么差异，即以目的论为导向，从大量的口头传统中选择所需要的文本，将自己的故事服务于特定的目的，无论是宗教的、伦理的、政治的还是文学的。从这个角色来说，格林兄弟与其前辈是一样的。但是，因为他们的手稿和生前的七个印刷版本都还存在，人们能看到他们所留下的足迹。这也为当代的学术批评和指责提供了必要的文献证据。这些批评者之所以如此，是因为他们本能地——我觉得不是有企图地，要为有关"民间与文学"的学术研究做铺垫。格林兄弟对文本的一系列修改是为了迎合逐渐扩大的读者圈及其审美与伦理价值观。作为文化媒介人，① 格林兄弟顺应的是18世纪末和19世纪初的德国浪漫主义和人文主义思想与意识形态，并将他们的故事用来满足这些标准。文字文学注定会将不符合其范畴的口头文学的主题、审美与伦理价值观过滤出去。

最近的一件有关"民间与文学"的趣事恰当地注释了民间叙事中口头性与文字性的边界关系与互动关系的问题。2009年，埃肯色尔（Erika Eichenseer）发现了匈维斯（F. X. v. Schönwerth）受格林兄弟激发而在巴伐利亚州搜集到的五百则童话故事文本，但这些故事从来没有发表过。这些文本一直屈居在德国雷根斯堡市的档案室里，在一个多世纪里始终没能跨越中产阶级的文学门坎，也因此保留了其最初的口头性。两百年前，格林兄弟为了影响读者的社会控制力，将口头性内含的粗俗部分删除掉了。现在，塔塔尔（Maria Tatar）为我们读出了其中的一两则故事，② 并赞美匈维

---

① 见，P. Burke, "Oblique Approaches to the History of Popular Culture. (69 - 84)," in C. W. E. Bigsby, ed., *Approaches to Popular Culture*, London: Edward Arnold, 1976, p. 76.

② 参见，M. Tatar, *The Hard Facts of the Grimms' Fairy Tales*, 1987; M. Tatar, *Off With Their Heads! Fairy tales and the Culture of Childhood*, Princeton: Princeton University Press, 1992; M. Tatar, ed., *The Annotated Classical Fairy Tale*, New York: Norton, 2002; M. Tatar, ed., *The Annotated Hans Christian Andersen*, New York: Norton, 2008; M. Tatar, *The Grimm Reader: The Classical Tales of the Brothers Grimm, Introduction by A. S. Byatt*, New York: Norton, 2010; M. Tatar, ed., *The Cambridge Companion to Fairy Tales*, Cambridge: Cambridge University Press, 2015.

斯的故事具有"在格林兄弟或佩罗所搜集的故事中少见的结构上的震撼力和生机"。①

尽管那些故事有瑕疵，不完美，甚至有些极端，但是它们改变了我们对民间故事在文化中的认知以及态度。大家知道，通过《儿童与家庭故事》出版这一历史转折，全世界都增加了对口头故事的记录。②但是，这样的影响，如果不是因为格林兄弟的工作所基于的某种核心原则，就不可能出现，而这些原则也导致了民俗学研究雨后春笋般地发展起来。与其意大利、法国、德国的前辈不同的是，格林兄弟为记录口头故事引介了一种"方法"，并感知到故事中的"意义"。他们建立了对民俗实践的概念，界定了故事所具有的概念性维度。他们对故事的记录与搜集所获得的价值超越了对故事的好奇感以及对故事的可搜集性的处理。正是在他们所建立的这个范式内，民间故事研究才有了目的。

他们的方法是基本的描述法，要求将文本记录成文字，记下来讲故事人的姓名、简单的生平、生活的地域以及有关历史信息。尽管简短，但是这些信息细节将特定故事与其相关的时代、地域以及个人联系起来，并为此后的系统和深刻的研究奠定了基础。

认为故事有意义，也因此具有象征价值的思想成为构建民间故事和童话故事研究理论的基础。这种思想没有把故事视为可笑、孩子气或"老婆婆的故事"。故事的意义可能体现在其神话性、民族性、精神分析、社会、文化、历史、伦理、哲学、文学或诗性方面，也许与目前还没想到的未来的理论有关。这一思想打开了多重阐释的大门，任由每个人去选择、推断以及追随。③

格林兄弟的足迹可以在文学、音乐、电影，当然包括民俗研究中寻找到。他们的发现不仅需要福柯式的"知识考古学"，而且也需要融合历时性与共时性研究的民俗学的"知识民族志"（ethnography of knowledge）。

---

① Fr. X. von Schönwerth, *The Turnip Princess and Other Newly Discovered Fairy Tales*, edited by E. Eichenseer, trans. and Introduction by M. Tatar, New York: Penguin Books, 2015, p. xii.
② 见，S. Thompson, *The Folktale*, New York: Holt, Rinehart and Winston, 1946, pp. 467-479.
③ 见，B. Holbek, *The Interpretation of Fairy Tales: Danish Folklore in a European Perspective*, Helsinki: Suomalainen Tiedeakatemia, 1987.

故事在特定的文化领域有其周期性的高效期与低效期。例如，当代读者会指望在儿童文学教材中有大量的对格林兄弟的引用。在《儿童文学批判史》这部重要的文学史论著中，开篇的第一章是"童话的回归"。[1] 但是，在新近的《牛津儿童文学手册》中，[2] 在讨论了"格林兄弟的美国化"[3]一章之后，几乎不再提格林兄弟了。一篇介绍儿童作家婉达·盖格（W. Gág）的文章，只在引言中提到一次格林兄弟，而盖格是德国裔的美国作家和画家，不仅翻译过《格林童话》，而且还为那些故事画过插图。[4] 难道说格林兄弟的名字在大众流行文化中消失了，并且被一批模仿民俗，甚至伪民俗[5]的幻想作家所遮蔽了？在儿童文学的操场上，哈利波特打败了格林兄弟吗？还是格林兄弟保留住了他们的"半口头性"，成为所有父母为他们的学前孩子所读故事的首选？

---

[1] C. Meigs, et al., *A Critical History of Children Literature*, New York: The Macmillan Company, 1953, pp. 199-201.

[2] J. L. Mickenberg and L. Vallone, eds., *The Oxford Handbook of Children's Literature*, Oxford: Oxford University Press, 2011.

[3] 见，S. Bronner, "The Americanization of the Brothers Grimm," in *Following Tradition: Folklore in the Discourse of American Culture*, Logan, UT: Utah University Press, 1998, pp. 184-236.

[4] 见，M. Fisher, "Wanda Gág," in V. Haviland, ed., *Children and Literature: Views and Review*, New York: Lothrop, Lee & Shepard, 1973, p. 230; W. Gág, *Tales from Grimm*, New York: Coward-McCann, 1936 [reprinted by the University of Minnesota Press, 2006]; W. Gág, *Three Gay Tales from Grimm*, New York: Coward-McCann, 1943 [reprinted by the University of Minnesota Press, 2008]; W. Gág, *More Tales from Grimm*, New York: Coward-McCann, 1947 [reprinted by the University of Minnesota Press, 2006]. 另见 J. L'Enfant, *The Gag Family: German Bohemian Artists in America*, Afton, MN: Afton Historical Society Press, 2002。1973 年沃德茨基（K. Wardetzky）在民主德国进行过一个有趣的比较试验研究，见 Kr. Wardetzky, "The Structure and Interpretation of Fairy Tales Composed by Children," *Journal of American Folklore* 103 (1990): 157-176; 齐普斯（J. Zipes）也对西德对《格林童话》的态度进行过研究，见 J. D. Zipes, "Who is Afraid of the Brothers Grimm? Socialization and Politization through Fairy Tales," *The Lion and the Unicorn* 3 (1979-1980): 4-41。有关《格林童话》对儿童文学影响的研究，见 L. Hendrickson, *Children's Literature: A Guide to the Criticism*, Boston: Mass., G. K. Hall, 1987.

[5] 见，R. M. Dorson, "Folklore and Fake Lore," *American Mercury*, March 1950, pp. 335-342; R. M. Dorson, *Folklore and Fakelore: Essays toward a Discipline of Folk Studies*, Cambridge, Mass.: Harvard University Press, 1976. 另见, E. Sapir, "Culture, Genuine and Spurious," in D. G. Mandelbaum, ed., *Selected Writings of Edward Sapir in Language Culture and Personality*, Berkeley: University of California Press, 1968, pp. 308-331. 参见, M. Balina and L. Rudova, eds., *Russian Children's Literature and Culture*, New York: Routledge, 2008. 其中的研究根本没有提到格林兄弟。

正如文献所完整记录的那样,[①] 我们今天庆祝的《格林童话》第一版并没有获得明显的发行成功。但在之后的四十五年里,从第一版到第七版,其影响力波及全国乃至世界。这个影响有两层意义,一层是激发了小说作家对童话故事类型的再发现,另一层是激励了民俗学者去从口头叙事者那里发掘故事。曾有过几个这样的例子,即作家或诗人与口头或大众叙事文学有了接触时,他们因各自的历史和民族背景以及个人对民俗的态度而做出了不同的反应。也许19世纪欧洲童话作家中最有名的是丹麦的安徒生(H. C. Andersen),其故事的流行度可与《格林童话》相媲美。[②] 但是,他极少引用口头文学。[③] 其他的19世纪的各国重要作家也都极少对民间故事有兴趣。他们与口头传统的接触大多是基于本国现实而对童年回忆的强调,或者是利用童年时代的朋友的回忆证据,最多是对已出版的叙事的引用。[④]

道尔逊(R. M. Dorson)对作家与口头叙事之间的关系的顾虑不是没有道理的。他所考虑的不仅是作家所写的故事的准确性问题,而且还有口头文学向文字文学转化进程的问题。评价作家作品的文学质量是问题的一方面,[⑤] 而少有的情况是诗人或作家能证明他们与地方或口头传统

[①] R. B. Bottigheimer, "The Publishing History of Grimm's Tales: Reception at Cash Register," in D. Haase, ed., *The Reception of Grimms' Fairy Tales: Response, Reactions, Revisions*, Detroit: Wayne State University Press, 1993, pp. 78–104.

[②] 有关安徒生的研究文献,见 M. Tatar, ed., *The Annotated Hans Christian Andersen*, 2008, pp. 433–449. 近期的研究文献,见 J. D. Zipes, *Hans Christian Andersen: The Misunderstood Storyteller*, New York: Routledge, 2005;描述与格林兄弟分别见面的场景,见 J. Wullschlager, *Hans Christian Andersen: The Life of a Storyteller*, New York: Knopf, 2001, pp. 248–249, pp. 272–273; J. Veisland, "Topic on Hans Christian Andersen and the Fairy Tale," *Forum for World Literature Studies* 3, 2 (2011): 158–231. 另见南丹麦大学的安徒生中心的网页:http://www.andersen.sdu.dk/index_e.html.

[③] B. Holbek, "Hans Christian Andersen's Use of Folktales," *Merveilles et Contes* 4, 2 (1990): 220–223.

[④] 陀思妥耶夫斯基是19世纪俄国作家中代表民俗与文学之间关系的典型,见 G. Gibian, "Dostoevskij's Use of Russian Folklore," *Journal of American Folklore* 69 (1956): 239–253; L. Ivanits, "The Early Dostoevsky and Folklore: The Case of the Landlady," *Slavic and East European Journal* 52 (2008): 513–528. 显然,这样的关系在不同国家是不一样的,但是,文字文学将口头与书面传统的距离拉大的情况则是一致的。当然,欢迎提出相反的证据。

[⑤] 见,D. G. Hoffman, "Folklore in Literature: Notes Toward a Theory of Interpretation," *The Journal of American Folklore* 70 (1957): 15–21.

的直接接触。他们自己的证言都涉及个人记忆和文学想象。例如，美国诗人罗伯特·沃伦（R. P. Warren）曾在其《比利·波茨》作品中写过一个 ATU 939A 故事类型的异文故事《杀死回家的士兵》。他评述说，是他小时候从一个年长的亲戚那里听过这个故事，后来又在一本书中读到过，因此这些口头和文字出处证明了那个父母悄悄杀死自己儿子的悲剧故事的真实性。①

其他一些处于传统饱和的社会中的 19 世纪和 20 世纪作家，或是对口头传统赞扬和敬重，或是彻底排斥，而口头传统则是民俗研究的核心所在。例如，格林兄弟发现爱尔兰是对他们的故事集有呼应的第一个国家。在他们发表《格林童话》第二卷的十年后，克罗克（T. C. Croker）出版了三卷本的《爱尔兰南部童话传说与传统》的第一卷（1825-1828），不仅开始他与格林兄弟之间的知音式的交往，② 而且也引发了爱尔兰在一个多世

---

① 有关这个故事类型的研究，见 M. Kosko, *Le fils assassiné*（AT 939A）. *Étude d'un thème légendaire*, Helsinki: Suomalainen Tiedeakatemia, 1966. 她指出，这个故事类型的雏形是在新闻报道与虚构故事之间构成的。另外的报告与研究有：V. Randolph, *Ozark Folksongs*, Columbia: State Historical society of Missouri, 1946 – 1950, Vol. 2, pp. 59 – 64, No. 140; V. Randolph, "Bedtime Stories from Missouri," *Western Folklore* 10（1951）: 1 – 10; V. Randolph, *Who Blowed Up the Church House and Other Ozark Folk Tales*, New York: Columbia University Press, 1952, pp. 23 – 24; O. A. Rothert, *The Outlaws of Cave-in-Rock: Historical Accounts of the Famous High-Wayman and River Pirates Who Operated in Pioneer Days upon the Ohio and Mississippi Rivers and over the Old Natchez Trace*, Cleveland, OH: Clark, 1924, pp. 294-298, 301; A. J. Bisanz, Robert Penn Warren: The Ballad of Billie Potts, *Fabula* 14（1973）: 71-90; W. B. Clark, "A Meditation on Folk-History: The Dramatic Structure of Robert Penn Warren's 'The Ballad of Billie Potts'," *American Literature* 49（1978）: 635 – 645; J. Sarnowski, "Things Exist in You without Your Knowing It: Robert Penn Warren's 'The Ballad of Billie Potts' as a Conglomeration of Myth and Folklore," *The Kentucky Review* 14（1998）: 28-37.
② Croker, Th. Crofton, *Irische Elfenmärchen*, Leipzig: F. Fleischer, 1826. 另见，R. M. Dorson, *The British Folklorists: A History*, Chicago: The Chicago University Press, 1968, pp. 44 – 52; Chr. Kamenetsky, "The Irish Fairy Legends and the Brothers Grimm," in P. Ord and R. K. MacDonalds, eds., *The Child and the Story: An Exploration of Narrative Forms: Proceedings of the Ninth Annual Conference of the Children's Literature Association*, *University of Florida*, March 1982, Boston: Children's Literature Association, 1983, pp. 77-87; C. Silver, "Croker, Thomas Crofton," in J. Zipes, ed., *The Oxford Companion to Fairy Tales: The Western Fairy Tale Tradition from Medieval to Modern*, Oxford: Oxford University Press, 2000, pp. 113-114.

纪里对民间故事和传说的关注。①

曾获得1923年诺贝尔文学奖的威廉·叶芝（W. B. Yeats）又进一步激发了这一兴趣，在19世纪末促进了爱尔兰的文化复兴运动。② 但是，他本人与爱尔兰农民的口头传统的直接接触仅限于他的童年记忆和自己家乡的口头传统，在一定程度上模仿了格林兄弟最初在自己的家乡哈瑙州对叙事传统的记录。1887年，年轻的叶芝回到家乡去记录当地的传说和信仰，但最初在文学上接触到的爱尔兰故事是在他之前的19世纪的文学文集。③ 他的《凯尔特的夕阳》（1893）一书是基于他所记录的口头传统，将农民的声音与他自己的融合在一起。这种对两者边界的模糊化反映不是19世纪民俗学研究的标准，④ 因为当时的文学艺术轻视粗俗的口头文学，但同时又将对口头性的羡慕融合于作家对理想化的追求中。⑤

---

① 有关19世纪爱尔兰的民间记录与发表的简单概括，见 R. M. Dorson, "Foreword," in S. O'Sullivan, ed., *Folktales of Ireland*, v‑xxxii, 1966, pp. 431–439; M. H. Thuente, *W. B. Yeats and Irish Folklore*, Totowa, NJ: Gill and Macmillan, 1980, pp. 47–105.

② 见，J. W. Foster, *Fictions of the Irish Literary Revival: A Changeling Art*, Syracuse, NY: Syracuse University Press, 1987, pp. 203–298; J. Hutchinson, *The Dynamics of Cultural Nationalism: The Gaelic Revival and the Creation of the Irish Nation States*, London: Allen and Unwin, 1987; Fr. Kinahan, *Yeats, Folklore and Occultism: Contexts of Early Work and Thought*, Boston: Unwin Hyman, 1988; M. H. Thuente, *W. B. Yeats and Irish Folklore*.

③ Fr. Kinahan, "Armchair Folklore: Yeats and the Textual Sources of 'Fairy and Folk Tales of the Irish Peasantry'," in *Proceedings of the Royal Irish Academy. Section C: Archaeology, Celtic Studies, History, Linguistics, Literature*, 1983, 83C, pp. 255–267; Kinahan, Fr., *Armchair Folklore: Yeats and the Textual Sources of Fairy and Folk Tales of the Irish Peasantry*, Dublin: Royal Irish Academy, 1983.

④ M. H. Thuente, *W. B. Yeats and Irish Folklore*, 1980, p. 122.

⑤ 有关他童年对爱尔兰民俗的接触，见 M. H. Thuente, *W. B. Yeats and Irish Folklore*, p. 74，书中第75页的注释涉及他1887年夏天搜集民间故事的事。有关叶芝与民俗的关系的研究较多，包括 M. H. Thuente, *W. B. Yeats and Irish Folklore*, 1980. 选集有 B. Bramsbäck, "William Butler Yeats and Folklore Material," *Béaloideas* 3 (1971-1973): 56–68; J. W. Foster, *Fictions of the Irish Literary Revival: A Changeling Art*, 1987, pp. 203–298; E. Hirsch, *Wisdom and Power: Yeats and the Commonwealth of Faery*, unpublished Dissertation, Philadelphia: University of Pennsylvania, 1979; E. Hirsch, "'And I Myself Created Hanrahan': Yeats, Folklore, and Fiction," *ELH* 48 (1981): 880–893; Fr. Kinahan, *Yeats, Folklore and Occultism: Contexts of Early Work and Thought*; A. Markey, "The Discovery of Irish Folklore," *New Hibernia Review / Iris Éireannach Nua* 10 (2006): 21–43; St. D. Putzel, *Yeats' Use of Irish Folklore and Mythology in the 1890*, Toronto: University of Toronto Press, 1999; B. Sundmark, "Yeats and the Fairy Tale," *Nordic Irish Studies* 5 (2006): 101–108.

在 20 世纪的意大利，著名的作家卡尔维诺（I. Calvino）寻求为意大利创建可与格林兄弟的《儿童与家庭故事》媲美的民间故事宝库，干脆彻底摆脱了意大利口头叙事者。他投身于 19 世纪的民俗学家所发表过的故事集中，① 找出许多有地方特色和方言风格的故事集，从中选出故事进行随意的再创作。在他那可谓学识渊博的一篇前言注释中，借助托斯卡地区的一条谚语来支持他对文本的操纵，"不加点东西的故事不漂亮"，并引用了指责格林兄弟的当代批评家的话。② 对卡尔维诺来说，在建构民族遗产时，民俗学研究和文学创作之间是可以合作的。

以色列作家阿格农（S. Yo. Agnon）则是另外一个极端的例子。他于 1966 年获得诺贝尔文学奖。他对民俗学研究持有敌意、不信任和轻视的态度。他认为，文学本身对维系传统既具有保护性又兼有创造性，而民俗学研究对传统文化价值观是有破坏效果的。他本人对犹太的民间文学并不陌生，并大量阅读过哈西德教派和其他传统的叙事故事，也从中选取了许多故事进行再创作和发表。早期的文学评论家赞扬他是"民间叙事家"。③ 的

---

① 有关意大利的民俗研究文献，见 A. M. Cirese, "Folklore in Italy: A Historical and Systematic Profile and Bibliography," *Journal of the Folklore Institute* 11 （1974）: 7-79. 卡尔维诺所利用的具体故事选集有，D. G. Bernoni, *Fiabe e Novella Populari Veneziane*, Venice: Filippi, 1873; D. G. Bernoni, *Tradizioni Popolari Veneziane*, Venice: Filippi, 1875; D. G. Bernoni, *Fiabe Popolari Veneziane*, Venice: Filippi, 1893; C. Coronedi-Berti, *Novelle Popolari Bolognesi*, Bologna: Tipografia Fava e Garagnani, 1874; A. De Nino, *Usi e Costumi Abruzzesi. Vol. 3: Fiabe*, Florence: Barbèra, 1883; G. Nerucci, *Sessanta Novelle Popolari Montalesi*, Florence: Successori Le Monnier, 1880; G. Finamore, *Tradizioni Popolari Abruzzesi*, 2 parts, Lanciano: Tipografia di R. Carabba, 1882 – 1885; L. Di Francia, *Fiabe e Novelle Calabaresi*, Rome: Donzelli Editore, 2015, Vols. 1 – 2 ［original publication: Turin, 1931］; P. Pellizzari, *Fiabe e Canzoni Popoari del Contado di Magli in Terra d'Otranto*, Maglie: Tipografia del Collegio Capece, 1881; G. Pitrè, *Fiabe, Novelle e Racconti Popolari Siciliani, con Discorso Preliminare Grammatical del Dialetto e Delle Parlate Siciliane, Saggio di Novelline Albanesi di Sicilia e Elossario*, Palermo: L. Pedone Lauriel, 1875; G. Zanazzo, *Tradizioni Popolari Romane. Vol. I: Novelle, Favole e Leggende Romanesche*, Turin-Rome: Società tipografico-editrice nazionale, 1907.

② I. Calvino, *Italian Folktales*, trans. by G. Martin, New York: Harcourt Brace and Jovanovich, 1980, pp. xix, xxi.

③ P. Lachover, "Mesaper ha-'am ［The folk narrator］," *Ha-Aretz*, 8/12/1938.

确,他的短篇小说、长篇小说都充满了民间主题和母题,① 但是,他借助虚构的人物,表达的是对民俗研究的消极和虚无态度。在他死后发表的长篇小说《西拉》(Shira)中,有这样对希伯来大学教授之间对话的描写:

> 赫伯斯特和维尔福莱特两个人彻底迷惘了。其中的寓言故事何在?核心意义何在?维尔福莱特突然跳起来,拥抱提格里特,说道:"我亲爱的朋友,让我拥抱你吧。我宁愿把我一千零一年的生命献给任何学者,只要他们的书能够写出和那个导师一样的训言。他的例证一个接一个,尽管第二个并没有为第一个增加任何新内容。亲爱的提格里特,您就是这样的宝库。无论是什么题目,您的评论都能将其超越。我宁愿用所有的民俗学家来换您的一个寓言故事。您应该把这些都写成一本书。那将是一部伟大的巨著,我可以从中获益无穷。"提格里特说:"在格力西亚,也就是我长大的地方,当地人可能会说,'一个普通的药剂师就是一个傻瓜'。"维尔福莱特说:"我设想您提到药剂师是为了证明一个论点。是这样,在您成长的格力西亚那个地方,人们会说一个普通的药剂师是傻瓜,为什么呢?"提格里特说:"如果一个人在学校花了多年时间为了成为一名药剂师,而不是去学

---

① A. Band, *Nostalgia and Nightmare. A Study in the Fiction of S. Y. Agnon*, Berkeley: University of California Press, 1968, pp. 93-125; A. Ben-Yoseph, "Basic Images in Childhood Motifs in the Literary Creations of S. Y. Agnon," *Yeda-Am* 26 (1995): nos. 59-60, 95-102 [in Hebrew]; I. Ganuz, "The Folk Motifs in 'Edo and Enam'," *Yeda' Am* 18 (1977): 43-44, 77-86; P. Lachover, "Mesaper ha-'am [The folk narrator]," *Ha-Aretz*, 8/12/1938; A. Shenhar-Alroy, Ha-tashtit ha-folkloristit-ha-'amamit be' hupat dodim' le-Shay 'Agnon. in *Kohah shel Tashtit* [*The strength of the sub-structure*], Tel -Aviv, Eked, 1984, pp. 33 - 65; A. Shenhar-Alroy, *S. Y. Agnon-Stories and Sources*, Tel-Aviv: Papyrus, 1989; D. Sadan, "Se' ifim be-Shai Agnon (Chapters about Agnon)," in D. Sadan, ed., *Shay Olamot: Three Hundred and Ten Worlds. Twelve Folkloristic Studies*, Jerusalem: The Magnes Press, 1990, pp. 107 - 116; Sh. Werses, *S. Y. Agnon Literally*, Jerusalem: The Bialik Institute [Hebrew], 2000, pp. 347- 351, 360-361; J. H. Wilner, *Folk-Lore in the Writings of Agnon: An Analysis of Jewish Customs, Ceremonies, and Superstitions in the Works of Samuel Joseph Agnon*, unpublished thesis, Hebrew Union College-Jewish Institute of Religion, New York, 1940.

习医学，那他就是傻瓜，对吧？这个道理同样适于民俗学家。他们拥有大量的素材，被满足于将其呈现为民俗，但又不去使其成为一个故事。"维尔福莱特说："那您为什么不写故事呢？"提格里特说："我与那些无法成为哲学家的哲学教授一样。"①

随后，提格里特教授补充道：

> 我并不是建议你涉入民俗学圈子。我听到你对赫伯斯特说的话了，我同意你的看法。但我还是要说，你的看法并不适于任何领域。小题目，如果妥当地深究，可能引出较重大的问题。我的导师从来也没利用过民俗……②

此外，在一篇短篇小说中，阿格农毫不掩饰地谴责民俗：

> 他怎么知道？如果这种文章偶然落在我的手中，而且也没人告诉我这是什么，那我会知道其中的意义吗？此外，所有这些学者都是现代人；即使你把这种器物的隐含意义揭示出来，他们也只会嘲笑你。而且即使他们买了这些东西，也只会将其锁在民俗标本柜中。看呢，民俗，民俗！他们把任何不能进行科学研究的东西都视为民俗。难道他们没把神圣的《妥拉》作为某种民俗？人们依循《妥拉》过着自己的日子，而民俗学家将前辈的生活视为遗产。随后又有了科学家，将《妥拉》——我们先辈的生活方式，视为"研究材料"，视为民俗。③

以上提到的三位作家，叶芝、卡尔维诺、阿格农，或是积极或是消极

---

① S. Y. Agnon, *Shira*, trans. by Zeva Shapiro with "Afterword" by Robert Alter, New York: Schocken Books, 1989, p. 318.
② S. Y. Agnon, *Shira*, trans. by Zeva Shapiro with "Afterword" by Robert Alte, 1989, p. 475.
③ S. Y. Agnon, *Two Tales*: *Betrothed & Edo and Enam*, trans. by Walter Lever, New York: Schocken Books, 1966, p. 210. 有关阿格农对民俗的态度的讨论，见 D. Ben-Amos, "Nationalism and Nihilism: The Attitudes of Two Hebrew Authors Towards Folklore," *International Folklore Review* 1 (1981): 5–16.

地将民间故事与各自的民族传统联系到一起,但与格林兄弟一样,都将民间故事与具体地域或个人联系起来。叶芝是把自己的成长经历建立在爱尔兰的家乡村落。卡尔维诺使用的是曾经出版的民间故事,依靠的是地域性的故事集。对阿格农来说,他的成长地域是现在的乌克兰的格力西亚,[1]围绕的是当地的犹太民间传统。

与其相比,20世纪的魔幻文学跨越了地域和国家边界,所汲取的灵感不仅是格林兄弟的童话,还有17世纪的法国女性作家的童话,夏尔·佩罗的《鹅妈妈的故事》,安东·加兰(A. Galland)所翻译的《一千零一夜》12卷法文译本(1704-1717),[2]以及18世纪法国和德国的文学童话。对这些作家来说,魔幻文学不是通往口头民间故事的桥梁,而是阻隔作家与口头传统交往的障碍。作家也是读者,但很少是成年的倾听者。与他们的前辈作家不同,他们将自己与地域或民族国家传统隔离开来,所追求的是永恒的普适叙事。在描述这种文学时,哈里斯(Elizabeth W. Harries)恰当地用了这个书名"再从前"(Twice Upon a Time),[3]可以理解为"再次被抛弃的民间文学"。在这个类型文学中,英文作家包括阿特伍德(Margaret Atwood)、[4]拜厄特(Antonia S. Byatt)[5]和安吉拉·卡特

---

[1] 见,D. Laor, *S. Y. Agnon: A Biography*, Tel Aviv: Schocken [Hebrew], 1998, pp. 13-48.
[2] 有关《阿拉伯一千零一夜》的研究,见尾注11。
[3] E. W. Harries, *Twice Upon a Time: Women Writers and the History of the Fairy Tale*, 2001.
[4] 见,N. Cooke, *Margaret Atwood: A Biography*, Toronto: ECW Press, 1998; Sh. Hengen and A. Thomson, *Margaret Atwood: A Reference Guide*, 1988-2005, Lanham, MD: Scarecrow Press, 2005; C. A. Howells, *Margaret Atwood*, Bosingstoke: Palgrave Macmillan, 2005. 有关她在自己的写作中利用民间故事的研究,见 B. Godard, "Tales within Tales: Margaret Atwood's Folk Narratives," *Canadian Literature* 109 (1986): 57-84; Sh. R. Wilson, *Margaret Atwood's Fairy-Tale Sexual Politics*, Jackson: University Press of Mississippi, 1993; Sh. R. Wilson, *Myths and Fairy Tales in Contemporary Women's Fiction from Atwood to Morrison*, New York: Palgrave Macmillan, 2008.
[5] 有关她的生平与作品,见 K. C. Kelly, *A. S. Byatt*, New York: Twayne Publishers, 1996; R. Todd, *A. S. Byatt*, Plymouth: Northcote House, 1997; A. Alfer and A. Edwards de Campos, *A. S. Byatt: Critical Storytelling*, New York: Palgrave Macmillan, 2010. 童话故事和讲故事都被融入她的文学作品中了,见 A. Ashworth, "Fairy Tales in A. S. Byatt's Possession," *Journal of Evolutionary Psychology* 15 (1994): 93-94; V. Sanchez, "A. S. Byatt's Possession: A Fairytale Romance," *Southern Folklore* 52 (1995): 33-52. 有关她的文学童话的研究,见 A. S. Byatt, *The Djinn in the Nightingale's Eye: Five Fairy Stories*, London: Chatto & Windus, 1994. 其作品选集有 A. S. Byatt, *On Histories and Stories: Selected Essays*, Cambridge, Mass.: Harvard University Press, 2000。

(A. Carter)。① 她们不是专门的童话作家,但常常在自己的小说作品中使用童话的结构、主题和人物。她们都试图在作品中利用早期的童话文学,但她们的作品又不同于那些被道尔逊称为"伪民俗"的美国作家的作品,因为她们没有做出民俗学的断言或是对口头本真性的虚构。② 她们成为一种新的文学类型的创作者,其作品特征不同于其他的文学类型,如长篇小说或短篇小说,其中的一大特点便是对民间故事的互文性的利用。③

电影产业是保护民间故事和童话故事的另一个当代交际体系。从口头讲故事到电影艺术的转化,是对《格林童话》的一个重要挑战。在从叙事到戏剧,从口头到视觉,从个人隐秘到大众媒体语境的转化过程中,极少数的成功例子掩盖了许多失败的努力。从"火炉边、灶膛边、通往阁楼的石阶……与世隔绝的牧场和森林……一代一代传下来的故事"④ 到大公司的董事会会议室,需要有一个漫长的过程,因为需要在那样的会议室决定是否投资数百万美元,组织起艺术家团队,由他们将一个童话故事拍成电影,推向市场。

对电影界来说,民间故事和童话故事是潜在的核心利润来源。许多儿童故事书籍都被轻易地拍成电影,而且电影界也没付出什么成本,因为这些故事书已经为电影做了前期的宣传,许多家长也已经把自己的孩子准备好作为观众了,渴望看到故事中的人物变成真人。

---

① 她的童话作品收录于 A. Carter, ed., *Angela Carter's Book of Fairy Tales*, London: Virago, 2005 [includes The Virago book of fairy tales (1990) and The second Viragobook of fairy tales (1992)]; A. Carter, *Little Red Riding Hood, Cinderella, and Other Classic Fairy Tales of Charles Perrault*, "Introduction" by J. Zipes, New York: Penguin Books, 2008. 有关她的作品的批评文章,见 S. Andermahr and L. Phillips, eds., *Angela Carter: New Critical Readings*, New York: Continuum, 2012; A. Easton, ed., *Angela Carter*, New York: St. Martin's Press, 2000; S. Gamble, *Angela Carter: a Literary Life*, Basingstoke-New York: Palgrave Mamillan, 2006; A. Lee, *Angela Carter*, New York: Twayne, 1997; D. M. Roemer and Cr. Bacchilega, eds., *Angela Carter and the Fairy Tale*, Detroit: Wayne State University Press, 2001.
② 有关民俗与文化研究中的本真性问题,见 R. Bendix, *In Search of Authenticity: The Formation of Folklore Studies*, Madison, WI: The University of Wisconsin Press, 1977; Ch. Lindholm, *Culture and Authenticity*, Malden, Mass.: Blackwell, 2008.
③ 见,Cr. Bacchilega, *Postmodern Fairy Tales. Gender and Narrative Strategies*, Philadelphia: University of Pennsylvania Press, 1997.
④ J. D. Zipes, ed. and trans., *The Original Folk & Fairy Tales of the Brothers Grimm: The Complete First Edition*, p. 3.

令人惊讶的,或许也是对其本真性的证言,《格林童话》第一版中的故事还很少顺利地从壁炉边走向银幕。第一版中的156则故事只有11则(7.05%)成为国际电影中的主体,① 而在德国也只是多了4则故事。②

在《格林童话》发表的115年前,佩罗在法国发表过其中的6则故事。[4]这6则故事都已经在国际民俗学界有过许多研究。无疑,这几则故事在开创20世纪童话电影类型中有着重要地位。从1898年到2009年,在所有的影视作品中,《灰姑娘》出现在147部作品中,位居第一。排在第二位的是《小红帽》,从1901年到2009年共有74部作品,是《灰姑娘》的一半。排在最后的是《桧树》,只出现过一次,是1990年的作品,可能是因为故事中恐怖怪异的场面。在基于"格林童话",成为428部"魔幻银幕"作品的故事中,绝大多数都是针对青春期前的观众,全世界都如此。③ 那些没能跨越口头性而成为电影作品的多数故事,证明了将当今大众媒体视为"讲故事人"的观点之荒谬。电影界改造"格林童话",是为

---

① 见,J. D. Zipes, *The Enchanted Screen*: *The Unknown History of Fairy-Tale Films*, New York: Routledge, 2011, pp. 388-425. 这些故事收录于 J. D. Zipes, ed. and trans., *The Original Folk & Fairy Tales of the Brothers Grimm*: *The Complete First Edition*, 2014, 1: 1 "The Frog King, or Iron Henry", pp. 13-15; 2: 13 "The Frog Prince", pp. 331-333 [ATU 440 "The Frog King or Iron Henry"]; 1: 12 "Rapunzel", pp. 37-39 [ATU 310 "The Maiden in the Tower"]; 1: 15 "Hansel and Gretel", pp. 43-49 [ATU 327A "Hansel and Gretel"]; 1: 21 "Cinderella", pp. 69-77 [ATU 510A "Cinderella"]; 1: 26 "Little Red Cap", pp. 85-88 [ATU 333 "Little Red Riding Hood"]; 1: 33 "Puss in Boots", pp. 110-115 [ATU 545B "Puss in Boots"]; 1: 45 "The Wandering of Thumbling, the Tailor's Son", pp. 145-146 [ATU 700 "Thumbling"]; 1: 47 "The Juniper Tree", pp. 148-157 [ATU 720 "The Juniper Tree"]; 1: 53 "Little Snow White", pp. 170-178 [ATU 709 "Snow White"]; 1: 62 "Bluebeard", pp. 202-204 [ATU312 "Maiden-Killer (Bluebeard)"]; 1: 65 "All Fur", pp. 216-220 [ATU 510B "Peau d'Asne"]. 又见 J. D. Zipes, *Happily Ever After*: *Fairy Tales, Children, and the Culture Industry*, New York: Routledge, 1997, pp. 61-110.
② 专门给德国读者的故事是:J. D. Zipes, ed. and trans., *The Original Folk & Fairy Tales of the Brothers Grimm*: *The Complete First Edition*, 2014, 1: 20 "A Story about Brave Tailor", pp. 62-69 [ATU 1640 "The Brave Tailor"]; 1: 24 "Mother Holle", pp. 81-83 [ATU 480 "The Kind and Unkind Girls"]; 1: 52 "King Thrushbeard", pp. 167-170 (ATU 900 "King Thrushbread"); 1: 64 "The Simpleton: the Golden Goose", pp. 212-215 [ATU 571 "All Stick Together"].
③ 这些数据基于"电影目录",收入 J. D. Zipes, *The Enchanted Screen*: *The Unknown History of Fairy-Tale Films*, 2011, pp. 388-425. 这些电影以每页两栏的形式列出,分为9类。有关电影被列入两个或更多的类别,因此准确的数量不好统计。齐普斯本人使其"电影目录"为最初的"试探",以便今后列出更详细和综合的目录。

了达到自己的目的，而不是在探索充满冲突的讲故事的世界。①

不同于电影人，民俗学家探索的是故事讲述的天地。他们通过仔细和深刻的分析，追求的是去理解民间故事所再现的人类想象的动力机制，以及想象及其表述与人类社会、个人、文化现实之间的关系。

在探索中，人们可能有不同路径，但通常是并行的，而不是交叉的，而且都是从格林兄弟所开创的学术起点出发的。格林兄弟甚至对美国的人类学流派的民俗研究有明显的影响。② 博厄斯（F. Boas）在1890年对美洲印第安人的民间故事记录中创建了一个记录体系，受到斯蒂·汤普森（S. Thompson）的赞赏。③ 那是在年轻的格林兄弟通过传教士和旅行者开始记录下童话故事后的250年前后。④ 这一影响在博厄斯学术成熟后并没有减弱。

从知识民族志的角度来说，很显然，至少在美国，那些记录口头叙事者的民俗学家、人类学家、语言学家几乎不在自己的研究中提到格林兄弟。而且，虽然那些受到德国文学和比较文学训练的人，研究过格林兄弟的故事、手稿、通信以及多个版本，但几乎从没亲自听或记录过一个故事家讲故事。

无论从什么视角来看待格林兄弟的学术研究，应该承认，他们对后来

---

① 有关电影与民间故事的研究非常多，每本都有很重要的参考文献目录。部分文集包括，P. Greenhill and J. T. Rudy, eds., *Channeling Wonder: Fairy Tales on Television*, Detroit: Wayne State University Press, 2014; P. Greenhill and S. E. Matrix, eds., *Fairy Tales Films: Visions of Ambiguity*, Foreword by J. Zipes, Logan Utah: Utah University Press, 2010; Moen, Kr., *Film and Fairy Tales: The Birth of Modern Fantasy*, London: I. B. Tauris, 2013; Neale, St., *Genre and Hollywood*, London: Routledge, 2000; Sh. R. Sherman and M. J. Koven, eds., *Folklore/Cinema: Popular Film as Vernacular Culture*, Logan: Utah University Press, 2007; S. Short, *Fairy Tale and Film: Old Tales with a New Spin*, New York: Palgrave Macmillan, 2015; Zipes, J. D., *The Enchanted Screen: The Unknown History of Fairy-Tale Films*, 2011.

② 见，R. L. Zumwalt, *American Folklore Scholarship: A Dialogue of Dissent*, Bloomington: Indiana University Press, 1988。其中，美国的民俗研究关注的是文学派与人类学派的冲突，始于1888年美国民俗学会的成立。目前有关童话研究的派系沿袭着欧洲的民俗学与人类学界对语言与文学的不同研究派系划分。

③ 见，S. Thompson, ed., *Tales of the North American Indians*, Cambridge, Mass.: Harvard University Press, 1929, p. xvi.

④ 见，D. Cole, *Franz Boas: The Early Years 1858 – 1906*, Vancouver/Toronto: Douglas and McIntyre, 1999, p. 19.

的文化、社会和文学的贡献是质性的，而不是量性的。相对而言，只有极少数的"格林童话"在20世纪和21世纪的公共空间依然存在，而其中多数也都是佩罗曾经发表过的。但是，格林兄弟用他们的童话改变了社会和知识分子对民间故事的态度，使人们从故事中看到意义，而这种意义不只是宗教或伦理等体系之间的关系问题，更重要的是故事内在的意义，由此让人们从历史、诗性、国家或国际角度去阐释故事，而不是将故事弃为无聊或边缘的东西。两百年后，这种态度的改变尚未被全世界普遍接受，这一点可以从民俗学与民俗研究在教育体制中的地位明显看出。格林兄弟所开启的学术革命尚未完成，而其未来的发展取决于我们。

注记

[1] 有关格林兄弟的传记，参见：

L. Denecke, *Jacob Grimm und sein Bruder Wilhelm*, Stuttgart: Metzler, 1971; G. Ginschel, *Der Junge Jacob Grimm 1805-1819*, Berlin: Akademie Verlag, 1967; D. Hennig and B. Lauer, eds., 200 *Jahre Brüder Grimm*: *Die Brüder Grimm*, *Dokumente ihres Lebens und Wirkens*, Kassel: Verlag Weber and Weidemeyer, 1985-1986; Kl. B. Kaindl, B. Freimel, et al., eds., *Die Brüder Grimm in Berlin. Katalog zur Ausstellung anläßlich des hundertfünfzigsten Jahrestages seit der Vollendung von Band I des Grimmschen Wörterbuches im Jahr 1854. 5, Juli- 28 August 2004 in der Humboldt-Universität zu Berlin*, Berlin: Hirzel Verlag, 2004; S. Martus, *Die Brüder Grimm: Eine Biographie*, Berlin: Rowohlt, 2009; R. Michaelis-Jena, *The Brothers Grimm*, New York: Praeger, 1970; M. B. Peppard, *Paths Through the Forest: A Biography of the Brothers Grimm*, New York: Holt, Rinehart and Winston, 1971; W. Schoof, *Zur Entstehungsgeschichte der Grimmschen Märchen*, Hamburg: Dr. Ernst Hauswedell, 1959; G. Seitz, *Die Brüder Grimm. Leben-Werk-Zeit*, Munich: Winkler, 1984; J. D. Zipes, *The Brothers Grimm: From Enchanted forest to the Modern World*, New York: Palgrave, 2002; C. Zuckmayer, *Die Brüder Grimm: Ein Deutscher Beitrag zur Humanität*, Frankfurt am Main: Suhrkamp Verlag, 1948.

另见有关评述：

R. B. Bottigheimer, *Grimm's Bad Girls & Bold Boys: The Moral & Social Vision of the Tales*, New Haven: Yale University Press, 1987, pp. 218-219; L. Denecke, "Grimm, Jacob Ludwig Carl," *Enzyklopädie des Märchens* 6 (1990): 171-186; L. Denecke, "Grimm, Wilhelm Carl," *Enzyklopädie des Märchens* 6 (1990): 186-195; H. -J. Uther, "Grimm, Jacob (1785-1863)," in D. Haase, ed., *The Greenwood Encyclopedia of Folktales and Fairy*

Tales, Westport, Conn.: Greenwood Press, 2008, Vol. 2, pp. 427-430; H. -J. Uther, "Grimm, Wilhelm (1786-1859)," in D. Haase, ed., *The Greenwood Encyclopedia of Folktales and Fairy Tales*, Westport, Conn.: Greenwood Press, 2008, Vol. 2, pp. 430-432.

[2] 有关格林兄弟在文化和文学领域的影响，参见：

J. Bolte and G. Polívka, eds., Anmerkungen zu den Kinder-u. Hausmärchen der BrüderGrimm, Hildesheim: George Olms, 1963, Vol. 4, pp. 480-487 and Vol. 5, pp. 1-239; Chr. Connan-Pintado and C. Tauveron, *Fortune des Contes des Grimm en France: Formes et enjeux des rééditions, reformulations, réécritures dans la littérature de jeunesse*, Clermont-Ferrand: Presses Universitaires Blaise Pascal, 2013; C. Dollerup, *Tales and Translation: The Grimm Tales: From Pan-Germanic Narratives to Shared International Fairytales*, Amsterdam-Philadelphia: John Benjamin Publishing Co., 1999; A. E. Duggan, "The Reception of the Grimms in Nineteenth-Century France: *Volkspoesie* and the Reconceptualization of the French Fairy-Tale Tradition," *Fabula* 55 (2015): 260-285; D. Haase, ed., *The Reception of the Grimms' Fairy Tales: Responses, Reactions, Revisions*, Detroit: Wayne State University Press, 1993; V. Joosen and G. Lathey, eds., *Grimms' Tales Around the Globe. The Dynamics of Their International Reception*, Detroit: Wayne State University Press, 2014; Chr. Kamenetsky, *The Brothers Grimm and Their Critics: Folktales and the Quest for Meaning*, Athens: Ohio University Press, 1992; Tr. Landry, *La mémoire du conte folklorique de l'oral à l'écrit: les frères Grimm et Afanas'ev*, Laval: Les Presses de Université Laval, 2005; J. M. McGlathery, *Grimms' Fairy Tales: A History of Criticism on a Popular Classic*, Columbia, SC: Camden House, 1993; A. Stedje, ed., *Die Brüder Grimm: Erbe und Rezeption. Stockholmer Symposium 1984*, Stockholm: Almqvist and Wiksell International, 1985; M. Sutton, *The Sin-Complex: A Critical Study of English Versions of the Grimm's Kinder-und Hausmärchen in the Nineteenth Century*, Kassel: Brüder Grimm-Gesellschaft, 1996; S. Thompson, *The Folktale*, New York: Holt, Rinehart and Winston, 1946, pp. 460-461, 467-479.

[3] 有关17世纪法国的文学童话历史，见：

N. L. Canepa, *From Court to Forest: Giambattista Basile's Lo cunto de li cunti and the Birth of the Literary Fairy Tale*, Detroit, MI.: Wayne State University Press, 1999; A. E. Duggan, "Women and Absolutism in French Opera and Fairy Tale," *The French Review* 78 (2004): 302-315; D. Haase, ed., *Fairy Tales and Feminism: New Approaches*, Detroit: Wayne State University Press, 2004; P. Hannon, *Fabulous Identities: Women's Fairy Tales in Seventeenth-Century France*, Amsterdam-Atlanta: Rodopi, 1998; E. W. Harries, *Twice Upon a Time: Women Writers and the History of the Fairy Tale*, Princeton: Princeton University Press, 2001; J. D. Hubert, "From Folklore to Hyperbole in the French Fairy Tale," *Merveilles et Contes* 10 (1996): 185-206; B. V. Le Marchand, "Reframing the Early French Fairy Tale: A Selected Bibliography," *Marvels and Tales* 19 (2005): 86-122; S. Raynard, "New Poetics versus Old Print: Fairy Tales, Animal Fables, and the Gaulois Past," *Marvels and*

Tales 21 (2007): 93-106; R. Robert, *Le Conte de fées littéraire en France de la fin du XVIIe à la fin du XVIIe siècle*, Nancy: Presses Universitaires, 1981; L. C. Seifert, *Fairy Tales, Sexuality and Gender in France 1690 – 1715: Nostalgic Utopias*, Cambridge: Cambridge University Press, 1996; L. C. Seifert and D. C. Stanton, eds., *Enchanted Eloquence: Fairy Tales by SeventeenthCentury French Women Writers*, Toronto: Iter Inc, 2010; J. -P. Sermain, *Le conte de fées du classicisme aux Lumières*, Paris: Éditions Desjonqères, 2005; E. M. Storer, *Contes de fées du grand siècle (par Mme d'Aulnoy, Mlle Bernard, Mme de Murat, Mlle de La Force, le Chevalierde Mailly)*, New York: Columbia University, 1934; Ch. Trinquet, "On the Literary Origins of Folkloric Fairy Tales: A Comparison between Madame d'Aulnoy's 'Finette Cendron' and Frank Bourisaw's 'Belle Finette'," *Marvels and Tales* 21 (2012): 34–49; H. Tucker, "Reframing the Early French Fairy Tale," *Marvels and Tales* 19 (2005): 5-156; J. D. Zipes, *Beauties, Beasts and Enchantment: Classic French Fairy Tales*, New York: New American Library, 1989.

另见，J. De Jean, *Tender Geographies: Women and the Origins of the Novel in France*, New York: Columbia University Press, 1991.

这期间最重要的女性作家是多尔诺瓦夫人（Marie-Catherine d'Aulnoy, 1650/51 - 1705），有关她的生平与所写的故事，见：

A. De Graff, *The Tower and the Well: A Psychological Interpretation of the Fairy Tales of Madame D'Aulnoy*, Birmingham, Alabama: Summa Publications, 1984; A. E. Duggan, "Aulnoy, Marie-Catherine d' (1650/51 – 1705)", in D. Haase, ed., *The Greenwood Encyclopedia of Folktales and Fairy Tales*, Westport, Conn.: Greenwood Press, 2008, Vol. 1, pp. 79-81; N. Jasmin, *Naissance du conte féminin, mots et merveilles: les contes de fées de Madame d'Aulnoy* (1690 - 1698), Paris: Champion, 2002; K. Krüger, *Die Märchen der Baronin Aulnoy*, Inaugural Dissertation, Leipzig: University of Leipzig, 1914; J. Mainil, *Madame D'Aulnoy et le rire des fées: essai sur la subversion féerique et le merveilleux comique sous l'ancien régime*, Paris: Éditions Kimé, 2001; Cl. -L. Malarte, *Perrault à traverse la critique depuis 1960: bibliographie annotée*, Avant-Propos by J. Brachilon, Papers on French Seventeenth Century Literature, Paris, 1989, pp. 91-99; J. T. Mitchell, *A Thematic Analysis of Mme d'Aulnoy's Contes de fées*, University, Miss.: Romance Monographs, 1978; L. C. Seifert, "Aulnoy, Marie-Catherine le Jumel de Barneville, Baronne [or Comtesse] d'," in J. Zipes, ed., *The Oxford Companion to Fairy Tales*, Oxford: Oxford University Press, 2000: pp. 29-32; A. Stedman, "D'Aulnoy's 'Histoire d'Hypolite, comte de Duglas' (1690): A Fairy-Tale Manifesto," *Marvels and Tales* 19 (2005): 32 – 53; Ch. Trinquet, "On the Literary Origins of Folkloric Fairy Tales: A Comparison between Madame d'Aulnoy's 'Finette Cendron' and Frank Bourisaw's 'Belle Finette'," *Marvels and Tales* 21 (2012): 34-49; J. D. Zipes, *Beauties, Beasts and Enchantment: Classic French Fairy Tales*, 1989, pp. 295-297.

在法国的女性童话作家中，她在1690年最早介绍文学童话《快乐岛》（*L'île de la*

félicité/*The Island of Happiness*），将童话作为其小说《杜格拉伯爵伊波利特的故事》（*L'Histoire d'Hypolyte comte de Duglas*）的潜在叙事。见 A. Stedman, "D'Aulnoy's 'Histoire d'Hypolite, comte de Duglas' (1690): A Fairy-Tale Manifesto", *Marvels and Tales* 19 (2005): 32-53. 以及 Aulnoy, Madame de, *L'Histoire d'Hypolyte Comte de Douglas*, edited with introduction by J. D. Shirley, London: Institute of Romance Studies, 1994, pp. 123-136. 她后来将法文的"童话"（contes de fees/fairytales）用在她的第一部文集《夏尔·佩罗童话：菲斯的故事》（*Les contes de fees*, 1697）中。

有关她的传记，见：

F. Gontier, *Histoire de la Comtesse d'Aulnoy*, Paris: Perrin, 2005; L. C. Seifert, "L'Héritier de Villandon, Marie-Jeanne," in J. Zipes, ed., *The Oxford Companion to Fairy Tales*, Oxford: Oxford University Press, 2000, p. 298.

有关她和其他女性作家的生平与的童话创作，见：

J. D. Zipes, *Beauties, Beasts and Enchantment: Classic French Fairy Tales*, 1989, pp. 75-76; L. C. Seifert, "Bernard, Catherine," in J. Zipes, ed., *The Oxford Companion to Fairy Tales*, Oxford: Oxford University Press, 2000, p. 51; J. D. Zipes, *Beauties, Beasts and Enchantment: Classic French Fairy Tales*, 1989, pp. 93 - 94; E. W. Harries, "Bernard, Cathrine (c. 1663-1712)," in D. Haase, ed., *The Greenwood Encyclopedia of Folktales and Fairy Tales*, Westport, Conn.: Greenwood Press, 2008, Vol. 1, pp. 116-117; L. C. Seifert, "Bernard, Catherine," in J. Zipes, ed., *The Oxford Companion to Fairy Tales*, 2000, p. 51; J. D. Zipes, *Beauties, Beasts and Enchantment: Classic French Fairy Tales*, 1989, pp. 101-102; H. Neeman, "La Force, Charlotte-Rose de Caumont de (c. 1650-1724)," in D. Haase, ed., *The Greenwood Encyclopedia of Folktales and Fairy Tales*, Westport, Conn.: Greenwood Press, 2008, Vol. 2, pp. 252-253; L. C. Seifert, "La Force, Charlotte-Rose, Caumont," in J. Zipes, ed., *The Oxford Companion to Fairy Tales*, Oxford: Oxford University Press, 2000, pp. 285 - 287; H. Tucker, "Murat, Henriette-Julie de Castelnau, Comtesse de (1670 - 1716)," in D. Haase, ed., *The Greenwood Encyclopedia of Folktales and Fairy Tales*, Westport, Conn.: Greenwood Press, 2008, Vol. 2, pp. 646-647; A. E. Duggan, "Murat, Henriette Julie de Castelnau, Comtesse de," in J. Zipes, ed., *The Oxford Companion to Fairy Tales*, Oxford: Oxford University Press, 2000, pp. 328-329; J. D. Zipes, *Beauties, Beasts and Enchantment: Classic French Fairy Tales*, 1989, pp. 129-130.

[5] 见，S. Thompson, *The Folktale*, 1946, p. 459. 汤普森毫不掩饰地把女性作家从欧洲的民间故事史中排除了。他写道："佩罗似乎不如他的前辈斯特拉帕罗拉和巴西耳更接近民众，甚至超过19世纪前的任何发表过民间故事的人。18世纪的所有争着写'童话'的作家都无一例外地脱离了民众背景，因此他们的故事也没有民众的源头。"另外，科基亚拉（Cocchiara）在讨论18世纪末和19世纪初欧洲民间故事受到的东方影响时，谈论了法国文学对民间故事的兴趣。尽管他提到几个女性作家，但将佩罗置于最高地位，将他视为具有与意大利的斯特拉帕罗拉（ca.1480-1557?）和巴西耳

(1575-1632)在文学传统中一样的地位，参见：G. Cocchiara, *The History of Folklore in Europe*, trans. by J. N. McDaniel, Philadelphia：Institute for the Study of Human Issues, 1981. 谈论到格林兄弟的先辈问题，参见：D. L. Ashliman, *Folk and Fairy Tales：A Handbook*, Westport, Conn.：Greenwood Press, 2004, pp. 24-25. 贝蒂海姆（Bottigheimer）提出在文字文学的范畴内构建童话史的观点，对佩罗同时的女性作家有比较综合的记述，参见：R. B. Bottigheimer, *Fairy Tales：A New History*, Albany, NY：State University of New York Press, 2009, pp. 53-74. 受此观点对支持，特兰凯（Trinquet）在意大利和法国的文学童话文集中列举出了对应的故事类型，参见：Ch. Trinquet, *Le conte de fées français (1690-1700)：Traditions italiennes et origines aristocratiques*, Tübingen：Narr Verlag, 2012. 对此观点的批评，见 D. Ben-Amos, ed., "The European Fairy Tale Tradition between Orality and Literacy," *Journal of American Folklore* 123（2010）：373-496.

[5] 核心版本包括八则故事：Ch. Perrault, "La belle au bois dormant"（"The Sleeping Beauty in the Wood"）, *Histoires ou contes du temps passé, avec des moralitez*, Paris：Claude Barbin, 1697, pp. 2-46 [ATU410 "Sleeping Beauty"（睡美人）]；Ch. Perrault, "Le petit chaperon rouge"（"Little Red Riding Hood"）, *Histoires ou contes du temps passé, avec des moralitez*, 1697, pp. 47-56 [ATU 333 "Little Red Riding Hood"（小红帽）]；Ch. Perrault, "La barbe bleuë"（"Blue beard"）, *Histoires ou contes du temps passé, avec des moralitez*, 1697, pp. 57-82 [ATU 312 "Maiden-Killer（Bluebeard）"（蓝胡子）]；Ch. Perrault, "Le maistrechat, ou le chat botté conte"（"Puss in Boot"）, *Histoires ou contes du temps passé, avec des moralitez*, 1697, pp. 81-104 [ATU545B "Puss in Boots"（穿靴子的猫）]；Ch. Perrault, "Les fées"（"The Fairies"）, *Histoires ou contes du temps passé, avec des moralitez*, 1697, pp. 105-116 [ATU 480 "The Kind and the Unkind Girls"（仙境）]；Ch. Perrault, "Cendrillon ou la petite pantoufle de verre"（"Cinderella, or the small glass slipper"）, *Histoires ou contes du temps passé, avec des moralitez*, 1697, pp. 117-147 [ATU 510A "Cinderella"（灰姑娘）]；Ch. Perrault, "Riquet á la houppe"（"Ricky of the Tuft"）, *Histoires ou contes du temps passé, avec des moralitez*, 1697, pp. 149-182 [cf. ATU 711 "The Beautiful and the Ugly"（美丽与丑陋）]；Ch. Perrault, "Le petit poucet"（"Little Tom Thumb"）, *Histoires ou contes du temps passé, avec des moralitez*, 1697, pp. 183-229 [ATU 327B "The Brothers and the Ogre"（小拇指）].

第一版中的故事在1980年重印，包括早期研究这些故事的书目，佩罗的珍贵的前言，参见：J. Barchilon, ed., *Contes de Perrault. Fac-similé de l'édition originale de 1695-1697*, Genève：Slatkine Reprints, 1980. 另见：J. Barchilon, ed., *Perrault's Tales of Mother Goose. The Dedication Manuscript of 1695, Reproduced in Collotype Facsimile*, New York：The Pierpont Morgan Library, 1956, Vols. 1-2. 包括1695年的手稿以及"*Histoires au Contes du temps passé*"的八则故事中的五则。五则故事是："La Belle au Bois Dormant"（睡美人）、"Le Petit Chaperon Rouge"（小红帽）、"La Barbe Bleuë"（蓝胡子）、"Le Chat Botté"（穿靴子的猫）、"Cendrillon"（灰姑娘）。这份手稿和该书都是献给当时的女作

家多奥尔良（Elisabeth Charlotte d'Orléans）。多奥尔良是路易十四的第 19 个侄女，后来成为玛丽·安托奈特（Marie Antoinette，1755-1793）的祖母。此后，这些故事出现在多个版本中，也被翻译成多种语言。有关传记，见 G. Rouger, ed., *Contes de Perrault*, Paris: Garnier Frères, 1967, pp. lxiii-lxxxi; Cl. -L. Malarte, *Perrault à traverse la critique depuis 1960: bibliographie annotée*, Avant-Propos by J. Brachilon, Papers on French Seventeenth Century Literature, Paris, 1989.

英文的第一版出现于 1729 年，德文的是 1745 年（见 G. Rouger, eds., *Contes de Perrault*, 1967, p. lxxii）。至 19 世纪末，随着民俗学研究的兴起，安德鲁·朗（Andrew Lang）的翻译和前言于 1888 年出版了《佩罗通俗故事》（*Perrault's Popular Tales*）。最近在 2002 年出现了佩罗故事的双语版，2009 年又有了新的译本。有关佩罗的研究很广泛，见：

J. Barchilon, ed., *Contes de Perrault. Fac-similé de l'édition originale de 1695-1697*, 1980; J. Barchilon and P. Flinders, *Charles Perrault*, 1981; J. Barchilon and H. Pettit, *The Authentic Mother Goose Fairy Tales and Nursery Rhymes*, Denver: Alan Swallow, 1960; M. Bareau, et al., eds., *Les contes de Perrault: La contestation et ses limites, furetière. North American Society for Seventeenth-Century French Literature. Actes de Banff-1986*, Papers on French Seventeenth Century Literature, Paris, 1987; G. Gélinas, *Enquête sur les Contes de Perrault*, Paris: Imago, 2004; Ph. Lewis, *Seeing Through the Mother Goose Tales: Visual Turns in the Writings of Charles Perrault*, Stanford, CA: Stanford University Press, 1996; Ch. Perrault, The Complete Fairy Tales in Verse and Prose / *L'intégrale des Contes en verse et en prose. A Dual-Language Book*, ed. and trans. by St. Appelbaum, Mineola, NY: Dover Publications, 2002; J. Perrot, ed., *Tricentenaire Charles Perrault: Les grands contes du XVIIème Siècle et leur fortune littéraire*, Paris: In Press Editions, 1998; G. Rouger, ed., *Contes de Perrault*, Paris: Garnier Frères, 1967; M. Escola, *Contes de Charles Perrault*, Paris: Gallimard, 2005; J. Morgan, *Perrault's Morals for Moderns*, New York: Peter Lang, 1985; M. Soriano, *Le Dossier Perrault*, Paris: Hachette, 1972; Ch. Perrault, *Memoirs of My Life*, ed. and trans. by J. M. Zarucchi, 1989.

[6] 有关印刷革命及其对流行文化的影响的研究，见：

L. Andries and G. Bollème, *La bibliothèque Bleue: Littérature de colportage*, Paris: Robert Laffont, 2003; P. Burke, *Popular Culture in Early Modern Europe*, New York: Harper and Row, 1978, pp. 116-136; P. Burke, *Cultural Hybridity*, Cambridge: Polity, 2009; R. Chartier, *Lectures et lecteurs dans la France d'Ancien Régime*, Paris: Éditions du Seuil, 1982, pp. 247-267; R. Chartier, *The Cultural Uses of Print in Early Modern France*, trans. by L. G. Cochrane, Princeton, NJ: Princeton University Press, 1987, pp. 183-342; E. L. Eisenstein, *The Printing Press as an Agent of Change: Communication and Cultural Transformations in Early-Modern Europe*, Cambridge: Cambridge University Press, 1980; A. Fox, *Oral and Literate Culture in England 1500-1700*, Oxford: Clarendon Press, 2000; H. J. Graff, *Literacy* and Social Development in the West: A Reader, Cambridge: Cambridge University Press, 1981; R. Mandrou, De la Culture populaire aux 17e et 18e siècles: La bibliothèque bleue de Troyes, Preface by Ph. Joutard, Paris: Imago, 1999; V. E. Neuburg, Popular Literature. A History and Guide: From the Beginning of Printing to the Year 1897, New York: Penguin Books, 1977, pp. 56-123, 274-279; L. Shepard, John Pitts: Ballad Printer of Seven Dials, London 1765-1844, with a Short Account of his Predecessors in the Ballad & Chapbook Trade, Detroit: Singing Tree Press Book Tower, 1969; Cl. M. Simpson, The British Broadside Ballad and Its Music, New Brunswick, NJ: Rutgers University Press, 1966.

这种印刷的使用从16世纪后一直在持续，见，M. Kaliambou, "The Transformation of Folktales and Fairy Tales into Popular Booklets," Marvels and Tales 21 (2007): 50-64; C. Slater, Stories on a String: The Brazilian Literatura de cordel, Berkeley: University of California Press, 1982.

[7] 考古发现和对古埃及文字的解析揭示了丰富的古埃及文献所包括的诗歌、悼词、圣歌、对话和叙事。现有的文本不包括对那些故事文本的分类词语，也没有对之前的口头表演、讲故事等从口头到书面过渡的任何程式化的记录。但是，就主题而言，这些故事中的一部分包含了口头文学史中反复出现的母题和情节，让我们有可能推断在古埃及这些都是以口头方式叙述的，之后才有文字记录，或者会写字的人以某种风格将其文学化并记录下来。这些故事都被收录在有关古代埃及文学的选集中，例如，A. Erman, The Literature of the Ancient Egyptians: Poems, Narratives, and Manuals of Instruction, from the Third and Second Millennia B.C., trans. by A. M. Blackman, London: Methuen, 1927; M. Lichtheim, Ancient Egyptian Literature, A Book of Readings, Berkeley: University of California Press, 1973, Vol. 1, pp. 211-235, Vol. 2, pp. 197-230; G. Maspero, Popular Stories of Ancient Egypt, trans. by A. S. Johns, New Foreword by A. S. Atiya, New Hyde Park: University Books, 1967; W. K. Simpson, The Literature of Ancient Egypt. An Anthology of Stories, Instructions, Stelae, Autobiographies, and Poetry, New Haven, Conn.: Yale University Press, 2003, pp. 11-124; Chr. Eyre, "The Practice of Literature: The Relationship between Content, Form, Audience, and Performance," in R. Enmarch, V. M. Lepper, and E. Robson, eds., Ancient Egyptian Literature: Theory and Practice, Oxford: Oxford University Press, 2013, pp. 101-142.

有关对这些故事的民俗学评价，见，S. Thompson, The Folktale, 1946, pp. 273-276; R. M. Dorson, "Foreword," in S. O'Sullivan, ed., Folktales of Ireland, v-xxxii, Chicago: The University of Chicago Press, 1966.

包括"天命王子"与"两兄弟"两个故事的记录表面是来自新王国时代（New Kingdom, ca. 1550-1080 BCE），但之前可能是以口头方式传播的。有关文本，见，E. Cruz-Bribe, "Late Egypt Varia," Zeitschrift für ägyptische Sprache und Altertumskunde 113 (1986): 18-19; A. Erman, The Literature of the Ancient Egyptians: Poems, Narratives, and Manuals of Instruction, from the Third and Second Millennia B.C., trans. by A. M. Blackman,

1927, pp. 161–165; M. Lichtheim, *Ancient Egyptian Literature*, *A Book of Readings*, 1973, Vol. 2, pp. 200–211; G. Maspero, *Popular Stories of Ancient Egypt*, trans. by A. S. Johns, new Foreword by A. S. Atiya, 1967, pp. 1–20, 185–195; W. K. Simpson, *The Literature of Ancient Egypt. An Anthology of Stories*, *Instructions*, *Stelae*, *Autobiographies*, *and Poetry*, 2003, pp. 75–90; S. T. Hollis, *The Ancient Egyptian "Tale of Two Brothers": The Oldest Fairy Tale in the World*, Norman, University of Oklahoma Press, 1990, pp. 5–15。

在这两则故事中，可以辨认出共同的民间叙事母题，本与其他流行的故事主体相联系。"天命王子"的主题与故事类型ATU899［Alcestis（阿尔塞斯蒂斯）］以及ATU850-869［The Man Marries the Princess（嫁给公主的男人）］类型圈相关。英国不列颠博物馆所藏的文本是"天命王子"或"埃及王子"（Papyrus Harris 500, British Museum 10060），部分收录于Anthony Charles Harris［1790–1869］, Registration no, 1872.1101.2）。有关"天命王子"的研究，见：J. Baikie, *Egyptian Papyri and Papyrus-Hunting*, New York: Fleming. H. Revell, 1925, pp. 65, 148, 150, 160; E. Brunner-Traut, ed., *Altägyptische Märchen*, Düsseldorf-Köln: Eugen Diederichs Verlag, 1963, pp. 24–28, 256–258; E. Brunner-Traut, "Prinzenmärchen," in W. Helck and E. Otto, eds., *Lexikon der Ägyptologie*, Wiesbaden: Otto Harrassowitz, 1980, Vol. 4, pp. 1107–1112; J. Černý, "The Opening Words of the Tales of the Doomed Prince and of the Two Brothers," *Annales du Service des antiquités de l'Egypte* 41 (1942): 336–338; A. H. Gardiner, "The Tale of the Doomed Prince from Pap. Harris 500, verso," in *Late Egyptian Stories*, Bruxelles: Édition de la Fondation Égyptologique reine Élisabeth, 1932, pp. 1–9a. 有关"两兄弟"的详细研究，见，S. T. Hollis, *The Ancient Egyptian "Tale of Two Brothers": The Oldest Fairy Tale in the World*, Norman: University of Oklahoma Press, 1990. "两兄弟"涉及经典的主题，即女孩对男孩的引诱，并被以色列人运用到《圣经》中，体现为约瑟夫与波提乏的妻子的关系（创世纪39），也被用在穆斯林的《古兰经》约瑟夫章（Sura "Joseph" 12: 23–33）中。有关研究选集，见，M. S. Bernstein, *Stories of Joseph: Narrative Migrations between Judaism and Islam*, Detroit, MI: Wayne State University Press, 2006; J. L. Kugel, *In Potiphar's House: The Interpretive Life of Biblical Texts*, Cambridge, Mass.: Harvard University Press, 1994; J. D. Yohannan, *Joseph and Potiphar's Wife in World Literature: An Anthology of the Story of the Chaste Youth and the Lustful Stepmother*, New York: New Direction, 1968; W. Liungman, *Sagen om Bata och Anubisoch den Orientalisk-Europeiska Undersagans Ursprung*, Djursholm: Förlags A.-B Vald Literatur, 1946. 中世纪时，这个主题被用于《罗马的七圣人》（*The Seven Sages of Rome*）和《辛巴达之书》（*The Book of Sindbad*）的叙事框架，见，H. R. Runte, J. K. Wilkeley, and A. J. Farrell, *The Seven Sages of Rome and the Book of Sindbad: An Analytical Bibliography*, New York: Garland, 1984。难怪苏珊·霍里斯（Susan Hollis）将其对此故事研究的专著的副标题定为"世界上最古老的童话故事"。

［8］有关口头传统，特别是口头叙事的学术研究文献非常丰富，甚至早于《圣经》文献及其相关的希伯来《圣经》的初始文本。部分研究可见，D. Ben-Amos, "Folklore in the Ancient Near East," in D. N. Freedman, ed., *The Anchor Bible Dictionary*, New York: Doubleday, 1992, Vols. 1 – 6, pp. 2, 818 – 828; H. Gunkel, *The Folktale in the Old Testament*, trans. by M. D. Rutter, Introduction by J. W. Rogerson, Sheffield: The Almond Press, 1987; P. G. Kirkpatrick, *The Old Testament and Folklore Study*, Sheffield: Sheffield Academic Press, 1988; Kl. Koch, *The Growth of the Biblical Tradition: The Form-Critical Method*, trans. by S. M. Cupitt, New York: Charles Scribner's Sons, 1969; R. D. Miller, *Oral Tradition in Ancient Israel*, Eugene, OR: Cascade Books, 2011; P. J. Milne, *Vladimir Propp and the Study of Structure in Hebrew Biblical Narrative*, Sheffield: The Almond Press, 1988; S. Niditch, *Folklore and the Hebrew Bible*, Minneapolis: Fortress Press, 1993; S. Niditch, *Oral World and Written Word: Ancient Israelite Literature*, Louisville, Kent.: Westminster John Knox Press, 1996; S. Niditch, *Underdogs and Tricksters: A Prelude to Biblical Folklore*, San Francisco, CA: Harper & Row, 2000; E. Nielsen, *Oral Tradition: A Modern Problem in Old Testament Introduction*, Foreword by H. H. Rowley, London: SCM Press, 1954; A. Shinan and Y. Zakovitch, *From Gods to God: How the Bible Debunked, Suppressed, or Changed Ancient Myths & Legends*, Philadelphia: The Jewish Publication Society, 2012; J. A. Wilcoxen, "Narrative," in J. H. Hayes, ed., *Old Testament Form Criticism*, San Antonio: Trinity University Press, 1977, pp. 57 – 98; E. Yassif, *The Hebrew Folktale: History, Genre, Meaning*, trans. by J. S. Teitelbaum, Foreword by D. Ben-Amos, Bloomington: Indiana University Press, 1999, pp. 8–37.

［9］《十日谈》包括100则故事，有些之前已经被收录到意大利文的不同文集，有些类型的故事也出现在东方的故事集中，如印度公元前300-前570年的《五卷书》(*Pañcatantra*)，并在11世纪左右出现在欧洲，如9世纪阿拉伯世界的《一千零一夜》和其他几个文集。那些故事的多重起源并不能清晰地说明它们之间互相拷贝，很可能是通过不同口头传统被吸收的。有些是有国际性的，如ATU 887"温顺的女人"(Griselda)类型，被包括在薄伽丘的叙事圈中，也是佩罗对民间故事的文学转述的基础。这个故事受到许多学术关注，部分研究包括，W. E. Bettridge and F. L. Utley, "New Light on the Origin of the Griselda Story," *Texas Studies in Literature and Language* 13 (1971): 153-208; W. A. Cate, "The Problem of the Origin of the Griselda Story," *Studies in Philology* 29, 3 (1932): 389 – 405; M. Cottino-Jones, "Fabula vs. Figura: Another Interpretation of the Griselda Story," *Italica* 50 (1973): 3852; R. M. Dawkins, "The Story of Griselda," *Folklore* 60 (1949): 363 – 374; D. D. Griffith, "The Origin of the Griselda Story," *University of Washington Publications in Language and Literature* 8, 1 (1931): 1-120; V. Kirkham, *The Sign of Reason in Boccaccio's Fiction*, Florence: Leo S. Olschki Editore, 1993, pp. 249-265; R. Morabito, "La diffusione della storia di Griselda dal xiv al xx secolo," *Studi su Boccaccio* 17 (1988): 237-285; S. Swahn, "Notes Bibliographiques sur 'Griselda' en Suede," *Merveilles et contes* 1 (1987): 161-170.《十日谈》中第一日的第五则故事是《同样口味的多盘菜》(ATU983 "The Dishes of the same flavor")，其中包

括《国王的手套》（ATU891B＊"The King's Glove"）的类型内容。这两个故事都曾出现在中世纪的欧洲文集中，有关研究见，M. J. Bin-Gorion, *Mimekor Yisrael*: *Classical Jewish Folktales*, ed. by Emanuel Bin Gorion, trans. by I. Lask, prepared by Dan Ben-Amos, Bloomington: Indiana University Press, 1990, pp. 391-394, No. 204; D. Ben-Amos, ed., *Folktales of the Jews*, Philadelphia: The Jewish Folklore Society, 2011, Vol. 3, pp. 190-195, No. 16。第八日的第一则故事是《从丈夫借然后还给妻子》（ATU 1420C "Borrowing from the Husband and Returning to the Wife"）。将《十日谈》与薄伽丘之前和之后的时代做比较研究的见，A. C. Lee, *The Decameron*: *Its Sources and Analogues*, London: David Nutt, 1909；对《十日谈》中的有关讲故事的哲学原则的研究，见 R. Kuhns, *Decameron and the Philosophy of Storytelling*: *Author as Midwife and Pimp*, New York: Columbia University Press, 2005。

[10] 在《坎特伯雷故事集》的 29 则故事中，有几则有着国际故事类型，另外有些也包括共同的民间文学母题，见：

W. F. Bryan and G. Dempster, eds., "The Miller's Tale（ATU 'The Entrapped Suitors'），" *Sources and Analogues of Chaucer's Canterbury Tales*, New York: The Humanities Press, 1958, pp. 106-123; P. G. Beidler, ed., "The Miller's Tale, The Reeve's Tale（ATU1775 'The Hungry Clergyman'），" *Geoffrey Chaucer*: *The Wife of Bath*. *Complete*, *Authoritative Text with Biographical and Historical Contexts*, *Critical History*, *and Essays from Five Contemporary Critical Perspectives*, Boston: Bedford Books of St. Martin's Press, 1996, pp. 124-147; P. G. Beidler, ed., "The Man of Law's Tale（ATU 706 'The Maiden without Hands' and 707 'The Three Golden Children'），" *Geoffrey Chaucer*: *The Wife of Bath*. *Complete*, *Authoritative Text with Biographical and Historical Contexts*, *Critical History*, *and Essays from Five Contemporary Critical Perspectives*, 1996, pp. 155-206; P. G. Beidler, "The Miller's Tale," in R. M. Correale and M. Hamel, eds., *Sources and Analogues of the Canterbury Tales*, Woodbridge: D. S. Brewer, 2002, Vol. 2, pp. 249-275; P. G. Beidler, "The Reeve's Tale," in R. M. Correale and M. Hamel, eds., *Sources and Analogues of the Canterbury Tales*, 2002, Vol. 1, pp. 23-73; R. M. Correale, "The Man of Law's Prologue and Tale," in R. M. Correale and M. Hamel, eds., *Sources and Analogues of the Canterbury Tales*, 2002, Vol. 2, pp. 277-350; R. M. Correale, "The Friar's Tale（ATU 1186 'The Devil and the Lawyer'），" in R. M. Correale and M. Hamel, eds., *Sources and Analogues of the Canterbury Tales*, 2002, Vol. 2, pp. 269-274; P. Nicholson, "The Friar's Tale," in R. M. Correale and M. Hamel, eds., *Sources and Analogues of the Canterbury Tales*, 2002, Vol. 1, pp. 87-99; P. Nicholson, "The Clerk's Tale（ATU887 'Griselda'），" in R. M. Correale and M. Hamel, eds., *Sources and Analogues of the Canterbury Tales*, 2002, Vol. 1, pp. 288-332。

对"温顺的女人"故事类型的研究，见：

Th. J. Farrell and A. W. Goodwin, "The Clerk's Tale," in R. M. Correale and M. Hamel, eds. , *Sources and Analogues of the Canterbury Tales*, 2002, Vol. 1, pp. 101 – 167; J. B. Severs, "The Shipman's Tale (ATU1420C 'Borrowing from the Husband and Returning to the Wife')," in *The Literary Relationships of Chaucer's Clerkes Tale*, New Haven: Yale University Press, 1942, pp. 439 – 446; J. Scattergood, "The Shipman's Tale," in R. M. Correale and M. Hamel, eds. , *Sources and Analogues of the Canterbury Tales*, 2002, Vol. 2, pp. 565–581.

有关这篇童话的比较分析,见: J. W. Spargo, "The Prioress's Tale (Motif V 361 'Christian child killed to furnish blood for Jewish rite')", in *Chaucer's Shipman's Tale. The Lover's Gift Regained*, Helsiniki: Suomalainen Tiedeakatemia, 1930, pp. 447–485.

有关这个母题的历史及其研究,见:

D. Ben-Amos, ed. , *Folktales of the Jews*, Philadelphia: The Jewish Folklore Society, 2011, Vol. 1, pp. 95–114; L. Broughton, "The Wife of Bath's Tale (Motifs. D732 'Loathly lady', H1388.1 'Question: What is it women Most desire')," in R. M. Correale and M. Hamel, eds. , *Sources and Analogues of the Canterbury Tales*, 2002, Vol. 2, pp. 583–647.

有关这篇童话的研究,见:

P. G. Beidler, ed. , *Geoffrey Chaucer: The Wife of Bath. Complete, Authoritative Text with Biographical and Historical Contexts, Critical History, and Essays from Five Contemporary Critical Perspectives*, 1996; P. G. Beidler and E. M. Biebel, eds. , *Chaucer's Wife of Bath's Prologue and Tale: An Annotated Bibliography 1900 to 1995*, Toronto: University of Toronto Press, 1998; G. H. Maynadier, *The Wife of Bath's Tale. Its Sources and Analogues*, London: David Nutt, 1901; J. Withrington and P. J. C. Field, "The Wife of Bath's Tale," in R. M. Correale and M. Hamel, eds. , *Sources and Analogues of the Canterbury Tales*, Woodbridge: D. S. Brewer, 2002, Vol. 2, pp. 404–448.

研究乔叟的学者通常特别强调乔叟受到薄伽丘和意大利文艺复兴文学的影响,也就是乔叟在1373—1378年对意大利的访问的结果。乔叟的博学,如同他之前和之后的学者一样,是无可置疑的,但是,他与口头传统直接接触则是可质疑的。无论如何,《坎特伯雷故事集》包括了在中世纪口头流行的故事类型和母题。有关乔叟和意大利文学的联系的研究,见 W. Ginsberg, *Chaucer's Italian Tradition*, Ann Arbor, MI: The University of Michigan Press, 2002; D. Wallace, *Chaucer and the Early Writings of Boccaccio*, Woodbridge: D. S. Brewer, 1985.

[11] 最有名的框架叙事是 *Pañcatantra*,最早是本有84则伦理和智慧故事的梵文文集,"有智慧的行为"(*nīti*),出自《婆罗门毗湿奴沙曼》(*Brahman Vishnusharman*),包括五章,年代为公元300年至570年,尽管那些故事之前已经有口头流传。该文集在欧洲的译本包括: Th. Benfey, *Pantschatantra. Fünf Bücher indischer Fabeln, Märchen und Erzählungen*, Leipzig: F. U. Brockhaus, 1859, Vols. 1 – 2; Fr. Edgerton, *The Panchatantra Reconstructed*, New Haven, Conn. : American Oriental Society, 1924, Vols. 1 – 2; J. Hertel, *The Panchatantra. A Collection of Ancient Hindu Tales. In the Oldest Recension, the Kashmirian*

Entitled Tantrakhyayika, Cambridge, Mass.: Harvard University Press, 1915; A. W. Ryder, *The Panchatantra*, Chicago, Ill.: The University of Chicago Press, 1956; P. Olivelle, *The Pañcatantra: The Book of India's Folk Wisdom*, Oxford: Oxford University Press, 1997, including "Bibliography," pp. xlviii-l. 另外一个文集《一千零一夜》或《阿拉伯之夜》(*Alf layla wa-layla*) 的历史如其叙事故事本身一样也很复杂, 在 9 世纪的巴格达的一本书中就曾提到过。有关这方面的研究, 见 U. Marzolph and R. van Leeuwen, *The Arabian Nights Encyclopedia*, 2004。

M. Mahdi, ed., *The Thousand and One Nights (Alf Layla wa-Layla) from the Earliest Known Sources*, Leiden: Brill, 1984–1994, Vols. 1–3. 它是 14 世纪的阿拉伯文手稿, 其译本见 H. Haddawy, *The Arabian Nights. Based on the Text of the Fourteenth-Century Manuscript Edited by Mushin Mahdi*, New York: W. W. Norton, 1990。另外一个最近的译本是 M. C. Lyons and U. Lyons, *The Arabian Nights: Tales of 1001 Nights*, London: Penguin, 2008, Vols. 1–3. 这些故事在被记录下来以前是以口头形式流传的, 有关母题分析, 见 H. M. El-Shamy, *A Motif Index of The Thousand and One Nights*, Bloomington: Indiana University Press, 2006。有关"阿拉伯之夜的文献"在网络上有电子版, 由 Uli Marzolph 汇编, 见 http://wwwuser.gwdg.de/~enzmaer/arabiannights-engl-elektr.html。第三本文集是 12 世纪的梵文文集, 包括"梵文故事"(*kathá*), 是有关不同族群的叙事以及仪式表演中女性所讲的故事, 用了好几种语言, 被视为"真实"的历史。这些故事常常用来与另外一种类型的 *kahānī* 虚构故事做比较。该文集的英文翻译有, A. N. D. Haksar, *Shuka Saptati*。框架叙事的前提被 14 世纪的波斯苏菲派作家纳撒比·扎阿拉丁 (Nakšabi, Żiā'-Al-Dīn, 14th c.) 所利用, 在其波斯文的著作 *Tūtī-nāma (The Book of the Parrot*, 1330) 中包括了 52 则故事。英文译本见, Z. Nakhshabī, *Tales of a Parrot*, trans. by M. A. Simsar, Cleveland, OH: The Cleveland Museum of Art, 1978. 第四个例子是东方的框架叙事, 名为《哲人之书》(*Book of Sindibad*), 对应的西方版本是《罗马的七圣人》(*Seven Sages of Rome*)。每个文集都被深入研究过, 见, H. R. Runte, J. K. Wilkeley, and A. J. Farrell, *The Seven Sages of Rome and the Book of Sindbad: An Analytical Bibliography*, 1984; M. EPStein, *Tales of Sendebar*: רבדנס ילשמ *an Edition and Translation of the Hebrew Version of the Seven Sages Based on Unpublished Manuscript*, Philadelphia: The Jewish Publication Society of America, 1967; 以及网页: http://sevensagessociety.org.

［12］《马比诺吉昂》是形成于 1050–1120 年的中世纪时期威尔士故事集, 共有 11 则故事, 包括了许多已经有几个世纪历史的故事类型和母题, 存世主要有两部手稿, "The White Book of Rhydderch（赖泽赫白皮书）"（Aberystwyth, National Library of Wales, MS Peniarth, pp. 4–5), c. 1350 与 "The Red Book of Hergest（赫格斯特红书）"（Oxford, Bodleian Library, MS Jesus College, p. 111), 1382–1410。使得大众可阅读的七卷本英文翻译由夏洛特·格斯特女勋爵（Lady Charlotte Guest）[Schreiber]（1812–1895）完成于 1836–1849。德文译本出现在 1841 年, 暗示了格林兄弟从中有所收获,

此后也因格林兄弟的引用而在 19 世纪流行。目前有多个译本和版本,选集有: S. Davies, trans. and ed., *The Mabinogion*, Oxford: Oxford University Press, 2007; P. K. Ford, *The Mabinogi and Other Medieval Welsh Tales*, Berkeley: University of California Press, 1977; G. Jones, and Th. Jones, *The Mabinogion*, London: The Golden Cockerel Press, 1948. 有关研究文集,见 C. W. Sullivan, III, ed., *The Mabinogi: A Book of Essays*, New York: Garland, 1996。有关 Lady Charlotte Guest 的研究文献,见 D. R. Phillips, *Lady Charlotte Guest and the Mabinogion. Some Notes and the Work and Its Translator*, Carmarthen: Spurrell and Sons, 1921。这是被引用的唯一的中世纪文集。该文集的手抄本和印刷本至少可以追溯到中世纪。著名的一个例子是 12 世纪的穆色哈·赛哈迪(Moshéha-Sephardi, b. 1062)所著的 *Disciplina Clericalis*,但他在皈依基督教后以 Petrus Alphonsi 为名,见 E. Hermes, ed., *The Disciplina Clericalis of Petrus Alfonsi*, Berkeley: University of California Press, 1977。有关的民俗学分析,见 H. Schwarzbaum, "International Folklore Motifs in Petrus Alphonsi's 'Disciplina Clericalis,'" *Sefarad* 21 (1961): 267-299; 22 (1962): 17-59, 321-344; 23 (1963): 54-73。他们还可能参考了许多其他文献。

The Brothers Grimm: Then and Now[*]

Written by Dan Ben-Amos[**]

Chinese version translated by Zhang Juwen[***]

Abstract: If comparing the works by the Brothers Grimm and those published today, readers may find their tales may even seem less charming in some aspects, and even not appropriate to today's societies in some other aspects. However, the contribution the Grimms made to the collection, edit, and publication of folk and fairy tales has been historical, and thus set an exemplary hallmark and left an important legacy of human cultures, which cannot be seen from quantities measures. The Brothers Grimm tales have changed social and

---

[*] Originally published in *The Tale from the Brothers Grimm to Our Times: Diffusion and Study*, eds. by M. G. Meraklis, et al., Athens: Gutenberg, 2017, pp. 83-121. This translation is permitted by the publisher and the author.

[**] Author short bio: Dan Ben-Amos, Professor of Folklore and Asian and Middle Eastern Studies, University of Pennsylvania, USA.

[***] Translator short bio: Zhang Juwen, Professor of Folklore and Chinese Studies, Willamette University, USA, President of the Western States Folklore Society.

intellectual views toward folk tales, and showed meaning from tales, which is not only about religious or ethical systems, but also what is inherent to tales. These tales led people interpret tales from historical, poetic, national or international views, but not to abandon or marginalize tales. Therefore, Brothers Grimm fairy tales have become a significant hallmark of folk tale studies, and an important legacy of human cultures.

Keywords: Brothers Grimm, Grimm Fairy Tale, History of Folktales, Textualization

战迹与讲述*

——围绕着日俄战争的旅顺战场遗迹

〔日〕一之濑俊也 著 魏浦嘉 译**

摘 要：中国旅顺是1904-1905年日俄战争的发生地，这场双方兵力相差悬殊的战争以日本的胜利而告结束，并在日后不断被日本国家权力重新书写，其记忆承载地旅顺也被认定为"战场遗迹"，在日本战败前承接了来自日本的大量的所谓"战场遗迹观光游"活动。日本政府通过此类重塑不断弱化日军在日俄战争中随着时代推移迅速地显得乏善可陈的战斗表现，强化对其精神层面的重构，以鼓舞日军士兵在此后战斗中的士气，并且试图唤起日本国民对"满洲"的关心，妄图最终使日本在中国东北的统治获得正当性。在此过程中，围绕旅顺战场展开的一系列记忆形塑，历经"战迹"认定、战争讲述和"战迹"圣化三个阶段，成功地使之成为日军"精神主义万岁""牺牲物语"和"圣地巡礼"的载体，取得了日本政府所希望的"教育效果"。

关键词：战场遗迹 历史讲述 记忆形塑 政治意图

引 言

本文之目的在于对1904（明治37年）-1905年日俄战争发生地中国

---

* 原文参见，一ノ瀬俊也「戦跡と語り——日露戦争の旅順戦跡をめぐって」関沢まゆみ編『戦争記憶論——忘却、変容そして継承』昭和堂、2010。本文在国际研讨会"战争和表彰/美术20世纪以后"（2006年3月4日）及日本国立历史民俗博物馆国际研究集会"战争体验的记忆和讲述"（2007年2月16日）的演讲"日俄战争的战场遗迹"要旨的基础上，进行了大幅度的扩展与修改。

** 作者简介：一之濑俊也，日本埼玉大学人文社会学研究科教授。
译者简介：魏浦嘉，深圳大学外国语学院讲师。

旅顺的战场遗迹进行通史性研究，即明治末期至昭和前期（战争期间），这些战场遗迹是如何被讲述，如何塑造规定了日本国民的"战争观"的。在以往的研究中，几乎没有人对战场遗迹以及战场遗迹观光显示兴趣。直至 2000 年前后，木下直之、川村凑、荒山正彦、高媛发表了一系列研究成果，① 才打破了这种局面。可是，他们的研究虽然终于指出日俄战争的战场遗迹是构成近代日本"战争记忆"的要素之一，却仅限于此，并未进一步深入分析。此后，长志珠绘②在她的研究中分析了女子高等师范学校的大陆旅行，指出这次战场遗迹观光游所取得的"效果"是通过日中战争后在中国大陆各地建造的忠灵塔，"将'满洲铁路'沿线的日方现实占领统治空间解读为充满日本士兵曾经的英雄物语的空间"，让女学生们认识到"满洲"（中国东北）是一处"追悼 众多'英灵'的空间"。③ 她将日俄战场遗迹与日本国民的"满洲观"形成这一"政治"问题相关联的研究，可以说是先驱性的。然而，长志珠绘并未对为什么战场遗迹在战争期间发挥了如此之作用给予足够的分析说明。鉴于此，笔者将致力于分析人们对日俄战场遗迹的看法、观点，在日俄战争之后，经明治末期、大正，直至昭和前期（战争期间）的这一时间段是如何变迁的，探讨这些又是如何促成

---

① 木下直之「日露戦争を語るもの」小森陽一・成田龍一編『日露戦争スタディーズ』紀伊國屋書店、2004；川村湊「『戦跡』というテーマ・パーク」小森陽一・成田龍一編『日露戦争スタディーズ』紀伊國屋書店、2004；荒山正彦「戦前期における朝鮮・満洲へのツーリズム——植民地視察の記録『鮮満の旅』から」『関西学院史学』26 号、1999 年 3 月；荒山正彦「満洲観光の軌跡——二〇世紀前半における中国へのまなざし」阪倉篤秀編『さまざまな角度からの中国論』晃洋書房、2003；高媛「記憶産業としてのツーリズム——戦後における日本人の『満洲』観光」『現代思想』29 巻 4 号、2001 年 3 月；高媛「『二つの近代』の痕跡——一九三〇年代における『国際観光』の展開を中心に」吉見俊哉編『一九三〇年代のメディアと身体』青弓社、2002；高媛「『楽土』を走る観光バス——一九三〇年代の『満洲』都市と帝国のドラマトゥルギー」『岩波講座 近代日本の文化史 六 拡大するモダニティ』岩波書店、2002，等。
② 長志珠絵「『満洲』ツーリズムと学校・帝国空間・戦場」駒込武・橋本伸也編『叢書・比較教育社会史 帝国と学校』昭和堂、2007」。
③ 译者注：满洲原为满族旧称，后曾用作中国东北地区（辽宁、吉林、黑龙江及内蒙古的部分区域）的俗称。1931 年日本侵华发动九一八事变，1932 年扶植溥仪成立伪满洲国，其前后及至今日"满洲"一词作为历史地名大量存在于日文的各类叙述中。本译文在翻译过程中，固有名词，如书名、组织名等中的用语，或引用文中的用语，未加处理，而文中其他部分则采用加引号，如"满洲""南满洲"，或加前缀，如"伪满洲"的形式加以处理，而词语本身保留了原文用语以留存历史印记便于研究。另，文中引文出现"支那"一词，处理方法相同。

了日本人"战争"观的形成。因为，人们围绕旅顺战场遗迹讲述的并非语焉不详的"祭奠战死者"，而是与各个时期现实中的政治军事问题紧密相关的。① 在此，笔者选用当时大量发行的战场遗迹观光指南及旅行笔记作为材料以做分析。

一 日俄战争结束后至大正初期的旅顺战场遗迹

日俄战争在其发生地——中国东北部的旅顺——至奉天（今辽宁省沈阳市）留下了众多战场遗迹，其中包括日方死伤约6万人的旅顺要塞，这些地方即使现在也是著名的观光景点。战争结束后不久的旅顺呈现的是被人置之不理的一片疮痍："更休提东鸡冠山和二〇三高地……已是童童秃山，满目荒凉，炮痕弹迹，何止千万……处处散落战死者之碧血骨片、服饰褴褛、鞋、帽……其惨状甚于耳闻。"②

然而，满目的疮痍终归会风化为静谧的土地。于是，日本人开展了"战场遗迹"的认定工作：究竟什么才是"战迹"？

承担此项工作的是名为"满洲战迹保存会"的团体。该会会长是关东都督福岛安正陆军大将，并有多名军人、殖民地官员参与其中。1914年（大正3年），他们从各地募集资金开始着手在"南满洲"45处战场遗迹上修建纪念碑。其中，近半数（21处）集中在旅顺。该会于1919年9月发行了收录了所有遗迹的摄影图册《明治三十七八年战迹纪念》，其序文写道，"殉国烈士血染之遗迹殆成风雪肆虐之所，彷徨无所依之在天之英灵何以瞑目乎"。

诚然，保存战场遗迹"将极大地有益于士气的养成"③，其目的是通过赞美以往日本军队作战的勇敢来鼓舞现在士兵的士气。正如帝国议会上其

---

① 关于日俄战争的"记忆"给予了直至昭和时代的日本人思维上多样的影响这一点，山室建德「日露戦争の記憶——社会が行う〈現代史教育〉」『帝京大学文学部紀要』26号、2001年1月；千葉功「日露戦争の『神話』——日露戦争とその後の日本社会」小風秀雅編『日本の時代史 二三 アジアの帝国国家』吉川弘文館、2004；山田朗『戦争の日本史 二〇 世界史の中の日露戦争』吉川弘文館、2009，等多有论述。本章聚焦于旅顺"战场遗迹"这一特殊场所及其相关言论，尝试更具体的探讨。

② 岸田愛文「施政早々の旅順風景」『満州草分物語』満洲日日新聞社、1937、482頁。岸田于1908年前往"满州"地区。

③ 作者不详「満州戦跡保存会」『地学雑誌』26巻3号、1914、74頁。

委员的发言所示，"战争期间，沙河奉天等满洲的多个地名即使在偏远山村也是妇孺皆知，生活归于平稳后，随之而起的是人们对这些地名的自然遗忘，这不禁令人担心满洲本身是否也会被人忽视。然而，此项工作将给予国民们新的刺激，使他们记忆常新，间接地利于我国的满洲事业"①，其借助保存会的工作再度唤起日俄战争后低迷的日本国民对"满洲"的关心的意图也清晰可见。

在这里简单而重要的一点是，象征胜利荣光的战迹既非永久不变的亦非不言自明的存在。如果没有人因某种政治意图而积极保存，战迹不仅会逐渐风化消失，也会从人们的记忆中消失不见。换言之，所谓的战场遗迹在其诞生的那一瞬间开始，就已经蕴含了高度的政治性。

另一方面，战场遗迹的认定及保护工作开始于大正时期，而这个时代赋予围绕旅顺战场遗迹的讲述以某种特征。即，将日本明治时期所经历的最大战争日俄战争与当时欧洲正在上演的大战第一次世界大战进行对比，以此加深扩展日本国民对总体战的知识与理解。

1914 年第一次世界大战爆发后不久，陆军炮兵大佐弦木悌次郎在他所著的战场遗迹解说书《旅顺战迹志》（小林又七本店）中介绍旅顺的战场遗迹时，如此写道："今后十年，兵器将如何进化，战术将如何演变，无从预知。我等军人自当时时不殆于此研究，然一般国民亦不可视欧洲之战乱为对岸之火，贪安图眠。"② 众所周知，昭和时期陆军热心于对国民进行总体战思想的普及/启蒙，而旅顺战场遗迹正是再合适不过的教材。这种定位可以说是先驱性的。

二 一战后至昭和初期围绕旅顺"战迹"的讲述

然而，第一次世界大战超过了弦木等人的预想发展为空前激烈的全面战争，其结束时无论是武器方面还是人员伤亡规模方面都远远超越了日俄战争，使其显得陈旧不堪。

例如，大正最后一年的 1926 年（大正 15 年）发行的战场遗迹指南中

---

① "第三一帝国議會衆議院·滿州戰蹟保存会ノ事業二関スル建議案委員會第二回"（1914年3月17日）中冈部次郎委员的发言。
② 译者注：弦木悌次郎『旅順戰蹟志』川流堂小林又七本店、1914 年。

如此写道："读者诸君，是否有人贬斥旅顺之战等已成过去，难以望凡尔登战役之项背……诚然，无可否认欧洲大战物质上用尽新式武器，战法上开启一新纪元。然就精神的作用而言，旅顺战役与凡尔登战役无丝毫之差异。而人恰恰易为物质上之丰富所幻惑，而忽视精神之作用……防御者的法国军队战胜了进攻者，若此非萌发于稳健之思想如熊熊火焰般燃烧的爱国心可以战胜丰富物质的威力之佐证，又为何物。"①

几乎同时，比较语言学家、"南满洲铁道株式会社"干部上田恭辅所著《旅顺战迹秘话 附营口的回忆》（大阪屋号书店，1925）中，对日俄战争的评价也急转直下，将之斥为一场陈旧的战争。上田恭辅写道："可以毫无忌惮地作出以下结论，旅顺攻防战，与欧洲大战的惨烈相比，其规模，其兵力，其死伤率，几为儿戏。"

的确，在旅顺战役中，日本军队作战无谋、装备低劣，与各种新式武器争相登场持续了四年杀戮的第一次世界大战相比，其显得有如"儿戏"。但是令人尤为感兴趣的是，在围绕战迹的讲述中，这些日本军队的不足并不是要否定、抹消的对象，而正因如此，旅顺战役一直得到赞美和称颂。因为，尽管作战无谋、装备低劣，可是士兵们为了国家不顾个人，勇于献身，这些是如此地让人"感动"。

例如，在同一本书中上田恭辅如此表述自己参观日俄战场遗迹的感想："首先，欧洲大战中的德意志军队和旅顺攻防战中的我国陆海军将士的士气不同"，"转眼望去，皇军战壕绵延山麓数里，念及此乃为我皇国捐躯之忠勇兼备的先烈及同侪鲜血之结晶，不由得感慨万千"，"呜呼，更遑论二〇三高地之铁血物语"。② 上田的感想，促使其后的参观者以同样的观点看待战场遗迹。

在这里，旅顺的战场遗迹被重新定义为将"牺牲与献身物语"视觉化并使之印入人们脑海的场所。付出的牺牲越多，日本人具有崇高精神的证据就越充分。在此定位之下，战场遗迹作为遮掩第一次世界大战所显露出的物质主义万能性的"事实"被人传颂。

---

① 土屋清見『旅順戦跡見学案内記』日華堂出版部、1926、118-119頁。
② 译者注：上田恭輔『旅順戰蹟秘話：附・営口の思ひ出』，大阪屋号書店、1928年。原文记为1925年出版，与所能查到的资料有异。

另一方面，第一次世界大战后，日本社会出现了赞美和平主义、自由主义的浪潮。为了与之抗衡，人们开始在日俄战场遗迹中寻求力量。1928年（昭和3年），由国民新闻社主办的在银座百货商店举行的展览会"旅顺开城纪念会"，以陆海军省以及位于"满洲"的日本政府驻外机构关东厅为后援。在20天的展览会期间，参观者包括首相田中义一在内高达70万人次（《国民新闻》1928年1月23日）。该展览会除了展示当时的各种遗物，还通过透视画再现了旅顺等地的战场，即按当时情景复原重现的战迹。

该展览的图录《旅顺开城纪念展览会写真贴》以旅顺透视画的照片为结尾，并附有标示牺牲者人数的图表，而没有呼吁珍视和平的宝贵。主办者在图录的"绪言"中如此写道："当今我国沉溺于文化陶醉中之世态人情，远异于日俄战争期间卧薪尝胆之紧迫感"，如果这次的展览会"能在世道人心上有所作用"，那就达到了其目的。旅顺战场遗迹正是作为对缺乏"紧迫感"的一战后的社会加以思想改造的装置而在日本本土得以再生，屹立于人们面前。

"旅顺开城纪念会"主办者对当时日本国民精神的担心，并非毫无根据。例如，与谢野宽和晶子夫妇曾接受满铁的邀请于1928年前往"满洲"旅行。在参观旅顺白玉山的表忠塔时，他们如此批判其赞美战争的性质："塔尖上装饰着的巨大炮弹显得如此的寡淡无情，这实在是令人遗憾之极……死者祈愿的是永久的和平……如若能在这座塔上加以象征'和平'的装饰，死者之心将得到何等的满足，他们定会微笑着安然瞑目。"①

另外，1926年，因取材而前往"满洲"的东京八家报社的漫画记者们在回想当地的情景时也讽刺道："二〇三高地新种的小松树郁郁葱葱，很是繁茂，二十年前的噩梦仿佛过眼云烟……此时对面堡垒上，一群中学生正围着一名老军官，侧耳倾听他的讲解。老军官的脸上泛起二十年前的红晕，而大正年代出生的中学生们虽啧啧称奇，却无法把他的解说与面前的景象相联系。这也无可厚非，因为时间支配了一切，一切都已随风

---

① 与謝野寛·晶子『満蒙遊記』大阪屋号書店、1930、30-31頁。引用部分为与谢野宽执笔。

而逝。"①

如上所述，旅顺的战场遗迹随着时间的流逝，一直暴露在"和平论"和"风化"的威胁之下。所以，当时的满洲战迹保存会、陆军非常担心"古战场因野生植物的侵蚀而逐年变形"，他们不得不"以此次（1930年）秩父宫殿下莅临战场遗迹进行视察为契机，砍伐繁茂的松树，以铁丝网相连接，重挖战壕，垒上沙袋，重筑工事，尽可能地恢复旧战场的原貌"。②

军队也没有忽略与谢野宽在大止时期对和平论的抨击，稍后他们反驳道："相当一部分日本人公然宣称纪念日俄战争的战迹纪念碑养杀伐之气，标榜军国主义，应该遭到唾弃，而东亚乐园的满洲平原上的欧亚大动脉——满洲铁路沿线的此等东西应该一律拆除"，"不懂历史，不了解迄今为止先辈之奋斗，空论现状的鼓唇弄舌之辈不过是迎合主义的走狗。此等小儿巧舌如簧，失我国威，实在是岂有此理"。③

大正至昭和初期，旅顺的战场遗迹悄然成为各种记忆围绕"战争"的是与非争论不休的舞台。④ 而在这纠缠不清的斗争中，战场遗迹作为战场遗迹保持住了命脉并传承至下一个时代。

三　十五年战争期间的战场遗迹

1931年（昭和6年）九一八事变后，日本占领了中国东北三省，成立了伪满洲国；1937年，中日全面战争爆发。这个时期，旅顺等地的日俄战争战场遗迹被看作向日本国民宣示日本"满洲"统治权的"正当性"，对抗中方收回主权运动的不可动摇的证据。

---

① 池边钧等7名漫画家『漫画の満洲』大阪屋号书店、1927、5-6頁。
② 平井三朗（关西大学学生）『大陸無錢紀行』牧口五明书店、1931年、331-332頁。另，陆军内部之前就有人担心这些战迹的"风化"，前面提到的与谢野宽、晶子《满蒙游记》中写道："战后陆军移植的小松树很繁茂，郁郁葱葱，以至于遮掩了战迹的哀景，听说甚至有人主张砍去一些树木。"与谢野宽厌恶地斥之为"历来的军人品味"（32页）。
③ 1930年10月9日，关东军参谋长三宅光治少将致三重县派遣的满洲视察团的欢迎词，並川光（三重県）『鮮満を行けば十万精霊は叫ぶ』共昌社、1933、206-207頁。
④ 关于为了对抗20世纪20年代的社会状况而开展的唤起日俄战争记忆的活动，参看拙稿一ノ瀬俊也「日露戦後～太平洋戦争期における戦死者顕彰と地域——『郷土の軍神』大越兼吉陸軍歩兵中佐の事例から——」『日本史研究』501号、2004年5月。

例如，日本本土最大的在乡军人组织"帝国在乡军人协会"特意在大海对面的"满洲"举行了1932年的全国大会（6月1~17日）。返乡途中，在乡军人们分为两组参拜了旅顺的二〇三高地和招魂社，参观了陈列战利品的博物馆和堡垒旧址。并且在北方的首山、辽阳倾听了关于战场遗迹的报告，参拜了忠灵塔。他们之所以特意在"满洲"举行大会，就是为了通过到访现场来确认这样一种理论，即过去日本军人付出了巨大牺牲才获取了这块土地，那么日本占有"满洲"就是"合理而正当"的。

九一八事变前后，不仅是在乡军人，即使在一般民众之中，也兴起一股重新认识自己所居"乡土"与"满洲"关系的热潮。比如，1929年，在三重县，县民们大规模募集资金，在奉天（今辽宁省沈阳市）近郊建造了纪念被歼灭的由三重县士兵组成的步兵第三三连队（在当时的日本，这样的连队被称为乡土连队）的大型纪念碑。在《步兵第三三连队战迹纪念碑建设宗旨》（满洲三重县人会）中这样写道："今天，我们帝国列身于列强……在满洲的广阔天地获得了特殊的经济地位，得以建设国际性的和平之境。"而之所以能如此，正是因为"我们"在日俄战争中奇迹般的胜利。而"我们"之所以能胜利，是因为"我们乡土部队"的勇猛。人们以"我之乡土"为媒介，觉得事实上的所谓日本新领土"满洲"变得触手可及，不再遥远，而这种意识又转化为支持伪满洲国建设的思想。这一切都得力于新建设的日俄战争/战场遗迹纪念碑。

九一八事变后，前往"满洲"的日本游客激增。① 而新的战场遗迹指南也随之大量发行。其所具特点可归纳为以下三点。

第一，日本军队的通病，即肉弹冲锋，精神主义的正当化。陆军工兵大佐梅泽修平，在1931年刊行的战场遗迹指南《谁都能了解的空前肉弹——旅顺战迹参观指南》中这样写道，旅顺战役被称为"肉弹战"，而"这肉弹中装填的是何物呢？……正是那被称作日本魂的具有不可思议威

---

① 1934年3月至6月"满洲""视察"者有220个团体，11500名个人。与去年同期相比增加了3850人（『满州日报』1934年6月23日）。其时代背景为九一八事变后当地局势的稳定，以及日本本土景气的重回。

力的弹药","日本魂战胜了斯拉夫魂"。①

旅顺的战场遗迹成为当时日本陆军为了隐蔽武器装备落后而叫嚣的精神主义万岁最好的证明,成为告诫国民"与文化进步相应,应注意精神的陶冶"② 最好的论据。"肉弹"之类的词语被广泛应用,甚至出现在1942年被用作纪念品的小小影集《缅怀壮烈的肉弹攻城战——旅顺战迹写真帖》上。直至太平洋战争,日本陆军固执地执行"肉弹"战法,付出了巨大代价。③

为什么需要这样的正当化呢?答案非常简单。昭和时期,"今后的战争需要精良的武器装备,如若仅仅依靠大和魂的肉弹战法,不过是又一场日俄战争,恐将失败"④ 这一见解,对于当时的人们来说已是明显的事实,而人们需要说服自己,打消顾虑:当时的日本军队没有因兵器处于劣势而放弃战争这一选项。

第二,强调"牺牲物语"。陆军炮兵少佐池田信治在1940年刊行的《旅顺战抄》这本战迹指南中写道,旅顺要塞司令官陆军中将井出宣时"听说旅顺战迹巡礼者年年递增,苦于没有可派发的说明当时情况的简明资料",故建议他著述出版了该书。日俄战争的遗址是"牺牲物语"的舞台,因而是"圣地",访问者则是"巡礼者"。过去的战争被"圣化",人们拒绝怀疑过去的战法或者那场战争的意义及其正当性,一切成为禁忌。这种强烈的拒绝甚至体现在题为《圣地纪念——旅顺战迹写真帖》的这小

---

① 陆军工兵大佐梅澤修平『空前の肉弾が誰にも好く分る—旅順戦蹟見学案内記』日華堂出版部、1931。

② 此类精神论在当时的日本国内,因著名的旅顺攻略战记『肉弾』(1906年)作者陆军少将樱井忠温的言论而得以加强。他宣扬道:"〔旅顺战役时〕日本没有机关枪","肉弹果然强于枪炮","现在,飞机、坦克、毒气等各种科学武器层出不穷,这些都是战争的手段,但并不是全部。世界战争胜败的关键不是兵器而是肉弹,是人之力"。(桜井忠温『「肉弾」後三十年—日露戦役の想出』朝日出版社、1930、41頁)。

③ 关于太平洋战争中的日本军队的肉弹——白刃进攻战法,参照河野仁「玉砕の思想と白兵突撃」青木保ほか编『近代日本文化論 一〇 戦争と軍隊』岩波書店、1999。另,前面提到的与谢野宽1932年创作了『爆弾三勇士』的歌词赞美肉弹进攻。这可以说是大正的和平论在昭和的精神论之前败退的象征。

④ 陆军少将長谷部照俉「旅順第一回総攻撃」満洲日報社編『日露戦役秘話逸話 付 ペンとカメラの戦跡巡礼』満洲日報社、1935、37頁。值得注意的是長谷部作为下级军官参加了日俄战争,是知道真实战斗情况的当事人。

小纪念相册的题目上。

第三，这些"巡礼"的场所不断增加，有如渔网。隶属关东厅（日本政府在中国东北的办事处）的忠灵显彰会1939年出版发行了《满洲战迹巡礼》图集，收集了中国东北各地的日俄战争、九一八事变纪念碑的照片/素描，可以让读者足不出户而进行"圣地巡礼"。在书中的某页地图上，九一八事变的遗址和日俄战争的遗址同标注为"战迹"。这使得日本与"满洲"之间的联系的坚固性变成视觉化的图像，"满洲"是日本人在长期的牺牲后之获得的土地这一所谓主张是如此的简单明了。

四　日本国民对战迹讲述的反应

我们再来看一下寻访旅顺战场遗迹，即"巡礼"的一般民众的反应。陆军士官学校的学生曾开展过参观"满洲"战迹的活动。1933年（昭和8年）4月至5月，317名该校学生前往"满洲"、朝鲜的战场遗迹参观，回国后制作了纪念册。其中一位学生如此抒发自己参观时的感想："旅顺大捷非仅为生理之体格力量的胜利，亦为心理之精神力量的胜利……还战胜了敌人的枪炮战壕铁丝网这一切机械的力量。"① 未来的陆军军官们，亲自前往"圣地"，观看牺牲的遗址，重新领会教官们教授的精神主义的优越性，将"肉弹·刺刀"进攻视为理所当然。

陆军士官学校的"满洲"/朝鲜旅行开始于1929年。即使是第一次旅行时，学生们也这样写道："进攻旅顺时，我军于有形力量上不足之处甚多，然终能取得胜利的原因在于，发挥了我军的精神威力"，"近来伴随物质文明之昌盛，世人渐因于唯物主义，而倾向于蔑视精神之力量，我辈参观此伟大战迹，始知伟大先辈之精神力量，方信战斗之诀在于精神"。② 如果说上述言论不过是从未参加过战斗的军官学员的愣头青之作，那么一切皆无从谈起。我们应该再深入思考一下，为什么军队支持他们去

---

① 陸軍士官学校編『第四五期生　満鮮戦蹟見学旅行記事』陸軍士官学校、1933年。
② 关于旅行第七日「旅順西北正面及海正面見学」的学生作文（陸軍士官学校本科第三中隊『第一回満鮮戦蹟見学旅行』陸軍士官学校本科第三中隊、1929）署名为平長一、富冢誠及栗原安秀。其中栗原为1908级学生，是之后二·二六事件的主谋之一，被处死刑。

发表此种言论。如果我们知道旅顺的战场遗迹被陆军利用为模糊第一次世界大战后暴露出来的日本国力/装备的落后的"实例",那么一切就迎刃而解。

当时的陆军士官学校的战史教科书里,明记旅顺战役的经验为:"预料将来多有我军以不足之武器而不得不进攻敌军的坚固阵地之事,要坚信无形的精神要素常凌驾于物质要素,以此来展开军队的训练和战术的研究。"① 此处假想的"坚固阵地",盖指苏联与伪满洲国接壤处的苏军阵地。实际上,从当时访问旅顺战场遗迹的军校学员的作文中也可以看到,他们希望通过旅顺战迹获得他们将来所要参与的对苏作战的启示:"吾辈需注重人格修养,需研究以必胜之信念开必胜之道路……符拉迪沃斯托克要塞非旅顺可比。"②

对于陆军而言,参观旅顺战迹,绝非每年的例行公事和对过去的缅怀感伤之旅。而是与应该如何面对未来的战争这一极为现实的深刻课题紧密相关。

我们也来看看一般民众的例子。福岛县县会议员关内正一于 1940 年 6 月至 7 月前往"满洲"、南京、上海等前线视察,慰问福岛县籍的士兵。7 月 5 日,他前往"圣地"旅顺战迹参观,在观光车上,司机兼导游热情洋溢的介绍长达 30 分钟,包括女性在内的参观者们皆热泪盈眶。关内正一在旅行笔记中这样写道:"呜呼!护国之英灵还请安息!卿等献身皆成日俄战争之我军大捷之因素,成就我强国日本。"③ 他们在"圣地"流下清澈的"泪水",因历史而更加坚信帝国日本的强大与"正确"。

再看看其他的例子。日中战争长期化后的 1939 年,东京女子师范学校的 40 名学生在 3 名带队教师和顾问的带领下,于 7 月 31 日至 8 月 20 日开展了"满鲜视察旅行"。

日程中理所当然地安排了访问旅顺一项。一名学生写道:"化为肉弹

---

① 陸軍士官学校編『昭和十一年改定 戦史教程卷一』1936、80 頁。其数行后写有:"我辈应确信精神力量常可打破物质的威力,另一方面时时洞察将来的战争,针对科学进步展开形而上下的诸般准备也极为紧要。"
② 陸軍士官学校編『第四六期生 満鮮戦蹟旅行記事』陸軍士官学校、1934、107 頁。
③ 関内正一『満支視察の旅』磐城文化協会、1940、41-42 頁。

洒向环绕的三面山峦的英灵们，为了堵塞旅顺湾而自沉海底的勇士们，请你们守卫旅顺，不，整个满洲！"① 旅顺的战场遗迹从"感情"上使日本的"满洲"统治得以"正当化"，甚至让她们觉得这就是自己的使命。

也有学生有着不同的感想。参观了东鸡冠山堡垒遗址的学生这样写道："据说在狭窄的堡垒内部，曾经进行过与敌人相距不过 1 米的战斗。看着这些遗痕，我们只能面面相觑。这也让我想到了被称为科学战的现在正在支那进行的战争的激烈。看着俄国神气的军营，身处守备森严的堡垒，我不由得觉得俄军的失败是如此的不可思议。"②

是的，旅顺战役中俄军的失败也许"不可思议"。但是，过去的日本军队毕竟攻破了俄军"守备森严的堡垒"取得了胜利。那么，在眼下激烈的"科学战"即日中战争中，日本大概也不会失败。旅顺的战场遗迹，如此告诉来访的年轻人战争与物质的关系。

结　语

综上所述，日俄战争的旅顺战迹，在大正初期是"总体战的教材"，在第一次世界大战至昭和期成为讲述"牺牲物语"的"圣地"，从感情上而非逻辑上紧紧抓住众人之心。详言之，战场遗迹被作为日本人精神优越性的证据加以传颂，使日本军队臭名昭著的"肉弹进攻"战法得以神圣化，并被赋予证明九一八事变后日本统治中国东北所谓"正当性"的意义。以上各项，成为战争期间战场遗迹所达到的"教育效果"的前提条件。

对敌军的肉弹攻击，伪满洲国的建设，现在看来愚不可及。然而当时的日本人却认为理所当然。上述事态，通过感情优于逻辑这一从某方面看来相当独特的思想动员得以展开——旅顺的战场遗迹拂拭去昭和日本人对总体战的不安，成为向他们保证未来战争的胜利、鼓励人们献身的活的史迹。从这个意义来说，这个史迹就是所谓的"圣地"。

---

① 文科三年级 6 名女生所作「紀行」8 月 17 日，参见大陸視察旅行団〔東京女子高等師範学校内〕編『大陸視察旅行所感集　昭和十四年』非売品、1940、57 頁。
② 文科三年级 3 名女生所作「街頭所見」，参见大陸視察旅行団〔東京女子高等師範学校内〕編『大陸視察旅行所感集　昭和十四年』非売品、1940、212 頁。

Historical Battlefields and Narratives: The War Remains in Lvshun after the Russo-Japanese War [*]

Written by Ichinose Toshiya[**]

Chinese version translated by Wei Pujia[***]

Abstract: The Chinese city Lvshun was the site of the Russo-Japanese War in 1904–1905. Japan eventually won the war, despite an overwhelming disparity in the number of troops from both countries. This triumph was recorded and re-narrated endlessly by the regime, and the carrier of the memory, the city of Lvshun, was regarded as a historical battlefield, attracting a large number of sightseers. Through these activities and narratives, the Japanese regime tried to revive people's interest in the Manchukuo after this war, weaken the memory of Japanese troops' obsolete actions during the war and boost the morale of the soldiers for future wars, ultimately legitimising the Japanese governance of the northeast part of China. In this process, the historical battlefield of Lvshun experienced three phases in which it 1) was recognised as a battlefield, 2) became the basis of narratives about the war, and 3) was consecrated as an historical battlefield. Eventually, the site became the carrier of "Long live Japanese spiritualism", "sacrifice narrative" and "tour a sacred site" narratives, thus facilitating Japanese militarism.

Keywords: Battlefield, Historical Narration, Memory Shaping, Political Attempt

---

[*] Originally published information, please see 一ノ瀬俊也「戦跡と語り――日露戦争の旅順戦跡をめぐって」関沢まゆみ編『戦争記憶論：忘却、変容そして継承』昭和堂、2010。This translation is permitted by the publisher and the author.

[**] Author short Bio: Ichinose Toshiya is a professor at Institute of Social Science, Saitama University, Japan.

[***] Translator Bio: Wei Pujia is a teacher at the School of Foreign Languages, Shenzhen University.

中国东北地区殖民地建筑的"文物化"及旅游资源化

周 星[*]

摘 要：日本帝国主义在中国东北地区的殖民与侵略活动，留下了大量的建筑物和各种遗址及遗物。战争结束后，在去殖民地化的历史大趋势中，殖民地建筑（包括傀儡政权伪满洲国遗留的建筑群）经历了不尽相同的命运。在中国政府的文物（文化遗产）保护政策之下，东北地区的殖民地建筑逐渐实现了"文物化"过程；在此基础上，又进一步实现了旅游资源化的过程。将殖民地建筑纳入本国或自己城市的历史，是需要勇气和胸怀的。它的意义在于，正视曾经是"国耻""屈辱"的历史，最好的方法无非就是保存那些涉及重大历史事件和历史真相的"场""物"，因为它们是最为基本的"物化了的记忆"。通过对具体的建筑或景观遗产来佐证或提示相关历史，可以发挥其警示、警诫，不让悲剧历史重演的正面价值。

关键词：中国东北　殖民地建筑　文物化　旅游资源化

中国的文化遗产政策，近些年来引起了海内外学术界的广泛关注，尤其是进入 21 世纪以来，非物质文化遗产保护运动在中国自上而下地兴起，极大改变了中国现代文化的格局。但是，中国的文化遗产政策是由偏重物质文化的文物保护政策和偏重艺术、民俗、身体技能等"非物质文化遗产"保护政策两部分构成的，鉴于近来的讨论较多集中于后者，本文拟集中讨论"文物"保护政策以及其中一个较为特殊的问题，即在曾经的殖民地、半殖民地，主要是由殖民者或其操纵的傀儡政权所遗留下来的建筑遗

---

[*] 作者简介：周星，神奈川大学国际日本学部教授。

产及各种遗址、遗迹是如何逐渐地被"文物化"的,进而探索其在随后的旅游资源化过程中所面临的相关问题。①

一 中国的文物保护政策

按照中国近现代史的"定说",自1840年第一次鸦片战争以来,中国逐渐沦为半封建半殖民地社会,经历了漫长、屈辱的一个多世纪。由于反复遭受侵略、内战和国土被鲸吞或蚕食,大量的文化遗产或遭受损毁,或流失海外,因此,尽力保护祖国的文化遗产,逐渐成为相继诞生的中华民国、中华人民共和国政府的既定政策。

国民政府曾在1930年制定过《古物保存法》,以保护考古出土的文物为主要考量;对"古物"的范围和种类的规范,是把考古、历史、古生物方面的古代遗物均涵括在内。但由于战乱等多种原因,其在很多地方难以落实,不过也算是表明了政府的基本姿态。民国时期,除了殷墟发掘、对故宫旧址及文物的保护等为数不多的成功案例,乏善可陈。真正的文物保护工作还是在1949年以后才大规模展开的。

1949年11月,国务院在文化部下设文物局,随后,各省市均设立了文物管理委员会。"文物"一词,在中国古籍中出现甚早,大意是指与礼乐典章制度有关的器物,例如,《后汉书·南匈奴传》:"制衣裳,备文物。"进入20世纪,"文物"一词在汉语中被广泛使用,内容也不断扩展,但基本上是指"历史"的物质文化遗址、遗物与遗存。1956年4月,国务院发出通知,要求对文物实施保护。1960年11月,国务院通过了《文物保护管理暂行条例》,于1961年3月颁布,同时公布了第一批全国重点文物保护单位180处,其中革命遗址及革命纪念建筑物33处、石窟寺14处、古建筑及历史纪念建筑物77处、石刻及其他11处、古遗址26处、古墓葬19处。这意味着中国初步建立了"文物保护单位"制度,而其中的"全国重点文物保护单位",亦即由国家文物行政部门——国家文物局,从全国的"不可移动文物"中,选择具有重大历史、艺术、科学价值者予以认

---

① 2016年8月17日至28日,笔者曾前往大连、旅顺、吉林、长春、沈阳等地,实地考察了东北地区日本殖民地建筑遗产及其保护的现状。

定和保护，它有点类似于日本的重要文物财①；全国重点文物保护单位的保护范围和相关档案，须由所属省、市、自治区人民政府的文物行政部门报国家文物局备案。这一制度在随后的《文物保护法》中得到正式确立，但其实它在20世纪60年代初就已初具轮廓。

遗憾的是，1966-1976年的"文化大革命"期间，因兴起"破四旧，立四新"运动，很多文物遭到破坏甚至损毁。这一时期大混乱的特征之一，就是地面上存世的古董和历史建筑受到较多破坏，但地下发掘的出土文物则因为其历史及科研价值而受到一定程度的重视，从而形成了自相矛盾的怪异局面。

伴随着改革开放之后的拨乱反正，文物保护工作重入常轨。《文物保护法》由第五届全国人民代表大会常务委员会第二十五次会议于1982年11月19日通过，并从即日起施行，这是"文化大革命"结束之后出台的第一部重要的全国性法律，由此确立了中国保护文物的基本政策框架。

《文物保护法》的立法目的，在第一章"总则"第一条有明确规定，亦即"为了加强对文物的保护，继承中华民族优秀的历史文化遗产，促进科学研究工作，进行爱国主义和革命传统教育，建设社会主义精神文明和物质文明"。《文物保护法》规定需要保护的文物主要有：具有历史、艺术、科学价值的古文化遗址、古墓葬、古建筑、石窟寺和石刻、壁画；与重大历史事件、革命运动或者著名人物有关的以及具有重要纪念意义、教育意义或者史料价值的近代现代重要史迹、实物、代表性建筑；历史上各时代珍贵的艺术品、工艺美术品；历史上各时代重要的文献资料以及具有历史、艺术、科学价值的手稿和图书资料等；反映历史上各时代、各民族社会制度、社会生产、社会生活的代表性实物。《文物保护法》明确规定，对于古文化遗址、古墓葬、古建筑、石窟寺、石刻、壁画、近代现代重要史迹和代表性建筑等不可移动文物，要根据它们的历史、艺术、科学价值，分别确定其为全国重点文物保护单位、省级文物保护单位，以及市、

---

① 周超：《日本法律对"文化遗产"的定义、分类与分级》，《宁夏社会科学》2009年第1期。

县级文物保护单位。

《文物保护法》的内容涉猎广泛，但就本文关心的问题而言，以下要点较为直接而又重要：中国境内地下、内水和领海中遗存的一切文物，属于国家所有；国家指定保护纪念建筑物、近代现代代表性建筑等不可移动文物，除了国家另有规定的，属于国家所有；国有不可移动文物的所有权，不因其所依附的土地所有权或者使用权的改变而改变；一切机关、组织和个人都有依法保护文物的义务；文物是不可再生的文化资源；在文物保护单位的建设控制地带内进行建设工程，不得破坏文物保护单位的历史风貌；不可移动文物已经全部毁坏的，应当实施遗址保护，不得在原址上重建；国有不可移动文物不得转让、抵押；建立博物馆、保管所或者辟为参观游览场所的国有文物保护单位，不得作为企业资产经营；等等。

从上述初步归纳可知，中国的文物保护政策，内含着社会主义及民族国家意识形态亦即民族主义的影响，它不仅较为强调"革命文物"的重要性，由此为政权的合法性提供支持；还把文物视为民族国家之历史自豪感的依据，进一步把它视为爱国主义教育的资料和资源，把文物保护工作视为建设社会主义文化的一个组成部分。当然，《文物保护法》也非常重视历史文物（传世）和由考古发掘而出土的文物的保护，并把古建筑、近代建筑等也一并纳入保护的对象范畴之中。

近 40 年来，《文物保护法》相继于 1991 年 6 月、2002 年 10 月、2007 年 12 月、2013 年 6 月、2017 年 11 月等多次修订。伴随着经济的高速增长，全国各地大兴土木，城乡建设和文物保护之间出现了很多新的矛盾，于是，1991 年第一次修订，强化了对破坏文物行为所应采取的罚则，从而有力地扭转了文物屡遭破坏的局面，并提高了普通群众保护文物的意识。21 世纪初，2002 年第二次修订，扩充了文物概念的内涵与外延，将"历史文化名城""历史文化街区""历史文化名镇、名村"等也纳入其中，丰富了文物的种类。从《文物保护法》的制定、历次修订及其所确定的基本原则可知，中国政府对文化遗产的保护，不仅是要维系历史中国和现代中国之间不应被断裂开来的纽带，同时还是一种在现代民族国家的框架之中，培育国民文化、促成国民整合的持续性努力。①

根据《文物保护法》的规定，中国政府加强了对全国重点文物单位认定和保护的力度。1982年2月，公布了第二批全国重点文物保护单位62处，其中包括革命遗址及革命纪念建筑物10处、石窟寺5处、古建筑及历史纪念建筑物28处、石刻及其他2处、古遗址10处、古墓葬7处。值得注意的是，在"革命遗址及革命纪念建筑物"这一范畴中，包括"林则徐销烟池与虎门炮台遗址"在内。1988年1月公布的第三批全国重点文物保护单位有258处，其中革命遗址及革命纪念建筑物有41处，包括多处与反抗帝国主义列强侵略有关的遗址或与列强屠杀中国人民的事件有关的遗址，例如，"大沽口炮台""林则徐墓""刘公岛甲午战争纪念地""平顶山惨案遗址"等；另在111处的"古建筑及历史纪念建筑物"里，则包括"旅顺监狱旧址（1898-1945）"在内。

1996年11月，国务院公布了第四批全国重点文物保护单位共250处，其中古遗址56处、古墓葬22处、古建筑110处、石窟寺及石刻10处、近现代重要史迹及代表性建筑50处、其他遗址2处。从"革命遗址及革命纪念建筑物"到"近现代重要史迹及代表性建筑"，此类表述的变化多少反映了文物保护工作中意识形态因素的淡化。作为首次出现在全国重点文物保护单位的分类体系之中的新范畴，第四批全国重点文物保护单位的近现代重要史迹及代表性建筑，包括了"大连俄国建筑""青岛德国建筑""广州沙面建筑群""广州圣心大教堂""镇江英国领事馆旧址""上海外滩建筑群""哈尔滨颐园街一号欧式建筑""圣索菲亚教堂"等。接着，在2001年6月公布的第五批全国重点文物保护单位518处中，有近现代重要史迹及代表性建筑40处，其中包括"大连中山广场近代建筑群""青岛八大关近代建筑"等。这意味着，从20世纪90年代至21世纪初，中国的文物保护政策开始非常明确地将殖民地建筑视为"近代建筑"或"近现代代表性建筑"，认为其是值得保护的历史文化遗产。

在上述趋势的延长线上，中国对殖民地建筑予以保护的范围也在不断

---

① 周星：《非物质文化遗产与中国的文化政策》，载周晓虹、谢曙光主编《中国研究》第十辑，社会科学文献出版社，2011，第210-223页。

地扩大，例如，在2006年5月公布的第六批1080处全国重点文物保护单位中，"青岛德国建筑群"属于与现有全国重点文物保护单位（第四批"青岛德国建筑"）合并的项目，这意味着对青岛的殖民地建筑扩展了保护的范围和加强了保护的力度；同时在第六批近现代重要史迹及代表性建筑中，则有"潘家峪惨案遗址""大同煤矿万人坑""万忠墓""西炮台遗址""关东厅博物馆旧址""阜新万人坑""抚顺战犯管理所旧址""哈尔滨莫斯科商场旧址""中东铁路建筑群""侵华日军第七三一部队旧址""侵华日军东北要塞"等多处涉及侵华战争、俄口殖民统治及伪满时期的建筑遗存或遗迹。

2013年5月，国务院公布了第七批全国重点文物保护单位1943处，其中近现代重要史迹及代表性建筑多达329处，其中包括"侵华日军阿尔山要塞遗址""巴彦汗日本毒气实验场遗址""本溪湖工业遗产群""南子弹库旧址""旅顺船坞旧址""甲午战争田庄台遗址""关东州总督府旧址""旅顺红十字医院旧址""营口俄国领事馆旧址""关东州厅旧址""沈阳中山广场建筑群""侵华日军关东军司令部旧址""辽宁总站旧址""奉海铁路局旧址""沈阳二战盟军战俘营旧址""吉海铁路总站旧址""辽源矿工墓""伪满皇宫及日伪军政机构旧址""伪满洲国中央银行旧址""长春电影制片厂早期建筑""长春第一汽车制造厂早期建筑""马迭尔宾馆""伪满洲国哈尔滨警察厅旧址""东北民主联军前线指挥部旧址"等项目，除了战争、军事和殖民统治以及反抗侵略和殖民统治的相关建筑遗存，还注意到对产业遗产、文化、卫生、交通等方面近代建筑遗产的兼顾。

2019年10月7日，政府核定并公布的第八批全国重点文物保护单位762处，包括古遗址167处、古建筑280处、古墓葬30处、近现代重要史迹及代表性建筑234处、石窟寺及石刻39处、其他12处。近现代重要史迹及代表性建筑所占比重非常高，包括"侵华日军木石匣工事旧址""旅顺沙俄陆防副司令官邸建筑""鞍山钢铁厂早期建筑""侵华日本关东军护路守备队盘山分队旧址""台吉万人坑遗址""审判日本战犯特别军事法庭旧址""吉林机器局旧址""老黑沟惨案遗址""侵华日军第100部队遗址""丰满万人坑遗址""石人血泪山死难矿工纪念地""七道沟死难同胞纪念地""伪满建国忠灵庙旧址""鸡西万人坑遗址""朝阳山东北抗联第三路军密营遗址""侵华日军第516部队遗址""日本驻南京大使馆旧址""侵华日军南京利济巷慰安所旧址"等。此外,还将"满铁农事试验场熊岳城分场旧址",并入第六批"中东铁路建筑群"中,将"勃利西山仓库遗址"并入第六批"侵华日军东北要塞"之中。

分析历次公布的全国重点文物保护单位的名录,可以发现:一是保护的种类逐步增加,尤其是"近现代重要史迹及代表性建筑"这一新范畴,极大地拓展了文物的内涵;二是高度重视中国革命史和中国人民抵抗帝国主义列强侵略及殖民统治的历史遗址或遗迹,重视能够作为帝国主义侵华尤其是日本殖民统治之罪证的遗址和遗迹;三是把在东南沿海诸多城市形成的殖民地建筑也纳入保护的对象。特别是2006年第六批、2013年第七批、2019年第八批全国重点文物保护单位,由于受中日关系恶化及中日双方历史认识问题的影响,名录中有关日本侵华战争、殖民统治及伪满傀儡政权的相关遗址、遗迹的内容,有颇为明显的增加。

值得指出的是,在全国重点文物保护单位认定制度的政策引导下,东北各省及市、县基层政府,也都相继公布了本省或本市、县的文物保护单位清单,甚或制定了相应的文物保护条例。应该说,这些举措也都是中国文物保护法制体系的重要组成部分。

二 殖民地建筑的几种命运:以大连/旅顺为例

日本帝国主义在中国东北地区的侵略及殖民活动,从1894-1895年的甲午战争,经1914-1915的日俄战争,到1931年的九一八事变及随后出现的傀儡政权"满洲国"(1932-1945年),前后长达半个多世纪。1945年日本殖民统治结束后,其在东北各地留下的大量建筑和各种遗址及遗物,无论是作为东北地方史,还是作为中国近现代史,甚或作为东亚史、日本侵华史、中日关系史的重要资料,无疑均具有不言而喻的重要性。

在战后世界范围内"去殖民地化"的历史大趋势中,东北各地的殖民地建筑遗存,也先后经历了"接收(没收)""重新命名""改变用途"等形式的改变,其大方向当然也是去殖民地化。70多年来,东北各地的殖民地建筑经历了不尽相同的命运,大体上有以下几种基本形态。

中国东北地区殖民地建筑的"文物化"及旅游资源化

第一，在 1945 年及 1949 年以后，殖民地建筑全部被新政权接收或没收为国家资产，其实用价值得到重视，故得到继续利用。一般来说，作为国家资产，它们是由政府分配给不同的机构或单位使用的。对这些建筑的延续使用本身，意味着权力的移交；随后对它们的拆除、改造或保护，当然也无一不是新的权力的行使。①

继续利用殖民地建筑的情形多种多样。一种是对大规模的市政工程、企业设备与设施等接管后直接延用，使其继续发挥效用。例如，大连地区始建于 1920 年、竣工于 1924 年 3 月的龙王塘水库，直至 2009 年仍在维修使用。1899 年 9 月由俄国人设立的大连轮船修理工厂，1907 年 4 月由日本南满洲铁道株式会社接管，后转手给川崎造船所大连出张所，1923 年又由满铁收回，后来发展成为著名的大连造船厂。在东清铁路大连病院的基础上建成的满铁大连医院，1929 年改为大连医院，1952 年由苏军移交中国之后，改名为沈阳铁路局大连医院。现在的大连宾馆，前身是日本设计师太田毅设计并于 1909 年由满铁建设的大和宾馆，1945 年曾作为苏军警备司令部，1950 年移交大连市人民政府，1953 年曾一度成为中国国际旅行社大连分社，1956 年改为大连宾馆至今。②原满铁大连图书馆，于 1950 年成为旅大图书馆。日本殖民当局统治大连的三大机关，亦即关东州厅舍旧址、关东地方法院、关东州厅警察部，后来曾分别作为大连市政府、市中级人民法院和市公安局的办公设施继续得到利用。③类似情形在东北各地颇为普遍，比较有名的例子还有吉林丰满水电站、大连火车站、沈阳火车站等等。④虽然政权的属性截然不同了，但建筑物发挥的具体功能仍具有一定的连续性。承认殖民地建筑原有的实际使用功能并尽可能予以利用，当然是非常合理的判断。

另一种情形是转用为其他设施。例如，位于大连市中山区麒麟西巷 1 号的东本愿寺（关东别院）旧址，是 1912 年由日本人设计建造的仿中国

---

① 西澤泰彦『日本の植民地建築：帝国に築かれたネットワーク』河出書房新社、2009、212-213 頁。
② 韩悦行编著《大连掌故》，大连出版社，2009，第 80~81 页。
③ 韩悦行编著《大连掌故》，第 27~28 页。
④ 西澤泰彦『図説 満州：「満州」の巨人』河出書房新社、2015、130-131 頁。

唐式寺庙风格的建筑，战后曾作为大连图书馆书库，后又被转用为大连市京剧团及其演出场地——麒麟舞台，现成为市级文物保护单位。大连市金州区的南金书院旧址，现在也是市级文物保护单位，其前身是"金州俄清学校"，1906年被日本人改为"关东州公学堂南金书院"，1944年又改为"金州公学堂南金书院"。这座欧式小洋楼后来有一个时期曾被转用为家属楼，现在被列为大连市第一批重点保护建筑物。由德国人设计、俄国人出钱，建造于1902年的俄国东清轮船会社，1906年9月成为日本的大连民政署办公地；东北解放后，成为东北资源馆的一部分，一个时期还曾作为铁路职工家属的宿舍被使用；1996年市政府对旧址予以修复后，成为大连艺术展览馆，现改名为大连美术馆。

第二，有不少建筑被以各种具体的理由拆毁或破坏。绝大多数的战争遗构（炮楼、碉堡、战壕），因战后重建需要拆除；此外，有很多建筑物或因城市建设而拆除，或因老朽化失去建筑的功能而被拆除；当然，也有因为其象征性无法为新的社会所接受而被拆除的，例如，大连"大广场"中央曾经竖立的关东都督府首任都督大岛义昌的铜像，在1946年被拆除后，竖立起了孙中山铜像，并改名为中山广场。除了极少数例外，几乎所有的神社、忠灵碑、忠灵塔等均被拆除，例如，奉天忠魂碑、白玉山纳骨祠等。除上述情形，也有一些是在"文化大革命"期间因为"破四旧"等政治原因而被损毁的。

第三，部分建筑被直接转化为博物馆。位于大连市旅顺口区向阳街139号的旅顺日俄监狱旧址博物馆，现为国家重点文物保护单位。它于1902年由俄国人初建，1907年由日本人扩建，作为沙俄和日本殖民统治时期的罪证，被辟为博物馆后，很有社会影响。[①] 旅顺博物馆原先是1917年日本人在沙俄将校集会所基础上改建的关东都督府满蒙物产馆，苏军接管后曾改为旅顺东方文化博物馆，1951年交还中国政府后，改名为历史文化博物馆，1954年定名为旅顺博物馆。大连自然博物馆的前身为1907年4月日本人设立的"地质调查所"，后历经改名，相继为"满蒙物资参考馆""满蒙资源馆""满洲资源馆"。旅顺关东军司令部旧址博物馆，原系1900

---

① 王安平：《游遍旅顺口》，大连出版社，2009，第173-177页。

年前后俄国人建的关东州陆军炮兵部,后被侵华日军作为关东军司令部,1945年成为苏军近卫19师司令部,1955年归还中方为某部队驻址,2004年建成博物馆。① 类似情形,在东北其他地方也较为常见。

第四,一些具有纪念性且能证明殖民者侵略罪行的建筑物得到保护和修缮。旅顺白玉山上的白玉山塔,系日俄战争后,日本联合舰队司令东乡平八郎和陆军第三军军长乃木希典倡议,由殖民当局于1907-1909年修建,原名"表忠塔"以纪念日军阵亡者。1985年,旅顺口区政府将其改名为白玉山塔,同年将其认定为大连市文物保护单位。据说,当时市民中曾出现争论,一方主张它表彰侵略者,故应拆除,另一方则主张以历史唯物主义观点将其保留,作为日本侵华罪证。② 1997年5月,政府有关部门整修了旅顺东鸡冠山堡垒,并新建"旅顺日俄侵华战争罪行陈列馆";1999年8月,大连市委、市政府将东鸡冠山北堡垒和二龙山战争遗址这两处"爱国主义教育基地"合二为一,命名为"旅顺东鸡冠山日俄战争遗址",其中的"两杆炮"炮台,还被认定为大连市文物保护单位。旅顺白玉山北麓的"万忠墓",是埋葬和祭祀1894年甲午战后在日军旅顺大屠杀中遇难国人的公墓,它于1896年11月由清朝命官顾元勋竖碑建立墓园,题名"万忠墓"③;日本殖民统治时期曾遭损坏而致荒芜,1948年8月,当时的旅顺民主政府曾予以重修;1994年甲午战争百年纪念时,地方政府第四次重修,现被列为全国重点文物保护单位。

第五,部分建筑或遗址、遗存得到了重新的发掘或再建。例如,吉林劳工纪念馆(亦即"丰满万人坑")将当年被殖民当局强征修建丰满水电站的中国劳工遇难者的遗骨予以挖掘、保存和展示,同时对当时由日本人工程师所立的慰灵碑等也予以保存。这方面较为典型的例子,还有日军第七三一部队旧址及各地"万人坑"或某惨案遗址的发掘或重建等。此类挖掘或重建,往往伴随着对于过往历史真相的"钩沉"或"再发现"。黑龙江省方正县的日本人公墓,埋葬着数百名日本开拓团人士的遗骨,它是在1963年由中国政府出于人道主义建设的,1999年成为黑龙江省文物保护单

① 王安平:《游遍旅顺口》,第92-93页。
② 马玉全编著《大连文化之旅》,大连出版社,2009,第58-59页。
③ 李元奇等编《大连旧影》,人民美术出版社,1998,第34页。

位。从20世纪80年代起，日本遗属们到这里举行慰灵和日中友好交流活动，并在公墓内建立了和平友好之碑。①

第六，在殖民地建筑较多分布的城市街区或公共空间，实行区域性整体保护或开发。例如，辽宁省大连市的中山广场、黑龙江省哈尔滨市的中央大街、吉林省长春市的新民大街等。大连市的中山广场，沙俄统治时名为"尼古拉耶夫卡亚广场"，其在设计之初曾参考了巴黎的城市规划，故呈放射式巨圆状；日本统治时改为"大广场"，并在周围增建了银行、市政机构等建筑；1946年，改名为中山广场。该广场周围的建筑群，如今或被列为国家重点文物保护单位，或被确认为国家级、省市级近代优秀建筑。大连中山广场及周围建筑群的整体性保护，除了需要承认俄日时期那些百年建筑的意匠及其艺术风格的价值②，还需要有对城市公共空间、景观及城市史的全面理解。对那些具有公共设施及公共空间属性的殖民地建筑群，在延续其功能，维护其造型及周边景观的同时，予以改名或重新命名尤为重要，这是因为命名行为本身就是一种新的诠释。例如，大连市的人民路始建于1899年，当时名为"莫斯科大街"，1905年改为"山县通"（纪念日本军阀山县有朋），1946年改为"斯大林路"，20世纪80年代以后才改为"人民路"。类似这样的地名或建筑名称的沿革，在东北地区也颇有普遍性。

归纳起来，东北地区殖民地建筑的"遗产化"，大致有以下三条路径。

一是重视建筑的物理存在。基于建筑的实际使用功能持续地予以利用或转用，并在此基础上，认定它们为中国"近代优秀建筑"或"近现代历史建筑"。应该说，此类认定并不意味着对殖民地统治的肯定，基本上也与历史认识问题或意识形态无关。例如，大连市人民政府在俄国东清轮船公司旧址前立碑，碑文曰："此风格别致的欧式建筑，建于1902年。历经数十年沧桑变换，危危欲倾，已难以修复。为保护优秀历史建筑，大连市人民政府特拨专款，按原型重建，于1996年竣工。特立此碑，以励弘扬建

---

① 赵彦民『満洲愛信濃村の生活——中国残留孤児達の家族史』三重大学出版会、2007、202~205頁。
② 马玉全编著《大连文化之旅》，第6-7页。

筑文化。1996年10月18日。"① 在它成为"大连市重点保护建筑"之后，市政府又挂金属牌匾，并撰铭文："该建筑建于1900年，沙俄侵占时期为东清轮船公司社址，带有北欧木构架痕迹的德国民居建筑风格。被列为大连市第一批重点保护建筑物。大连市人民政府，2020年1月。"② 又如，旅顺火车站旧址在2002年入选第一批大连市重点保护建筑，2017年12月又入选第二批中国20世纪建筑遗产清单。此外，像日本殖民统治时期的朝鲜银行旧址和大和旅馆旧址③等，也都曾被认定为国家近代优秀建筑或大连市的重点保护建筑。④ 显然，这一路径承认殖民地建筑在中国建筑史上的存在意义，也承认其不同于中国传统建筑的文化和技术价值等。1988年底，国家建设部和文化部联合发出了《关于重点调查保护近代建筑物的通知》，要求全国各地通过调查研究，提出一批优秀近代建筑作为文物保护单位上报，这意味着近代建筑的保护正式列入了中国政府的工作日程。⑤

二是作为"爱国主义教育基地"。这条路径除了中国的社会主义核心价值观与民族国家的民族主义意识形态的背景，当然也是将"负"的遗产（汉语称作"反面教材"）予以转换和重新解释的机制。尤其是那些记录了中国人民苦难经历的遗址，记录了甲午战争、日俄战争、日本殖民统治历史的遗址，往往都被视为进行国民教育的绝好资源。

三是作为文物保护单位。自1982年中国颁布《文物保护法》以来，很多殖民地建筑相继被列为国家重点文物保护单位或省、市、县级文物保护单位，这也就意味着它们被认为具有历史、文化或艺术的价值，对于它们的保护也有了明确的法律依据。例如，旅顺火车站的站舍在1985年7月，被认定为大连市的市级文物保护单位；2005年，由旅顺区文物管理委员会对它进行了"以旧复旧"的维修。进入21世纪以后，殖民地建筑的"文物化"趋势在东北各地日益明显。

上述不同路径的逻辑虽然不尽相同，但它们彼此之间却存在密切的互

---

① 韩悦行编著《大连掌故》，第174-175页。
② 关于该建筑的始建年代，前后说法有不一致之处。
③ 郭松雪、陈术石：《"满铁"最辉煌的建筑——大连大和旅馆旧址》，《中国文化遗产》2013年第4期。
④ 李振远：《大连文化解读》，大连出版社，2009，第255-260页。
⑤ 黄均德：《关于优秀近代建筑保护的几个问题》，《城市规划》1991年第6期。

动或关联性。事实上，同一建筑物既是文物保护单位，又是爱国主义教育基地，还是近代优秀建筑，进而成为旅游景点的情形，并不罕见。① 例如，抚顺战犯管理所旧址，1987年7月，被辟为陈列馆并对外开放；2003年9月，被国家旅游局确定为国家3A级旅游景区；2005年11月，成为全国爱国主义教育示范基地；2006年5月，被视为"近现代重要史迹及代表性建筑"，成为全国重点文物保护单位；2016年12月，又入选"全国红色旅游景点景区名录"。

三 "满洲国"建筑群的"文物化"：以长春市为例

周家彤博士依据对长春市"满洲国"遗址群的相关研究，将其逐渐"文物化"的过程，大体上划分为三个阶段。第一个阶段是1949-1976年，主要是将这些建筑作为国家资产予以利用的时期；第二个阶段是1976-1981年，大体相当于从实际利用逐渐朝向保护的过渡时期；第三个阶段是从1982年《文物保护法》颁布实施至今，殖民地建筑遗产明确成为文物保护的对象。② 基于上文对大连等地的考察，也由于中国文物保护政策的全国统一性，相信这一划分不仅适用于长春市，也大体适用于吉林省其他地区以及黑龙江省、辽宁省等其他曾经被"满洲国"统治的地区。但笔者感到还应再补充一个阶段，亦即从20世纪90年代中期以来，各地普遍出现了将殖民地建筑遗产作为旅游资源予以开发的动态，不妨视其为一个新的阶段。当然，由于东北各省的情形不尽相同，上述不同阶段的具体年代可能有一些差别。例如，大连市旅顺口区的开放和相关开发，就要比其他地方迟缓一些。

吉林省长春市现有800多万人口，面积约4789平方公里。1932-1945

---

① 除过销毁和散失的，殖民地时期大量的可移动遗物或成为档案资料，或被收藏用于博物馆陈列，作为日本侵华史的物证，同时也被用来说明殖民统治下人民的苦难。本文集中讨论不可移动的建筑，在此只需指出，每当中日两国因为历史认识的差异产生争议之际，这些物证的重要性就会得到中国方面进一步的重视。当这些遗物进入博物馆用于陈列，其也就脱离了原初语境而成为重新设定、分类与解说的对象。
② 周家彤「現代中国における文化財保護とその法制度」『法政論壇』第50卷第1号、2013年11月、48-59頁。

年，这里被日本殖民者选为傀儡政权"满洲国"的首都"新京"，其理由除了当时日本"日满鲜一体化"的政治性意图，"新京"便于展开新的城市规划和建设也是一个重要原因。① 曾经的规划在某种意义上成就了今日相对密集的伪满建筑群，这些建筑群记忆着日本近代一批建筑家的殖民地活动②，记载着伪满政权的傀儡国家形态，记录着日本军国主义统治下所谓"八纮一宇""王道乐土"的殖民地社会的真相，当然也在一定程度上保存着被统治者悲惨的劳动和遭遇。长春市内现存大量的伪满时期建筑，很多已成为国家文物保护的对象，其相继"文物化"的过程深受1982年《文物保护法》及随后历次修订的影响。在这一过程中，每每出现争议或纠结，也伴随着对其作为文物的意义和价值的反复斟酌与重新阐释。

根据1947年的《土地法大纲》和1948年4月东北行政委员会颁布的《东北解放区文物古迹保管办法》，东北各地的殖民地建筑及"满洲国"资产全部被没收，在国有化原则下成为国家的不动产，由于其实用性而被政府行政机关和学校、医院、博物馆等公共设施所利用，部分住宅则成为公房。显然，比起其历史价值而言，很长一个时期内其使用价值更受重视。计划经济时代的国家财产，一般是被分配给政府认为合适的单位使用，如此对"满洲国"建筑的活用，既有使用功能连续性的例子，如著名的长春电影制片厂持续利用了原"满洲映画协会"的设施和设备，甚至还有日本人参与了新政权下的电影制作事业；当然，也有使用功能断裂性的例子，如伪满皇宫的部分建筑曾被第一汽车制造厂技工学校和吉林省文化干部学校所利用，伪满国务院的建筑则被白求恩医科大学所使用。正是由于长期处于使用状态，"满洲国"建筑旧址反倒基本上得到了较好的保存和保护。

1962年12月1日，吉林省委决定设立"伪满皇宫陈列馆"，使其朝博物馆方向实现了功能转换。伪满皇宫是"满洲国"建筑遗存中最早且唯一在改革开放前就被视为保护对象的例子。1964年7月，"伪满皇宫陈列馆"

---

① 大野太幹「支配の連続性と断絶性―満州国期における満鉄附属地の視点から」『中国21』31号、2009年5月。
② 可参阅西澤泰彦『東アジアの日本人建築家：世紀末から日中戦争』柏書房、2011；西澤泰彦『海を渡った日本人建築家：20世紀前半の中国東北地方における建築活動』彰国社、1996。

改名为"吉林省历史博物馆",并对市民开放。20世纪60年代正是阶级斗争史观盛行的时期,于是,伪满皇宫和北京故宫、沈阳故宫一起,均被用来批封建统治阶级的腐朽与骄奢淫逸的生活,成为既定时代阶级教育的实物道具。[①] 当时,人们对"满洲国"遗址群尚未有所关注,少有对其予以保护的意识,"文化大革命"期间还遭到一些破坏,因为它们在很多时候都是被批判的对象。真正有意识地开始对"满洲国"建筑群予以保护的动向,主要是在改革开放以后,但在相关探索过程中曾出现过抵触和不满。

1979年,吉林省历史博物馆重新开馆。同年12月,长春市成立文物管理委员会,市政府还公布了第二批文物保护单位清单;如第一批清单一样,基本上没有殖民地(含伪满)建筑入选。1981年4月,吉林省政府将伪满皇宫列为省重点文物保护单位。1982年8月,省文物局开始修复伪满皇宫陈列馆;随后,皇宫以外的其他伪满重点建筑也逐渐纳入调查的对象。

以1982年11月《文物保护法》颁布实施为标志,"文化大革命"时期轻视甚至损毁文物的混乱局面得以结束,中国的文物保护进入法制化时期。根据该法第二条的规定,具有历史、艺术、科学价值的古文化遗址、古墓葬、古建筑、石窟寺等,与重大历史事件、革命运动或与著名人物有关的,具有重要纪念意义、教育意义或史料价值的建筑物、遗址、纪念物等,均被涵盖在文物的范畴之内。其中,"历史""遗址""重大历史事件""教育意义""史料价值"等表述,为伪满建筑旧址提供了保护的法律依据。此后,"满洲国"建筑遗存相继进入国家、省、市三级文物保护单位的名录。这意味着,它们被承认是具有历史、文化或教育意义的物质遗存。

20世纪80~90年代,长春市在将"满洲国"建筑群纳入保护对象的过程中,也曾有过不少争议和困惑,其作为文物或建筑遗产的价值并未得到市民的广泛理解。部分市民对保护这类建筑感到不满或疑虑,认为它们象征"国耻",不值得再去维修和保护。例如,东本愿寺(满洲别院)旧

[①] 周星:《非物质文化遗产与中国的文化政策》,载周晓虹、谢曙光主编《中国研究》第十辑,第210-223页。

址曾被利用为长春市第二实验中学图书室，1985年5月，该校师生质疑为何把帝国主义的宗教设施列为文物，因不满导致其部分损坏。① 再如，对伪满皇宫旧址实施复原工程、将位于空军长春飞行学院内的伪满"建国忠灵庙"旧址列为文物等，都曾引起较大的社会争论，很多市民对政府的此类举措在情感上难以接受。的确，殖民地（含伪满）建筑和中国一般所谓文物或历史文化遗产多被用来证明祖国辉煌历史的属性难以整合，具有较强的"异质性"，因此，对"满洲国"建筑群作为文物的价值就需要重新解释，例如，将它们解释为日本军国主义侵略中国的物证等。

"满洲国"建筑在很长一个时期被不同的国家单位实际使用，这些机构往往会依据自己的使用权而对建筑进行修缮、改装甚或改建。例如，伪满文教部旧址和兴农部旧址的部分改建以及外交部旧址被改装等。事实上，文物管理机关往往较难对权力更大的国家机关所占用的老建筑实施保护。换言之，"满洲国"建筑群的保护，曾经存在权、责、利不清等问题。

有不少持续被利用但逐渐老朽化的伪满时期的建筑，往往与新的城市规划及开发建设形成冲突。换言之，城市开发与文物保护的矛盾及悖论也见于"满洲国"遗址群，不少建筑旧址与周围高楼林立的环境已明显地不相协调。② 例如，政府对伪满国务院旧址的保护，就曾与实际使用单位的发展计划存在矛盾，最终因市政府坚持将其作为文物保护单位的立场，它才没有被拆或改建为新的大楼。自20世纪80年代后期以降，除了集中在新民大街的伪满政府各官厅建筑旧址，散见于长春市内各处的伪满时期的商业设施和一些没有登录的建筑常遭到拆除。例如，当时的电影馆"长春座"残留建筑就是在此期间被拆的。导致此类情形的原因，主要是改革开放以后新的城市建设进入大发展时期，很多老建筑被认为妨碍城市开发。

长春市政府先后于1984年4月、1985年12月、1990年9月、1994年1月、2002年8月、2009年9月，相继公布了第三批至第八批市文物保护单位名录。第三批名录在共计31处保护对象中，殖民地（含伪满）建筑遗存有日本关东军宪兵司令部及伪满军政机关遗址10处，沙俄侵略军炮台

---

① 贾士金等编《长春市文物志》，吉林省文物志编委会，1987，第176页。
② 周家彤「長春市における『満州国』遺跡群の保護状況に関する考察」『現代社会研究科研究報告』9号、2013、79-89頁。

遗址1处。第四批16处市文物保护单位中,有大和旅馆旧址、东本愿寺旧址、护国般若寺等3处伪满时期的建筑遗存,另有沙俄兵营旧址1处。在第五批市文物保护单位的15处遗址中,有日本神武殿旧址1处。第六批21处市文物保护单位中,有伪满交通部旧址、伪满兴农部旧址、伪满总理大臣张景惠旧址、日本关东军空军司令部旧址、伪满协和会中央本部旧址、伪满中央银行俱乐部旧址、伪满大陆科学院旧址、横滨正金银行旧址、海上会馆旧址、宝山洋行旧址、秋林洋行旧址等日伪时期遗址共11处,另有宽城子沙俄火车站俱乐部旧址、沙俄领事馆旧址等2处。第七批23处市文物保护单位中,包括了伪满中央通邮电局旧址、西广场水塔、日伪时期南岭净水厂旧址、伪满国务院总务厅弘报处旧址、伪满干旱医院旧址、伪满国都饭店旧址、丰乐剧场旧址、伪满映画协会株式会社旧址、大马路伪满中央银行旧址、伪满碳矿株式会社旧址,以及地藏寺、鼎丰真等涉及通信、文化、卫生、产业、宗教等方面的旧址12处,此外,还有宽城子火车站沙俄将校营旧址、德惠东正教堂旧址等。第八批72处市文物保护单位中,有日军南岭地下司令所遗址、满铁图书馆旧址、泰发合百货店旧址、伪满国民勤劳部旧址、日本毛织会社旧址、大兴公司旧址、满铁综合事务所旧址、国防会馆旧址、东洋拓殖株式会社旧址、溥仪避难所旧址、纪念公会堂旧址、伪满地政管理局旧址、伪满新京博物馆旧址、国泰电影院旧址、永春街邮局旧址、伪满开拓总局旧址、伪满新京顺天警察署旧址、伪满铁路俱乐部旧址、伪满新京银行旧址、日本关东军西大营旧址、八岛小学校旧址、郭宗熙旧宅、西公园旧址、净月潭水源地旧址、伪满新京动植物园旧址等25处。

分析上述内容,有以下几点很值得关注。一是从1984年第三批到2009年第八批,长春市共计有60多处殖民地(含伪满)建筑被纳入文物的范畴,约占全市文物总数的40%,这个较高的比例反映了长春市近代以来历史建筑遗存的实际情况。二是不仅对日本殖民者和伪满时期的建筑实施保护,对沙俄相关建筑旧址也予以保护。三是对日本殖民者及伪满时期建筑的保护,逐渐扩大了范围和力度。例如,从军政机关到市政设施,再到商业、文化、教育、民生等方面,保护范围不断扩大。这一趋势和全国重点文物保护单位名录的相关内容具有明显的一致性。四是纳入保护对象的建筑，逐渐从相对集中的核心区域扩展到市内散布的其他街区。此外，近年来还逐渐出现了区域性保护的新动态，例如，2011年长春市对第六、第七批文物保护单位相关旧址的保护区范围予以明确，同时，政府规划的"城市紫线"（历史文化街区及历史建筑的保护范围界线）也将帝俄、日伪时期一些建筑遗产纳入其中。

伴随上述努力，长春市民对于将殖民地（含伪满）建筑纳入文物范畴给予了更多理解，不仅占用这些建筑的机关或单位，一般市民的保护意识也有较大改观。推动这一变化的重要动力，来自1991年6月全国人大对《文物保护法》的第一次修订，此次修订强化了对破坏、损毁文物之类行为的行政处罚和刑事责任的力度。尤其是2002年10月《文物保护法》的第二次修订，在第一章第二条，对"近代现代重要史迹、实物、代表性建筑"予以明确提示，第三条对"近代现代重要史迹和代表性建筑等不可移动文物"有所规范；第二章第十四条更是要求对"保存文物特别丰富并且具有重大历史价值或者革命纪念意义"的城市、城镇、街道等，分别以认定历史文化名城、历史文化街区等方式予以保护。应该说，正是《文物保护法》的这些规范，逐渐地强化和提升了长春市民对殖民地建筑遗产之重要性的认知。

在1991-2002年，长春市政府对保护"满洲国"遗址群的态度就非常明确了。为落实《文物保护法》，吉林省政府2007年5月公布了《吉林省文物保护条例》，而《长春市文物保护条例》也于2012年6月开始施行，由此便形成了国家、省、市三级文物保护的法律体系。① 正是在长春市文物保护工作的基础之上，该市很多殖民地（含伪满）建筑旧址，相继被纳入省级和国家级的文物保护单位名录之中。

四 警示性与资源化：对殖民地建筑遗产的重新阐释

将殖民地建筑旧址纳入国家文物保护政策的对象，需要对其文物价值有所解释。周家彤博士曾通过对伪满文教部遗址进行研究，讨论了将其作

---

① 周家彤「長春市における『満州国』遺跡群の保護状況に関する考察」『現代社会研究科研究報告』9号、2013、79-89頁。

为文物予以保护的重要性。他认为，作为伪满教育最高管理机构的遗址，它是与那段历史相关的所有资料的组成部分，记录着既定时代一个重要的侧面，其价值不只是建筑本身，更在于它与其他建筑群旧址一起构成了伪满行政体系的整体。①

在长春市的东北师范大学附小门口，竖有一块长春市重点文物保护单位"伪满洲国文教部旧址"的石碑。据1987年版《长春文物志》描述，这是一座竣工于1938年的水泥钢筋建筑，它不同于其他"兴亚式"②的伪满官厅建筑，也没有采用所谓帝冠式屋顶结构③，而是一座风格简洁的近现代建筑，其功能、材料和技术等都具有现代性。1945年8月，该建筑被国民政府接管，1948年再被东北师范大学接收，长期作为东北师范大学附属中学教学楼使用，于1984年4月被市政府指定为文物保护单位。后又作为东北师范大学附属小学教学楼使用，直至2002年3月，被以使用价值丧失而拆毁重建。可以与文教部旧址配套理解的还有八岛小学校旧址和伪满建国大学旧址，前者是伪满时日本人学校唯一留存至今的建筑，因保存完好，现在仍作为校舍使用，2009年成为长春市文物保护单位。设立于1937年8月的伪满建国大学，其旧址就在今长春大学校园内。作为殖民地教育的中枢，伪满文教部几乎就是当时日本帝国文部省的翻版，它通过对从小学到大学的彻底控制，推行以建构"满洲国民"为目标的教育，同时也是对宗主国日本效忠的奴化教育。周家彤博士的研究揭示了伪满教育的属性，其既有殖民地奴化教育的目标，又有基于所谓"王道思想"的帝国教育的目标，并通过所谓"越境"的教育制度（留学日本制度，从日本派遣

---

① 周家彤「長春市における『満州国』文教部遺跡とその再解釈」『インターカルチュラル（INTERCULTURAL）』11号、風行社、2013、115-128頁。
② "兴亚式"建筑：日本殖民者在"满洲国"首都"新京"实践的一种新建筑样式，故有时又称"满洲式"，其特点是把日本国内的"帝冠式"（西式建筑与和式屋顶的组合）建筑式样予以改变或调整，例如，屋顶样式汲取中式宫殿意匠等，进而形成了伪满建筑的独特风格。从"兴亚式"的命名，亦可窥见日本殖民者在此类建筑中寓寄的"大东亚共荣圈"的殖民主义意识形态含义。可参阅矢羽田朋子「中国・長春市の主要近代建築について」『国際文化研究論集』8号、2014年1月；沈海涛：《东亚近代文化与城市空间——伪满国都建设及其历史评价》，《社会科学战线》2010年第5期。
③ "帝冠式"建筑：日本国内在20世纪30年代前后流行的一种采用钢筋混凝土技术，同时又拥有日式传统造形结构的现代建筑样式，因和洋折中的风格而著称。有学者指出，此种样式的建筑多少是和日本法西斯主义的意识形态有一定的关系。

教员以及由日人控制文教部等），试图建构"日满一体"的"王道乐土"。显而易见，所有殖民地建筑包括伪满建筑作为文物，都具有此类历史研究的价值。

类似的例子又如，1940年溥仪在伪满皇宫内设立的供奉天照大神的建国神庙旧址，堪称日本伊势神宫的伪满版，它意味着伪满皇帝被直接置于天照大神亦即大日本帝国天皇之下的位置。最初的"满洲国"曾试图以儒教为基础，以"王道乐土""五族协和"为口号，但到20世纪30年代后期，日本国内的战争总动员确立了以天照大神为一统的目标，于是，此神庙也就非常明确地凸显出伪满的傀儡性，它与日本靖国神社的伪满版"建国忠灵庙"一起，充分证明"满洲国"在神权意识形态方面已完全成为大日本帝国的一部分。①

东北地区的殖民地建筑群，对于中国而言记录了一段不堪回首的历史，文化遗产研究中关于"负"遗产的言说，大体可适用于此。与日本广岛的核爆遗址可被定位为旨在反思历史的"负"遗产相类似，在长春，人们对殖民地历史文化遗产之价值的解释，是把它们表述为能够体现"警示性"的标志性文物，认为其反映了历史真实性的一面，具有警示世人不让如此的历史悲剧重演的意义。2007年12月，在长春市第十三届人大第一次会议上，有人民代表提出将"满洲国"遗址群作为"世界警告性文化遗产"，亦即作为历史教训的遗产予以再评价的议案；2009年3月，长春市长又向全国人大提出了这份建议。人们相信只有秉持这一理念，对于战争、殖民统治和被支配的傀儡性的反思和批判，才有可能转化为对和平普世价值的肯定与追求。

总是令中国民众联想起"国耻"的历史，并不会因为它曾经的傀儡性而不是历史，伪满建筑恰好作为文物来见证这段历史。2012年6月8日，密集分布着伪满官厅旧址的长春市新民大街（伪满时期的"新京顺天大街"），以"傀儡的宿命"为题，应征并入选文化部文物局主办的中国第四届"历史文化名街"的评选。这条宽16米、全长1446米的大街始建于

---

① エドワール・レリソン「満州における『神道』-代表的な人物を例として」『非文字資料研究センター　News Letter』37号、2017年1月、36-37頁。

1933年，1949年改称新民大街；这里曾经是伪满傀儡国家的行政中枢，现在则是长春市重要的科学教育文化中心；大街两侧有伪满时期四部一院一衙（军事部、经济部、司法部、交通部、国务院、综合法衙）的建筑旧址。此次评选"历史文化名街"的标准，有历史因素、文化要素、保存状况要素、传统文化活力要素、社会知名度要素、保护和管理等方面，新民大街主要以唯一性取胜。① 值得一提的是，此次同时入选的还有深圳中英街，而此前在2008年的第一届评选时，具有浓郁俄罗斯风格的哈尔滨中央大街和山东省的青岛八大关也曾入选；2010年第二届评选时，又有黑龙江省齐齐哈尔市昂昂溪罗西亚大街入选。与其他历史文化名街不大一样，这几处具有殖民地遗产属性的历史文化名街，其意义已不再只是中国近现代史上有关半封建半殖民地这一特征的记忆，而是同时也被视为中国或相关城市历史文化遗产的一部分，对此，的确是可以应用文化再生产的理论来解释。这方面的典型例子，又如大连市人民政府于2002年1月为"俄清学校旧址"所立之碑，碑文曰："该建筑建于1900年，沙俄侵占时期为俄清学校。日本侵占时期称金州公学堂南金书院。是大连地区最早接受西方教育的公学堂。"曾经被视为文化侵略的物证，如今却能够重新解释为同时也是西式教育在中国早期发展的见证。

东北各地对殖民地建筑的重新解释，往往伴随着商业化——例如，将其作为旅游资源予以利用的动机。东北三省的俄日殖民地及伪满建筑群，作为历史文化资源在全国具有唯一性和独特性，虽然此类动机偶尔会引起社会分歧，并有可能招致失败，但也不乏成功的案例。1994年，由某退休职工个人出资经营的"伪满国务院博物馆"引起社会关注，其开馆曾受到政府旅游部门的资助，对此，却有媒体提出质疑："国耻"能够被经营吗？随后它被认定为"爱国主义教育基地"，但到2003年，却被拥有其建筑使用权的单位以教学设施不足为由，终结租约而不得已闭馆。这个不太成功的案例，大概因为它是由个人运营、具有营利性的项目，故容易遭到质疑。相比之下，由政府出面的观光资源化努力则要理直气壮得多。例如，

---

① 周家彤「長春市における『満州国』遺跡群の保護状況に関する考察」『現代社会研究科研究報告』9号、2013、79-89頁。

将殖民地及伪满建筑视为长春市特有的历史遗产与人文景观，自然也就是该市主要的观光资源。为此，在"2008-2012长春市文化事业与文化产业发展计划""长春市旅游开发综合计划（2011-2025）""2010-2020吉林省博物馆事业中长期发展计划"等政府文件中，市政府对这些资源均给予了高度的重视。

将日本殖民地建筑遗产视为观光资源予以开发，效果如何，尚需进一步检验，但就现状而言，其内涵和意义具有多重性，很难一概而论。大体有以下几个层面值得归纳。一是对于中国国内游客来讲，依托这些遗址群的旅游活动，多少具有接受以近现代中国史（包括东北地方史或所在城市史）为主要内容的"爱国主义教育"的属性；与此同时，有些部分还具有"黑色旅游"的属性，如参观旅顺万忠墓、吉林劳工纪念馆、第七三一部队旧址等场景。二是对于外国游客，尤其是东亚日韩游客而言，亦可成为重温部分东亚史的机会。例如，韩国游客参观俄日监狱博物馆，可以瞻仰韩国民族英雄安重根；日本游客参观方正县日本人公墓，可以重温开拓团的历史，或在长春、大连、旅顺等地观光，还可以重温在其祖辈口述或教科书中出现的部分东亚史和日本史，诸如实地参观曾经决定过日本国运的日俄战争的遗址或遗迹等。三是殖民地建筑遗产的观光资源化，可以以旅游为纽带，发挥其推动国际交流的作用。例如，大连旅顺口太阳沟旅游开发项目及旅顺的老街区复原计划，就很希望吸引日本年轻一代来访，事实上也的确有日本客人愿意为保护某些建筑旧址出钱出力。①

需要指出的是，即便一般日本国民承认殖民地建筑旧址的确是军国主义侵华的物证，或对日本侵华史持有某种程度的历史认识，日本游客对殖民地（含伪满）建筑遗产等的观光活动仍会存在某些殖民地怀旧的情绪。某些日本人的中国东北怀旧或表达乡愁未必是对战争的直接赞美，但与受害国民众的感受相去甚远。赵彦民博士曾对"满洲国"开拓民撤回日本后的口述史进行研究发现，虽然人们对其在"满洲"的个人经验基本上持否定态度，且倾向于封印相关记忆，但他们自1958年7月设立"满洲开拓殉难者之碑"建设实行委员会以来的活动（立碑、慰灵、编纂《满洲开拓

---

① 马玉全编著《大连文化之旅》，第39-40页。

史》、回访殖民地等），相关碑文反映出的观念却内涵复杂，除极少数对当时日本侵华的既定国策有所批判，大多数都持肯定或中立的立场。① 从20世纪80年代中期以来，他们旨在现场慰灵和寻找亲人的回访殖民地活动，既有祈愿和平与中日友好的理念，同时也有对殖民地的乡愁，其加害者和被害者重叠的记忆构造颇为复杂。若是从皮埃尔·诺拉（Pierre Nora）的"记忆之场"（sites of memory）理论出发，对黑龙江省"方正县日本人公墓"的案例进行分析，这里堪称两国民众关于"满洲开拓团"的记忆之场：对日本人而言，这里是失去家人、亲戚、同胞之场，象征着苦难和牺牲的场所，同时也是祈愿日中友好之场；对中国人而言，这里却是记忆日本侵华历史之场，是本地青少年接受"爱国主义教育"的空间，同时也是展示中国人道主义精神和宽容的场所。双方历史记忆的倾向性存在差异并不奇怪，实际上，中国也还有不那么宽容的一些愤青网民，对当地政府立碑镌刻"开拓团"遇难者姓名的举措，秉持激烈的批判姿态。②

围绕殖民地（含伪满）建筑遗产的旅游开发，既有因历史认知发生阻碍的情形，也有因文化差异而创造出新的可能性的情形。后者尤其需要对相关遗产及城市景观予以重新定位和阐释。这方面的具体实践很多，除了长春市的"历史文化名街"，还有大连市的"俄罗斯风情一条街""日本风情一条街"等。大连市南山一带存留有较多的和风西洋建筑，不久前，有关部门特意按日式建筑风格，建成了日本风情一条街③，这意味着在一些日本人曾较为密集居住的街区，或殖民地建筑遗产分布较多的城市空间，将其作为旅游资源予以开发，使之成为现代城市文化之一部分的尝试，自然也就伴随着对殖民地建筑及其周边景观的重新理解。另一方面，市民意识的变化也很值得关注。例如，2011年前后，大连市政府在高尔基路和凤鸣街一带实行老街区改造和拆迁工程，引起不少市民不满，他们通过网络发帖、求助媒体等方式，希望保留"和式"日本洋房较多的老街，

---

① 赵彦民『満州愛信濃村の生活—中国残留孤児達の家族史』、202-205頁。
② 周星：《现代中国的"亡灵"三部曲——唐山、汶川、玉树大地震遇难者的悼念、祭祀与超度问题》，《民俗研究》2017年第4期。
③ 王金杰：《大连记忆》，大连出版社，2009，第16页。马玉全编著《大连文化之旅》，第8~10页。

其理由是应该留下城市凝固的记忆（建筑），使之成为可以触摸的历史。在这些市民看来，虽然殖民者是有罪的，但建筑却是无辜的，保留它们也可作为侵略者的罪证。

在大连和长春等曾经的殖民地城市，为数众多且具有历史价值的殖民地建筑，包括殖民地时期奠定的城市规划格局等，确实构成了它们作为现代城市的起点或基础，其中有不少堪称优秀的历史建筑，它们与中国传统建筑及现代中国的都市建筑形成对比、并置或交融，并由此为这些城市带来了一些独特的风格。例如，在哈尔滨，它们构成了城市建筑风格多样性的部分基础，有助于避免水泥森林式的城市建筑单一化模式。俄罗斯风格的历史建筑和现代建筑的共存，构成了该市的独特风貌。① 殖民地建筑的"文物化"或"遗产化"，固然是有政治方面的考量，但也有对建筑本身以及相关城市景观的认可。诸如大连市中山广场的近代建筑群②，它们作为"物""景"均得到了较高的评价，故被保护和再利用，而不再只是作为记录侵略历史的物证。显然，殖民地建筑及其景观的"异质性"之所以能够成为城市观光资源的理由之一，便是将其视为中外文化相互遭遇之后彼此交汇、交流或融合的结果，正如澳门、香港、上海等城市的殖民地历史文化遗产所分别被重新解释的那样。以上海为例，从殖民者冒险家的乐园，到东西方文化交汇而造就的东方魔都，其间伴随着历史认知和阐释的巨大变化；与此同时，也难免出现将殖民地历史文化遗产及相关景观浪漫化的倾向。

五　殖民地建筑的属性、价值与后殖民时代的文化遗产政治

虽然东北各地的殖民地（含伪满）建筑有很多已相继被"文物化"了，但无论是中国学术界抑或一般公众，对这些建筑遗产的理解还很模糊，大体上的认知无非是一方面承认这些建筑的技术高度或设计水平，另一方面把它们视为历史的反面教材。但是，"殖民地建筑"作为一个学术

---

① 刘金祥：《现代大都市的人文考量："风格""气度""基脉""神韵"——以哈尔滨市为例》，《江南大学学报（人文社会科学版）》2011年第4期。
② 西澤泰彦『図説　満州：「満州」の巨人』、135-136頁。

用语，它本身也还是有一些值得深入开掘或需要去发现的内涵，以及需要不断去追问的意义。

东北所谓"殖民地建筑"，在此是指日本殖民统治下且以殖民统治为目的而完成的建筑；当然，也可以扩大解释，把其他殖民者在华建造的建筑物也都包括进来。对于中国和韩国而言，要把日本殖民统治时期的建筑，直接作为本国的"近代建筑"还是会有较强的抵触感的；而且，由于日本殖民地建筑的属性和象征性，在两国时不时都会有是否应该拆除它们的讨论。例如，2008年8月，韩国文化厅和首尔市围绕旧京城府厅舍是拆毁还是保存的争议，就是这方面的典型例证。进入21世纪以后，中国对"近代建筑"的定义，是把自鸦片战争以来的新建筑物均涵括进来，由此，东北地区那些被"文物化"了的殖民地建筑也就具备了双重的属性或两面性，亦即既作为日本殖民地建筑，又作为中国近代建筑，它们在讲述日本殖民地建筑史和中国近代建筑史时，都是必要的内容。在日本建筑史学家西泽泰彦看来，中国方面保存这些建筑，对于唤醒日本人稀薄的有关侵略和殖民统治的加害者意识，也是很有必要的。[1]

东北地区的日本殖民地（含伪满）建筑的属性，首先在于它们是侵略和统治中国这块土地的具现性存在。例如，在关东军司令部的指示下得以实施的伪满建筑，其宗旨就是要把所谓的"王道乐土"以建筑的形式展示出来。[2] 正如西泽泰彦教授指出的那样，包括所谓的"满铁建筑"在内，日本在东北各地的殖民地建筑非常重视对质量、技术和设计的考究，显示出一种不输于其他列强（英、美、俄、法）在华建筑的象征性。按照满铁第一代总裁后藤新平的殖民地统治理论，这些建筑恰好就是对所谓"文装的武备"[3] 的具体落实。日本殖民地建筑在某种意义上乃是"日俄战争"的继续，亦即"建筑的日俄战争"。东北地区的日本殖民地建筑，在很多方面，既要力压已经存在的俄式建筑，同时也要比日本国内当时的建筑水平更高、质量也更好，具备当时的世界水平，并因此被认为具备了"世界建筑"（其实是以欧美风格的建筑为主流）的普遍性和在技术、材料（钢

---

[1] 西澤泰彦『植民地建築紀行 満州・朝鮮・台湾を歩く』吉川弘文館、2011、6-7頁。
[2] 西澤泰彦『東アジアの日本人建築家：世紀末から日中戦争』、165-166頁。
[3] 西澤泰彦『図説 満州：「満州」の巨人』、122-123頁。

筋混凝土）等方面的先进性。

由于需要彰显其统治力，故这些殖民地建筑除了追求风格特色，还追求新的设计理念、新的施工工艺、新的建筑材料等。① 因为，日本殖民者有强烈的意识，要向欧美列强显示其殖民统治中国的能力。如此看来，我们也就不难理解，与欧美列强在中国的殖民地建筑大多是其母国建筑样式的输出与移植很不相同，日本的殖民地建筑，除了神社、神武殿等主要是为前来移居的日本人参拜所用②以及极少数极具象征性的建筑（例如，关东军司令部模仿大阪天守阁的建筑），基本上没有输出传统的和式建筑，而是模仿西洋建筑，并进而发明了一类日式西洋建筑。这样做的用意无非是，既可以与英、法、美、俄的其他殖民地洋式建筑相比肩，由此夸示不亚于欧美的殖民统治中国的能力；③ 同时也将其作为宗主国统治力的具体体现，对于殖民地被统治的民众而言，就是要建构出类似于欧美列强那样的优越感，进而使被统治者感受到自身的劣等感。当然，若进一步具体分析，日本国内洋式建筑的某些样式，诸如所谓"辰野式"④ 也还是有被输出到殖民地的例子——建于1919年的台湾总督府厅舍即"辰野式"，但在东北殖民地，除了少数例外，大部分建筑又有很多创新，故被称为"兴亚式"建筑样式。在某种意义上，日伪殖民地建筑乃是一批日本建筑师试图将现代（西方）建筑艺术与中式、日式的建筑历史传统融为一体的实验性产物。⑤

在东北的日本殖民地建筑中，虽然十分有限，也还是有少数建筑或多或少地汲取了一些中国建筑意匠。⑥ 例如，伪满政府厅舍的外观造型，虽

---

① 刘畅：《伪满时期建筑风格与空间形式研究》，硕士学位论文，东北师范大学，2016。
② 津田良樹・中島三千男・堀内寛晃・尚峰「旧満州国の『満鉄附属地神社』跡地調査からみた神社の様相」神奈川大学21世紀COEプログラム研究推進会議『人類文化研究のための非文字資料の体系化年報』4号、2007、203~289頁。
③ 西澤泰彦『日本の植民地建築：帝国に築かれたネットワーク』、187-192頁。
④ "辰野式"建筑：以日本近代建筑之父辰野金吾（1854~1919）的名字命名的和风西洋建筑的典范样式，代表作以1914年竣工的东京站最为著名，其红砖和白色花岗岩的鲜明对比令人印象深刻。从明治到大正年间，"辰野式"建筑风格曾被很多日本建筑家所模仿。
⑤ 贾文亮：《伪满时期日本建筑师在中国的建筑活动研究》，硕士学位论文，吉林建筑大学，2013。
⑥ 西澤泰彦『東アジアの日本人建築家：世紀末から日中戦争』、91-92頁。

然主要是砖瓦结构的洋式建筑，但也会有一点中国风格的装饰。此外，像大连东本愿寺的中式建筑风格，伪满"建国忠灵庙"基本上是参考了奉天昭陵与福陵的建筑意匠，算是少有但较为有名的例子。与完全呈现为日本神社式样的"建国神庙"不同，"建国忠灵庙"却采用了中国建筑的式样，尽管它主要由日本人设计和建造，性质上相当于伪满的"靖国神社"，却一直保存至今，并成为国家重点文物保护单位，除了其建筑旧址曾被中国军方长期使用，其建筑的中式风格和周边景观颇为协调，或许也是原因之一。① 在此，更值得重视的或许是所谓的"中华巴洛克"建筑。② 以黑龙江省哈尔滨市傅家甸的天丰源杂货店、同义庆百货店等建筑为例，它们基本上是由中国人设计、中国人施工，且主要只是模仿西洋建筑的外观，其内核仍尽量遵循中国建筑的传统，从而促成了一种"似是而非"的新建筑。一方面，由于缺乏西洋建筑知识与技巧，故模仿在细部形成了很多不同于西洋建筑的特殊式样；另一方面，在外观上像是有点"巴洛克建筑"的风格，但建筑内部却是传统中国建筑的构造，如一层为店铺门脸、二层为住宅寝室等。此种内含着"中体西用"理念的"中华巴洛克"建筑，其实是从19世纪末期开始在中国东南各地流行，通常它被认为是中国建筑工匠汲取西方建筑文化的尝试，但在东北地区，它或许还多少有一点抵抗，亦即与俄日式殖民地建筑相抗衡的意味。

研究殖民地建筑的意义，首先在于通过对这些建筑的曾经是"负"的属性予以揭示，以及通过对它们的记录、保护和阐释，从而使之发挥警示、警诫，不让悲剧历史重演的正面价值。其次在于通过调查和研究，为更好地利用和开发这些建筑及其周边城市景观提供准确的信息。③ 从尊重历史景观的角度出发，城市新建筑的设计风格，自然面临如何与历史建筑

---

① 津田良樹「『満州国』建国忠霊廟と建国神廟の建築について—両廟の造営決定から竣工に至る経過とその様相—」神奈川大学21世紀COEプログラム研究推進会議『非文字資料から人類文化へ—研究参画者論文集』、2008年3月、71~87頁。

② 西澤泰彦『図説　「満州」都市物語：ハルビン・大連・瀋陽・長春』河出書房新社、1996、38~42頁；西澤泰彦『植民地建築紀行　満州・朝鮮・台湾を歩く』、245-251頁。

③ 西澤泰彦『海を渡った日本人建築家：20世紀前半の中国東北地方における建築活動』、254頁。

相互协调的问题,因此,对殖民地建筑风格与城市景观的讨论就是必要的。① 而诸如大连、旅顺、哈尔滨等城市景观的开发与建设,如果将殖民建筑遗产全部视为憎恶的对象予以彻底排除,则城市本身的历史就会形成大面积的空白,城市的起源也会暧昧不清,城市的历史就会出现断裂,当然还会造成城市景观的巨大破坏。正因为如此,上述诸城市不约而同地出现了将殖民地建筑"文物化"或"遗产化"的努力。将殖民地建筑纳入本国或自己城市的历史,是需要勇气和胸怀的,同时也需要有对近代东北亚历史予以冷静和客观理解的学术精神。不言而喻,通过具体的建筑或景观遗产来佐证或提示相关历史的努力,还得到了殖民地建筑及城市景观长期以来被人们实际使用这一当代城市史上基本事实的有力支持。

东亚各国及地区的后殖民地时代的文化政治,大都有过持续的去殖民地化的努力;与此同时,也都程度不等地受到殖民地历史文化遗产的影响。对这些历史文化遗产的立场、认知、重新的解释以及保护或排除的实践,不仅在各国或地区之间有所不同,即便是在同一国家内部的不同区域或不同时期,也常常因为国内政治或国际关系的因素呈现出不同的变化。

1926年在朝鲜王朝的"景福宫"内建设的"朝鲜总督府厅舍",战后一度成为韩国国立中央博物馆,但到1995年它却作为"屈辱"的象征而被拆除;与此相反的情形是建于1919年的台湾总督府厅舍,它至今仍是"中华民国总统府"所在,并被确定为"国定古迹"。在长春市,关东军司令部旧址至今仍被吉林省委实际使用,同时也被列入全国重点文物保护单位。其实,中国南北方的城市差异很大,澳门、香港、上海的殖民地历史文化遗产,很早且相对比较容易地被重新解释为东西方文化融汇交流的记忆之场,但在东北各地的日本殖民地遗产,则较难有此类表述,究其原因,当然是既与国内政治意识形态的浓淡有关,也与国际关系(尤其是中日关系)的形势有关。

中、日、韩等东亚国家及地区共有近代以来的东亚史,但彼此间却较少共享或秉持相互靠近的历史认知,这种情形经由各自国内的民粹主义表

---

① 孙亚光:《大连殖民地建筑装饰风格的再生性研究》,硕士学位论文,大连理工大学,2009年。

述而显得更为严重。在某种意义上，东亚各国的文化遗产政治也受此影响，在很多时候，国内的文化遗产行政也会演变成为国际文化关系方面的困扰。例如，2013年9月，日本政府推荐"明治日本的工业革命遗产"入选世界遗产，却引发了韩国方面的抗议。双方争议的焦点在于，韩国认为，日方无视强征朝鲜半岛劳工的历史事实，因此，此种登录申请只是美化了那些设施——如"军舰岛"等设施，曾经征用过朝鲜劳工，且对他们有严酷压迫；日本的回应是，将申报对象的年代限定在1850-1910年的明治时期。但是，作为曾经存在过强制劳动的事实之"场"，在如今已成为人气观光景点的"军舰岛"的现存建筑群中，确实有不少大正以后的建筑物。双方争议的结果，最终以日方回避"强制劳动"（forced labor）的说法，而采用"被迫劳动"（forced to work）的表述，并以声明方式承认相关设施确曾存在强征外国劳工的事实，在取得韩国方面谅解后，才于2015年5月获得登录。①

当涉及战争和殖民统治的东亚史时，相关国家的文化遗产政治除了比较容易受到民族主义意识形态的影响，较为常见的还有受害一方和加害一方的差异性记忆。杨小平博士曾经以日本广岛和平纪念资料馆及广岛核爆战争遗址的世界遗产登录为案例，讨论了涉及战争遗构及博物馆的历史记忆问题。他认为，日本通过一系列表象实践，固然是指向和平国家的宣示，但同时也在致力于，并在某种程度上成功地实现了从"加害者"到"受害者"的身份转变。这一新的身份建构过程，同时也具有从对过去战争的反思性记忆，逐渐转向融汇于战后日本民族主义思潮的倾向性。②

遗址、遗迹、遗物都是承载着历史的"场"或"物"，如果想让历史以真实的形态浮现出来，无数具体的"场""物"就显得非常重要。但是，遗址、遗迹及遗物，注定是要承载过往的历史以及基于现在而去讲述历史的言说，因此，遗址总是具有过去时态和现在时态的双重属性。③ 基于这

---

① 〔日〕木村至圣：《东亚的工业遗产课题——以"遗产化"过程分析为例》，《遗产》第一辑，南京大学出版社，2019，第75~94页。
② 楊小平『広島平和記念資料館における原爆体験の継承の在り方とその変容』博士学位論文、広島大学、2013。
③ 〔日〕山泰幸：《"遗迹化"的逻辑》，《遗产》第一辑，南京大学出版社，2019，第51~75页。

一观点,在此需要指出,对于被害者一方而言,正视曾经是"国耻""屈辱"的历史,最好的方法无非就是保存那些涉及重大历史事件和历史真相的"场""物",因为它们正是最为基本的"物化了的记忆"(materialised memories)方式。① 在遗址及博物馆等物化的记忆形态中,同时也内含或生成着象征性;在很多时候,相关的象征性是人为主观建构的,如果假以时日,此类象征性就会成为象征性共同体的重要依据,甚或能够为族群、社区、地方、城市或国家提供有关历史的集体记忆以及重新的阐释。

东北地区围绕着战争、殖民地统治及傀儡政权的历史建筑遗产,情形则要复杂很多,虽然它们被"遗产(文物)化"的路径或方式不尽相同,其间也不乏意识形态的影响,存在值得检讨之处,但任何此类努力都是从历史教训中学习并惠及现在乃至于未来的机会。值得指出的是,中国学术界目前对这些建筑遗产的研究尚很薄弱,若要更好地活用它们,发挥其作为历史和文化资源的积极作用,则仍需对这些建筑本身的属性、其作为遗产的价值等进一步深入探讨。

Colonial Architecture in North-eastern China as Cultural Relics and Tourism Resources

Zhou Xing*

Abstract: Japanese imperialism in North-eastern China left a large number of buildings, sites and relics. This colonial architecture, including buildings left over from the puppet state of Manchukuo, experienced different fates in the decolonisation period after the war. Based on an on-the-spot investigation, this paper focuses on the processes through which the colonial buildings in North-eastern China first became cultural relics under the Chinese government's policy for protecting cultural relics and inhabitants and were later transformed into

---

① 〔英〕迈克尔·罗兰(Michsel Rowlands):《历史、物质性与遗产》,汤芸、张原编译,北京联合出版公司,2016,第150页。

* Author Bio: Zhou Xing is a professor at Kanagawa University, Japan.

tourism resources. This paper uses this process to discuss the value and reinterpretation of colonial historical and cultural heritage.

Keywords: North-eastern China, Colonial Architecture, Cultural Relic, Tourism Resources

梦与幽灵中的生死观*

——活在暧昧之境

〔日〕金菱清 著 王 慧 译**

摘 要：在面对突然发生且无法确定的死亡时，个体往往无法将死者与生者之间的连接利落地切断，从脑海中抹去关于逝者的记忆。但灾后重建和社会对死者的供养方式都表达出忘却死者、尽快把死者送入彼世的愿望。这种社会与个体对死者处理态度的对立，催生出了一个介于此世与彼世之间的暧昧区域——既非生者也非死者的搁置状态的死。在这里，人们通过"不处理"来处理亲人的死亡，通过梦境与死者重建连接、更新关系，通过不避讳与幽灵的接触建立生死相近的"亲密圈"。其中蕴含的，不仅是对企图忘却的社会的反抗，更是具有共情基础、感谢死者的温厚生死观。

关键词：梦境 幽灵 生死观 暧昧性

《被唤醒的灵性地震学——生死之隙》一书出版后，由于其中一章是日本宫城县石卷市的出租车司机讲述的幽灵现象，因而受到热议。这些灵异现象先是被宫城县石卷市的报纸刊登，之后在"社交网站"（SNS）发布的瞬间就传播开来，仅仅3天之内，"脸书"（Facebook）上的转发量就超过了2万次（不仅自己阅读，还希望与别人共享）。其实，它的影响不

---

* 本文原题"幽霊と夢から見た死生観-あわいの世界を生きる"，中文版为首次发表，截至完成编辑之时，日文版尚未发表。译注："活在暧昧之境"（あわいの世界を生きる），这里的暧昧之境，是指阴间与阳间之间、此世与彼世之间的空间，还没有进入彼世的幽灵生存在这个世界，失去家人的遗属也通过这个世界获得活下去的力量。

** 作者简介：金菱清，日本东北学院大学教养学部准教授。
译者简介：王慧，华东师范大学社会发展学院民俗学所博士研究生。

限于日本,这一新闻还同时受到美国、俄罗斯、巴西、法国等国的关注。一些读者对此评论道:

> 通过年轻人的田野调查,在论文中汇集了那些跨越空前灾难带来的伤痛的人们的心情和强大。论文传达出来的是那些只靠媒体无法知晓的、灾区幸存者对死去家人的爱和哀悼。
>
> ——yangt3/SO-NET 博客/2016 年 2 月 8 日

> 从看第一章开始就止不住眼泪,花了一个月左右的时间看完了全书。我们还是没有忘记对生命深切的爱。一个人的死不仅仅是他自己的事情,更是勾连了与他关联的许多人的人生。那些眼泪、遗憾和放弃在爱中如同一颗颗闪耀的星星。这不是幽灵存在与否的问题,其中饱含着坚强的根源,可以超越被迫结束人生的遗憾。
>
> ——野田@精神核心/亚马逊/2016 年 1 月 31 日

文中提到的内容,不过是学生们的调查报告,但就是这些报告,体现了对灾区的关怀,还使得许多人深切地感受到了对死者的慈爱。这背后的原因究竟是什么呢?

一 暧昧性的社会意义

(一) 使暧昧的东西保持暧昧

从结论来说,"使暧昧的东西保持暧昧"是一种搁置状态。从震后的恢复过程可以感觉到,灾后重建的目标是重建生者的生活、忘却死者。对死者的供养方式也表达了尽可能快一点地把死者送入彼世。人们对生者与死者关系的关注是从某种违和感开始的。在被海啸毁坏的建筑残骸还没清理时,许多人都拼命地想从遗体安置所和海里找出自己心爱的家人。但是,到了冬雪纷飞之时,① 所有教派都举行了对死者的祭祀活动,基督教、

---

① 译注:东日本大地震发生于 2011 年 3 月 11 日,这里指时间到了 2011 年冬天。

佛教进行了联系十分密切的活动，也有传统的对死者进行合掌默哀的活动。如果是在平时，人们是不会留意这些的，但是在地震后却有非常强烈的违和感。换句话说，专门供养死者的宗教进行的是对死者的慰灵活动，但对于那些寻找所爱家人的生者来说，对相同的对象有全然不同的看法。

我们越是一直身处东日本大地震的现场，也就越发震惊，居然有如此之多的人觉得家人没有死去。虽然被父母说要合掌，但实际上却没有实感；虽然造了墓，但那里却没有骨灰；虽然递交了死亡报告书，却没有确认死亡的方法。

（二）面向"暧昧丧失"

这次地震突出的一个特点就是"失踪"人数非常多，可以称之为"暧昧性丧失"，这是与"明确丧失"相对的概念。在明确生命已经丧失的情况下，要对死者进行一系列的送葬仪式，也即举行正式的葬礼：火葬后拜别（部分地区是拜别后火葬），然后把骨灰安置在墓中。然而，在失踪的情况下，人们不能清楚地确定死的定点①到底在哪里。

清除暧昧是处理暧昧的方式之一。比如，属于海啸常袭地带的宫城县气仙沼市唐桑町（唐桑半岛），在海啸发生百天后举行了"施饿鬼供养"②和驱邪仪式。在唐桑，以捕捞鲣鱼和远洋金枪鱼为主的渔业历史悠久，但同时，多发的海难事故也让许多人丧生。远洋渔业以大海为工作区，海上遇难的人大多都是失踪状态。此时，人们认为大海受到污染，要净化之后才能继续出海打鱼，就会举行把在海难中丧生、失踪的人的灵魂召集到一处祓除的仪式。在这里，人们在恐惧海难的同时，也在文化中一直保留着克服这些问题的方法。也就是说，即使遭到千年一遇的大海啸的袭击，地方也有回归日常的"复元机制"。它深埋在地方文化脉络之中。

但是，这种通过宗教仪式对"生世界"的复元，是经常出现自然灾害的环境中生发出来的文化、宗教装置。因此，对于那些远离海洋生计方式

---

① 译注：死的定点，指对失踪者死亡的确信。一般而言，看到遗体就能确定死亡。但是，失踪却是看不到遗体的，所以不能在真正意义上确定失踪者是否真正死掉了。
② 译注：施饿鬼供养，指为无人祭祀的死者做水陆道场，超度众生；给落入饿鬼世界的亡者提供食物，以示吊慰的法会。

的人来说，如名取市的闲上和东松岛市的大曲滨等海啸的非常袭地带，那种常袭地带的灾害应对装置（文化的、宗教的）并不能发挥作用。

在这次海啸中，虽然部分地区的传统文化装置仍旧能发挥作用，但大多数地区和个人都觉得没有起到什么作用，且这种认知反而成为一般现象。因此，在这样的田野现场，直面和倾听人们的困惑是非常有必要的。

本来，消除暧昧是宗教发展的力量源泉，但宗教可适用的范围也是有限的。如果不从消除暧昧的角度看，那么，就需要思考"使暧昧的东西保持暧昧"的处理方式。

这种既非生者也非死者的搁置状态的死，对于生者来说是一种危机，对于灵魂状态的死者也同样是一种危机，是一种双重不安定状态。以这样的视角为背景，可以从出租车司机讲述的幽灵现象来窥视一二。

二　东日本大地震的幽灵现象

（一）对幽灵很友好的出租车司机

根据出租车司机的描述，在仲夏的深夜，他发现了一个穿着冬装的小学生样子的女孩，觉得有点可疑，就询问道："小姑娘，你的爸爸和妈妈呢？"女孩回答说："我自己一个人。"司机以为是个迷路的小孩，就询问了家里的地址，想把她送回去。刚送到女孩家附近，女孩说"谢谢叔叔"，然后在下车瞬间就消失了。

一般情况下，幽灵都是让人恐惧的对象，不是要被除就是要合掌祈愿他们能成佛转世。但是，遇到幽灵的每一个司机都没有这么做，而且也没有说要"送他们去天国"。不仅如此，还会想如果下次再能遇到的话，仍旧欢迎他们乘坐。

这些亲身经历的事情听起来就好像传言一样，故事中不可思议的感觉已经没有了。"是来见爸爸和妈妈的吧？这是只属于我的秘密哦。"说这话的时候，司机的表情虽然多少有点悲伤，但语气却十分开心。[1]

为什么司机完全不避讳与幽灵接触，甚至还十分欢迎呢？他们也没有

---

[1] 金菱清『呼び覚まされる霊性の震災学—死者たちが通う街』新曜社、2016。

炫耀性地说给其他人听，连同事和家人都没有说，而是将其作为自己心中非常重要的回忆。他们的这种做法普通人并不能做到，因为对幽灵（死者）的恐惧支配着人们。通常，人们对幽灵的处理方式是举行葬礼或慰灵祭等宗教仪式，这是站在彼岸立场上的镇魂处理法。但是，对于灾难中众多的失踪者来说，他们还没有到达彼岸，此时一般的处理方法也并不完全适合。失踪是一种不知是死还是活的状态的长期持续。

灾难受害者们试图努力用自己的方式应对这种暧昧状态，不是强硬地消除生者与死者之间不安定的双义性生/死的暧昧领域，而是让暧昧的东西保持暧昧，肯定并丰富生与死的中间领域。

（二）暂存论

如果将上述所说的内容转换成人们"日常生活的感觉"来理解，那就非常容易了。哲学家内田树等在《死与身体》一书中认为，可以用"中间领域"这样的形式来划定人们暂时处理不了的事情，不需要非得勉强自己处理它们。

以电脑为例，整理出来不需要的东西可以放进"回收站"处理掉（删掉），需要的就保存或者放入文件夹中。但是，那些暂时不能删掉也没有分类保存的文件，人们又是怎么处理的呢？看一看大家的电脑桌面，就一目了然了。

这些文件大概都是暂时放在电脑桌面上来保存的。这个被借来寄存文件的电脑桌面，就是一个"中间领域"了。用邮件来比喻的话，这也许更接近于先放入"其他"文件夹或留在收件箱中的处理智慧。引入"中间领域"这个概念，是非常具有正面性的。那么，这一转向中又包含着怎样的精神关照呢？

这次地震中失踪、突然死亡、海啸来袭的故事讲述的缺失[1]，使得人们心中的裂缝越来越大。地震已经过去5年了，[2] 局外人看来是应该要早点忘记死者，也即把暂存在电脑桌面的东西快点清理出去。在这一点上，

---

[1] 译注：与这次地震相关的失踪、突然死亡等故事或经历很少有被讲述出来。
[2] 译注：金菱清的《被唤醒的灵性地震学——生死之隙》出版于2016年1月，是东日本大地震发生5年后，作者是在地震5年后调查的。

宗教界走的也是同一条路。

但是，什么时候整理是遇难者家属决定的事情，也即要尊重遇难者家属们的"主权"。而不同当事人的情况也不尽相同，有的也许要花20年以上的时间。这样不也是挺好的吗？出租车司机的讲述给予人们心灵的宽慰和安心感。这其中不一定是亲人，还包含着当地人对死者的支持。

也就是说，让暧昧的东西保持暧昧的暂存是一种"不处理"的处理方法，而且也教会了人们把它作为好的形式来评价的重要性。在普通的日常生活中，人们都有"重要的事情当下不决定"的态度（看电脑桌面就知道了），却要求别人尽快处理，这也许是一种自我矛盾。

（三）为什么"捕捉"不到幽灵呢？

这些关于幽灵的故事，是学生们采访听到的，而不是研究人员和宗教人士口中讲述的。研究者和宗教人士在观察的时候，会受到已有主体知识结构的制约，即研究者的研究心理、宗教人士的教义，也因此会有没看到和看不到的东西。顺便一提，净土宗的教义是不认可幽灵的存在的，但听说有很多人去净土宗处问询。与被传统框架制约的人不同，学生们能够纯粹地看待事物，并真切地倾听现场的声音。要模仿学生的状态的话，人们在面对这次震灾时，就必须闭上双眼、打开心眼。

女学生刚开始做田野调查的时候，在调查现场被训斥了好几次。原因是，没有提前约好就突然调查，被责备说，既然是社会人了，就应该提前约好。但是，即便提前预约，应该也会被拒绝吧。她稍微花了点心思，在车站前的环形交叉口边弹吉他边唱歌，在海边钓鱼，总之，想尽各种办法吸引对象进行调查。也许正是在这样坦诚相对的时候，才能获得非常重要的东西。

有一次，某学会邀请我做演讲，演讲结束后的招待会上，被称为东京大学研究谣言第一人的老师说，看到了我们也在调查和研究幽灵的传言，但没想到我们以这样的形式呈现在论文中，感到非常惊讶。

我们能从她们身上学到的是，也许只有挣脱大学的头衔（名片）、脱下袈裟，才能真正理解（共感）普通人的生活和事情。而这一点，我们只能向年轻人的真挚低头。

（四）"助力-感谢"与"歉疚-补偿"

文艺批评家喜山庄一认为，这里所说的幽灵故事、书中收录的慰灵碑的处理方法和死者的情况，与绳文时代的"彼世"的样子十分相似。在绳文时代，人们认为死者和彼世都是作祟且污秽的，必须采取供养的方式。虽然绳文时代距离现在已经非常遥远了，但人们内心深处仍旧留着非常强烈的绳文时代的感受方式。

喜山庄一参照琉球弧①的死亡观，建议在我们调查得出的看法的基础上，再加上"助力-感谢"这一解释方式。也就是说，生者与死者是一同得到帮助的，所以要感谢死者。与其说死者是被祓除的对象，不如说他们只是在一旁低声私语的不可视的存在。

当然，"助力-感谢"论很准确地说明了震灾后的生死观，但灾后并不全都是这样通情达理的死者，在调查现场就能看到给生者带来沉重压力的死者。可是，并不能因此就立即否定"助力-感谢"论，因为这属于与"助力-感谢"论相对的"歉疚-补偿"论的范畴。"地震的时候要是那么做就好了"，生者这样愧疚的心理过了6年仍旧持续着，这是对没能救出死者的歉疚。生者就这样一直背负着对死者的愧疚，终其一生来偿还这笔债，这就是补偿。为了消除愧疚，而转向了补偿的方式。

虽然"助力-感谢"与"歉疚-补偿"表面看起来是相反的，但从生者与死者的关系来思考的话，它们是硬币的正面和反面。因为生者作为死者的遗属，要承担回敬和报答的责任。换句话说，"助力-感谢/歉疚-补偿"论作为生者与死者的赠予关系的体现，可以用给予与被给予的关系来概括。也就是说，死者留下来的是对生者的感情，这对于生者来说是痛苦的，但同时也正是因为要回报死者，生者才有了活下去的依靠。

这样通过赠予关系联结起来的生者与死者的关系，是对分离生死的阴间的远隔化的拒斥，同时是对生与死更加接近的"亲密圈"的转向（如图1）。

---

① 译注：琉球弧是指自台湾岛东北端，经琉球群岛至日本九州列岛靠菲律宾海板块边缘的狭长区域，总体形态为一凸向太平洋的弧形条带。该区地处西太平洋地震带的西支，属于7级以上中深源地震为主的强震活动区。

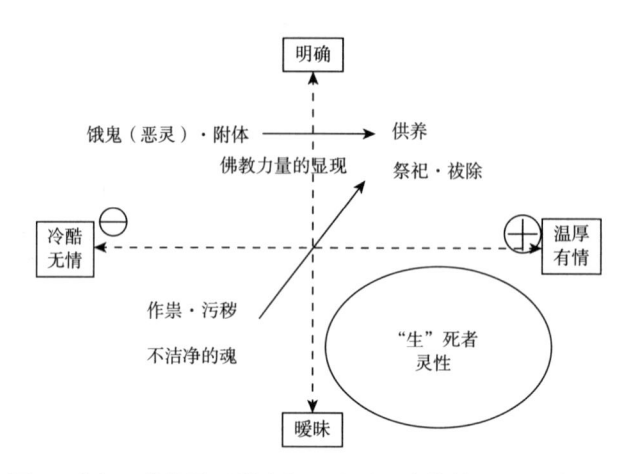

```
                    明确
                     ↑
                     ┆
   饿鬼（恶灵）·附体 ——→ 供养
                   佛教力量的显现  祭祀·祓除
                     ↗
  ┌──────┐           ┆           ┌──────┐
  │ 冷酷 │ ⊖ ┈┈┈┈┈┈┈┈┈┈┈┈┈┈┈┈┈ │ 温厚 │
  │ 无情 │           ┆         ⊕ │ 有情 │
  └──────┘           ┆           └──────┘
             作祟·污秽      ╱       ╲
                         │  "生"死者 │
             不洁净的魂   │    灵性   │
                          ╲         ╱
                     ┆
                    暧昧
```

图 1 生与死的境界（纵坐标）和对死者的情感度（横坐标）

（五）接受幽灵的文化

宗教学家佐藤弘夫在《死者的新娘——葬送与追忆的列岛史》一书中列举了山形县的村山地区到南邻的置赐地区分布的迎亲绘马（ムカサリ絵馬）。[①] 绘马上描绘着幼年夭折的未婚者作为新娘或者新郎结婚的盛大场面，即使看着很不合理，仍然通过把比先自己而逝的孩子最闪耀的瞬间镌刻在绘马上，来证明死者在冥界获得伴侣，永远活在幸福时刻。在日本东北地区，震灾后流传着许多遇难者家属委托做的召唤仪式或如远野物语那样与死者邂逅的故事。从中可以看到，当地原本的文化中就有接受幽灵的基因。

关于接受幽灵的话题，有一个颇有意思的比较。与以岩、累等作祟和怨言内容为主的歌舞伎相比，[②] 今泉隆裕调查的"幽灵能乐"以超自然物作为登场的主角。虽然假定的是痛苦的死者，但今泉隆裕分析认为，与歌

---

① 译注：ムカサリ絵馬，在日本东北地区，婚礼通常称为"ムカサリ"，是日语"迎えられ"（迎接）的谐音。

② 岩、累，怨言：兼指歌舞伎的表演内容，岩和累本来都是日本民间流行的怪谈，后被引入歌舞伎中。岩和累都杀了自己的丈夫，是悲剧女性角色。

舞伎相比，能乐有着更加温厚的死亡观。① 今泉隆裕分析了"能"的文化装置，认为作为"能"的庇护者的武士是以杀生为业的。他们亲身经历过死亡，是十分害怕死者作祟的。要想受到死者的宠爱，就不能把死于非命的作祟死者搬上舞台，而是要把正在痛苦的死者这样相对温厚的死者舞台化。作为接收人一方的武士，创造了一个把罪责由深重转为平和的共感之地，把剧情与作为发送者的幽灵特征融合起来，并使其戏剧化。在这一解释中，最为贵重的一点是接收者理解和接受作为发送者的幽灵，且可以确认接收者的心性与幽灵的特性是形成了深刻共鸣的。

也就是说，正如武士会通过能乐来慰藉那些痛苦的死者以及被诅咒的幽灵一样，要帮助幽灵已经成为人们一直以来传承的死亡观。在东日本大地震中，出租车司机与乘客原本是没有关系的，但是当把在震灾中死去的自己的亲人与幽灵重叠在一起时，"发生了这么严重的灾难，有幽灵出现也不奇怪，即使遇到出现的情况，也能理解他们的心情"，这样温情的关系就在石卷的地方社会中形成了。这种"感同身受"的共有（共享），是由深厚的慈爱所支撑的。

现在，当人们在思考灵性问题时，与其说出现了新的灵性观，不如说这种生死观是自古以来就普遍存在的；只不过，我们是在平时被覆盖的东西表现出来的时候恰巧把握住了它。而这也进一步取决于人们真挚倾听的程度。

三　地震后的梦中世界

（一）有触觉的梦

繁和宏美在用手指拉钩，同时又像是在确认一样。宏美一字一句地说："什么都不能为你做。""但是，我相信你。""我不着急。""等着你。"

> 即使是在醒后，我仍旧能鲜明地记得拉钩时候手指的触感。在回

---

① 今泉隆裕「幽霊能の一考察—「苦しむ死者」観の採用についての覚書」『日本文学誌要』79号、2009。

忆梦境的时候，我觉得妻子在和我说："虽然无法轻易从彼世把我救出来，但是我相信你。虽然我在彼世等你，但是你不用着急来。你要在人间好好活着。"

——《到梦中与我相见》"最爱的妻子和女儿是灵魂之姿"

震灾在人们心中留下的最深刻的到底是什么？2018年2月，以这一深邃的内容为主题，由金菱清编著的《到梦中与我相见》（朝日新闻出版社）一书出版。在这本由遇难者家属的书信构成的书中，收录了家属晚上做梦梦到的事情。① 信如同一面镜子，反映出人的内心和世界观。为何信中有这么多关于梦的内容？带着这样的疑问，书的作者与学生一同访问了一百多名受灾者，收集了他们所做的关于震灾中失去亲人的梦。以如此规模来阐释梦的书，也许是世界首例了。

开头的梦，是生活在宫城县山元町的龟山繁所做的梦。龟山繁的妻子宏美和二女儿小阳在海啸中死去了，梦中出现的宛如现实中交换秘密约定的场景一般。

人们会马上忘记梦中的事情吗？就算是流着冷汗做的梦，或者是醒来前一刻的梦，都会随着时间流逝而被渐渐忘却。电影《你的名字》讲述的故事就是梦中鲜明的事实，但真正回到属于自己的现实时，却连对方的名字也忘记了。然而，家属关于地震中死去的亲人的梦，多数情况下都是轮廓分明地被回忆起来的。例如，在龟山繁先生的梦日记中，妻子会用戏谑的语气说着"鬼来啦——"，然后一口咬在他的鼻子上。这个咬的动作不仅仅是一个场景，而是"伴随着触觉而留下了实感"。

研究中国古代哲学的刘文英认为，对于先天就看不到的盲人来说，他的梦中虽然没有视觉形象，但是有听觉、味觉等其他感觉构筑成的"形象"。② 即使是没有视觉的人，梦这种视觉现象也是弥补视觉被剥夺的形式，可以通过伪视觉形成的轮廓来感知。所以说，盲人是会做梦的。

这样说来，遇难者家属的梦往往轮廓清晰、内容丰富，就好像盲人的

---

① 译注：这里指金菱清主编，新曜社于2017年3月出版的《悲爱》一书。
② 刘文英：《梦的迷信与梦的探索》，中国社会科学出版社，1989。

视觉一般。也许在某些东西被剥夺后，它们以一种新的形式被重新印刻在梦中。

（二）与死者的羁绊＝"缘"

对于家属来说，梦是保持与死者之间"缘"的重要工具。那天，没有预告，重要的人连"再见"也没说，就从遗属面前消失了。本来应该是要继续活下去的生命却被突然切断了，留给遗属的只有懊悔和遗憾。虽然在现实中已经看不到死去的人的样子了，但是，视觉上看不到，并不代表这个人就不存在了。有时，遗属会做着与死去的亲人脸颊直接接触或者是听到声音的真切的梦，宛如盲人做梦一般具体。

但是，东日本大地震后，至今仍有下落不明的人，而且照片和录像等一起度过时间的证明也被海啸夺去了，所以也就极难以有形的方式再次见面。反过来说，即便仍旧留有照片，也保持着非常清晰准确的记忆，与死者的关系也不会再更新了，也不会再通信了（更新＝通信）。

与此相对，每次做梦都是与死者关系的一次更新，是一次通信过程。突然出现的死者作为失序日常的一个契机，更新了生活的页面。也即，与被切断的现实相对，梦是仍旧可以与死者保持联系的"希望"。

某位遇难者家属在梦中受到了启示，并认为这是死去亲人的信息，把梦与自己的希望重叠起来，将梦转化为愿望，在现实生活中实现了。"（睡觉时）做的梦"转换成"（目标）现实的梦想"，通过二者的重叠而接续了希望。震灾发生后作为口号充斥于民间的"羁绊"，不仅仅是为了维系活着的人之间的联系，实际上也是联结死者的重要话语。

试想一下，正如法隆寺有"梦殿"一样，自古以来，梦就有承担现实世界的方向性和应有之义的重要意义。梦的启示也有政治性，通过使用神谕、托梦等手段，天皇甚至是在梦中与神灵通信的特权者。

日本文学家西乡信纲说："在平安时代，做梦的是人的灵魂，魂从外部而来寄宿在个体身上，而非个体自生，应该将其作为整体的一部分来思考。"[①] 即便因此，人们也无法在保持着意识的同时来做梦。以前的人们会

---

① 西郷信綱『古代人と夢』平凡社ライブラリー、1993。

在自己也没有注意的时候，做灵魂出现在梦中的过程的梦。《源氏物语》中也描写了，在迷迷糊糊的梦中去了对方的住所并对其下手的情节。反映了身体虽然会归于尘土，但灵魂却不一定会毁灭的文化逻辑。

然而到了近代，合理性支配世界，像中世纪那样的梦的认知被埋入黑暗中，梦被从现实世界中拉了出来，置于低一层的位置上。

（三）扭曲的时间

> 大约两年前，做了一个琴长大了的梦。如果琴还活着的话，应该上小学六年级了。梦中的琴比荣子还要高，穿着大川中学的校服。地点就在荣子家前面。
>
> ——《到梦中与我相见》"可爱的孙子跑来见我"

灾害发生后，"复兴"成为主旋律。通常复兴的对象是活下来的人，死者是被排除在外的。近代的时间观是过去、现在、未来这样不可逆的线性时间。生活在震灾前的过去的人们，被认为是不能生活在现在和未来的人们，要被从社会中抹消，也即被迫走向二次死亡。

失去了孩子的某位遗属，在没有得到提前通知的情况下，发现小学的学校主页上去世的儿子的画像被删除了。她边哭边打电话询问道："吉宗（吉ムネ）的画像，已经要被学校除去了吗？"在听到"教育委员会下达了删除死去孩子的画像的通知……"的回答后，受到刺激而出现了过度呼吸症状。据说，之后校长出来谢罪，但对于这个遗属来说，孩子确确实实"活过"的证据被抹消了。这种仿佛一开始就"不曾存在过"的处理方式，是多么让人心痛啊。

活着的人是傲慢的。一旦心脏的跳动从这个世界消失后，连曾经活过的证明也要被消除，这是忽视个体的近代时间管理方式的问题。而我们，也在不知不觉中被塞入了这个世界中。

对于可以继续存在下去的生命，面对生命的突然终断和社会的抹消这双重压力时，梦又发挥了什么样的作用呢？

那是能够让原因到结果的因果关系"逆转"的力量。"逆转"是什么意思呢？比如，把杯子推下去，结果杯子碎了，前者是因，后者是果。这一时序关系在日常生活中是绝对无法逆转的。在这样的逻辑背景下思考震灾的"逆转"，海啸袭来，至亲之人死去，结果就是事情的终点。

但是遗属的梦，如同时光机一般，可以瞬间自由穿梭于过去和现在。住在盐釜市的中桥匡美也是其中之一，她的梦，多是预知梦①或是发生时间的逆转。匡美没有亲历过海啸，但是自从石卷老家的父母去世后，曾做过好几次海啸前在老家拼命救父母的梦。

"走快点，走快点！"匡美催促着父母。匡美还向周围堵塞的车辆喊着"快逃"，但谁也没注意到危险正在逼近。

"真的想如果有时光机的话就好了，只要5分钟就行，我想要回到海啸前。这样的话，就能救更多的人了。"

——《到梦中与我相见》"被海啸侵袭的梦、恬静的梦"

在梦中，杯子破裂到杯子掉下去，结果出现在了原因前面。为什么这样的事情会变成可能呢？在做梦的人讲述的故事中，我们可以找到回答问题的关键。

(四) 时间是主体

他们不是在"做梦"，而是处于"被迫做梦"的被动立场。主体是死去的人，通过推动活着的人，在他们面前展现出一个不可思议的世界。通过这一主体与客体的逆转，时间不再是人们的所有物，时间成为拥有人类的"有生命的东西"。

也有遗属把被迫看到的东西（梦）作为礼物而接受，如被学校的主页删掉的死者去年的圣诞节礼物就是梦。

在照相馆拍了很多吉宗的照片。梦中也出现了已经亡故的母亲，她和我说打扮得漂漂亮亮来这里拍照是她的梦想（希望）。透过取景

---

① 译注：预知梦，指在梦中预知未来发生的事情。

器看吉宗还是地震时小学一年级的样子，拍好的照片上却长高了，腿脚也变长了，一副中学生模样。

昨天晚上，可能一直觉得我很寂寞，就来看我了。神啊，真是太感谢你了，给了我这么好的圣诞礼物……

——"脸书"／2017 年 12 月 25 日（有修改）

在以时间为主体的著名故事中，有刘易斯·卡罗尔（Lewis carroll）的《爱丽丝梦游仙境之镜中奇遇记》。他围绕时间和梦，描绘了一个不同于现实的意识中的世界。

研究刘易斯·卡罗尔的桑原茂夫在《爱丽丝梦游仙境（完全读本）》（河出文库）一书中写道："如果把时钟的表盘照在镜子上，针就会朝着相反的方向移动。"时钟的指针，都是按照过去到现在、现在到未来的顺序。与此相对，镜子中投射出来的时间则是逆向的，从未来到现在、现在到过去。也即，进入镜子（梦中）的爱丽丝，生活在了时间逆流的世界中。

遗属梦中震灾的时间线也同样是逆向的，已经知道了海啸的结果，且即便没有亲历海啸，也做了要救出死者的梦。该书中的预知梦和死者成长的梦，与其说是对过去的回忆，不如说是"记忆未来"的力量在起作用。关注孙子、儿子的成长，也同样是活在未来的意志。同时，死者以侵犯现在的形式与生者保持联系，也即"把过去变为现在进行时"的力量在发挥作用。

这些"记忆未来"的力量和"把过去变为现在进行时"的力量，是对企图忘却的社会的反抗。

妹妹出现在梦里的时候多是哲也社团活动和学习比较累的时候。尤其在柔道比赛的前天晚上，哲也一定会做关于柔道的梦，应援席上妹妹和母亲经常出现。两个人生前都很期待给哲也加油。

"也许妹妹是在给我加油，在鼓励我。我想他们在柔道比赛前出现在我梦中，代表着即使到现在他们还在好好地关注着我。"

——《到梦中与我相见》"被海啸席卷后做的梦"

与在社会上"孤立无援"的遗属相对，因为"孤立'梦'援"的存在，打开了向死者伸出温暖之手的世界。他们是总会送来鼓励的妹妹，是总能注意到自己的儿子，是总在与自己交谈的女儿。

像梦这样他者无法证实的交流方式，却以一种可靠的形式，维系着被震灾切断的羁绊。梦能够自由地把过去发生的事情记录并保存下来，有消除"二次死亡"[①] 的力量。这将成为与灾后重建话语对话的重要话题。

（五） 亲鸾[②]对梦的理解

梦与灾害有着密不可分的关系，历史可以证明这一点。哲学家龟山纯生在《灾害社会·东国农民和亲鸾净土教》（农林统计出版）一书中，通过亲鸾阐明了梦所处的位置。亲鸾生活的时代经常发生因灾害改元的事情，人们一直要面对饥荒、大火、地震、水灾带来的死亡。

这时，中世纪的梦信仰以灾害引发的突发性死亡、只有自己活着的罪恶感和不知道自己今后应该如何继续活着的不安为背景，通过在梦中请示彼世的天启的方式，而救赎了很多人。也就是说，人们是通过对梦的信仰来克服灾害社会中的紧张感和不安的。比如，梦告可以在现实中预兆只有死后才能看到的极乐世界，并由此连接生的希望。

东日本大地震发生了与亲鸾时代相似的状况。通过调查可以发现，其实有很多人做了预知梦。

> 秀和出现的梦中，会有不可思议的对话。不仅是由美子，哥哥和由美子的妹妹也经常梦见秀和。明明是不同人梦到的，但大家梦中的秀和却都是有时间限制的。"妹妹做的梦中，秀说就只剩下几分钟了。哥哥在梦中问秀：'没事吗？时间来得及吗？'秀回答说：'只有一点时间，神只给了一点点时间。'"震灾后，我失去了对活着的执着，即使到现在，这种情况也没有改变。只是我开始想，如果有一天再次见到秀和，不想自己是一个让人觉得惭愧的母亲。
>
> ——《到梦中与我相见》"像电影一样远处的儿子的身影"

---

① 译注：死亡有两次，第一次是肉体的消亡，第二次是被彻底遗忘。
② 译注：亲鸾是指日本佛教净土真宗初祖。

梦中，连接此世和彼世的世界在不断变得宽广，不管是亲鸾生活的中世纪还是我们生活的现代，这一点都是共通的。当震灾后活下来的人们为以后应该如何活着的问题所苦恼时，谁的话都比不上死去的人的启示和暗示，且这能成为人们活下去的希望。

四 "能乐"中的暧昧世界

在寻找幽灵和梦的共通之处时，我发现了能够展现作为生者与死者联结的"暧昧"的世界，是日本的传统艺能——能乐。

与以岩、累等作祟和怨言内容为主的歌舞伎相比，能乐中有着更加温厚的死亡观。由于作为"能"的庇护者的武士是以杀生为业的，他们亲身经历过死亡，是十分害怕死者作祟的，因此会把那些痛苦的死者舞台化来祭奠并使死者超脱，这样的死亡观是非常温厚的。

能乐师安田登在《在异界旅行的能乐》（筑摩文库）中说，幽灵是能乐的中心，通过作为主角的幽灵，能亲身体会到神话时间，有一种让人生重新复位的可能性。根据安田的说法，能乐开始是以作为配角的生者的时间线为主展开的，到了后半部分，立场逆转，出现了作为主角的死者，也就开始了两条时间线的融合。

安田登把配角的时间线称为"顺行时间"，它与人们日常生活所感受到的过去、现在、未来的时间顺序相同。而与此相对，在扮演主角时，安田登称之为"逆行时间"，是从现在追溯到过去的时间顺序。

这一逆行的时间正是此次讨论的梦的世界内容。梦如同时光机一般，能够自由穿梭于过去和未来。与"何时何地"这样未来的设定相对，在能乐的世界中，过去的人以"现在即过去"的形式让逆行的时间侵入"此时此地"。这里，配角的一个重要作用就是无为而为，贯彻倾听角色。配角作为欠缺的人，在洗白后才得以成为联结此世和彼世的存在，且通过与异界相遇，而"重获新生"。做着梦且活在当下的人们的样子，与能够看到幽灵的能乐中的暧昧世界完美相合。如果人们能放下心中的原有认知固执，侧耳倾听死者的声音，那时应该能超越时空，打开人们生死观认知的新世界吧。

Perceiving Life and Death through Dreams and Spirits: Living in Ambiguous Limbo [*]

Written by Kanabishi Kiyoshi[**]

Chinese version translated by Wang Hui[***]

Abstract: When facing the sudden death or disappearance of a loved one, people are often unable to make a clean break, and to simply erase their memories of the deceased. However, the needs of rehabilitation and ceremonies for honouring the dead encourage people to move on from their sorrow and loss, and send the deceased into the other world. This conflict between societal and individual attitudes to the deceased facilitate the birth of an ambiguous limbo between the underworld and this world, which provides a temporary static state that is neither life nor death. In this space, people process their relatives' death through the action of "non-processing"; they try to reconnect with the deceased through dreams and to renew the relationship; they build an "intimate circle" by embracing the spirits. This reflects not only their resistance to the easy forgetfulness of society, but also an empathetic, grateful and tender-hearted perspective on life and death.

Keywords: Dreams, Spirits, Perspective on Life and Death, Ambiguity

---

[*] The original title of this paper is "幽霊と夢から見た死生観―あわいの世界を生きる", the Japanese version is unpublished. This translation is permitted by the author. Translator's note: "Living in Limbo" - "Limbo" is the transitional space between the underworld and this world, between a current life and a past life; the spirits that have not fully entered the netherworld stay in Limbo, and the relatives of the deceased may gain the strength to move forward based on their faith that their loved ones have not entirely left for another world.

[**] Author Bio: Kanabishi Kiyoshi, Literature Professor at Tohoku Gakuin University.

[***] Translator Bio: Wang Hui, PhD. student in Folklore at the College of Social Development, East China Normal University.

燕园抗战的多重面相

——从日本宪兵中尉山崎贞一致司徒雷登的一通书信谈起

张红扬*

摘　要：山崎贞一是日本侵华时期分派管理燕京大学的宪兵中尉，日本投降后归国，1953年通过美国驻日本大使馆转呈一通书信与司徒雷登。信中除表达认罪和忏悔，还涉及日军侵占燕园期间司徒雷登和博晨光教授的情况。该书信为多角度认识燕京大学的抗战历史提供了重要的资料，展现了燕京大学师生反抗日本侵略者斗争中的一个别样场景。

关键词：司徒雷登　山崎贞一　博晨光　燕京大学　抗日战争

2014年，司徒雷登的私人秘书傅泾波之女傅海澜，将日本侵华战争中侵占燕园的宪兵中尉山崎贞一致司徒雷登的一通书信捐赠给北京大学图书馆。本文在考析此信的同时，亦附上燕京大学抗战中的整体情况介绍，作为理解信件的背景资料，以全面了解相关人物及事件。

一　信件全文中译

东京都麻布饭仓

美国大使馆

阿利森大使阁下　御侍史：[①]

　　敬启。时值残暑，愿阁下身体无恙。未曾联系就冒昧写信给您，

---

* 作者简介：张红扬，北京大学图书馆研究馆员，北京大学亚洲史地文献研究中心主任。

[①] 作者注：御侍史，写在收信人名下，意为"请侍史递交"，表示敬意。"御"，日文こ，无实义。

不胜惶恐。衷心感谢贵馆数年前归国的前驻华大使司徒博士的关照，因此写下这封书信。

我是来自三重县的宪兵中尉山崎贞一。

1941年，我供职于北京宪兵队。同年12月8日，日美开战当天凌晨，依照军令，我带领部下接管了北京燕京大学。此后，受命管理燕京大学和司徒博士及贵国的多名教授。虽说处于日美战争期间，品行高洁的司徒博士以及贵国的教授们却听从我这个微不足道的军官的命令。直到日本战败投降，这期间给各位带来了各种限制和麻烦，特通过此信来表示深深的歉意。

1945年8月日本无条件投降的同时，司徒博士荣升为驻华大使，前往重庆赴任。我则被重返华北的中华民国政府指定为第一号战犯，收容于第十一战区北平战犯刑务所。审判庭以非法接管美国教育机关和对美国、中华民国国民施以暴行嫌疑两项罪名判我死刑，我也已经做好了34岁死在异国他乡的心理准备。但当时华人裁判长采纳了驻华大使司徒博士与同大学贵国教授的证词，最后改判我为无罪释免，我得以在1946年7月重新返回祖国。

自那以后，我就和妻子一同生活在大阪，怀着无限的感激之情度过生命的每一天，司徒博士及燕大的教授们如同神灵垂爱般重新赐予了我生命。为酬谢鸿恩，我决定用备受恩惠的剩余生命做有意义的事情，用自己的全部财产设立了一个不大的私立幼儿园。燕京大学与我设立的日本桥幼儿园简直是云泥之别，但（我创建该园时）深切领悟并学习了司徒博士的人道主义宗教和教育精神，想要在日本的孩童心中种下世界和平与日美友好的小小种子，并使其开出花朵。大阪市选出的品格见识极高的参议院议员——左藤义诠师是我的老师，他将自己的半生都献给了宗教与教育。我请他担任日本桥幼儿园的顾问，并对幼儿园的企划做了全面独到的指导。

也许司徒博士已经不记得了，但是被司徒博士所救的我，哪怕只有万分之一（的可能），也要立志把他的精神在日本传递下去，司徒博士也一定非常乐意。信中的第一页上的照片是我拍摄的，是令人怀念的燕京大学的一部分风景。第二页上的照片是慈爱仁厚的燕大宗教学院院长博晨光教授专门为我写下的纪念语。

  作为战犯被收容的我失去了所有自己身边的物品，也包括很多照片，留下来的这三张照片是神明留给我的独一无二的回忆，作为我的座右铭日夜伴随我左右，让我得以深怀感激地生活。

  第三页上的两张照片分别是幼儿园的创建仪式和第一届入园儿童的纪念照。创建仪式上，我讲述了被司徒博士救助和继承司徒博士的精神创立幼儿园的过程。

  因为不知道司徒博士的住所，也不会写英语书信，故冒昧失礼地将书信寄到贵馆。希望贵馆能替我向司徒博士、博晨光教授和其他燕大的教授表达我这微薄却诚挚的感谢。

  顺祝

  阁下及各位身体健康，并祈祷日美友好关系能恒长永续。

1956 年 9 月 21 日
大阪市浪速区河原町二丁目 1456
山崎贞一

照片 1　燕京大学的一部分风景

燕园抗战的多重面相

照片 2　燕京大学的 Lucas Si Boater（ルカス・シ・ボーター）教授
背面有其手迹：摄于 1942 年 2 月，赠山崎中尉，感谢在 1942 年 2~6 月负责燕京大学期间的诸多关照。Lucas Si Boater（ルカス・シ・ボーター），1942 年 6 月 22 日。

照片 3　幼儿园创立仪式上的讲话、第一届入园儿童纪念照

二　该信转致司徒雷登的过程

该信送达美国驻日本大使馆后，负责处理大使信件的官员一是将日文信件简译成英文，二是回复写信人山崎贞一，三是将原信附加英文翻译及给山崎的回复一并转呈美国国务院，请他们转给司徒雷登。最终，原信及附件都送达司徒雷登手中。

美国驻日本大使馆为山崎贞一信件所写英文提要的中译如下：

致：阿利森大使

　　写此信是请求您转致近年回美的司徒博士我衷心的感谢。我曾是一名宪兵中尉，太平洋战争开始时正在北平。奉军令我负责管理燕京大学及该校教授。司徒博士当时是校长，他们仁慈地配合了我的工作。战后，司徒博士就任中国大使，我则被指为一号战犯。审讯后被判处死刑，我已经打算接受命运的安排。但是，由于司徒博士和其他教授仁慈的证词我从狱中获释并回到日本。从那时起，我下决心开始一种感恩生活，并于最近开办了一个幼儿园。附件的照片分别为燕大校园、博晨光教授、幼儿园开园仪式。如果您能够转致司徒博士和其他教授我诚挚的感谢，以及所附的照片，我将非常感激，我希望能以此回报他们的仁慈和善意。

美国大使馆回复山崎贞一的信件中译如下：

山崎先生：

　　大使馆收到了你未注明日期的有关前驻华大使司徒雷登博士信函及照片，以及将此转达司徒雷登博士的请求。

　　由于大使馆亦无司徒博士目前的地址，你的信件及附件已经美国华盛顿国务院转交。

东京 美国驻日本大使馆
值班主管办公室
公共事务助理
伊丽莎白 K. 鲁索
1953 年 10 月 8 日

三 相关人物及事件考析

（一）写信人

山崎贞一（1911-?），日本三重县人，1941年供职于北京宪兵队，任宪兵中尉。同年12月8日，珍珠港事件爆发当天凌晨，依照军令带领属下宪兵侵占了燕京大学。1945年8月日本无条件投降后，被国民政府指控为一号战犯，收容于第十一战区北平战犯刑务所，中国政府以非法接管美国教育机关和对美国、中华民国国民施以暴行嫌疑两项罪名要求法庭判处其死刑。法庭审判时，听取了司徒雷登及其他燕大教授的证词，认为其死罪不成立，山崎贞一于1946年7月获释回到日本，一直在大阪生活。20世纪50年代初期在大阪创建私立幼儿园——日本桥幼儿园，自述建园此举是为司徒雷登及燕大博晨光等教授创办燕大教育精神所感召，并希望能以此谢罪。山崎贞一称，他聘请其老师佐藤义诠为教育顾问。佐藤义诠1923年毕业于京都大学，1950年任大阪大谷大学短期大学部校长，1959~1971年三度连任大阪府知事，曾任日本防卫厅长官。

《傅海澜传》中对于山崎贞一来信一事也有记载：收到山崎来信那天，司徒雷登很高兴，"能够影响别人，让更多的人都来办教育，这让司徒雷登非常开心，那天，他似乎比平时的胃口都要好些"。[①]

（二）收信人

收信人阿利森（J. M. Allison，1905-1978），1953-1957年任美国驻日本大使。山崎贞一因不知道司徒雷登的地址，便将信件寄给时任美国驻日本大使的阿利森转交。

（三）写信日期

美国大使馆公共事务助理回复山崎贞一的信中有"你未注明日期的来信（undated letter）"一语，其实山崎在信的末尾是标明了日期的，但所

[①] 董煜：《傅海澜传》，上海文艺出版社，2016，第112页。

标注的日期为 1956 年 9 月 21 日，明显有误。所幸原信信封仍在，邮戳清晰可辨，是昭和 28 年，应是 1953 年，1956 年应是写信人的笔误。

（四）珍珠港事件发生时间与日军侵入燕大时间

珍珠港事件（英文：Attack on Pearl Harbor，日文：真珠湾攻撃）是指 1941 年 12 月 7 日夏威夷当地时间 7 点 55 分，日军突袭美军夏威夷基地珍珠港以及瓦胡岛上的飞机场的事件，太平洋战争由此爆发，美国卷入第二次世界大战。由于当时中国及日本时间要比夏威夷早 18 个小时左右，因此，燕大是在珍珠港事件爆发的当天，于中国时间 12 月 8 日凌晨被日军强行侵占的。

（五）司徒雷登在燕大的"孤岛时期"（1937-1941 年）

司徒雷登，1919-1929 年、1937-1946 年任燕京大学校长，1929-1937 年任燕大校务长，为燕大主要创办人，并长期担任燕大最高行政领导，1946-1952 年任美国驻华大使，1949 年回美，1952 年辞去大使职务，1962 年逝世。

司徒雷登在日本侵华时期的生活可分为两个阶段：一是燕大的"孤岛时期"，二是被日本侵略者软禁阶段。在第一个阶段，即 1937 年 7 月 28 日日军占领北平至 1941 年 12 月 7 日珍珠港事件爆发燕大被日军封闭前，司徒雷登等燕大领导和教授为保住燕园正常的学习生活秩序以及燕大的独立性，设法与日军智斗和周旋；同时，对于被日本宪兵以抗日嫌疑罪名抓捕的学生则积极救援，对于学生和教授们奔赴抗日后方的行动亦暗中协助。

1936 年，日军已侵入华北，北平危在旦夕。北平的一些大学如北大、清华等在此情形下做出了南迁决定。1936 年 5 月，燕大决定留在北平不南迁。① 时任校务长的司徒雷登再次出任校长，② 利用美国与燕大的关系保护燕大。虽然在珍珠港事件以前，没有校方的同意及安排，日军是不能进入

---

① 燕京大学燕京新闻社：《燕大绝不南迁》，《燕京新闻》1936 年 5 月 5 日。
② 司徒雷登为燕京大学创始校长。1929 年，为了顺应国民政府收回教育权的要求，1929 年起司徒雷登改任校务长，原在宗教学院任教的前清翰林吴雷川被推为校长。参见燕京大学校友会编，张玮瑛主编《燕京大学史稿》，人民中国出版社，1999，第 9-10 页。

燕大校园的，但日本侵略军与燕大之间"几乎每天都发生事情，尽管都是小事，但总有酿成严重乱子的可能"①。为避免酿成严重灾祸，司徒雷登一是找了一位日文好的中国台湾籍同学萧正谊为秘书，以帮助他与日本人打交道；二是必要时款待日本军政官员，对于日军司令部安排的到访，也周旋其间。司徒雷登发现这样做的成效是显著的："尽管日本人耀武扬威，可是他们内心空虚，对捉摸不透的美国人的态度也有敬畏。因此他们也就更注意以礼相待。"②

日本人为了渗透燕大，多次要求司徒雷登增加日本教员，并说人选和经费开支均由日本政府负责。为解决这个难题，燕大在三四位享有国际声望的日本学者中选择了反日本侵华的著名的人类学和考古学家鸟居龙藏。③"1938年秋季招生时，日伪当局要求允许日本人入学，学校准予报名参加入学考试，但无一人达到标准，均未予录取。"④

为密切监视燕大，日本人还豢养了一大帮秘密警察和密探刺探情报，抓捕从事抗日活动的燕大学生。对于这些被捕学生，司徒雷登总是积极营救，通过秘书萧正谊去斡旋："我的秘书非常机智，要不了多久，费不了多少周折就能把被捕的学生弄出来。"⑤

为了保证燕大正常的教学和生活秩序并为学生安全计议，1937年11月8日，颁布了《学生生活条例》，其中有"学生在校，无事不得外出"；"学生团体组织，以无政治目的的活动者为限"，集会和刊物，需经学生生活辅导委员会批准，"学生不得购置犯禁之书报"等条款。⑥对于到后方从事抗日活动的师生，司徒雷登不仅帮助选择出逃路线，而且敦请沿途朋友

---

① John Leighton Stuart, *Fifty Years in China*, *The Memoirs of John Leighton Stuart*, *Missionary and Ambassador*, New York: Random House, 1954, p. 126.
② John Leighton Stuart, *Fifty Years in China*, *The Memoirs of John Leighton Stuart*, *Missionary and Ambassador*, pp. 127-128.
③ John Leighton Stuart, *Fifty Years in China*, *The Memoirs of John Leighton Stuart*, *Missionary and Ambassador*, p. 133.
④ 燕京大学校友会编，张玮瑛主编《燕京大学史稿》，第1300页。
⑤ John Leighton Stuart, *Fifty Years in China*, *The Memoirs of John Leighton Stuart*, *Missionary and Ambassador*, p. 128.
⑥ 《校长办公室公布学生生活条例维持学校秩序保障学生安全》，《燕京新闻》1937年11月4卷1期第2版。

为这些学生的旅途所需筹集资金或提供帮助。时任燕大学生生活辅导委员会副主席的侯仁之回忆说："在我任职后不久，司徒雷登校长就提出一项任务：如果有学生要求学校帮助离开沦陷区，不是为了转学，而是为了参加抗日有关的工作，应该给予支持，就由辅导委员会来负责办理。这项工作就落在了我的肩上。"①经侯仁之回忆，从1940年冬到1941年夏，由他具体联系，经燕大地下党学生陈絜安排，"从燕京大学进入解放区的学生共有三批十来人"②。其中的孙以亮（孙道临）同学后又从大后方返回学校，"与夏仁德（Randolph C. Sailer）教授及司徒雷登联系，要求图书馆把有副本的图书送一部分给北方抗大获得同意，后因故未能实行，孙只得从夏仁德教授处取得备好的药品和医疗用具，带回解放区"③。

燕大的两位英籍教授林迈可（Michael Lindsay）和班威廉（William Band）自1938年起就一起给八路军运送军需物资，尤其是电讯器材和医药品。珍珠港事件爆发当天，两位教授及夫人亦是基于司徒雷登的间接帮助得以在日寇占领前逃离燕园。林迈可的夫人李效黎回忆："珍珠港事变刚一爆发，当早晨7点钟日寇从燕京西校门进来逮捕他们时，他们刚从东门乘坐司徒雷登校长的小汽车，偕同班威廉夫妇驰往西山。"林迈可夫妇1944年到达延安，先在聂荣臻将军的晋察冀边区通讯组做技术顾问，后任十八集团军三局通讯组技术顾问及新华社英语编辑顾问。1945年11月回国。④班威廉曾在晋察冀边区和林迈可一起帮助解决通信技术问题，1942年秋回国。⑤

孤岛时期的燕大，成为沦陷区"小小的自由绿洲"，⑥维持了正常的校

---

① 《燕京大学被封前后的片断回忆》，《燕大文史资料》第三辑，北京大学出版社，1990，第122页。
② 《燕京大学被封前后的片断回忆》，《燕大文史资料》第三辑，第124页。
③ 燕京大学校友会编，张玮瑛主编《燕京大学史稿》，第33页。夏仁德，美籍，时任学生生活辅导委员会主席。
④ 李效黎：《林迈可，Michael Lindsay》，载燕京研究院编《燕京大学人物志》第一辑，北京大学出版社，2001，第188页。
⑤ 张德华：《班威廉，William Band》，载燕京研究院编《燕京大学人物志》第一辑，第210~211页。
⑥ John Leighton Stuart, *Fifty Years in China*, *The Memoirs of John Leighton Stuart, Missionary and Ambassador*, p. 135.

园生活秩序。这四年间，为燕园自由的氛围所吸引，青年学生投考燕大的增多。1940年秋季、1941年春季及秋季，注册人数均逾千人，此前最多的1935年不过884人。① "学生的来源多为北平和天津，以1939年秋季为例，在注册的948名学生中，84%来自沦陷区。"②

（六）司徒雷登被日军软禁阶段（1941–1945年）

1941年12月8日，珍珠港事件发生后的当天一早，日本宪兵就在天津找到了周末离校外出的司徒雷登，他就此被捕，先是与许多美国人一同被关押在美国领事馆原海军陆战队的楼房内，后来与协和医学院院长霍顿博士（Dr. Henry S. Houghton）、斯纳珀博士（Dr. I. Snapper）、鲍恩先生（Mr. Trevor Bowen）一起被软禁于东单三条的霍顿院长的家里。四个月后，又被移送到不远处一位英国商人住宅的后院软禁；斯纳珀博士和后来自愿陪其坐牢的夫人离开后，司徒雷登、霍顿博士、鲍恩先生三人直至1945年8月17日获释，共被监禁三年零八个月又十天，过着与世隔绝的生活，其间经历了四次长时间的严密审问。这四次均"为日本宪兵队带往北大文学院，即该宪兵队总部，严加盘诘"③。审讯中，有两个问题与燕大有关。一是询问将学生送到抗日后方的经过，他们为何要去，得到过谁的帮助等。司徒的回答是，他并不过问学生的目的，也不会说出其他提供帮助者的姓名。二是询问燕京大学的办学性质和目的。当司徒雷登告诉他们原委时，日本人非常疑惑不解且非常好奇。司徒雷登描述道："我的审问人也流露出同样的疑心，他们对这一奇怪现象感到非常有意思，以致不再探究美国政府渗透的证据，只是好奇地继续问些问题。"④ "仅仅是出于宗教和慈善的动机，仅仅依靠私人的自愿捐赠，就能创办一所规模如此庞大的学校"，这种办学形式给日军留下了深刻的印象。⑤ 从山崎贞一转致司徒雷登的信

---

① 燕京大学校友会编，张玮瑛主编《燕京大学史稿》，第1298–1310页。
② 燕京大学校友会编，张玮瑛主编《燕京大学史稿》，第1303页。
③ 刘廷芳：《司徒雷登博士年谱》，燕京大学印制，1936，第46页。
④ John Leighton Stuart, *Fifty Years in China*, *The Memoirs of John Leighton Stuart*, *Missionary and Ambassador*, p. 130.
⑤ John Leighton Stuart, *Fifty Years in China*, *The Memoirs of John Leighton Stuart*, *Missionary and Ambassador*, p. 130.

中可以看到，他用自己的个人的全部财产设立了一个不大的私立幼儿园，确实是受到司徒雷登影响。同时也说明，他本人很有可能即在审讯现场。

司徒雷登与山崎贞一之间的交集应该在 1941-1945 年。山崎贞一信中称，其是自 1941 年在北京日本宪兵队服役的，于太平洋战争爆发之日的 1941 年 12 月 8 日奉命占领燕园并控制燕大人员。司徒雷登自 1941 年 12 月 8 日被捕后虽然一直囚禁在外，但据其日记记载，刚被监禁时，尚能获许在宪兵的押送下回燕园取东西，① 或与山崎贞一打过交道；或因燕大校务与软禁中的燕大校长司徒雷登有接触也很有可能。司徒雷登在自传中多处提及与日本占领军打交道，但均未提及姓名，根据山崎贞一的信可以推断，他很可能就是其中之一。

（七）博晨光在 1942 年

山崎贞一信中所说的"ルカス・シ・ポーター"教授，美国大使馆译成"Lucas C. Porter"，有误，应是 Lucius Chapin Porter，即博晨光（1880-1958）。

博晨光出生于天津，在山东德州长大。父母均为美国来华传教士、教育家。父亲傅恒理（Henry Dwight Porter，1845-1916）为美国公理会外国宣教团差派来华的外科医生，其姑母、叔父及堂表亲清末至民国都在中国北方地区从事传教士教育工作。燕京博雅塔即为博晨光的叔父詹姆士·泡特（James W. Porter）捐资兴建的。博晨光青年时期回美接受大学教育，1901 年毕业于其祖父创办的威斯康星贝尔耶特学院（Beloit College），在贝尔耶特公立学校短暂任教后，又去耶鲁神学院学习，1906 年取得神学士学位后，利用耶鲁游学奖学金去英国和德国游学一年，回到纽约布鲁克林在一公理会教堂任牧师助理，负责指导其工作的是包尼西（Nehemiah Boynton），即后来燕京大学英文系包贵思（Miss Grace Boynton，1890-1970）教授的父亲。1909 年起在通州华北协和学院任教，直至 1916 年这所学院和其他两所学校组成燕京大学。1918 年任燕京大学通州校区主任。

---

① John Leighton Stuart, *Fifty Years in China*, *The Memoirs of John Leighton Stuart, Missionary and Ambassador*, p. 143.

1923-1926 年任教于燕京大学心理系，1923 年任哲学系副教授，1924-1941 年、1947-1948 年任教授，其间 1924-1926 年、1933-1941 年两度任系主任。1928-1939 年任哈佛燕京学社北平办事处首任执行干事。1949 年回国。①

山崎贞一在信中附了一张博晨光的照片，从照片背后的题签来看，此照片确为博晨光所赠，题签的内容为：赠山崎中尉，感谢在 1942 年 2-6 月负责燕京大学期间的诸多关照。②

题签中所指时段 1942 年 2-6 月，是博晨光等燕大外籍教授被日军指令集中在校内燕南园居住的时段。1941 年 12 月 8 日上午 9 时，日军封锁了燕京大学，命令学生一律不能出校门，随即开始抓人，当晚共抓捕了 12 位同学，③ 随后 12 名中国教师也相继被捕，④ 燕京大学就此关闭，后来曾充作日本军官的疗养院⑤及日伪的"华北综合调查所"⑥，留在燕园的 30 余位外籍教授均被集中软禁。

燕大英语系桑美德（Margaret Bailey Speer）教授在给家人的信中以及后来的回忆中，描述了在燕园被软禁的经历。12 月 8 日上午 9 点，日本宪兵封锁校园后，勒令全体外籍教授到校长办公楼集合。"一个穿着质地精良灰色斗篷佩着马刀的军官通过翻译对他们说，不要惊慌。他未提及未来的安排，但是指令他们立即回家写出拥有的所有财产和钱款数目。"⑦

桑教授在 1942 年 1 月 14 日的信中告诉家人："他们生活舒适，日本人

---

① 《博晨光，Lucius Chapin Porter》，载燕京研究院编《燕京大学人物志》第一辑，第 236 页。
② 原文为：With Warm Regards to Lieutenant Yamasaki in Charge of Yenching from February to June 1942, in appreciation of many courtesies. Lucius C. Porter, June 23, 1942.
③ 这 12 位同学是蓝铁年、沈聿温、李慰祖、程述尧、李欧、姚克荫、刘子健、张树柏、朱良漙、孙以亮、陈嘉祥、戴艾桢，1942 年 1 月左右获释。参见陈嘉祥《在日本牢狱中三十三天》，《燕大文史资料》第三辑，第 144 页。
④ 被捕的 12 名教授和教师是陆志韦、蔡一谔、陈其田、赵紫宸、邓之诚、洪煨莲、张东荪、赵承信、林嘉通、刘豁轩、沈寿铨、侯仁之，1942 年 6 月全部获释。参见侯仁之《燕京大学被封前后的片断回忆》，《燕大文史资料》第三辑，第 134 页。
⑤ 郝平：《无奈的结局——司徒雷登与中国》，北京大学出版社，2011，第 176 页。
⑥ 李耄年、郑峨崌：《燕园重光录——记 1945 年日本侵略者投降后燕京的复校工作》，《燕大文史资料》第三辑，202 页。
⑦ Caroline Smith Rittenhouse, ed., Like Good Steel, the China Letters of Margaret Bailey Speer, North China, 1925-1943, Berwyn, Pa: The Round Table Press, 1994, p.337.

非常客气，且给与尽量的便利。"①但在 1982 年的备忘中特别附注，1942 年由于担心通信被查，未敢说出实情，"日本宪兵刚刚占领燕园时，曾以检查灯泡为由，每天 2-3 次进入住宅"②，行动自由受限。

在此段回忆中，有三处提及博晨光。一是在 1942 年 1 月 15 日，桑美德写的家信中有：留在燕大的外籍教授被指令集中居住，以便看管，燕南园就成了集中居住地。博晨光和霍华德·佩恩（Howard Payne）夫妇（从天津来在燕大财务部工作的）、文国鼐（Augusta Wagner）住进了桑美德教授的住宅——燕南园 57 号。③ 这些留在燕园的外籍教授中共有 29 名美国人、1 名德国人、数位英国人。唯一没有集中羁押的是王克私教授，因他是瑞士人，为中立国国民。二是在 1942 年 4-5 月，有消息说，燕大校园将用作一个日军的研究所，所有外籍教授都要搬离校园。博晨光已经开始联系租房事宜，他计划搬到城里的教会住宅去住。④ 三是后来的信中提及，博晨光最终搬到离燕大校园不远的一个村庄居住。⑤ 很有可能，信中所赠照片是离开燕园集中居住地时为感谢山崎贞一为其所行的方便。但最终博晨光与其他美籍教授被押解到山东潍县集中营软禁，直到 1945 年获释。⑥

四 全面抗日战争时期的燕大师生

七七事变后，燕大师生积极投入抗日战争，为中华民族解放战争做出了重要贡献。据不完全统计，燕大国文系主任董鲁安、教师王西徵，生物系教授崔毓林，燕大学生中的共产党员、共青团员、民先队员王汝梅（黄华）、韩叙、王永琪、赵荣声、陈絜、张德华、朱南华、方绰等 50 余位师

---

① Caroline Smith Rittenhouse, ed., *Like Good Steel, the China Letters of Margaret Bailey Speer, North China, 1925-1943*, p. 340.
② Caroline Smith Rittenhouse, ed., *Like Good Steel, the China Letters of Margaret Bailey Speer, North China, 1925-1943*, p. 342.
③ Caroline Smith Rittenhouse, ed., *Like Good Steel, the China Letters of Margaret Bailey Speer, North China, 1925-1943*, p. 341.
④ Caroline Smith Rittenhouse, ed., *Like Good Steel, the China Letters of Margaret Bailey Speer, North China, 1925-1943*, p. 347.
⑤ Caroline Smith Rittenhouse, ed., *Like Good Steel, the China Letters of Margaret Bailey Speer, North China, 1925-1943*, p. 354.
⑥ Caroline Smith Rittenhouse, ed., *Like Good Steel, the China Letters of Margaret Bailey Speer, North China, 1925-1943*, pp. 340-372.

生相继离校去敌后根据地从事抗日救亡工作。①1939 年前后，燕大学生党员中有两个支部，共有党员 20 余人。②在日寇侵占下的北平，燕京大学是共产党员最多的学校，也是地下抗日战争最活跃的学校。珍珠港事件后被捕的 20 余位师生，均在狱中表现出可贵的民族气节。

燕大自 12 月 8 日被日军关闭后，在重庆的校友一致要求在后方复课。1942 年 2 月 8 日，临时校董会成立，梅贻宝任复校筹备处主任，在成都租用了陕西街中小学校舍，10 月 10 日复课，时有注册学生 300 名，年底增加到 360 名。其中包括从北平辗转来成都的旧生，在成都新招的学生以及转校生。成都燕大师资及管理人员以北平来的教师为主，校长由梅贻宝代理，其他骨干教师有：马鉴、包贵思、赖朴吾、吴其玉、郑林庄、林耀华等。另邀请到陈寅恪、萧公权、李方桂、吴宓、徐中舒、赵人隽、曾远荣等名家大师。1945 年 5-6 月，成都师生投入复员返平工作。由两路北上，至 6 月 30 日全部回到燕园。③

8 月 15 日，日本宣布无条件投降后，司徒雷登于 8 月 17 日获释后次日即召中国教师委员会的陆志韦、洪煨莲、林嘉通、蔡一谔、侯仁之等五人，在北平东交民巷三官庙开会，研究有关接管校园、清查校产、召集旧部、筹备复校等事宜，并成立了复校工作委员会，由陆志韦等主持复校工作。8 月 23 日始，在全校教职员的共同努力下，仅用 56 天就于 1945 年 10 月 10 日正式复课。④

结　语

山崎贞一信中对于其在战争中的罪行虽有认罪及赎罪之意，但读来仍有避重就轻之感，尤其是"这期间给各位带来了各种限制和麻烦"一句，实在是轻描淡写，对于日本侵华战争给中国人民造成的深重灾难，并无提及和反思。而燕京大学师生在抗战时的沦陷区与日本侵略军斗智斗勇的史

---

① 燕京大学校友会编，张玮瑛主编《燕京大学史稿》，第 483 页。
② 燕京大学校友会编，张玮瑛主编《燕京大学史稿》，第 519 页。
③ 燕京大学校友会编，张玮瑛主编《燕京大学史稿》，第 34~36 页。
④ 李耄年、郑峨嵋：《燕园重光录——记 1945 年日本侵略者投降后燕京大学的复校工作》，《燕大文史资料》第三辑，第 199-207 页。

实,则展现了中国反法西斯战争壮丽场景中的生动一幕。

The Multiple Faces of the Anti-Japanese War in Yenching University: On a Letter to Dr. John Leighton Stuart from Sadaichi Yamazaki, Who Led the Military Occupation of Yenching University

Zhang Hongyang[*]

Abstract: Sadaichi Yamazaki, the Japanese M. P. Lieutenant assigned to occupy Yenching University during the Japanese invasion of China, returned home after Japan surrendered. In 1953, he sent a letter to Dr. John Leighton Stuart via the U. S. Embassy in Japan. In this letter, he not only confessed to personal wrongdoings, but also revealed the circumstances of Dr. Stuart and Prof. Lucius Chapin Porter during the Japanese occupation of the University. The letter provides important information for the multi angle understanding of the history of the Anti-Japanese War in Yenching University, and shows a different scene in the struggle of the professors and students of Yenching University against the Japanese invaders.

Keywords: John Leighton Stuart, Sadaichi Yamazaki, Lucius Chapin Porter, Yenching University, Japanese Invasion of China

---

[*] Author short Bio: Zhang Hongyang, Library Reaserch librarian at Peking University, Director of Asian History and Geography Literature Research Center of Peking University.

遗产与灾害研究

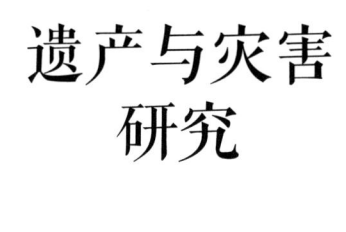

流动的遗产文化：新加坡、马来西亚的麻风病院[*]

〔新加坡〕罗家成 著　王立阳 译　王莉莉 校[**]

摘　要：不管是政府还是社会活动家，都会以不同方式选择性地借用麻风病的历史来契合某种国际遗产话语。同时，这一历史中被认为不合时宜的部分，则被抛入国际遗产话语的裂隙之中。相比之下，作为非物质遗产和激进遗产的可能来源，麻风病院那些居民的口述史记录，对麻风病院的遗产价值的态度是矛盾的。这些口述史记录显示，尽管很多居民排斥力图让他们的家免于拆除的遗产话语，但另外一些居民则既借用国际话语，又表达自己的需求和观点，创造出一个独特的遗产文化。它表明，遗产文化本身是流动的、易变的，正如它们的根基——记忆——一样。

关键词：麻风病　遗产　新加坡　马来西亚　口述史

引　言

当不同遗产话语相遇并纠缠在一起的时候，分歧和趋同都会发生。关于麻风病——一种唤起人们对可怕致命传染病的强烈感觉的疾病——的口述史案例就是如此。2005年，我在新加坡一个麻风病病愈者收容所"喜乐

---

[*]　原文出处：Kah Seng Loh., "'No More Road to Walk': Cultures of Heritage and Leprosariums in Singapore and Malaysia," *International Journal of Heritage Studies* 17, 3 (2011): 230-244.

[**]　作者简介：罗家成，新加坡独立学者。
　　译者简介：王立阳，上海大学社会学院人类学民俗学研究所讲师。
　　校对简介：王莉莉，南方科技大学社科中心助理教授。

之家"，访谈了83岁的住户谭兆孟（Tan Teow Meng），① 了解其作为一个前麻风病患者的经历。② 在访谈接近尾声的时候，我问他对未来的展望，谭兆孟简单回答说："我现在年纪这么大了，未来？我将时日无多。现在，我最希望的是简单度过余生，其他的我不考虑。"③ 他的回答，凸显了遗产和麻风病之间的紧张关系。对于谭兆孟来说，"喜乐之家"代表着他的"未来"，满足了他对家和朋友的朴素需求。对出于历史价值而保护"喜乐之家"这件事，他一言不发，避开了由史密斯（Smith）界定的国际认可的遗产话语。④ 然而，这个收容所最近搬到了一座新建筑，将六十多个年迈住户带入一个生疏的生存环境，给他们的家的观念带来了错乱的威胁。在保护问题上，或许谭兆孟所表达的愿望与遗产话语会在某个可能的点上汇合。

以对谭兆孟的访谈为开端，本文考察政府、社会活动家以及前麻风病患者参与到国际认可的遗产话语之中时所发生的对历史的借用和排除；由此产生的不同遗产话语，在表达不同群体的特权时互相冲突。对政府来说，麻风病院是消除麻风病的一次成功运动的空间所在，虽然对公共卫生政策有贡献却无法阻止它被拆除。对参与反对拆除的社会活动家来说，这个机构既作为遗产地又作为住户的家，应被赋予更高的重要性。对前麻风病患者来说，保护这个收容所主要服务于个人利益。然而，这些叙事从来都不是完全对立的：它们在评估过去的时候使用了类似的标准，都排除了被视为与遗产不相关的片段。前麻风病患者的话语，作为"遗产文化"，选择性地借用了国际认可的遗产话语来陈述自身的利益。

一 政府遗产话语中的排除

在三种话语之中（分别由政府、社会活动家、前麻风病患者使用），

---

① 译者注：原文中被访谈者姓名均为罗马字或英文姓名，为便于理解，一概译为中文，同时在每一个访谈者姓名初次出现时以括号附注原罗马字姓名。但只有极少数访谈者的中文姓名可通过新闻报道获得，其他被访谈者一概按照东南亚常见罗马字姓名发音译为中文，其中有错误之处，请见谅。
② 我已获得受访者对使用他们真实姓名的书面同意。
③ 来自2005年10月16日对谭兆孟的访谈。
④ L. Smith, *Uses of Heritage*, London: Routledge, 2006.

政府叙事主要以两种方式排除了麻风病历史中的一些关键要素,特别是疾病患者的视角。首先,出于自身目的,政府借用了国际认可的遗产话语所使用的遗产认定标准。这些标准由一群国际精英"遗产专家"制定——确定什么才是遗产,并从外部强加给地方社区。正如奥尔维格(Olwig)所观察到的,这些国际标准通常将地方历史的某些形式作为"不适当的东西"(而且按照推理,也是在视野之外的东西)排除在外。[1] 例如,本土居民发现他们的文化实践被遗产专家使用的基于"客观性"和"理性"观念的考古学话语排除在外了。[2] 其次,在将外部标准强加给地方社区的时候,政府还将国家关切置于地方利益之上。正如史密斯、沃特顿(L. Smith & E. Waterton)所观察到的,政府认可的遗产通常被认为"与国家有关,由专家选择并赋予意义"[3]。

麻风病的历史显示,政府使用国际遗产话语的专业标准的方式,以及为国家目的而阐释地方历史的方式,如何让患者的矛盾经历边缘化。不管是为了强调政策成就还是"国家"经历,政府都可能建构一个庆祝性的关于预防、治疗、治愈麻风病的叙事。然而,对于麻风病的批判性研究认为,对这种疾病的诊断等于将患者标记为对社会的一种威胁,而且出于公众利益要将其隔离。[4] 公众对麻风病的记忆也可能是极其矛盾的,正如桑塔格(Sontag)所观察到的,公众已将这一疾病与道德堕落以及社会危险联系在一起。[5] 复杂的历史,使麻风病院成为"一个苦痛和耻辱的地方",其中包含着由于国家大势和地方历史之间的张力而产生的冲突记忆。[6] 但是,麻风病院的复杂历史,可能会因为政府的欢庆叙事而被忽视。这类似于战后澳大利亚贫穷移民被扣留在移民收容所的那些悲惨故事被美化,以

---

[1] K. F. Olwig, "The Burden of Heritage: Claiming a Place for a West Indian Culture," *American Ethnologist* 26, 2 (1999): 370-388.

[2] L. Smith, *Archaeological Theory and the Politics of Cultural Heritage*, London: Routledge, 2004.

[3] L. Smith and E. Waterton, *Heritage, Communities and Archaeology*, London: Duckworth, 2009, p. 29.

[4] M. Douglas, "Witchcraft and Leprosy: Two Strategies of Exclusion," *Man. New Series*, 26, 4 (1991): 723-736.

[5] S. Sontag, *Illness as Metaphor and Aids and its Metaphors*, New York: Picador, 1989.

[6] W. Logan and K. Reeves, eds., *Places of Pain and Shame: Dealing with "Difficult Heritage"*, Abingdon, Oxon: Routledge, 2009.

便于将过去塑造成颂扬移民勇气的"公园生活",但没有关注他们的历史苦痛和国家的集体耻辱。①

国际遗产话语对地方历史的排除也适用于声称要承认非西方文化实践、表征、知识的新非物质文化遗产话语。正如史密斯、赤川奈津子(Smith & Akagawa)所提出的,物质文化遗产与非物质文化遗产之间的区分从根本上是无法自圆其说的,因为两种话语所基于的标准本质上都是非物质的。也就是说,它们依然被西方中心的范式所驱动或者服务于务实的国家权力。② 在一篇严厉的批判文章中,司坤提(Skounti)指责非物质遗产必然导致全球"有关专家"精英将文化实践与地方社区拆分开来。③

二 口述史和遗产

不过,非物质遗产的确提供了脱离西方中心叙事或精英叙事的多元话语的可能性。在本文中,我将口述史同时作为研究方法和研究主题,以考察社会活动家和前麻风病患者的话语。口述史与这一讨论相关,因为它找回了本地社区的视角和经验,同时也凸显了个体记忆如何被更宏大的社会变迁以及与其他叙事的互动所塑造。在20世纪70年代的发展初期,口述史或多或少被乐观地视为包含着具有抗衡力量的"过去的声音"。④ 例如,在印度的麻风病安置点,口述史被用来质疑殖民地时期卫生政策的主张,揭露患者的真实经历并强调社会污名的持久性。⑤ 这种观点认为,口述史是"自下而上的历史"的必要组成部分,是精英书写的历史的对立

---

① S. Wills, "Between the Hostel and the Detention Centre: Possible Trajectories of Migrant Pain and Shame in Australia," in W. Logan and K. Reeves, eds., *Places of Pain and Shame: Dealing with "Difficult Heritage"*, Abingdon, Oxon: Routledge, 2009, pp. 263-280.
② L. Smith and N. Akagawa, "Introduction," in L. Smith and N. Akagawa, eds., *Intangible Heritage*, London: Routledge, 2009, pp. 1-9.
③ A. Skounti, "The Authentic Illusion: Humanity's Intangible Cultural Heritage, the Moroccan Experience," in L. Smith and N. Akagawa, eds., *Intangible Heritage*, London: Routledge, 2009, pp. 74-92.
④ P. Thompson, *The Voice of the Past: Oral History*, Oxford: Oxford University Press, 1978.
⑤ S. Kakar, "Leprosy in India: The Intervention of Oral History," in R. Perks and A. Thomson, eds., *The Oral History Reader*, 2nd ed., London: Routledge, 2006, pp. 549-559.

面。这种观点基于一个绝对前提,即自主的人类主体是有能力抵制政府叙事的。

拜恩(Byrne)提出,对本土社区的访谈可以找回非物质遗产的非西方和非精英的形式,这是聚焦于建筑和文本的研究所不能实现的。[1] "激进遗产"的理念也将普通人真实的活态经验而不是政府的表述作为理论基础,在其中口述史可以起到关键作用。[2] 不过,已经明确的是,口述史不单单是故事讲述者的回忆,而是访谈者和被访谈者的"共享权威",他们共同创作了证言。[3]

这种共享权威的一个贴切案例,发生在马来西亚社会活动家利用口述史来动员前麻风病患者抵制拆除麻风病院之时。公众口述史通常是为叙述者赋权的"反霸权事业"(counter-hegemonic project)的一部分。正如韦斯特曼(Westerman)所观察到的,公众证言既是一个政治行动,也是一个公开表演;它使故事讲述者体现人性,成为一个"人";它发言反抗不公,创造社会团结,并发挥社会治疗功能。[4] 相对于真实性而言,口述史的社会价值显然更为重要,它的力量还体现在它限制了专业学者和遗产专家的特权地位。正如肯尼迪(Kennedy)对有关澳大利亚"被偷走的一代人"口述史的准确性的争论的说明,那些叙述者是"历史意义的积极生产者",试图抓住"一个还没有被掌握的过去"。[5] 本土社区所采用的这一历史视角,明显与历史学家、遗产专家看待过去的方式有很大不同;后者视过去为一个截然不同的时间,其意义仅仅是等待被发现或者被抢救。

很多公众口述史记录有意识地将自身描述为"对抗性公共领域"(counterpublics),就是说,那些被从属群体使用的话语,用来质疑主流话

---

[1] D. Byrne, "A Critique of Unfeeling Heritage," in L. Smith and N. Akagawa, eds., *Intangible Heritage*, London: Routledge, 2009, pp. 229-252.

[2] D. Hardy, "Historical Geography and Heritage Studies," *Area* 20, 4 (1988): 333-338.

[3] M. H. Frisch, *A Shared Authority: Essays on the Craft and Meaning of Oral and Public History*, Albany: State University of New York Press, 1990.

[4] W. Westerman, "Central American Refugee Testimonies and Performed Life Histories in the Sanctuary Movement," in R. Perks and A. Thomson, eds., *The Oral History Reader*, 2nd ed., London: Routledge, 2006, pp. 495-505.

[5] R. Kennedy, "Stolen Generations Testimony: Trauma, Historiography and the Question of Truth," in R. Perks and A. Thomson, eds., *The Oral History Reader*, 2nd ed., pp. 509, 514.

语并寻求转变它们与主流话语相关的从属地位。① 作为遗产保护问题的"对抗性公共领域",公众口述史记录可能会明确地反对政府话语中关于发展和国家建设的强制命令,从它们的视角来看,后者边缘化了地方历史。在寻求明确表达普通人被压制的声音方面,这些口述史记录与激进遗产理论的目标近似。这一点看起来也适用于反对拆除马来西亚麻风病院的社会活动家所构建的遗产话语,后者也包含一个公众口述史项目。然而,由活动家推动的遗产话语,也借用了国际遗产话语的很多词汇、概念和标准,同时也排除了历史的很多重要方面。

而且,由于受到个体生活变化和更广泛社会变迁的影响,记忆是流动的、持续演变的。阿明(Amin)在对印度老人的访谈中发现,关于1922年乔里乔拉村暴乱——被广泛认为是印度民族主义诞生过程中的一个关键事件——的记忆,已经被主流的政府认可的叙事所"污染"。② 很多后殖民主义学者已经断言,尽管口述片段有着动摇主流叙事的力量,但是它也许不能构建替代叙述。③ 我们从访谈中收集的证词,也许是主流或精英叙述的衍生物。

一个更为重要的启示是,口述史记录和政府记录也许实际上并不是对立的。在对土耳其乡村口述史的讨论中,罗斯曼(Roseman)发现了一个中间立场,它同时涵盖了对主流叙事的和解适应和消极抵抗,其中包含着一种"权宜"(making do)行为。④ 同样,依然记得战争、流亡和回到战后科索沃的经历的阿尔巴尼亚妇女所讲的故事,尽管被主流话语所支配,却大大背离了它,又不具对抗性。⑤ 关于"苦痛和耻辱地点"的口述史,

---

① M. Warner, *Publics and Counterpublics*, New York: Zone Books, 2002.
② S. Amin, *Event, Metaphor, and Memory: Chauri-Chaura 1922 – 1992*, New Delhi: Penguin Books, 2006.
③ G. Pandey, "Voices from the Edge: The Struggle to Write Subaltern Histories," in V. Chaturvedi, ed., *Mapping Subaltern Studies and the Postcolonial*, London: Verso, 2000, pp. 281-299.
④ S. R. Roseman, " 'How We Built the Road': The Politics of Memory in Rural Galicia," *American Ethnologist* 23, 4 (1996): 836-860.
⑤ S. Salvatici, "Public Memory, Gender and National Identity in Postwar Kosovo: The Albanian Community," in P. Hamilton and L. Shopes, eds., *Oral History and Public Memories*, Philadelphia: Temple University Press, 2008, pp. 253-268.

流动的遗产文化：新加坡、马来西亚的麻风病院

例如精神病院和监狱，也许并不总是与主流叙事相对立。很多前苏联古拉格劳改营幸存者在他们的口述中，认同监禁他们的前苏联政府。①

口述史如何与主流叙事纠缠在一起——在某些方面与之相调和，而在其他方面与之相对抗——将会影响我们对遗产的评估。它意味着，很多现有文献中描述的作为外部认可话语的遗产与地方社区记录之间的对立是过于简单化的。在对柬埔寨的吴哥窟遗产地的民族志研究中，温特尔（Winter）指出，世界遗产法规在很大程度上由非柬埔寨人制定，采用一个西方中心主义的基于"传统"概念的保护方式；这一话语，与柬埔寨乡村居民对发展的真实愿望相冲突。②

考虑到这些批评，我通过分析口述史来了解前麻风病患者所利用的遗产文化和话语。因为强制隔离的管理体制将患者们限制在麻风病院中直至他们痊愈，所以麻风病院在他们的记忆中占据中心地位。本文发现，当这些前麻风病患者为了让麻风病院免于被拆除而与社会活动家合作时，口述史与国际遗产话语产生了交集。由此产生了一种独特的遗产文化，亦即一个社区由自身视角和经验所塑造的对历史重要性的信仰和实践。这一遗产文化是半自主的，因为它一方面顺应了主流叙述，另一方面也在很大程度上背离了后者。

本文所讨论的这些口头证言来自2005年我对新加坡、马来西亚的一小群年长的前麻风病患者的深度访谈。他们大部分是低收入的华裔男性，在很大程度上是两个国家麻风病人的社会人口统计学典型代表。③ 他们年龄在55~83岁之间，在殖民地和后殖民地时期都经历了强制隔离的官方政策。在麻风病院的高墙之内，这些受访者遭遇了治疗、康复和社会工程学的管理体制，直到二战之后，麻风病变得可医治，他们才被放出来；然而，很多人很快又返回了麻风病院，因为他们发现自己被家庭和公众所排斥。

---

① I. Sherbakova, "The Gulag in Memory," in R. Perks and A. Thomson, eds., *The Oral History Reader*, 2nd ed., pp. 521-530.

② T. Winter, *Post-conflict Heritage, Postcolonial Tourism: Culture, Politics and Development at Angkor*, Abingdon, Oxon: Routledge, 2007.

③ 在新加坡麻风病院，1953年到1968年81%-90%的病人是华人，此外，1886年到1967年，60%-85%的病人是男性。

三 麻风病院中的患者文化

新加坡和马来西亚的麻风病院承载了复杂的历史。1897 年，新加坡通过《麻风病条例》，授权殖民政府将麻风病患者无限期关押在麻风病院中；它在马来西亚的姊妹法案于 1926 年实施。1871 年，第一所专业的麻风病院建于木蔻山（Pulau Jerejak），随后是 1926 年在新加坡建立的新加坡麻风病院〔1950 年改名为"特拉法加之家"（Trafalgar Home）〕、1930 年在吉隆坡建立的双溪毛糯收容所（Sungai Buloh）。后者曾被特别给予了"希望之谷"的称号，并被称赞为"世界上最好的麻风病机构之一"。①

隔离政策让英国人可以将麻风病患者从社会中转移到一个公共机构和规训项目之中。这一政策是典型的"高度现代主义的"（high modernist），基于一种强烈的"对于科学和技术进步……以及对掌控自然（包括人造自然）的自信"。② 在二战结束之前，麻风病没有治愈的方法。隔离的目标是将这些被收容者改造为政府的"模范主体"（model subjects）。在 20 世纪 20 年代，吉隆坡麻风病院的管理者猜度："在麻风病的治疗中，个人的清洁和积极锻炼与药物治疗几乎同等重要。"③ 随之而来的是规定清洁生活环境、个人卫生、清新空气、合理膳食、按时锻炼以及个体精神的条例的制定与实施。1928 年的一份殖民地档案中阐明了高度现代主义的英国人的目标：

> 从褥疮无人照管的、包裹着脏布片的、累月地被藏在小村庄黑暗角落的、蓬乱的、污秽的、疲惫不堪的麻风病人，转变为一个有组织社区的清洁的、皮肤完好的、自尊的成员，在大部分情况下只需要几周时间。④

---

① Federated Malay States, *Annual Report*, London: HMSO, 1932, p. 16.
② J. C. Scott, *Seeing Like a State: How Certain Schemes to Improve the Human Condition Have Failed*, New Haven, CT: Yale University Press, 1998, p. 4.
③ E. A. O. Travers, "The Treatment of Leprosy at Kuala Lumpur, Federated Malay States," *Proceedings of the Royal Society of Medicine: Section on Tropical Diseases and Parasitology* 19 (1926): 4.
④ Federated Malay States, *Annual Report*, London: HMSO, 1932, p. 149.

正如我在另一本书中所提出的，麻风病院远非一个治愈的圣殿，至少在最初的时光里，它曾是一个被圈起来的禁闭非自愿病人的地方。① 没有家庭、治疗和希望的机构生活的单调，引起了无数抵抗行动，如自杀、逃跑和拒绝痛苦的皮下注射疗法和试验。例如，在1935年，有202个患者逃离了双溪毛糯，占病患总数的11%。②

不过，随着时间推移，殖民地麻风病院的身份也在改变。由于将病人从社会中隔离的法案在公众中传递了一种强烈的恐惧，很多带着可见的烙印和其他身体残疾的痊愈者被他们的家庭成员、朋友和雇主所拒斥。一些人甚至自愿返回麻风病院或者拒绝出院。③ 邝维基（Kuang Wee Kee）和他的妻子欧阿美（Ow Ah Mui）都是前麻风病患者和"喜乐之家"居民，他们在出院之后曾尝试在外面谋生，但房东在得知他们的病史后，屡次将他们赶出租住处。邝维基满带苦涩地说："其他人都是跑着躲高利贷，我们却是在躲那些知道我们有这个病的人。"④ 其他人都内化了对麻风病的社会污名化；特拉法加之家的管理人员观察到，"大家都知道，病人都称自己是一个与众不同的群体，并着意避免对外交际"。⑤ 1971年，"喜乐之家"成立；作为一种新的收容所，收纳那些曾无法被社会所接受并游荡在特拉法加之家附近的痊愈者。

口述史揭示了麻风病院从最初的监狱到收容所以及最终成为一个家的过程。⑥ 我的研究与其他民族志研究一样，基于对前麻风病患者的访谈或者病例文件，发现随着时间的推移，收容所发展出了独特的半自主的"患者文化"。这些患者文化颠覆了高度现代主义的想象，表达了住户们的价

---

① K. S. Loh, *Making and Unmaking the Asylum: Leprosy and Modernity in Singapore and Malaysia*, Petaling Jaya: SIRD, 2009.
② Federated Malay States, *Annual Report*, London: HMSO, 1932, p. 39.
③ Singapore Ministry of Health, *Annual Report*, Singapore: Government Printing Office, 1949, p. 114.
④ 来自2005年11月7日对邝维基的访谈。
⑤ Trafalgar Home, *Annual Report*, Singapore: Trafalgar Home, 1978, p. 4.
⑥ K. S. Loh, *Making and Unmaking the Asylum: Leprosy and Modernity in Singapore and Malaysia*, 2009.

值、需求和实践，让住户们能够应付单调苦闷的机构生活。① 在新加坡、马来西亚，住户们创立了秘密社团，给成员们提供了一个实现身份认同的方式。其他违法的或者近乎违法的行为，如赌博、私酿烈酒以及敲诈勒索，在收容所里兴起。在社交方面，收容所满足了住户的宗教和文化的信仰与实践。当麻风病变得可治愈，病愈者之间的婚姻被许可，并培育了一个更为稳定的社区。通过这种种方式，麻风病院的患者文化锻造了一个同类住户的社区，他们共享一套特定的生活经历，不会对个体的病史进行道德判断。

不过，这种良好局面现在正受到挑战。当麻风病不再是一个严重的卫生问题，一些麻风病院被拆毁或者被转为他用。到了20世纪70年代，木蔻山麻风病院已经变成一个罪犯流放所，以前的麻风病住户被安置到他处。2000年，这个岛被马来西亚政府转变为一个海滨旅游度假村，麻风病院患者和职工的住所被当即拆除。② 同样地，如今居住着大约300个前麻风病患者的双溪毛糯在2007年也面临着被拆除的威胁，政府计划拆除部分住户的木屋，为建造医学院让路。最终，158亩居住地中的40亩被拆除了。在新加坡，1993年关闭的特拉法加之家的建筑至今依然矗立着，周围原封不动地环绕着高墙和铁丝网，但是它被拿去做了精神病院。2005年9月，"喜乐之家"——幸存患者们的栖息之所，被重新安置到位于万国埔医疗公园的一个新的多层医院建筑中。表面上看，将住户们移出已有34年历史的旧住所的原因是它已经变得破败不堪，被白蚁蛀穿的房梁随时有坍塌的危险。不过，住户福祉并非重新安置的唯一考量。就像双溪毛糯一样，新加坡政府也计划在这个地方建造一个学校。从2006年开始，新的事态发展持续侵蚀"喜乐之家"作为一个麻风病患者避难所的身份：治疗其

---

① Z. Gussow, *Leprosy, Racism, and Public Health: Social Policy in Chronic Disease Control*, Boulder, CO: Westview Press, 1989; S. Kakar, "Medical Developments and Patient Unrest in the Leprosy Asylum, 1860 to 1940," *Social Scientist* 24 (4-6, April-June, 1996): 62-81; E. Silla, *People are not the Same: Leprosy and Identity in Twentieth-century Mali*, Portsmouth: Heinemann, 1998; J. Buckingham, *Leprosy in Colonial South India: Medicine and Confinement*, New York: Palgrave, 2002.

② 对木蔻山重新开发的批评，参见 F. Ang, "Pulau Jerejak-A Heritage Erased," http://www.worldisround.com/articles/33814/index.html。

他皮肤疾病的患者开始被移入这座建筑的高层。种种变化对年长住户的社会需求产生了不利影响，并导致他们对时间和地点的认知产生了不连续性。

四 纠结的"希望之谷"：政府和社会活动家的话语

拆除遗迹和抛弃历史是新加坡、马来西亚政府在处理矛盾历史时的常见做法。在一个强调持续进步和不断变化的话语中，对"过时的""无关痛痒的"机构的拆除不仅是正当的，而且被认为是必需的。这并非独一无二的现象。在麻风病被根除以及这些机构的诊疗需求消失之后，这种现象正发生在全世界的麻风病院里。例如，夏威夷的卡劳帕帕半岛麻风病院面临着最终被拆除的威胁，它的保护和维修受到住户人数减少而带来的财政来源缩减的影响。①

但是，在重视发展权高于遗产问题的同时，政府也可能参与国际遗产话语并借用它的词汇作为一种政治上的权宜之计。就在2007年重新开发双溪毛糯部分土地之前两个月，马来西亚卫生部做出积极评价，承认它的历史价值。卫生部长提到双溪毛糯的独特历史，它"甚至有自己的货币，因为人们因害怕染病而拒绝触碰麻风病人"，部长还总结说："我们希望将这个收容所的一部分变成一个遗产地和观光胜地。"②

在拆除还在进行的时候，一位政府官员宣布，将用复制品代替收容所的洗衣房和监狱。他担保道："复制品将会更好，监狱将会变成一个博物馆。"③ 2011年1月，在持续很久的缄默之后，马来西亚卫生部最终决定在两个月内将双溪毛糯宣布为一个国家遗产地。国家话语也许只是口头上赞同遗产保护，并没有降低开发的重要性——这是无可非议的。但上述官方表态，也揭示了国际遗产话语本身的局限。在谈到复制品和新改造而成的

---

① S. Leineweber, "Beauty Springing from the Breast of Pain," in W. Logan and K. Reeves, eds., *Places of Pain and Shame: Dealing with "Difficult Heritage,"* Abingdon, Oxon: Routledge, 2009, pp.46-233.

② F. A. Samy, "Sg Buloh Leprosy Centre May Become a Tourist Attraction," *The Star* 21, July 2007.

③ 参见 *New Straits Times*, 22 Nov. 2007。

博物馆时，那位官员提及国际遗产话语的有机组成部分——本真性和保护问题。他的听众是公众，而不是受到影响的住户；对于后者来说，复制品和博物馆只会让他们想起已经被摧毁的而不是被保存下来的东西。借用国际遗产话语让政府能够规避住户的社会错位问题，让它可以谈论与旅游产业发展相关的更广泛的公众利益。

　　围绕公众利益和国家利益来定位遗产，严重限制了要铭记的历史的形式和内容。对于像麻风病这样的复杂主题，新加坡、马来西亚的公众态度依然是非常矛盾的。麻风病变得可治愈后，针对这一疾病的污名已经随时间推移逐渐减弱，但是支撑延续污名化的基本焦虑和社会误区在很大程度上仍然存在。例如，2004年，当一些志愿者尝试带40名"喜乐之家"住户外出晚餐的时候，他们被十几个餐馆断然拒于门外。"海峡华人美食之家"的老板告诉媒体："我们做的是体面生意，不是慈善组织，只能说很不方便，即使你给钱我也不会让他们进门。"① 他依然相信，"麻风病是通过身体接近传染的"。② 即使这些有关麻风病的误区被消除，在遗产话语中又会呈现关于这个疾病的什么样的叙事呢？复制品和改造而成的博物馆也许能较好地展现在"希望之谷"发生的对抗麻风病战争的胜利，但是当年麻风病还无法治愈之时，机构生活的那些"令人讨厌的"残酷的部分——逃离、自杀、秘密社团冲突或者赌博——对于政府的遗产话语来说则是不那么令人愉快的。对麻风病的欢庆叙述也不会承认被收容者遭受的极度痛苦，或者，也不能让民族国家与它的耻辱历史和解。

　　不过，拆除双溪毛糯的部分建筑的确引起了社会回应。在受到影响的住户抗议上述公告的时候，他们受到一个名为"拯救'希望之谷'支援小组"的倡导团体的支持，该团体由一小群年轻学者、建筑师、口述历史学家组成。这些社会活动家寻求达到两个不同的目标：维护住户对他们创建已久的居所的权利，要求政府宣告双溪毛糯为一个国家遗产地。③ 在尝试调解住户和遗产专家的利益的过程中，"支援小组"利用了

---

① R. Basu, "Ex-leprosy Patients? Not in My Eatery," *Straits Times*, 27 Nov. 2004.
② B. Seah, "Restaurant Tells Why It Said 'No' to Dinner," *Straits Times*, 3 Dec. 2004.
③ 抗议重新开发规划的活动在"希望之谷"网站上有记录，http://valleyofhope.blogspot.com（2010年9月13日获取）。

国际遗产话语。它着重指出，双溪毛糯与众不同的历史建筑，其现代的、人道的和多元文化的生活环境组织方式，以及它对世界范围内麻风病研究的贡献。① 活动家们组织了一系列活动来提升公众对双溪毛糯的困境的认知，包括研讨班、摄影展以及游览，还有一个记录年长住户记忆的口述史项目。②

虽然从社会倡导的立场上看，这些活动值得赞赏，但它们也揭示了历史和遗产之间的潜在张力。与国际叙事和政府叙事一样，活动家的话语也在有选择地搬用和排除过去。使用殖民地时期的词语"希望之谷"作为组织理念以及社会行动的名称，有粉饰双溪毛糯历史中那些消极方面之嫌。官方记录显示，双溪毛糯的皮下注射疗法和医学试验是非常痛苦、不受欢迎和被抵制的，以至于当局承认，"达成患者和医生之间持续而热切的合作是极度困难的"。③ 将双溪毛糯描述为一个现代、人道和多元生活方式的场所是在庆贺，并试图将历史苦痛转变成国家骄傲，并没有给幸存者留下与自身苦难经历和解的时间和社会空间。

考虑到再开发的现实威胁，社会活动家和善意人士将麻风病院纪念碑化的冲动是可以理解的。最近一本关于双溪毛糯的书，基于对女性住户的口述史记录，提供了一个了解她们很少被听到的观点和经历的重要窗口，但也将麻风病院描述为一个温暖的、紧密的社区。④ 政府和活动家们处理"希望之谷"的方式，都凸显了国际遗产话语的局限：否定了住户在改变和重塑麻风病院——从最初的监狱到一个真正的社区——过程中的作用。当一个对抗性公共领域与一个拆除项目相对立的时候，其倡导的话语也遭遇到了与它所反对的官方话语同样的失败，同样地缺乏独创性。

---

① Y. L. Lim, "Preservation of the Sungai Buloh Leprosy Settlement," 21 Sept 2007, http://valleyofhope.blogspot.com/2007/09/lim-yong-long-preservation-of-sungai.html.
② W. L. Chou and S. F. Ho, The Value of Oral History in Malaysia, with Sungai Buloh Leprosy Community as a Case Study, Paper presented at the conference on Historical fragments in Southeast Asia: at the interfaces of oral history, memory and heritage, organized by the Institute of Southeast Asian Studies and Singapore Heritage Society, 23-24 June 2010.
③ Federated Malay States, *The Leper Settlement at Sungei Buloh in the Federated Malay States*, Singapore: The Malay Publishing House, 1933, p.9.
④ S. S. Phang and C. Y. Wong, *Valley of Hope: The Sungei Buloh National Leprosy Control Centre*, Petaling Jaya: MCA Subang Division, 2006.

五 遗产文化：谈及家和遗产

麻风病患者关于他们自己历史的叙述进一步揭示了国际遗产话语的缺陷。他们的话语也是一个对抗性公共领域，只是在很大意义上与倡导性话语有很大不同。像谭兆孟一样，住户们谈及的一些事情，对政府以及较小程度上对社会活动家都只具有次要意义。口头证言揭示了他们对遗产的两种矛盾观点：第一种认为，对住户来说，首要的是他们自身的利益，而不是社会的利益；第二种则是，他们对再开发进程日渐顺从。对死亡的意识——不论是个体还是社会意义上的——在很大程度上强化了这种顺从。很多年长的住户看起来对将双溪毛糯作为遗产地来保护没什么兴趣。一位住户这样说："我不考虑回老家，我只是等着回'老家'。"① （说话时手指向天空）这很好地说明，住户希望在收容所里度过余生，而并不在意是否要为后代保存历史。

遗产在本质上表达了对一个更美好未来的基本愿望，但当住户谈到未来的时候，死亡显然是决定性的主题：他们自己的死亡和麻风病作为一个历史现象从社会记忆中的消失。即使当时双溪毛糯最年轻的住户，55岁的艾迪（K. Eddie），在沉思中也接受了这一点："之前，我们这儿的人口接近3000，现在剩下了大概350，（笑声）一个接一个地死了。"② 坦率地讲，对很多住户来说，想到死亡是一个人生命中下一个必然"阶段"，意味着为未来世代保存个体和社会的记忆变得无关紧要。在新加坡，当我采访林阿鑫（Lim Ah Hin）——他既是特拉法加之家也是"喜乐之家"的住户——的时候，他透露说，他只是在"等死"。我对此持异议，他嘲笑着反驳我道："那些不死而且慢慢受罪的人很可怜，想到这一点我就害怕，我信基督，我希望上帝保佑我早点死，这一切早点结束。"③ 这种听天由命的自省，显示出一种对自我和当下——而非对社会、未来和遗产——的首要关切。它意味着对重温过去的苦痛经历缺少热情，即使有关学者也许会强调与过去和解的意义。住户们有关自我和

---

① A. Koay, "Life in the Settlement," *The Star* 19, Sept. 2007.
② 来自2005年11月18日对K. 艾迪的访谈。
③ 来自2005年10月2日对林阿鑫的采访。

死亡的内心深处的讲述，与社会活动家的话语以及非物质遗产和激进遗产的观念大相径庭。

不过，有一点需要特别注意。社会活动家和住户在反对重新开发双溪毛糯上的合作，展示了国际遗产话语如何可以为缔造一个多方参与的社会项目提供概念和标准。尽管他们在话语上并不一致，事实是住户和"拯救'希望之谷'支援小组"已经成功地形成了一个社会联盟，一致反对一件事，即拆除双溪毛糯。一方面，住户们表达了对熟悉的老地方的怀旧之情；另一方面，活动家们倡导为了一个更大共同体的利益保存具有历史、建筑和文化价值的场所。不过，尽管两种话语没有完全契合，它们确实靠拢并纠缠在了一起。

尽管大多数住户谈及保护双溪毛糯是为了个人利益，但他们更敢于发言的领导者之一李初成（Lee Chor Seng），与"支援小组"紧密合作，并积极参与到国际遗产话语中。他兼具住户和倡导者的角色，既借用国际遗产话语的概念和标准阐明一种遗产文化，也表达了他自己社区的内心愿望和需求。顺应国际遗产话语，李初成谈到未来的时候，强烈要求："这个地方必须作为遗产保留，这样下一代才会知道这个收容所是给麻风病人住的。"① 不过在这一话语中，他的观点与住户们的观点更紧密，就像他对双溪毛糯的描述："这个地方是这样美丽……有点像一个小国家。"② 在谈及住户在建设双溪毛糯中的角色的时候，他对非物质遗产和激进遗产理念的借用变得明显：

> 政府应该帮助保护和发展这个收容所，因为世界上再没有其他类似的地方。应该感谢我们这些住户把这个收容所发展成现在的样子。没有人给我们任何奖励，但我们自己建起了托儿所。他们不应该让我们搬走。③

李初成的谈话凸显了一点，在这一点上，同样反对持续高度现代主义

---

① R. Brant, "Malaysia Leprosy Settlement Fights on," *BBC News Kuala Lumpur* 13, Dec. 2007.
② R. Brant, "Malaysia Leprosy Settlement Fights on," *BBC News Kuala Lumpur* 13, Dec. 2007.
③ A. Koay, "Life in the Settlement", *The Star* 19, Sept. 2007.

发展的冷漠理念，以及相信"历史"与当下相关的活动家和住户们的两种话语交汇在一起。通过借用国际遗产话语来维护社区利益，李初成超越了霸权政府和自治庶民之间的二元对立。

六　流动的记忆

但是，遗产文化本身是流动的，像它们的根基——记忆一样，会随着时间演变。无疑，口述史记录会明显强化麻风病院作为一个家和社区的概念。20 世纪 50 年代，一个回到特拉法加之家来探访老朋友的出院患者解释说："我跟亲人和朋友在一起感觉一点也不舒服，因为我不知道他们在想什么，但在这儿我没有那些担心。"① K. 艾迪被双溪毛糯收治的时候还是个小男孩儿，两年之后就习惯了与家人的分离，现在依然会在节日拜访家人。但是他并不真的希望和他们永远住在一起，因为他的好朋友们在麻风病院。② 已经去世的拉坦·辛格（Rattan Singh）生前不愿意与家人在一起超过一个晚上，因为"我自己，我早就得了这种病，我现在不再接受治疗，我为什么要回去？如果发生了什么事，我会被责备一辈子"。③

这种遗产文化展示了一个与（之前界定的）政府和倡导者话语呈现的截然不同的"希望之谷"。住户们热切地谈及他们在麻风病院的半自治"患者文化"，接受赌博和结交秘密黑帮社团作为日常生活的一部分。林阿鑫充满感情地回想起 20 世纪 50 年代的一个夜晚——在特拉法加之家喧闹的赌博："非常热闹。在晚上，很大一片地方都在赌博，所有赌法都有……现在想起来，那个时候也不错。"④ 邝维基也同样认为麻风病院是"我们的国家"，在里面"我们有自己的活动，赌博对于消解机构生活的单调沉闷是必要的"。⑤ 这些回忆虽然因强烈的怀旧情绪有所扭曲，但也凸显了很多住户是如何积极地应对机构生活的。在这一点上——将麻

---

① M. R. S. Segeram, The Problems of Social Adjustment of Leprosy Patients, Unpublished academic exercise, Department of Social Studies, University of Malaya, 1954, p. 23.
② 来自 2005 年 11 月 8 日对 K. 艾迪的访谈。
③ 来自 2005 年 11 月 18 日对拉坦·辛格的访谈。
④ 来自 2005 年 10 月 2 日对林阿鑫的访谈。
⑤ 来自 2005 年 11 月 7 日对邝维基的访谈。

风病院呈现为一种成功的社区生活组织方式,这些记忆片段与政府和活动家们的话语汇合。但是,其中所浮现的"希望之谷"是由住户们自己建立的,而不是政府。

然而,遗产文化并不一定与精英叙事相对立,而且会受到后者的显著影响。例如,"喜乐之家"的住户林家李(Lim Kah Lee)使用同国家官方历史——从一个宁静的小渔村变成一个有活力的全球城市的"新加坡故事"——一样的线性发展修辞框架讲述自己的故事。① 林家李因为一次失败的截肢手术失去了双腿,但是后来成为一个成功的艺术家。当我采访他时,他不经意间就开始讲述个人成功的故事,在故事里他强调"残疾不是无能":

> 学习是一个终身的过程。正如我们的总理李显龙所说的,"吃到老,学到老,做到老"……你只要想象一下,在手术之后,我参加了O级别资格考试([O-Level] qualifying test),② 我努力在两年之后通过了考试。然后我在医院做职员。当1993年(特拉法加之家)医院关闭的时候,我开始非常认真地画画。我每周六利用业余时间去拉萨尔-新航艺术学院(LaSalle-SIA College)学习。我学了将近一年……之后我去南洋艺术学院(NAFA /Nanyang Academy of Fine Arts)进修了三个月……所以,现在我可以说我是一个公认的艺术家,这是我奋斗和努力工作的结果。③

在此,像其他我采访过的人一样,林家李"关于过去的讲述"已经融入"新加坡故事"之中。

---

① K. S. Loh, "Within the Singapore Story: The Use and Narrative of History in Singapore," *Crossroads: An Interdisciplinary Journal of Southeast Asian Studies* 12, 2, (1998): 1-21.
② 译者注:全称为 The Singapore-Cambridge General Certificate of Education Ordinary Level examination [新加坡-剑桥普通教育(普通水准)证书会考],简称为 GCE O-Level(新加坡-剑桥O水准考试),由新加坡教育部和英国剑桥大学考试委员会共同主办,是新加坡的中学生或同等学力人员在中学教育结束后参加的考试。
③ 来自2005年9月对林家李的采访。

遗产文化本质上也是不稳定的，像记忆一样随时间易变。受到新经历的影响，叙事者会修订他们对过去事件的观点并赋予其新的意义。① 口述史本质上蕴含着故事讲述者在叙述中刻印下的主观含义。② 使用口述史作为原始资料的激进遗产和非物质遗产叙事，无法针对一个人的生命设想一个固定的故事，而必须接受随着时间推移，附着在这个人生命上的各种意义也许会有变化。以已经去世的"特拉法加之家"和"喜乐之家"长期住户约瑟夫·谭（Joseph Tan）为例，1933 年，他的父亲在他 11 岁的时候把他送到了新加坡麻风病收容所（Singapore Leper Asylum）。对于他来说，麻风病院简直就是一个"活死人"（living death）的地方：

> 不允许探访。周围都是高墙。我就像一个囚犯。我非常难过，而且我当时认为没有什么药能治愈我们。我把自己当成活死人，被关在高墙之内，还无药可医⋯⋯

> 我看见很多麻风病人。他们很多像我现在一样（手残疾）。我当时非常害怕，因为我身材和年龄都还小。而且我心想："总有一天我会跟他们一样。"③

但是，当把约瑟夫·谭生命的更大叙事视为一个整体的时候，讲的是一个跟上面的摘录截然不同的故事。在他充满恐惧地进入收容所后，他接受了英文教育并成为特拉法加之家为数不多的受过英文教育的高级护理助手，这个职位给了他强烈的目标感。正如他关于成年岁月的讲述："我在特拉法加的时候是最快乐的。"只有在收容所的住户人数下降并且治疗和护理变得没那么重要的时候，约瑟夫·谭的自我价值感才开始减

---

① D. Thelen, "Memory and American History," *The Journal of American History* 75, 4 (1989): 1117-1129.
② A. Portelli, "What Makes Oral History Unique," R. Perks and A. Thomson, eds., *The Oral History Reader*, 2nd ed, pp. 32-42.
③ 来自 2005 年 9 月 17 日对约瑟夫·谭的访谈。

弱，并随着他年龄增长以及身体退化而进一步减弱。他最终因为糖尿病失去视力，双腿也先后截肢（他曾经强烈反对把他剩下的那条受癌症侵害的腿截去）。更糟的是，搬到新的"喜乐之家"住所给约瑟夫·谭造成了新的挑战。到10米外去上厕所成了他这个没有视力，只能靠轮椅和护士的人挫败的日常体验。新居的现代设计与他格格不入，极大地增强了他的无力感。在我们访谈结尾，他哀叹道："我从未想过会像这样受罪……没关系，我是一个基督徒，一切由上帝做主。"① 约瑟夫·谭的遗产文化在他生命的不同时刻既将麻风病院描述为"活地狱"，又将其描述为"宜居的地狱"。

约瑟夫·谭作为高级护理助手的骄傲在特拉法加之家也是少数经历。在二战前的岁月里，对大多数被收容者来说，健康护理意味着通过皮下注射进行治疗。这种治疗方式非常不受欢迎以至于很多"志愿"参加这种实验性药物试验的病人拒绝这种治疗方式。邝维基对他经历的生动记忆告诉我们为什么：

> 针很粗，但是当它扎进去的时候就弯了。在注射很多次之后，那儿的皮肤变得像金属一样。针弯得像蛇一样……在注射之后，药物还留在胳膊里不扩散。它不是水一样的，它像牛奶……几个月，几年，很长时间之后，你的肉变得像金属。②

约瑟夫·谭、邝维基作为被收容者不但经历不同，他们个人记忆的意义和重点也随着时间推移而改变。非物质遗产和激进遗产话语不能基于"固定的"价值和标准，而是必须容纳不稳定的叙事。

结　论

以麻风病为研究案例，本文阐明了一个令人恐惧的疾病的复杂历史和流动的记忆对国际遗产话语的启示。很多关于遗产的文献已经有力地强调

---

① 来自2005年9月17日对约瑟夫·谭的访谈。
② 来自2005年11月7日对邝维基的采访。

了国际遗产话语的排他性，特别是它抛弃了地方社区历史。然而，这一路径的问题在于，它假设了一个遗产与地方历史之间的二元对立。对麻风病院历史的研究表明，这种二元对立是有问题的，因为麻风病院的身份和角色随着时间推移有显著的改变。至少对幸存者来说，收容所从最初的监狱变成了最终的家和社区。就这一点而言，麻风病院与监狱和精神病院等其他非自愿监禁场所不同，因为在后者中，拘禁的性质很少改变。麻风病院也与屠杀场所等其他"苦痛和耻辱的地点"不同，因为后者的叙事与官方叙事有着更明确的不调和。

国际的和政府的遗产话语通常颂扬"古老的、漂亮的和有形的"[①] 东西，并且将与之矛盾的历史证据遗弃在话语的裂缝之中。而麻风病院历史的复杂性和流动性表明，这种做法是有问题的。然而，麻风病的历史也对声称要为地方社区发声的非物质遗产和激进遗产话语提出了同样严重的质疑。"拯救'希望之谷'支援小组"的话语，像遗产专家的话语一样，同样在麻风病历史中进行了选取和排除。在考察口述史作为一个方法和研究对象的过程中，本文发现，遗产话语与住户们的话语之间存在诸多分歧；后者的话语以个体利益为核心，并显示出一种对权力和变化的灰心。同时，口述史研究也的确表明，在住户们的遗产话语和活动家的遗产话语之间存在一个可能的纽带，其存在形式是从国际遗产话语中搬用了"历史价值""未来世代"概念的遗产文化，但它首先支持的是故事讲述者们的利益。不过，遗产文化本身是不稳定的，会在个体遭遇新的体验以及与其他遗产和历史话语互动的时候发生改变。

所有代表地方社区就其历史价值发声的学者、活动家、政府官员以及遗产专家，都必须注意各种遗产话语中的纠结以及失实，注意支撑这些话语的道德分歧。它们可以为遗产实践提供一个论证空间，在其中可以容纳复杂的历史经验、多种多样的政治需要和社会需求，以及流动的遗产文化。

---

① L. Smith and E. Waterton, *Heritage, Communities and Archaeology*, London: Duckworth, 2009, p. 29.

"No More Road to Walk": Cultures of Heritage and Leprosariums in Singapore and Malaysia*

Written by Kah Seng Loh**

Chinese version translated by Wang Liyang, *Proofread by* Wang Lili***

Abstract: This paper examines how the state, social activists and former sufferers of leprosy participate in an international heritage discourse and how they construct the history of leprosy in contemporary Singapore and Malaysia. This paper finds both dissonances and convergences between these different interests. The emergence of such entangled narratives is taking place at a time when the leprosariums are threatened by redevelopment and social activists are calling for their conservation as heritage sites. The paper finds that both the state and social activists, in different ways, have selectively appropriated the history of leprosy to fit a specific international heritage discourse. Other aspects of that history, which are deemed incompatible with this narrative, are discarded. In contrast, as a possible source of intangible and radical heritage, the oral history accounts of the leprosariums' residents express ambivalence about the sites' heritage value. They reveal that while many residents reject the heritage discourse that seeks to save their homes from demolition, others have created a unique cultural heritage that appropriates the international discourse, but also expresses

---

* Original publication information: Kah Seng Loh., "'No More Road to Walk': Cultures of Heritage and Leprosariums in Singapore and Malaysia," *International Journal of Heritage Studies* 17, 3 (2011): 230-244. This translation is permitted by the editors, publisher and the author.

** Author Bio: Kah Seng Loh is an independent scholars in Singapore.

*** Translator Bio: Wang Liyang is a lecturer at Institute of Anthropology and Folklore, School of sociology, Shanghai University.

Proofreader Bio: Wang Lili is an Assistant Professor at Center for Social Sciences Southern University of Science and Technology.

their own needs and perspectives. Cultures of heritage are, however, themselves fluid and liable to change, like the memories on which they are based.

Keywords: Leprosy, Heritage, Singapore, Malaysia, Oral History

生活史讲述之难[*]
——从一位麻风病人的讲述谈起

〔日〕兰由岐子 著 周 丹 译[**]

摘 要：随着《麻风病预防法》的废除，麻风病人在社会语境中越来越多地被视为国家政策的"受害者"，并在经历了长久的沉默之后，开始对外讲述个人生活史。这些个体的讲述将历史的"公共领域"和"私人领域"联系起来，填补了公共史料之外的空白；展示出麻风病人的个体独特性，进一步丰富了麻风病人的形象，增强了病人的信心。但是，生活史的个体独特性，也让麻风病人之间产生距离感，加之疗养院内紧密而长期的共同生活、以终身隔离为前提的预防政策，导致麻风病人之间反而无法共享经验，在疗养院内形成了"异口"的讲述困境。"受害"讲述及生活史讲述能够为人们带来力量，而"异口"的讲述困境则使麻风病人失去了在群体内部获得这些力量的机会。对于作为"外人"的我们来说，这是一个今后必须要考虑如何正视和解决的现实问题。

关键词：个人生活史 麻风病 "异口" 讲述的困境

引 言

麻风病是一种由麻风杆菌入侵皮肤和末梢神经而导致的慢性传染病，现代医疗条件下服用抗生素能够彻底治愈，但过去很多患者会留下严重的后遗症，所以人们对麻风病普遍心怀恐惧，因为一旦感染就意味着自己和

---

[*] 原文出处：蘭由岐子「生活史を語ることの困難—あるハンセン病者の語りから—」『歴史評論』656 号、2004。

[**] 作者简介：兰由岐子，日本追手门学院大学社会学教授。
译者简介：周丹，上海大学中文系古代文学专业硕士研究生。

家人将遭到排挤和歧视。

日本从明治末期1907年开始针对麻风病采取措施。初期政策以"救护患者"为目的，自1931年起改为以收容患者到治疗所进行集中隔离为宗旨。虽然以集中隔离为主，但法律也允许患者居家治疗，战前居家治疗的人数比在治疗所的人数要多。

从战时到战后这段时间，日本增设了多家治疗所，战后几乎所有的病人都被收容进来。此时有效的抗麻风病药物问世，麻风病自此成了可以治愈的疾病。尽管如此，1953年日本还是颁布了终身收容制的《麻风病预防法》，该法律一直到1996年才被废除。战后治疗所最多的时候，国立的有13处，私立的有3处。其结果是，罹患麻风病的人原则上会被收容在全国各地的治疗所，他们往往会终生生活在那里。

在《麻风病预防法》废除后的1998年，一批志愿者代表麻风病人向熊本地方法院提出了"预防法违宪、要求国家赔偿"的诉讼。2001年法院下达原告胜诉的判决。政府虽不无异议，但是接受了这个判决，承认了麻风病政策的错误。此外，2016年，病人们的父母、兄弟姐妹等家属联合向国家提起诉讼，2019年胜诉。由于国家政策导致麻风病患者必须进治疗所接受收容隔离，忍受社会的歧视，患者的亲属们也长年处于痛苦之中。国家司法机关同样承认了这一事实。从本文也可以看出患者家属非常痛苦的经历。

一　病人的讲述与社会语境

这是我在1996年夏天听到的一段讲述：

> 这次废除《预防法》①的事，怎么说呢，其实我一直都不太跟人讲自己痛苦的经历，就连夫妻之间也不说。我不太会去谈自己的心事。现在是与媒体有缘，再加上律师协会那边也说可以与大家聊聊，所以我也就放心地对你们说了。我从来不与来路不明的人说自己的

---

① 译者注：1931年，日本通过《麻风病预防法》，规定国家有权依法强制隔离麻风病患者。该法律于1996年废除。

事，绝对不会。……到现在为止，就算是在疗养院里，如果不是非常亲密的朋友的话，还是没什么好说的。一旦说起来也会掉眼泪，让人心里烦得很。真的，我们一直因为有病而遭歧视。真的太羞耻了。

当时，正逢废除《麻风病预防法》。这位讲述者在麻风病疗养院里结了婚，妻子怀孕后被强制流产，讲述者本人也被绝育。在参与诉讼废除《麻风病预防法》的律师和媒体等听众面前，他开始讲述"即使是夫妇之间也很少说的事"。

《麻风病预防法》的废除，把麻风病人从"依法强制隔离"的绝对压迫中解放出来。迄今为止，相关律师对病人实际受害情况的调查①和媒体报道都将其视为国家政策的"受害者"，以此消除他们的"自我偏见"，同时也使病人了解到有人愿意倾听他们的诉说。在这种社会语境下，麻风病人开始讲述自己的遭遇。《麻风病预防法》废除后，不断有人向地方法院提起诉讼，要求国家给予道歉和补偿。诉讼、胜诉、国家放弃上诉、接受判决等一系列事件进一步增强了病人的信心，有越来越多的人开始进行自我讲述。不断变化的社会语境促成了新的讲述，与此同时，不断涌现的个体讲述也加速了新的社会语境的生成。② 从实际情况来看，自我讲述的行为也确实为病人带来了实际力量。

二 一位病人的生活史

本文列举的人物 A 先生，也是在法律诉讼这一社会语境的鼓舞下开始自我讲述的一员。判决前，他在全国性新闻中露面，讲述了因进疗养院与妻子离婚的故事。A 先生与我相识甚早，但从未有过深入的交谈。

---

① 九州弁護士会連合会人権委員会『緊急出版！らい予防法の廃止を考える』九州弁護士会連合会、1996。
② 能否顺利进行访谈也受"讲述者—听者"之间独特的关系影响。比如，我曾在本文开头的那位讲述者所在疗养院的附属护理学校担任过兼职教师，也是第一个让学生们将"麻风病问题"作为研究课题的老师。因为这层关系，他才会放心地向我讲述。详细内容请参看蘭由岐子『「病いの経験」を聞き取る―ハンセン病者のライフヒストリー』皓星社、2004、60-61頁。

2001年夏天，判决胜诉后，① 我也借此契机再次造访疗养院。当时，A先生的好友N建议他与我聊聊，于是A先生找到我说："听了N的建议，我决定把心里话告诉您。"我有幸得到N先生的引荐，因此才有机会倾听A先生的讲述。之前，我将关于N先生的生活史研究写成了论文，于1996年发表了。N先生甚至将拙作打印出来，作为自己的名片。可能正是因为他切身体会到了讲述个人生活史的实际意义，② 所以才会向好友A提出建议。

在梳理A先生的生活史时，我主要把话题聚焦于"一边在疗养院生活，一边育儿"这个方面。正如后文所述，"育儿"对A先生本人来说，具有影响当下自我认同的重大意义，然而这一话题之前几乎没有为讲述者们所提及。实际上，很多人在入院前就已经有了孩子，但以往的媒体在报道麻风病人时，通常强调疗养院里绝育、堕胎的情况，致使人们误以为病人与"育儿"关系不大。如果将"育儿"问题从麻风病研究中剔除的话，就会弱化病人形象的多样性。此外，以A先生的个案来说，他所抚养的孩子是后来在疗养院里结识的妻子带来的。随着疗养院基建设施的改变，A先生一家原先居住的长屋式夫妻房已经不存在了，因此他的讲述成为不可多得的史料。正如口述史学者保尔·汤普逊（Paul Thompson）所言，个人生活史将"公共领域"和"私人领域"联系起来，无法从现存史料中得到的历史可以从个人的讲述中探明一二。③ 在"公共层面"的疗养院历史中无法了解的内容，或许能从个体的主观世界中找到线索。

（一）A先生从发病到进入疗养院

A先生出生于日本九州的一户农家。时年32岁的他，在关西一家钢铁

---

① 译者注：2001年，熊本县地方法院指出，日本政府无视"麻风病人无须强制隔离"的医学共识并继续依据《麻风病预防法》实施隔离政策，这一行为严重侵害了病人的人权，助长了歧视和偏见。法院最终判决《麻风病预防法》违背了宪法，政府必须依据《国家赔偿法》对原告做出赔偿。
② 蘭由岐子『「病いの経験」を聞き取る——ハンセン病者のライフヒストリー』皓星社、2004、165-166頁。
③ ポール・トンプソン（Paul Thompson）著、酒井順子訳『記憶から歴史へ』青木書店、2002、511-512頁。

公司工作时发病，症状是关节酸痛、眉毛脱落。那时是 1963 年，他刚刚结婚 3 年。最初，A 先生去了一家普通的诊所寻求治疗，后来被介绍到大阪大学医学院名下一个"偏远的地方"去看病，那里的医生让他隔一天来吃一次药。对于在钢铁厂"三班倒"的工人来说，每隔一天的长途跋涉着实非常辛苦，A 先生只坚持了半年就已经感到精疲力尽了。没过多久，他被告知："根据公司章程，本公司有权解雇患有麻风病、梅毒、精神病的职工。钢铁厂使用的是公共浴室，公司有义务保障其他职工的健康。"于是，A 先生不得不放弃了工作。病情的恶化、失业的困窘让他被迫进入疗养院。本来，他是被安排到单位所在地附近的关西邑久光明园的，但因为想离家更近一些，他便申请去九州地区的院所。在大阪大学医学院的一位女性负责人的关照下，A 先生来到了现在的地方。1964 年，他与结婚 3 年的妻子离婚，住进了九州一家麻风病疗养院。

（二）与疗养院中女子的结识

我在报道中得知，在入院之际，A 先生与第一位妻子离了婚，但并不知道他后来在疗养院里结识了第二位妻子：

> 这个牌位（A 先生指着房间里的神龛）是我死去的老婆的。在孩子们一个读小学二年级、一个读四年级的时候，她领着小孩到了这边。

A 先生来到疗养院后，与第二位妻子相识。如今，这位妻子也已离世。她在进疗养院的时候，把孩子也一起带到了"这边"。我吃惊地问："是在这个疗养院里把孩子养大的吗？""不，不是这里。孩子妈是住在这个疗养院里，但孩子们不是。她在外面租了房子专门给孩子们住。"

A 先生去世的第二个妻子是在生了两个女儿后进的疗养院。本来，孩子们是要在外面的世界里生活，但因小孩无法适应继母，所以，作为亲生母亲的她肩负起抚养孩子的重担。疗养院里的工作人员劝她直接把孩子带到院内生活，但她坚决反对："我绝对不会那么做。就算是吃再多苦，也一定要靠自己的能力让孩子们在外面长大。"

她白天在疗养院附近的农家干活，晚上去孩子那里。当时可是连养老金都没有的时代啊，不靠干体力活就一点儿钱也挣不到的。我也是看着她每天从早上干到晚上七八点。有时候听说市里面能赚更多，她就骑自行车到市里去打工。你看，她那时候是去土木建筑业打零工，下班的时候经常就已经七八点了。我就算是个外人，看着她那么辛苦心里也很不好受。后来，我开始能领到点儿养老金了，算是稍微有了些收入，所以给孩子们一点零用钱什么的。因为多少有点儿能力为孩子们做点事，就不知不觉地给小孩们一点零花钱啊、买点小东西啊什么的。我俩都是单身嘛，所以就自然而然地在一起生活了。我们都没有什么额外收入，基本就是用我的养老金。老婆她没有养老金，就从疗养院福祉室①接了两份活，搬运餐食，洗不自由者宿舍②的餐具，等等。但她自己不是要到外面去打工嘛，所以从福祉室得到的工作就由我来帮她干。就这样干活，一直到孩子们毕业为止。

　　在"连养老金都没有的时代"，③ 病人只能靠"患者作业"获得工资报酬。④ 虽然当时《麻风病预防法》第二条"亲属援护"中规定的"家庭援助金"（与《生活保护法》同基准）已经逐步得到落实，但即便如此，生活还是异常艰辛。

　　那时候好苦啊，真的很苦。在一开始的时候，虽然我时不时会给孩子们一点儿零用钱，但当时我还没和她走到一起，家里全靠她一个人撑着。她去了〇〇线（国家铁路的路线名），准备卧轨自杀了。（漫长的沉默）后来，因为孩子们说"妈妈不要死啊，妈妈别死啊"，她

---

① 译者注：福祉室，是指致力于为弱势群体提供帮助的单位。
② 译者注：不自由宿舍，是指老年病患、后遗症恶化者等需要特别照顾者的宿舍。
③ 1971年，病人（包括轻度患者和外国人）在疗养院内兼职所得的工资与残疾人一级基础养老金金额相同，相当于"拿到了养老金"。实际上，不是真的拿到了"养老金"，而是终于拿到了同样数额的工资。
④ 全国ハンセン氏病患者協議会编『全患協運動史』一光社、1977、153 頁。该页有一份《工作奖金的年度预算额日单价明细表》，根据全患协 1965 年的《工作奖金》显示，任务最艰巨的兼职工作的日薪为 134 日元，特别工作（甲）日薪为 100 日元，一般工作（乙）日薪为 45 日元。由此可见，有的工作月薪竟然不足 1500 日元。

才心软了，就没自杀。听他们说这件事的时候，我也不知道怎么了，就产生了想办法帮帮娘仨的念头，于是我们就在一起了。那时候真的是你现在想象不到的，太难了，是我们这辈子最惨的时候。

母亲在疗养院外花钱租房用来养育两个小孩，平日在疗养院和出租屋之间来回奔波，竭力抚育孩子。这种生活想必异常残酷。她曾想卧轨自杀，但因为孩子们的哀求而放弃了。看到那位母亲不仅要在疗养院内劳动，还要在外面打工才能勉强抚养孩子，A先生决定"无论如何也要帮她一把"。很多人认为，对病人来说在疗养院接受隔离就已经是"人生的最低谷"了，但入院之后的A先生目睹了更加残酷的现实。

（三）疗养院内的子女抚养

和老婆正式走到一起的时候，小点儿的孩子大概已经上三年级了，大的应该是五年级吧，都是在读小学。她们在中学毕业前，都是住在外面租的房子里。那时候，我和孩子妈没有分配到像现在这样的夫妻房间，我们都住在单身宿舍。后来昭和50年前后吧，分到了夫妻间，但也不是像现在这么大的屋子。当时的夫妻房很小，所以我们就在后面建个小屋子给孩子们住。

疗养院是根据病情、婚姻状况来分配宿舍的，A先生和妻子都是以单身身份入的院，所以都被分配在单身宿舍。这家疗养院的夫妻房在1965年（昭和50年）之前就已经准备就绪，但根据地方史料的记载，早在1962年（昭和47年）就已经出现了"夫妻宿舍已满员"的记述。因此，A夫妇估计很长一段时间没能分到夫妻宿舍。现在A先生居住的"夫妇房间"是1985年新建的，一栋有两对夫妻居住，一个房间是四张半榻榻米大，① 另一个房间六张榻榻米大，中间还有厨房和客厅。（因为入院者数量的减

---

① 译者注：日本的房间有时用榻榻米来计算大小。一般而言，一张榻榻米的尺寸是长1.8米，宽0.9米，厚0.05米，面积1.62平方米。

少、原先病人的离世等原因，现在院内房间比较充裕。即使因为配偶去世等原因变成单身者，暂时也不用搬回单身宿舍。）不过，早期的夫妻宿舍非常狭窄，曾有人做过很恰当的比喻："夫妻房简直就和煤矿上的长屋差不多，一栋要住十对夫妻。每个房间总共就四个半榻榻米那么大，里面只有小得可怜的厨房、混凝土的小水槽和一个小洗脸池。跟隔壁就用一层灰泥墙隔开，邻居的一点儿小声音都能听得清清楚楚。那真是要多寒酸有多寒酸。"① 起初，A夫妇二人就住在这个被隔成十个小隔间的长屋里，他们在宿舍后面扩建一个小屋给孩子们住。不过，每个疗养院的规定都各不相同，有的禁止在宿舍前后的空地上建造小棚屋。A夫妇所在的疗养院是允许的，于是他们就给孩子们建了卧室，也有人建屋子来当作浴室、车库、仓库等等。

大孩子中学毕业后就去了骏河的看护学校。小女儿在县里的职业训练所学习烫发之类的手艺。孩子们平时就住在后面的小屋里，每天就从疗养院出门去各自的学校。不过小孩还想着去更高等的美容学校，也想继续考高中。小闺女讨厌"职业训练所"这个名字，整天闹着想去高等美容学校。哎呀哎呀，真是不得了，这小丫头。（听者问道：两个小孩都是女孩子吗？）是的，两个都是女孩子。后来她进了职业训练所才知道原来那里也挺好的。说什么，幸好到这里之类的。现在，小女儿在市里开了个美容院。

"骏河的看护学校"位于静冈县御殿市场，是麻风病疗养院和国立疗养院骏河分院附属的准看护②学校。小女儿去的美容学校似乎是拜托县里的职员给介绍的，但是她从内心深处并不满意"职业训练所"这一名称，一心想去更"高等"的地方学习。

本来小孩还想读高中的，但是家里的条件实在是不允许。大女儿

---

① 遠藤邦江「太郎の年齢」『熊本日日新聞』1998年8月28日。
② 译者注：准看护是大专以下学历的护士，参加各县（日本的县等于中国的省、直辖市）的统一考试。正看护是大专及以上学历的护士，参加国家级的全国统一考试。

虽然上的是准看护学校，但好歹也在骏河拿到了护士执照。现在也是靠这个证在关西医院当个护士，工资是绝对够吃饭的。

A先生的两个女儿和我几乎是同龄人。20世纪70年代，日本的高中升学率虽然达到了九成左右，但他们一家因为经济困难，孩子们只能被迫放弃升学。大女儿是护士，也曾结过婚，还在国外过上了"雇得起"女佣的生活，现在离了婚，又回到了日本。目前，她一边在医院当护士，一边独自抚养孩子，所幸有稳定的工作和收入，得以克服人生的诸多困难。我说道："既然有护士证，工作上肯定是有保障的。"A先生这样回答说：

嗯，是啊，太好了，真是太好了。不用兜兜转转地一直不稳定。唉，所以说嘛，麻风病家庭的小孩能出人头地、干体面工作的很少。也不是说完全没有吧，但是我所知道的大部分孩子都是靠风俗店那些不正规的工作来挣钱的。我们当父母的人聊天的时候不就喜欢聊小孩嘛，所以我听说了一些别人孩子的事情。

A先生认为，也许是父母身处疗养院的缘故，麻风病家庭出身的孩子几乎都没能从事一般社会定义下的"体面工作"。在闲谈之时，作为身患麻风病的家长往往都认为不论孩子们是做什么工作的，"只要健康就好"。看护、美容这些职业就女性来说十分稳定，A先生对女儿们的现状也感到非常满足。

不过就他的个人情况而言，虽然一家人在很长一段时间内共同生活，但他们的家庭也不是完美的。A先生一方面感恩于女儿们能健康地成长，另一方面又坦言自己的家庭是"残缺"的。

处在那种年代，又在我们家这种环境下长大，孩子们没堕落我就很知足了。即使现在她们不来看我，我也没有怨言。哎，小孩自己已经非常非常努力了。残缺家庭出身的女孩子们确实应该立刻想法子挣钱。没有什么温暖的靠山让她们依靠，什么事都得靠自己。孩子们就这样认真努力地生活。嗯，在我看来她们已经非常努力了。不知道别人怎么看，反正我觉得她们真的已经很好了。

A先生的个人生活史揭示了一个问题，不管是在疗养院外租房子也好，还是在疗养院里共同生活也好，麻风病人的孩子都很难得到一个良好的成长环境。A先生可能认为自己只是"继父"，女儿们没有"能回的温暖的家"，"我这儿也不是能让她们的身体和精神得到休息的避风港"，但尽管如此，孩子们并没有气馁，努力地成长着。

（四）子女养育的终结

> 就算现在有养老金的保障了，但是养育孩子也不是件容易的事。当然，稍微好一点。在以前没有养老金的时候，想要养活孩子真的是太苦太难了。
> 住在这个疗养院的人是没有其他收入的。在拿不到养老金的年代，我们拼命打工就是为了能让一家四口都活下去。

疗养院看似一个可以满足病人食宿的地方，但这种满足仅仅是最低限度的。如果想要过上正常人的生活，就需要让麻风病人拿到与普通社会养老金同等金额的经济援助，这样才能让那些从福祉室申请工作的患者过上轻松的生活，才能把岗位返还给正式医护，让他们来负责那些需要额外照料的病人。但当时的麻风病人还拿不到这些国家补贴，A夫妇二人又肩负着养育两个女儿的重担，所以他们肯定得用增加工作量的方式来维持生活。

> 老婆为了养育孩子非常卖命地工作。孩子们毕业后的第二三年吧，老婆身体开始不行了，手也变形了，还有过暂时性的失明。

A先生如实讲述了妻子去世的始末。一直以来，妻子以牺牲自己的身体健康为代价，挣钱养育女儿。虽然他一再表示孩子们没有走上歧途，都在认真地生活，他已经感到很满足了，不过，实际上A先生对小女儿的事情是有些介怀的。

"大女儿大概一年会来看我一次，有时也给我打电话。她离婚了，现在一个人过，我们时不时通通电话。我这边的事情小女儿是对老公保密的，所以她不会来看我。大家都挺难的。"尽管二女儿的美容院离A先生仅30分钟车程，但父女之间音信全无。

> 以前我是去过小女儿家的。她结婚前，我去过她租的公寓。那时候我好像已经有点儿不受欢迎了。也是因为她有男朋友了吧。唉，后来渐渐疏远了，现在是完全没有来往了。男的不能进美容院，我就拜托这里的女职工帮我去看看她。我拜托过人家好几次，我来出美容的钱请人家代我去那边看看孩子的情况。

很难从讲述中判断小女儿到底是由于A先生是继父所以不喜欢他，还是因为他是个麻风病人所以刻意疏远。无论小女儿做何感想，A先生本人肯定是背负着"麻风病家庭"的枷锁艰难生活的。另一方面，大女儿与他保持着联络。

> 大女儿一个人带着孩子生活，她说"我现在终于能理解叔叔了"。偶尔能在电话里听到她这么说，我也就舒了口气了。不过，她们从来不叫我"爸爸"，一直都是叫我"叔叔"。

大女儿虽然不称呼A先生为"爸爸"，但正因为她有离婚、独自抚养孩子的生活体会，所以才会对A先生说出"现在终于能理解叔叔了"的肺腑之言。A先生很欣慰女儿能理解自己的辛苦，所以才会"舒了口气"。我认为他和大女儿之间一定能建立比"爸爸""女儿"这样的表面称呼更本质的家庭关系。

（五）疗养院内

疗养院里的人各不相同，他们的生活中充满了各种各样的经历。正如A先生的好友N告诉我的那样，"每个人都有自己的故事"。A先生为了抚养第二任妻子带来的两个孩子，包揽了从福祉室申请到的所有工作。

> 我干了些运饭盒啊、去不自由宿舍洗碗啊之类的活。可能其他病友没有干过这样的工作，但我在疗养院里经历了挺多的。

A 先生是 20 世纪 60 年代中期进的疗养院。随着病人的呼吁，院内患者的生活水平逐步得到提升。但即使在经济改善的情况下，养育孩子的负担依然很沉重。A 先生过着"其他病友没经历过的"艰苦生活，他说：

> 整个疗养院里，只有 N 是我的好朋友。其他人住进来后或许还能享受点儿衣食无忧的生活，但我为了养育孩子过得非常辛苦。别人到了六七十岁都有这个那个的好朋友，可是我没有。不过我也没想过能有那么多朋友。

从小就住进疗养院的人，会在青少年时期的合宿生活中交到自己的朋友。即使现在大家都步入了老年，但仍然能以孩童时代的心境交往。对这一群体来说，这就是他们的生活方式，他们也一定有着不同于别人的苦恼。A 先生是成年后入院的，他的日常生活主要是拼命打工、养育孩子，生活方式的不同使他与周围那些从小就入院的病人产生了距离。N 先生入院前在一家有名的超市上班，20 世纪 70 年代因麻风病复发而进了疗养院。好友 N 虽然比 A 先生小 8 岁，但因为他们都有在社会上工作的经历，所以两人的关系比较亲密。

A 先生坦言道，比起与疗养院病人的关系，他跟工作人员以及工作人员的家人的关系反而更近一些。不过，"和外面的人来往"也存在经济上的负担，而且他也认为自己不可能和"外面的人"一样。

> 我是边缘人，我和 N 都是。虽然我和他都在疗养院里，却不能说是疗养院的人。我们生活得像个外人一样，很边缘化。

A先生曾经说过，如果有条件离开疗养院的话，他可能就会选择离开。自2002年4月以来，政府为麻风病患者提供了充足的援助，人们变得有条件搬离疗养院了。比如，N先生就借这个机会搬了出去。但是，A先生考虑到自己的身体情况以及其他因素，选择继续留在院内生活。曾经的他是被强制入院隔离的；而现在，却主动选择留下。我认为，A先生将以一种崭新的精神面貌面对今后的生活。

三 "异口"生活史的困难

法律诉讼、社会舆论让很多麻风病人意识到，有一批媒体和民间人士都在为他们努力。而且，国家的道歉也激励了病人的自我讲述。文中的A先生就是其中之一。虽然每一位病人都意识到自己是国家政策、病痛的"受害者"，但因为各自的生活史是独特的，所以，他们讲述的受害者形象也颇具特殊性。正如法院判决所言，麻风病人受到的伤害，是与每个人的人生紧密联系的"人生受害"。① 如果想厘清这种伤害到底是什么，就有必要从生活史方面展开研究。生活史讲述的是个体故事，表现了特定个体的人生历史，具有说话者独特的"差异"。我把这种"差异"称作"异口"。② "异口"有时会像A先生那样明显地表现出与其他入院者存在距离，也正因为这种不适的距离感，大家很少谈及这一方面的生活史。

> 我不想对老师还藏着掖着的，所以和您说了很多。我跟疗养院里的人基本上不会讲这么多，我们不太透露个人隐私。我大概能猜出对方是哪里人之类的，但关于家人或者自己的生活这些事情是不怎么谈的。……光是因为这个病就已经过得很难了，实在不希望自己的私事再在封闭的疗养院被传来传去的。那就太糟糕了。可能也是因为每个人都有过这样痛苦的经历，所以大家都不去谈这件事吧。

---

① 解放出版社編『ハンセン病国賠訴訟判決』解放出版社、2001、319頁。
② 蘭由岐子『「病いの経験」を聞き取る—ハンセン病者のライフヒストリー』、53-54頁。"异口"中也包含了说话人独特的表达方式。

> 疗养院是一个特殊的世界。当你正儿八经和别人说心里话的时候，对方也不一定真能听进去。你自顾自地和别人说着自己开心的事情，但是别人怎么可能也跟着你一起开心呢？如果是讲一些悲伤的事，对方大概才会有点兴趣。他们没有办法那么容易就接受别人的幸福。

与生活在"社会"的出院者和没有入院经验的病人不同，麻风病疗养院里居住的都是有着麻风病受害记忆的人。他们看似是共享了彼此的经验，但实际上，长期紧密的共同生活导致他们无法共享经验。A先生表示，在疗养院里，即使是跟别人倾诉自己的事情，也会被添枝加叶地传来传去，然后又传回了自己耳中。就算是想说自己的心事，也没有人愿意倾听，而且病人之间很难共享他人的喜悦。也就是说，包括"异口"在内的自我倾诉很少能达到互相理解的效果。这与让"异口"保持沉默相差无几。病人失去了通过自我讲述来宣泄心中愤懑、改变当下现状、确立自我身份的可能，也没能得到加强自我认同之类的"人的恢复"的机会。

通过A先生的讲述，我认为，正是以终身隔离为前提的政策让入院后的生活具有高度可预见性，疗养院里长期的共同生活的"结构"使病人对自己的生活史难以启齿。这一现象与"自我偏见"（认为是自身的过错或是自身的原因引发了问题）导致的封闭心态是不同的，需要区分开来考虑。N先生曾经用"心灵麻风病"来描述疗养院这一世界的特殊性。当然，这绝对不是针对他们身边实际的群体——日常生活中接触的入院者——的个人批判。

我确信"受害"叙述以及生活史讲述能够为人们带来力量，但对疗养院里的人来说，存在"讲述之难"的困境。作为"外人"的我们，今后必须考虑如何正视、解决这一现实问题。

The Difficulty of Narrating a Life History:
The Narrative of a Leprosy Patient[*]

Written by Araragi Yukiko[**]

Chinese version translated by Zhou Dan[***]

Abstract: Since the abolition of the Leprosy Prevention Act, leprosy patients are increasingly recognised as "victims" of the national policy. After a prolonged silence, these patients have started to share their individual life histories. These individual accounts link together the public and private spheres of history, and fill in the missing parts from the public historical materials. They show the individual characteristics of these leprosy patients, enrich the image of "leprosy patients" and enhance the confidence of these patients. However, the unique features of each individual life history also create the feeling of distance among these patients. Moreover, due to the close relationships formed during their long-term residence at the facility and the prevention policy that suggests the possibility of lifelong quarantine, it is difficult for the patients to publicly share their experiences, which further supports the impasse of "third party" narrations within the facility. The "victimisation" narration, which allows patients to tell their own life story, can potentially empower patients, whereas third party narrations of their stories rob these patients of the opportunity to be empowered by narrating their own community. This is a practical problem that we as "outsiders" must confront and resolve moving forward.

Keywords: Life History, Leprosy, Heterologous, The Dilemma of Narration

---

[*] Originally published information, please see 蘭由岐子「生活史を語ることの困難―あるハンセン病者の語りから―」『歴史評論』656号、2004、33-43頁. This translation is permitted by the editors, publisher and the author.

[**] Author Bio: Araragi Yukiko is a Sociology Professor at Otemon Gakuin University.

[***] Translator Bio: Zhou Dan, master of Ancient Literature of Department of Chinese at Shanghai University.

可怕的遗产:解读埃姆村的瘟疫(1666-2000)

〔英〕帕特里克·沃利斯 著

王莉莉 译 王立阳 校**

摘 要:1666年,在英格兰的一个小村庄埃姆,发生了严重的鼠疫。埃姆村也因此而闻名,每年都会吸引着许多游客来探索其遗产。流传至今的埃姆村抗疫故事特别悲惨:村民们以生命为代价,通过自我隔离来阻止疾病的传播。然而,这个故事几乎毫无历史依据。因为,虽然村里很多人死于鼠疫,但这并不是由英勇的自我牺牲行为所造成。相反,埃姆瘟疫故事的大部分细节是由当地几代作家和历史学家编造出来的。他们塑造故事的方式,反映了他们写作时所处的社会、文化和政治环境。故事中的英雄和反派,随着不同时代的作家而转变。埃姆村的历史是一个历史"创造"的经典案例,它告诫我们不能随意地吸取"过去"的教训。

关键词:埃姆村 鼠疫 文学创作 瘟疫史

引 言

苦难总是引人注目;令多个国家人口减少的瘟疫在这个小村庄造成了巨大破坏,好奇和探究的旅行者在追溯相关记录时感到一丝令人

---

* 原文出处:Patrick Wallis, "A Dreadful Heritage: Interpreting Epidemic Disease at Eyam, 1666-2000," *History Workshop Journal* 61 (2006): 31-56.

** 作者简介:帕特里克·沃利斯,伦敦政治经济学院经济历史系教授。
译者简介:王莉莉,南方科技大学社科中心助理教授。
校对简介:王立阳,上海大学社会学院人类学民俗学研究所讲师。

可怕的遗产：解读埃姆村的瘟疫（1666-2000）

悲伤的愉悦。①

——埃比尼泽·罗兹（Ebenezer Rhodes），1824 年

每年，成千上万的人来到英格兰中部德比郡（Derbyshire）的埃姆村（Eyam）参观，他们是被发生在此地的灾难性鼠疫和村民们英勇抗疫的故事吸引而来。与德国南部小镇上阿默高（Oberammergau）②或苏格兰首府爱丁堡的玛丽·金小巷（Mary King Close）③一样，埃姆也是欧洲瘟疫遗产的重镇之一。关于埃姆鼠疫的标准叙事，在 19 世纪中叶的一些历史记录、诗歌和小说中有充分的表述，描绘了 1665 年末这种鼠疫是如何蔓延到埃姆的：它藏在从伦敦送到乡村裁缝那儿的一盒旧衣服里，而伦敦当时正在自己的"大瘟疫"（the Great Plague）中做最后的痛苦挣扎。④在埃姆村，一开始死亡是零星的，而且冬天时死亡率下降了。但是，当春天到来，死亡人数迅速上升之时，人们对埃姆已经逃脱这场灾难的希望破灭了。到了 1666 年 6 月，村中牧师威廉·蒙佩森（William Mompesson）已经明确意识到，村民们必须采取行动防止鼠疫蔓延到附近的教区。可能是在他的建议下，村民们隔离了自己的村庄，在鼠疫消失之前没有人会离开。据说，几英里之外查茨沃思（Chatsworth）庄园的主人德文郡伯爵（Earl of Devonshire）支持了这项计划。他安排将物资放在隔离区的边界，村民们则将支付的钱币放在醋池或溪流中，以防止钱币携带传染物。这个标准叙事

---

① Ebenezer Rhodes, *Peak Scenery; or the Derbyshire Tourist*, London, 1824, p. 31.
② 译者注：上阿默高（Oberammergau）是德国巴伐利亚州的一个小镇，该小镇因每十年举行一次的耶稣受难剧（Passion Play）而闻名。据称，黑死病在 1633 年传到上阿默高，带走了这个小村庄将近一半的人口。剩下的村民向上帝祷告并郑重承诺，如果上帝带走黑死病让村民免于死亡，那么村民将每十年表演一次戏剧，以颂扬上帝的恩德。此后，果然没有人再死亡。因此，从 1634 年开始，每十年一次的表演也被承袭下来。但是，这个传说并不符合历史事实。实际上，黑死病在上阿默高造成的死亡遵循典型的瘟疫死亡曲线，瘟疫带来的死亡并没有因为"神的干预"戛然而止，而是逐渐减少的。详见：James Shapiro, *Oberammergau*: The Troubling Story of the World's Most Famous Passion Play, 1st edn., New York: Pantheon, 2000.
③ 译者注：玛丽·金小巷（Mary King Close）是英国爱丁堡老城区的一条小陡街。在 17 世纪，瘟疫传到爱丁堡后杀死了很多小巷居民。此后，这条小巷因为闹鬼等恐怖传说而闻名欧洲。
④ 译者注：大瘟疫是指 1665-1666 年发生在英格兰的大规模鼠疫（黑死病的主因），仅在伦敦就导致约 10 万人（约占当时伦敦人口的四分之一）死亡。与 14 世纪中期肆虐欧洲的黑死病相比，大瘟疫的致死人数并不高。它被称为"大"瘟疫，是因为这是英国本土最后一次广泛传播、造成大规模死亡的鼠疫。

还告诉我们,蒙佩森是村民们的领袖、安慰者和治疗者。与他一起工作的还有托马斯·斯坦利(Thomas Stanley)——他的角色则有些不明确,因为他曾经是埃姆教区的牧师,直到 1662 年因不顺从(non-conformity)被解职。① 鼠疫摧毁了埃姆的正常生活。宗教仪式改在户外举行,在一个充满绿意、荫凉的地沟(狭窄山谷)中,这里后来被称为"卡克雷特教堂"(Cucklet Church)。② 尸体被埋葬在死亡地点附近,而不是在教堂周围的墓地里。蒙佩森在鼠疫中幸免于难,但他的妻子凯瑟琳(Catherine)于 8 月下旬去世。幸运的是,他们的孩子们已被送往约克郡,在那里他们没有罹患鼠疫的危险。像他们的牧师一样,埃姆村民为自己英雄式的自我隔离付出了高昂的代价:根据上述标准叙事,330 名村民中有 259 人在鼠疫中逝去。

如今,发生在 1666 年的埃姆鼠疫是英国历史上最著名的传染病暴发事件之一。理解埃姆鼠疫在英国历史通俗叙事中的存在似乎并不困难:教区档案中的死亡记录直白地证明了它的恐怖。然而,创伤并不一定带来历史书写的尊重与兴趣,埃姆的故事也并没有立即受到关注。③ 事实上,在整个 18 世纪,它几乎是被遗忘了。在此之后,埃姆的故事经常在诗歌、小说和戏剧中被重述。这其中甚至有三部音乐剧、一部儿童电视剧和至少一首民歌。④ 但是,就像 1665 年的伦敦"大瘟疫"实际上远不如 1603 年和 1625 年的瘟疫那么严重一样,在埃姆发生的事情也有些名不副实,并不是

---

① 译者注:1662 年,英格兰国会颁布了《1662 年一致性法案》(Act of Uniformity 1662),规定了英国国教的种种仪式、规则以及圣职授予的阶级式管理方式,并且规定不遵守该法案的人无法享有各项公共权利,包括在教会或政府担任圣职或公职。因为这项法案,几千名清教徒(Puritan)牧师被除去圣职——这一事件在英国历史上被称作"大驱逐"(The Great Ejection)。
② 译者注:户外教堂所在地沟的名字是卡克雷特(Cucklet Delf),教堂因此得名。
③ Peter Novick, *The Holocaust and Collective Memory*: *The American Experience*, London: Bloomsbury Publishing, 1999.
④ 达伦·瓦利尔(Darren Vallier)创作的《玫瑰之环》(*A Ring of Roses*),1997 年首次在萨沃伊剧院(Savoy Theatre)演出;安德鲁·佩吉(Andrew Peggie)和斯蒂芬·克拉克(Stephen Clark)创作的《埃姆:音乐剧》(*Eyam*: *a Musical*),1998 年在伦敦的布莱德维尔剧院(Bridewell Theatre)首演;埃迪·布里尔利(Eddie Brierley)和彼得·罗宾逊(Peter Robinson)创作的《石圈》(*Ring of Stones*),2001 年在曼彻斯特的舞厅剧院(Dancehouse Theatre)首演。儿童节目《全部倒下》(*All Fall Down*),由 12 岁的汉娜·李(Hannah Lee)编写,由迪士尼频道的不可思议故事工作室制作。罗伊·贝利(Roy Bailey)创作的《埃姆的玫瑰》(*Roses of Eyam*),收录在他的专辑《过去的大师》(*Past Masters*)之中,由融合唱片公司(Fuse Records)在 1998 年制作发行。

可怕的遗产：解读埃姆村的瘟疫（1666-2000）

人们记忆或通常复述的那样。上文讲述的埃姆故事汇集了19世纪开始流行版本的基本框架，这一框架在20世纪的大部分时间里得以留存。但是，这一框架本身已经被重新排列，人们或添加或丢弃某些要素，建立在这一框架之上的故事的血肉也被塑造成更加多样的形式。本文考察了这一叙事在三个世纪中出现和反复重塑的过程，以及它如何成为英国文化遗产的一个重要组成部分。聚焦于这一研究议题，我们可以较为详细地追溯拉斐尔·塞缪尔（Raphael Samuel）所说的"当历史知识从一个学习领域转移到另一个学习领域时发生的想象错位"。①

正如本文所述，埃姆如今的名声得益于从18世纪末到19世纪一系列文学创作和历史事件的结合，尤其是——但也不完全是——与疾病威胁相关的创作和事件。在这一时期，一个传说被建立、篡改和重塑，以适应不断变化的文学和历史潮流，而村庄本身的景观肌理也进行了调整，以适应其日益依赖的旅游业。在某种意义上，埃姆村的历史可以与伦敦"大瘟疫"的历史相提并论，后者在很大程度上也是因为文学作品的宣扬而声名远播。丹尼尔·笛福（Daniel Defoe）写作《大疫年纪事》（*A Journal of the Plague Year*，出版于1722年）之时，马赛正在暴发瘟疫，似乎不可避免会再次蔓延到伦敦。伦敦大瘟疫被笛福记录下来的时候，人们对其仍记忆犹新，而埃姆直到18世纪中叶都没有找到它的记录者。后来，经过一段几乎被遗忘的时期，埃姆的故事在各种文本——从诗歌到旅行指南——中逐渐塑造成形。埃姆鼠疫的故事为我们理解在遗产和历史被创造的过程中，社会和思想的动态变化提供了一个极其清晰的案例。埃姆的故事直到很久之后才广为流传，这使得它的叙事并没有受到瘟疫暴发同时期主流的"真实性"历史解读的影响。② 事件发生和历史记录之间的时滞还有一个重要影

---

① Raphael Samuel, *Theatres of Memory*, Vol. 1, *Past and Present in Contemporary Culture*, London: Verso, 1993, p. 8.
② 因此，埃姆的叙事与科林·琼斯（Colin Jones）和安妮·卡迈克尔（Anne Carmichael）研究的近代早期的瘟疫叙事和记忆不同。详见 Colin Jones, "Plague and Its Metaphors in Early Modern France," *Representations* 53, 1 (1996): 97-127; Anne G. Carmichael, "The Last Past Plague: the Uses of Memory in Renaissance Epidemics," *Journal of the History of Medicine* 53, 2 (1998): 60-132. 关于记忆的讨论，参看 Jan Assman, "Collective Memory and Cultural Identity," *New German Critique* 65 (1995): 33-125。

响,即埃姆叙事的成形是在瘟疫的威胁于一定程度上消退之后。因此,抗疫行动的直接原因,以及相关参与者的权力和声誉,都不再重要。对流行病和疾病的恰当应对仍然是人们重述和感受埃姆故事的一个关注点,但是这一点与其他问题同等重要,特别是关于地方和国家认同、英雄主义本质和社区领导性质的问题。

重现埃姆鼠疫的叙事从 18 世纪末到 20 世纪的转变过程是一个复杂的挑战,需要考察很长一段时期内的多个文本。表 1 列出了下文中讨论的主要文本,并大致按照时间顺序,根据其在文中出现的部分进行了粗略的分组。在下文中,我首先分析了埃姆鼠疫同时期的一些记录,通过分析这些初始记录可以揭示,针对这一历史事件,我们已经知道了什么和遗漏了什么。紧接着,我分析了 18 世纪早期对埃姆鼠疫的两个最早描述。接下来分析的是 18 世纪晚期出现的对埃姆抗疫故事的重新发现和最早的公开礼赞,即威廉·苏厄德(William Seward)和安娜·苏厄德(Anna Seward)的创作。然后,我探讨了这两位作者的作品发表之后的 19 世纪中,人们对埃姆鼠疫迸发出的浓厚兴趣,以及这种浓厚兴趣与流行病史学和瘟疫叙事的更广泛建构之间的关系。随后,我阐明在 1866 年埃姆鼠疫 200 周年之后,该村是如何被塑造和推广为一个遗产地的。在文章的结尾,我探讨了在 20 世纪一种更具批判性、更少采用颂扬话语的研究视角的逐渐发展。

表 1 文中将讨论的主要文本

	初始资料
1666 年	1. 威廉·蒙佩森的三封信件,1666 年 2. 教区登记册,1705 年的誊本 3. 谢菲尔德治安官记录,1666 年
	衍生记录
18 世纪早期	1. 威廉·巴格肖:《心灵之峰》(De Spiritualibus Pecci),1702 年 2. 理查德·米德:《关于鼠疫蔓延的简短论述,以及预防它的方法》(A Short Discourse Concerning Pestilential Contagion, and the Methods to Be Used to Prevent It,1722 年)
18 世纪后期	1. 《欧洲杂志》,1790 年 2. 威廉·苏厄德于 1793 年在《欧洲杂志》上发表的信件,后来被收录在苏厄德创作的《一些名人的轶事》一书中(1795-1797) 3. 安娜·苏厄德:《安娜·苏厄德的诗歌》(The Poetical Works of Anna Seward),出版于 1810 年(创作于 1765 年)

续表

	衍生记录
19世纪早期到中期	1. 霍兰德：《埃姆村：一首四节诗》（*The Village of Eyam: A Poem in Four Parts*），1821年 2. 罗德斯：《峰区风光，抑或德比郡的游人》（*Peak Scenery; or the Derbyshire Tourist*），1824年 3. 威廉和玛丽·霍伊特：《埃姆的荒凉》（*Desolation of Eyam*），1827年 4. R. 沃德：《德比郡峰区指南》（*A Guide to the Peak of Derbyshire*），1827年 5. 塞缪尔·罗伯茨：《埃姆：它的审判与胜利》（*Eyam: Its Trials and Its Triumphs*），1834年 6. 威廉·亚当：《峰区的珍宝》（*Gem of the Peak*），1838年 7. 斯宾塞·霍尔：《山峰与平原：丛林、原野与山峦之景》（*The Peak and the Plain: Scenes in Woodland, Field, and Mountain*），1838年 8. 威廉·伍德：《埃姆的历史和古物》（*The History and Antiquities of Eyam*），1842年 9. 霍兰德：《埃姆的故事；抑或德比郡瘟疫的故事；以及一位老派贵族的其他诗歌》（*The Tale of Eyam; or, a Story of the Plague in Derbyshire: And Other Poems by an Old Blue*），1888年
19世纪后期和20世纪早期的历史记录与旅行指南	1. 查尔斯·克雷顿：《英国传染病史》（*A History of Epidemics in Britain*），1891年 2. J. M. J. 弗莱彻：《那座饱受瘟疫之苦的村庄：埃姆村游览攻略》（*The Plague-Stricken Derbyshire Village or, What to See in and around Eyam*），1924年 3. 《埃姆和瘟疫：一个指南》（*Eyam and the Plague: A Guide to the Village*），日期不明 4. 克拉伦斯·丹尼尔：《埃姆的历史》（*History of Eyam*），1932年 5. W. R. B：《社论：威廉·蒙佩森，1639-1709》（"Editorials: William Mompesson, 1639-1709"），《医学历史年报》（*Annals of Medical History*），1939年
20世纪后期的文学艺术创作	1. 马乔里·鲍恩：《上帝和婚纱》（*God and the Wedding Dress*），1938年 2. 乔伊斯·丹尼斯：《埃姆的隔离》（*Isolation at Eyam*），1954年 3. 唐·泰勒：《埃姆的玫瑰》（*The Roses of Eyam*），1970年 4. 杰拉尔丁·布鲁克斯：《奇迹之年》（*Year of Wonders*），2002年 5. 《埃姆：音乐剧》（*Eyam: a Musical*），1995年

一 关于埃姆鼠疫的证据

对于埃姆在英国历史文化中重要性的确立和延续，创造性的演绎和历史性的解读同等重要。这两者——创造性的演绎和历史性的解读——都吸收利用并反过来扩展了埃姆村那非同寻常的文化遗产，即由小说、记忆和历史碎片构成的鼠疫叙事。这个叙事中各种要素的不同来源现在已经基本被遗忘了。其实，某些时候它们是被故意掩盖的。如果对这一传统叙事仔细研读，我们就会发现，传统叙事的一致性会在很大程度上消失不见。如果我们只分析埃姆鼠疫的最早历史记录，会发现一个更加单薄的故事。同时代的证据只有少量幸存（见表1）。主要文件是威廉·蒙佩森的三封信，信件有力地传达了凯瑟琳·蒙佩森之死对他个人的影响，并顺便提到了一些村民的反应。① 有一份教区登记册，大约是 1705 年制作的。② 最后，还有一张教区景物图，其上散布着坟墓标记。除了以上的直接证据，最早的历史描述有两篇，分别由威廉·巴格肖（William Bagshaw）（出版于 1702 年）和理查德·米德（Richard Mead）（出版于 1722 年）创作，两位作者声称通过与蒙佩森家和斯坦利家的几个儿子的谈话间接了解了埃姆鼠疫。③ 除了这些为数不多的证据，19 世纪早期由当地历史学家、税务员威廉·伍德（William Wood）出版的卷帙浩繁的"口头传说"（oral tradition）也提供了大部分的资料来源。④

尽管史料基础薄弱，但是直到最近人们才开始发现埃姆故事的破绽。20 世纪 70 年代，莱斯利·布拉德利（Leslie Bradley）指出，埃姆的死亡率比人们想象的要低得多：通过对该村人口的修正计算，他证明大约 64% 的家庭逃脱了鼠疫，死亡人口则少于半数。⑤ 一直以来，人们不太关注对

---

① 其中一封信现在丢失了。巴索（Batho）还找到了萨维尔在 1666 年 12 月 21 日写给蒙佩森的一封信，这封信现在存放在约克大学博思威克历史研究所（Borthwick Institute of Historical Research），参看 Gordon Richard Batho, "The Plague at Eyam: A Tercentenary Re-Evaluation," *Derbyshire Archaeological Journal* 84, 1 (1964): 81-91。

② John G. Clifford and Francine Clifford, eds., *Eyam Parish Register, 1630-1700*, Chesterfield: The Derbyshire Record Society, 1993.

③ 斯坦利的儿子帮助了巴格肖，参看 William Bagshaw, *De Spiritualibus Pecci*, London, 1702, pp. 4-61。蒙佩森的儿子则帮助了米德，参看 Richard Mead, *A Short Discourse Concerning Pestilential Contagion, and the Methods to Be Used to Prevent It*, 8th edn, London, 1722, pp. 7-135.

④ William Wood, *The History and Antiquities of Eyam*, 1st edn, London, 1842. 伍德的口述史是可疑的。在 18 世纪 80 年代，埃姆教区收集整理了一份更为简短的记录，其中没有提及任何关于蒙佩森和隔离的内容，详见 James Pilkington, *A View of the Present State of Derbyshire with an Account of Its Most Remarkable Antiquities*, Vol. 2, Derby, 1789, p. 412。同样具有暗示意义的是，在另外一份对 1665 年德比郡瘟疫的详细记录中，也没有提到埃姆，详见 William Hutton, *The History of Derby to the Year* 1791, London, 1791, pp. 233-235.

⑤ Leslie Bradley, "The Most Famous of All English Plagues: A Detailed Analysis of the Plague at Eyam, 1665-6," in Paul Slack, ed., *The Plague Reconsidered*, Matlock: Hertfordshire Publications, 1977, pp. 63-94. 关于长期的影响，见 Philip Race, "Some Further Considerations of the Plague at Eyam," *Local Population Studies* 54, 1 (1995): 56-65.

可怕的遗产：解读埃姆村的瘟疫（1666-2000）

埃姆鼠疫相关事件的历史纠正——事实上，史学界基本上不关注埃姆，埃姆只存在于当地历史爱好者的记录和文学创作者的想象重构等僻秘之处。在国家历史中，埃姆鼠疫只是作为轶事或例证而存在，与主要历史进程无关。在19世纪写就的埃姆地方历史中，鼠疫则占据主导地位，使该村过去的所有其他历史参照点都黯淡无光。尽管如此，还是出现了一些问题。传统叙事的一个中心观点是，村民是自行决定自我隔离的，保罗·斯莱克（Paul Slack）对此提出了质疑。他指出，埃姆周围的防疫封锁线与20世纪60年代以及之前对一些教区和城镇实施的管制线类似，被隔离者以此为条件可以换得食物。① 与之相关的，有关埃姆的早期史料对于隔离的说法都很模糊，谢菲尔德市在埃姆疫情暴发期间甚至使用了治安官来防止"人们接近福伍德温泉"。②③ 当然，作为一个矿工聚居的极度贫困的工业型教区，埃姆比许多村庄更依赖粮食进口，尤其容易受到这种外部压力的影响。④ 这也与埃姆故事中另一个被忽略的含糊之处相吻合：根据威廉·伍德在19世纪的写作，隔离是在6月开始，也就是瘟疫开始8个月之后。隔离的规模和程度也可能比人们一般认为的更有限：虽然埃姆的村民几乎都很穷，但那些财富稍多的村民死亡率却相对低得多，这表明他们可能已经逃离了。⑤

英勇的牧师蒙佩森与村民之间的关系引发了更多的猜测。1664年，由

---

① Paul Slack, *The Impact of Plague in Tudor and Stuart England*, Oxford: Oxford University Press, 1985. 另请参阅 Mary Dobson, *Contours of Death and Disease in Early Modern England*, Cambridge: Cambridge University Press, 1997, p. 281; John Hunter, *Hallamshire: the History and Topography of the Parish of Sheffield, in the County of York*, London, 1819, p. 112.
② "Sheffield Constables Accounts, 1666," Sheffield City Archive, JC 905.
③ 译者注：历史上福伍德温泉（Fulwood Spa）位于现在谢菲尔德市的福伍德区内（但是具体位置已经不可考），距离埃姆村大概有10英里的直线距离。据史料记载，在1666年大瘟疫肆虐的时候，人们经常到福伍德温泉休养或取水。详见 Sheffield City Council, "Fulwood Conservation Area Appraisal," 2008, https://www.sheffield.gov.uk/content/dam/sheffield/docs/planning-and-development/cons-areas/fulwood/Fulwood-Conservation-Area-Appraisal——pdf-1-67Mb-.pdf。
④ Andrew Wood, *The Politics of Social Conflict: The Peak Country, 1520-1770*, Cambridge: Cambridge University Press, 1999.
⑤ 根据1664年壁炉税估税员的记录，埃姆村的160个家庭中，只有59个家庭富裕到可以征收壁炉税。在需要缴纳此税的家庭中，51户有一处壁炉，其中有22户家庭（43%）有人死于鼠疫；6户有两个及以上壁炉，其中只有1户家庭（17%）有人死于鼠疫。详见 Public Record Office, E 179/94/403; John G. Clifford and Francine Clifford, eds., *Eyam Parish Register, 1630-1700*.

新领主乔治·萨维尔爵士（Sir George Saville）提名，蒙佩森接管了埃姆教区。与此同时，在空位期（the Interregnum）① 担任埃姆教区长的托马斯·斯坦利也留在了村子里，并受到村民的大力支持。② 然而，在几乎所有关于瘟疫的记录中，蒙佩森都被赋予了主导地位。当时确实有人支持蒙佩森。乔治·萨维尔爵士本人——大概是依据蒙佩森对一系列事件的描述并且了解到蒙佩森妻子的去世——把瘟疫的结束归因于蒙佩森牧师"对一个遭受如此苦难的地方的关爱"，称赞他"这段时间以来都很像一个殉道者，就像你为了信徒（羊群）而舍弃了生命"，③ "为了职责而舍弃了你自己人生的快乐"。④ 然而，记录埃姆鼠疫的最早的出版物（由威廉·巴格肖于1702年出版）——尽管有教派偏见——却撇开蒙佩森转而支持托马斯·斯坦利。在隔离措施实施之前，蒙佩森还把他的孩子送到了约克郡的安全地带。我们或许会好奇村民们到底是怎样看待他的。

二 关于瘟疫的初始记录

在埃姆鼠疫的故事中，没有什么是一成不变或确定的。如果埃姆的故事能在发生时就被迅速记录并传扬开来，那么1665-1666年直接证据的极度匮乏就不会那么突出了。然而，尽管埃姆村位于峰区（Peak District）⑤——当时已经是英格兰的主要旅游目的地——的中心地带，但在1790年之前，埃姆的故事充其量只是一个小小的历史奇闻。关于德比郡的大量旅游文献都

---

① 译者注：空位期（the Interregnum）是指英国历史上从1649年查理一世被处死到1660年查理二世结束流亡回到英格兰复辟之间的一段时期。在这一时期内，英国采取了各种形式的共和体制；在宗教上，在秉持宗教自由的护国公克伦威尔（Oliver Cromwell）的支持下，也一改之前的单一宗教观，呈现百花齐放、多元发展的态势。但是这种发展趋势在查理二世复辟以及《1662年一致性法案》颁布后就被扭转了。
② 1662年，有69位村民向萨维尔爵士请求留下斯坦利牧师。详见 Nottinghamshire Record Office, DDSR 221/94/39。
③ 译者注：在《圣经》中，耶稣基督被称为好的牧羊人（the Good Shepherd），而基督教徒被称作羊群（flock）。在此处，乔治·萨维尔援引了这个比喻来形容蒙佩森牧师与埃姆村教众之间的关系。
④ Borthwick Institute, CPH, 4549.
⑤ 译者注：峰区（Peak District）位于"英格兰的脊梁"奔宁山脉（the Pennines）南端，是英格兰的一片高地，主要分布在德比郡北部，也包括柴郡、大曼彻斯特、斯塔福德郡、西约克郡和南约克郡的部分地区，是英国著名的旅游风景地。峰区国家公园（Peak District National Park）于1951年设立，是英国第一座国家公园。

没有提及这座鼠疫村,哪怕是被用来恐吓或迷惑那些途经查茨沃思(Chatsworth)和切斯特菲尔德(Chesterfield)之间通向该村的岔路口的旅人的一个小传说都没有。① 无论如何,威廉·布雷(William Bray)在1783年的行程记录中提到了埃姆,他描述了教堂墓地中的古老十字架,但并没有讨论十字架周边坟墓的起因。②

有两个简短的记录为17世纪晚期和18世纪早期宗教和医学辩论中偶尔提到埃姆鼠疫提供了史料基础。这些记录与18世纪后期的表述相比,在语气上有明显不同。两位作者对鼠疫的兴趣寥寥,记录中的许多细节也很模糊。这两个记录分别把斯坦利和蒙佩森称赞为领导者,但没有对其他社区成员有任何描述,不论是浪漫的、悲剧的,还是赞叹的。

最早印刷出版的记录是1702年由非国教教派(Nonconformist)③牧师威廉·巴格肖撰写的,记录了斯坦利在鼠疫期间留下来帮助病人的情形。它属于非国教教派的写作风格,在此类作品中,鼠疫证明了非国教教徒对教区的承诺——尽管当时他们是受法律排斥的。④ 事实上,巴格肖的记录主要描述的是德文郡伯爵拒绝了强迫托马斯·斯坦利离开埃姆的要求,并提到了非国教教徒在鼠疫期间的行动:

> 更为公道的做法是,整个国家应该不仅仅用言语来表示对他(斯坦利)的感谢,他对小镇如此关怀,采取了其他人都没有采取的措

---

① 旅行者对德比郡的主要记述中都没有提到过埃姆,详见 Celia Fiennes, *The Journeys of Celia Fiennes*, C. Morris, ed., London: Cresset, 1949; James Brome, *Travels over England, Scotland and Wales*, 2nd edn, London, 1707; John Macky, *A Journey through England*, 5th edn, London, 1732; Samuel Simpson, *The Agreeable Historian, or the Compleat English Traveller*, London, 1746; William Stukeley, *Itinerarium Curiosum*, London, 1724; Phillip Carl Moritz, *Journeys of a German in England in 1782*, Reginald Nettel, ed. and trans., London: Cape, 1965; Cyril Bruyn Andrews, ed., *The Torrington Diaries*, London: Eyre and Spottiswoode, 1934; Thomas Newte, *Prospects and Observations on a Tour in England and Scotland*, London, 1791; Barthelemi Faujas de Saint-Fond, *Travels in England, Scotland, and the Hebrides*, London, 1799.
② William Bray, *Sketch of a Tour into Derbyshire and Yorkshire*, 2nd edn, London, 1783, pp. 178-179.
③ 译者注:非国教教派(Nonconformist)是指不遵守英国国教的统治和习俗的新教教派,因为与英国国教的对立关系而一度受到法律限制,例如非国教教派的牧师不能担任公职,信徒不得上大学,等等。
④ Patrick Wallis, "Plagues, Morality and the Place of Medicine in Early Modern England," *English Historical Review* 121 (2006): 1-24.

施，以防止邻近城镇的感染。①

相比鼠疫，德文郡伯爵对斯坦利的支持才是巴格肖写出这段记录的更重要原因。从理论上讲，德文郡伯爵作为地方领袖有义务执行法律，让非国教教徒离开他们原来的教区。德文郡伯爵对斯坦利的支持，对非国教教派的事业来说是一个小小的政治胜利。这尤其值得注意，因为伯爵家族是辉格贵族（Whig aristocracy）的一部分，而非国教教徒正需要后者的资助和支持，以抵制保守党（Tories）推翻最近颁布的《宽容法案》（*The Toleration Act*）② 的要求。③ 巴格肖意识到了埃姆鼠疫的严重性及其被成功遏制，尽管与其他记录不同的是，他暗示蒙佩森并没有参与其中。即便如此，他并没有暗示埃姆的经历是独特的、英勇的，以及是村民自主选择而非外部强加命令的结果。

另外一篇有关埃姆的早期记录收录在皇家医师理查德·米德（Richard Mead）撰写的《关于鼠疫蔓延的简短论述，以及预防它的方法》（*A Short Discourse Concerning Pestilential Contagion, and the Methods to Be Used to Prevent It*，1722 年出版）第八版中，从中可以观察到类似的对埃姆鼠疫部分历史的无视，这种无视在后来变得愈加凸显。④ 米德以埃姆为例，确立

---

① William Bagshaw, *De Spiritualibus Pecci*, London, 1702, p. 64.
② 译者注：《宽容法案》（*The Toleration Act*）是由英格兰议会制定，并于 1689 年 5 月 24 日获得王室核准的一项法案。法案赋予非国教教徒更大的宗教自由，规定非国教教徒只要同意法案内容或者对国王进行效忠，即可免受法律处罚。
③ 这似乎也是爱德华·卡拉米（Edward Calamy）将斯坦利纳入其作品的动机，Edward Calamy, *An Abridgment of Mr Baxter's History of His Life and Times*, London, 1702, p. 391. 卡拉米把这本书献给了德文郡公爵的继承人哈灵顿侯爵（Marquis of Hartington）。Arnold Gwynne Matthews, ed., *Calamy Revised*, Oxford: Calamy Revised, 1934, p. 459。需要注意的是，虽然卡拉米的研究基础是理查德·巴克斯特（Richard Baxter）的"非国教教徒"的名单，但斯坦利并不在这一名单上；详见 Richard Baxter, *Reliquiae Baxterianae*, London, part 3, 1696, pp. 90ff。
④ Richard Mead, *A Short Discourse Concerning Pestilential Contagion, and the Methods to Be Used to Prevent It*, 8th edn, London, 1722, pp. 7-135. 米德的书的第一版至第七版（共 59 页）出版于 1720 年。第八版的长度为之前版本的将近三倍，达到 150 页。关于相关的争论，详见 Paul Slack, *The Impact of Plague in Tudor and Stuart England*, Oxford: Oxford University Press, 1985; James C. Riley, *The Eighteenth Century Campaign to Avoid Disease*, Basingstoke: St. Martin's Press, 1987。米德的一个助手托马斯·肖特（Thomas Short）也提到了埃姆，但是他的叙述完全基于米德的《关于鼠疫蔓延的简短论述，以及预防它的方法》，详见 Thomas Short, *A General Chronological History of the Air*, 2 vols, London, 1749, Vol. 1, p. 340.

了他对抗瘟疫的"戒律"（Precepts）。他的描述主要集中在三个阶段的行动上：将病人转移到独立的"临时棚屋或简陋营房"中；从德文郡获取补给品；确保"没有人离开教区"。尽管这些措施被归功于蒙佩森，但与米德自己的抗疫行动计划完全吻合。这个计划是米德在1720年为政府制定的，因为他预计马赛的大瘟疫将会蔓延开来。基于米德方案的立法引发了争议并很快被废除。米德修改《论述》一书的主要目的是捍卫他的提议及其背后的理论。就此而言，米德叙事的侧重点似乎是策略上有意如此。考虑到米德计划之前受到的一个主要批评是它忽略了被隔离的社区，因此，无怪乎在1722年的版本中，德文郡同意提供生活必需品与关闭村庄的决定是捆绑出现的。鼠疫通过一盒衣服传播到埃姆——这种说法首次出现在这里——同样加强了米德在鼠疫起因辩论中的立场。值得注意的是，尽管米德从蒙佩森的儿子那里得到了一些信息，他并没有将蒙佩森的行为视为英雄行为（这也可以解释他为什么没有提到斯坦利）。米德认为，蒙佩森只是做了政府官员和神职人员在瘟疫期间应该做的事情。

三 一位英国英雄

埃姆在18世纪的大部分时间里都相对默默无闻，这与它后来的盛名形成鲜明对比。直到18世纪的最后十年，它才开始引起人们的更大兴趣。这一变化与文学和历史研究品位意外的同时转变以及几位文学人物的偶然兴趣有关。作为文学浪漫主义和当时正在发展形成的基于地方的感性历史研究的结合体，埃姆鼠疫的故事开始流行起来。[1] 埃姆的故事提供了一个框架，在此基础上可以编织进来新的令人回味的历史碎片：一场被驯服的灾

---

[1] 关于如何理解过去，Mark S. Phillips, *Society and Sentiment: Genres of Historical Writing in Britain*, Princeton: Princeton University Press, 2000; Stephen Bann, *The Clothing of Clio: A Study of the Representation of History in Nineteenth-Century Britain and France*, Cambridge: Cambridge University Press, 1984; Hayden V. White, *Metahistory: The Historical Imagination in Nineteenth-Century Europe*, Baltimore: Johns Hopkins University Press, 1975; A. Dwight Culler, *The Victorian Mirror of History*, New Haven: Yale University Press, 1985; John W. Burrow, *A Liberal Descent: Victorian Historians and the English Past*, Cambridge: Cambridge University Press, 1981. 针对地方历史记录的研究相对较少，但是可以参见 Rosemary Sweet, *The Writing of Urban Histories in Eighteenth-Century England*, Oxford: Oxford University Press, 1997.

难，就像中世纪或现代的战争一样，成为无可置疑的英雄主义的舞台。以这种形式，埃姆的故事成为峰区新愿景的一部分，也成为普遍意义上"英国性"（Englishness）的一部分。这种"英国性"强调被神化了的英雄的过去、一直以来民族气质的独特性，以及与天主教和欧洲大陆的迥然不同。①

埃姆与人们如何理解英国特质的关系，在上述历史过程的开始最为明显。法国大革命之后，《欧洲杂志》（European Magazine）发表了一系列沉痛哀悼旧政权垮台的文章，其中包括对法国天主教神职人员生平的正面描写。这些文章并没有打动所有的读者（已故或被废黜的贵族引起的争议要小得多）。在那些被颂扬的人中有马赛的主教，他在1720年瘟疫肆虐期间坚持领导着他的"羊群"（信徒），在整个欧洲广受赞誉。② 一位名叫"居里奥斯"（Curiosus）的读者不愿意让一名天主教牧师有任何名不副实的功绩。他给杂志寄了一封信，讲述了三个英格兰人的故事，"他们在这个国家的成就和那个声名显赫的法国人差不多，却没有享有同等的声誉"，其中一个人即是蒙佩森。③ 居里奥斯的信件以米德的著述为基础，但是也明显体现了作者本人对埃姆当地的了解。例如，信件提到了1766年时任埃姆牧师托马斯·苏厄德（Thomas Seward）为蒙佩森这个"好牧者"（good shepherd）作的赞词，它是如此动人以至于"所有听到的人都热泪盈眶、不能自已"。

在一些有关埃姆的注解和叙事修正出现之后，这种与马赛主教相比较

---

① David Lowenthal, *The Heritage Crusade and the Spoils of History*, Cambridge: Cambridge University Press, 1997, pp. 8 - 97; Alice Chandler, *A Dream of Order: The Medieval Ideal in Nineteenth-Century English Literature*, Lincoln: University of Nebraska Press, 1971.

② 参见 *European Magazine*, 17, April 1790.

③ 其他的例子来自1665年的伦敦大瘟疫，见 *European Magazine*, 17, June 1790, pp. 415 - 416。"居里奥斯"并不是唯一持这种态度的人。1827年，查尔斯·斯旺（Charles Swan）——最早把曼佐尼（Manzoni）的著作《约婚夫妇》（*I Promessi Sposi*，英文译作 *The Betrothed*——译者注）翻译成英文版（1828年出版）的人，在翻译这本书时同样把其中对红衣主教博罗米奥（Cardinal Borromeo）在米兰瘟疫期间活动的传记式描述删掉了，详见 Augusta Pallotta, "British and American Translations of *I Promessi Sposi*," *Italica* 50, 4 (1973): 485 - 486。对马赛主教和伦敦市长的相对中立的比较可见于伊拉斯谟·达尔文（Erasmus Darwin）在1789年发表的一本书，Erasmus Darwin, *The Botanic Garden*, London, 1789, part 2, lines 435 - 439.

的爱国主义促使作家威廉·苏厄德于1793年在《欧洲杂志》上发表了关于埃姆鼠疫的更全面的描述。① 连同1666年蒙佩森写作的三封信一起,苏厄德的叙事版本后来被再版,并被收录在他于18世纪90年代出版的几卷传记和轶事集中广泛流传。② 在这篇文章中,苏厄德开始把埃姆的故事转变成后来广为人知的版本。最重要的是,虽然对理查德·米德来说埃姆只是一个正确的、可复制的抗疫行为范例,但在苏厄德的版本中,蒙佩森成为一个英雄。事实上,蒙佩森也不能是其他的——因为苏厄德描述他的美德就是为了展示他是如何比马赛主教更加英勇的。正如苏厄德所说:

> 古老和现代的英格兰……因为我们相信,它与过去几乎没有不同,会因自己怀有的一位教区牧师而感到庆幸和自豪,这位牧师没有耀眼的品质,也不像贝尔桑斯先生(M. de Belsance,马赛主教)那样有那么多教徒沐浴他牧养的祝福,但他照管着一小群信赖他的人,他们的生活充满着同样多的危险,也充满着同样多的虔诚热情和仁爱之举。

矛盾的是,蒙佩森的卑微身份成为他个人形象的一个标志——这进而延伸到英国人的整体特性。与法国天主教的盛气凌人和专制主义形成鲜明对比的是,蒙佩森展现了一种勤奋、自律、基督徒的男子气概——此后他经常以这种具有象征意义的形象出现。③

---

① 苏厄德的描述见 *European Magazine*, 14, July 1793, pp. 62-65; Aug. 1793, pp. 118-120。之前的相关笔记包括: *European Magazine*, 17, July 1790, p. 23; 9, Jan. 1791, p. 17。关于苏厄德的著作,见 Catherine Dille, "Seward, William (1747-1799)," in *Oxford Dictionary of National Biography*, Oxford: Oxford University Press, 2004.
② William Seward, *Anecdotes of Some Distinguished Persons*, 5 vols, London, 1795-7, Vol. ii, pp. 21-38. 在十年之中,本书出版了五个版本。目前尚不清楚苏厄德是否为原作的作者。
③ 例如,以下著作: Charlotte M. Yonge, *A Book of Golden Deeds of All Times and All Lands*, London, 1864, pp. 291-294; Jeremy Gregory, "Homo Religiosus: Masculinity and Religion in the Long Eighteenth Century," in Tim Hitchcock and Michele Cohen, eds., *English Masculinities, 1660-1800*, London and New York: Routledge, 1999, pp. 85-110; Herbert L. Sussman, *Victorian Masculinities: Manhood and Masculine Poetics in Early Victorian Literature and Art*, Cambridge: Cambridge University Press, 1995; Norman Vance, *The Sinews of the Spirit: The Ideal of Christian Manliness in Victorian Literature and Religious Thought*, Cambridge: Cambridge University Press, 1985.

除了树立起蒙佩森的英雄主义精神，威廉·苏厄德还阐述了其他几个关键的细节。他清楚地表明，蒙佩森和妻子为了躲避鼠疫而争吵，如果他留下来，她也不会离开。他还描述了蒙佩森的"劝说和权威"如何说服村民们留下来。然而，苏厄德对鼠疫的痴迷集中在蒙佩森及其家庭因鼠疫而导致的悲剧性后果上，这一点在牧师写给孩子们的信中表现得很明显。富有同情心的读者可以通过这些信件深入了解蒙佩森牧师的极端的情感和精神经历。正如苏厄德所说："我但愿我和我的朋友们都不会认识读到这些信件而不流泪的人。"阅读埃姆的故事，就好像踏上了一段感伤的、道德教化的历史之旅。① 在新的历史研究风气下，人们对当地的、熟悉的和亲密的事物给予了新的关注，并且如马克·菲利普斯（Mark Phillips）所说，与历史"共鸣……这是阅读历史的乐趣之一"。因此，在这种写作氛围下，埃姆的悲剧因为自身的特质而成为值得书写的历史的一部分，而不仅仅是米德乃至巴格肖的叙事中更宏大历史中的一个释例。②

尽管威廉·苏厄德明确了埃姆故事中的悲剧性选择和英勇牺牲——这是使埃姆鼠疫的故事经久不衰的原因，但是他的解释很快就被取代了。1810年，一个更丰富、更浪漫的叙述出现在著名诗人安娜·苏厄德（尽管姓氏相同，但与威廉·苏厄德并没有亲戚关系）去世后面世的一封信中。安娜·苏厄德于1747年出生于埃姆，她父亲托马斯·苏厄德（Thomas Seward）是埃姆教区的牧师，直到他们一家搬到利奇菲尔德（Lichfield）。在埃姆鼠疫100周年快要到来的时候，她和父亲一起看到了蒙佩森写的信。然后，安娜写了一封长信描述埃姆鼠疫，信上标记的写作日期是1765年2月。

在这封信中，安娜·苏厄德勾勒出了19世纪大多数埃姆故事所模仿的叙事结构和各叙事要素之间的联动性。在某些方面，包括做出隔离决定的方式，以及与有名的马赛主教的比较，她的描述与威廉·苏厄德都非常相似。但是，她进一步强调了埃姆故事悲剧的一面，更加关注地方环境和婚

---

① 见 European Magazine, 14, July 1793, pp. 62-66; 14, August 1793, pp. 118-120. 关于同理心（empathy）的重要性，参见：Hayden V. White, Metahistory: The Historical Imagination in Nineteenth-Century Europe, pp. 38-39.
② Mark S. Phillips, Society and Sentiment: Genres of Historical Writing in Britain, p. xii.

姻义务，而这两者都能有效地引发感伤情绪。她对峰区深山高处的村庄偏僻而美丽的环境的描写，强化了瘟疫作为一种"自然"恐怖的冲击力：甚至是在白天污染山谷的石灰窑和冶炼厂，"在晚上看起来也像是许多小火山"。她还强调突出了那场"鼠疫灾难"的巨大社会影响。在她重述蒙佩森"向他那受惊的、痛苦的羊群布道"的场景的时候，这一点表现得尤为明显。她在结尾写道："在那些可怕的时刻，他的劝告一定是多么严肃、多么令人伤怀啊！"① 尽管在早期的记述中没有出现，但是这些布道的场景——就像前面描绘的自然风景一样——是安娜·苏厄德之后的作者很少忽视的主题。

也许最重要的是，安娜·苏厄德对故事进行了重塑和性别化，较早采用了18世纪后期和19世纪初期许多女性作家使用的叙事方式。② 在她的叙述中，牧师和他"挚爱的妻子"之间的浪漫的婚姻之爱与公民义务一样重要。在这里，凯瑟琳·蒙佩森的角色要突出得多，她在不可调和的责任之间左右为难——一个母亲对孩子的责任与一个妻子对丈夫的责任。她的去世表明，毋庸置疑，她最终决定留下来，这也证明了美德和责任的胜利。确实，她的死被描述为对婚姻和村庄的牺牲。对安娜·苏厄德来说，这是社区付出的最大代价。通过将故事扩展到家庭领域以及一些其他方面的调整，安娜·苏厄德重新安排了故事的基本元素并创造了一段浪漫爱情故事。其中有两个高潮，分别是凯瑟琳的死亡和威廉·蒙佩森在鼠疫过后的超脱俗世。这最后的情感巅峰体现在蒙佩森"虔诚的、深情的、悲哀的和可怜的"的信件中。在以此为主题创作的第二封信件中，安娜·苏厄德

---

① 信件创作日期标记为1765年2月13日，Anna Seward, *The Poetical Works of Anna Seward*, 3 vols, Walter Scott, ed., Edinburgh, 1810, Vol. 1, pp. clvii, clxi.
② Greg Kucich, "Romanticism and the Re-Engendering of Historical Memory," in Matthew Campbell, Jacqueline M. Labbe, and Sally Shuttleworth, eds., *Memory and Memorials, 1789-1914*, London: Routledge, 2000, pp. 15-29. 另请参阅 Devoney Looser, *British Women Writers and the Writing of History, 1670-1820*, Baltimore: Johns Hopkins University Press, 2000; Stuart Curran, "Women Readers, Women Writers," in Stuart Curran, ed., *The Cambridge Companion to British Romanticism*, Cambridge: Cambridge University Press, 1993, p. 191; Gary Kelly, *Women, Writing, and Revolution, 1790-1827*, Oxford: Oxford University Press, 1993.

提供了上述蒙佩森信件的副本。①

尽管宣称是基于史实，安娜·苏厄德对埃姆鼠疫的描述在很大程度上是对历史的虚构。因此，在她去世后，这些埃姆叙事被收录在由沃尔特·斯科特（Walter Scott）编辑的安娜·苏厄德诗歌和文学书信集中。斯科特在编辑这份作品集的时候还是诗人的身份，但很快就因史诗般的历史小说而闻名。斯科特在一个稍显偏狭的脚注中指出，威廉·苏厄德早些时候曾印刷过蒙佩森的信件，但是评价说威廉·苏厄德在介绍这些信件的时候：

> 以一种冷漠、无趣的方式……无论是他的心灵还是他的想象力，似乎都没有从那些可能使他感到温暖的残迹中得到一丝光亮。他甚至没有提到那美丽的、浪漫的幽谷。②

安娜·苏厄德的写作方式更适合斯科特的口味，这并不奇怪。他们不但在模糊历史事实和历史虚构之间的界限上有着共同的兴趣，在试图赋予文学文本历史真实性的方式上也有相似之处。斯科特后来充分使用的许多技巧，都可以在安娜·苏厄德的真实混合虚构的叙述中找到。尽管她的信比斯科特的小说要简短得多，也更具有历史性，但苏厄德的写作手法——把埃姆描绘成不幸降临的田园乡村，把文献记录和故事讲述混杂在一起，把蒙佩森塑造成一个孤独英雄的形象——早于斯科特并启发了后者。③

---

① 此封信件的标记日期为 1765 年 2 月 25 日，Anna Seward, *The Poetical Works of Anna Seward*, 3 Vols, Walter Scott, ed., Edinburgh, 1810, Vol. 1, pp. clxvi-clxxix. 针对文件记录和历史重现的重要性，见 Mark S. Phillips, *Society and Sentiment: Genres of Historical Writing in Britain*, pp. 98-102, 关于浪漫主义的形式，见 Northrop Frye, *Anatomy of Criticism: Four Essays*, Princeton: Princeton University Press, 1957; Hayden V. White, *Metahistory: The Historical Imagination in Nineteenth-Century Europe*.

② Anna Seward, *The Poetical Works of Anna Seward*, 3 vols, Walter Scott, ed., Edinburgh, 1810, Vol. 1, p. clx.

③ Stephen Bann, *The Clothing of Clio: A Study of the Representation of History in Nineteenth-Century Britain and France*, pp. 5-144. 另请参阅 Anne Rigney, *Imperfect Histories: the Elusive Past and the Legacy of Romantic Historicism*, Ithaca: Cornell University Press, 2001, pp. 53, 107; Megan P. Stitt, *Metaphors of Change in the Language of Nineteenth Century Fiction*, Oxford: Oxford University Press, 1998.

四 19世纪对瘟疫的痴迷

威廉·苏厄德和安娜·苏厄德的描述共同激发了人们对埃姆鼠疫的兴趣。两位作者已经确定了故事的轮廓，并厘清了之前叙事中的许多模糊之处。他们所描绘的传奇的、英雄式的历史在19世纪20年代早期以来的故事版本中继续蓬勃发展，这些版本主要由当地作家创作。① 关于埃姆鼠疫的作品形式多样，从史诗②到旅游指南③和各类简史。④ 其中大部分作品都大量借用了安娜·苏厄德的叙述——尽管它们的篇幅更长——并且维持了她在创作时所建立的村子的隔离和蒙佩森注定悲剧的爱情之间的叙事平衡。它们添加的内容往往来自口头传说，并没有对故事做出实质性的改变。即使是全新的元素，比如乡村恋人罗兰（Roland）和艾莫特（Emmot）的故事——二人不幸地被瘟疫分开了〔他们与约翰·威尔逊（John Wilson）的通俗诗歌《瘟疫之城，以及其他诗歌》（*The City of the Plague, and Other Poems*）中的恋人有相似之处〕——也没有实质影响故事的整体基调。⑤ 在某些版本中，我们可以看到后来文学风格的影响，特别是那些对鼠疫受害者被随意掩埋的哥特式恐怖描述。⑥ 然而，几乎所有的作者都在继续模糊

---

① 在1818年，米德的作品仍然被认为是埃姆叙事的唯一来源，见 John Britton and Edward W. Brayley, *The Beauties of England and Wales*, 19 vols, London, 1801–1818, Vol. 3, p. 478.
② John Holland, *The Village of Eyam: A Poem in Four Parts*, Macclesfield, 1821; William and Mary Howitt, *The Desolation of Eyam*, London, 1827; Samuel Roberts, "Cucklet Church," in *Eyam; Its Trials and Its Triumphs*, Sheffield, 1834, pp. 17–24.
③ Ebenezer Rhodes, *Peak Scenery; or the Derbyshire Tourist*, London, 1824; Ebenezer Rhodes, *Derbyshire Tourist's Guide*, London, 1837; William Adam, *The Gem of the Peak*, London, 1838; R. Ward, *A Guide to the Peak of Derbyshire*, 7th edn, Birmingham, 1827.
④ Samuel Roberts, "Cucklet Church," in *Eyam, Its Trials and Its Triumphs*, Sheffield, 1834; Spencer T. Hall, *The Peak and the Plain: Scenes in Woodland, Field, and Mountain*, London, 1853; William Wood, *The History and Antiquities of Eyam*, 1st edn, London, 1842; William Mompesson, *The Three Following Letters…are Here Reprinted…at the Expense of a Parishioner of Eyam*, n. p, 1866.
⑤ 最初，罗兰和艾莫特是以无名人物的身份出现在约翰·霍兰德的诗中的，后来的大部分记述中对他们都有所描述。到1888年，他们甚至自己成为一首长诗的主题。John Holland, *The Village of Eyam: A Poem in Four Parts*, Macclesfield, 1821, pp. 11–12; John Holland, *The Tale of Eyam; or, a Story of the Plague in Derbyshire: And Other Poems by an Old Blue*, Derby, 1888。
⑥ Ebenezer Rhodes, *Peak Scenery; or the Derbyshire Tourist*, London, 1824, p. 40. 类似的场景描述还可见于 John Wilson, *The City of the Plague, and Other Poems*, Edinburgh, 1816. 关于维多利亚时代人们对于葬礼的看法，见 Ruth Richardson, *Death, Dissection and the Destitute*, London: Routledge, 1987.

历史写作和虚构写作之间的界限,他们强调引用事件当时的书信或讨论,但是是以一种肤浅的、不加思考的方式。① 例如,约翰·霍兰德(John Holland)的《埃姆村:一首四节诗》(*The Village of Eyam: A Poem in Four Parts*,1821年出版)等诗在尾注中附上了蒙佩森的信。② 与之形成对比,威廉·伍德(William Wood)的《埃姆的历史和古物》(*History and Antiquities of Eyam*)则充斥着想象出的主角之间的对话。这种创作上的变化——不再依赖教区登记册和蒙佩森的信件等直接证据,而是转向群体记忆或直接虚构,促使埃姆的故事毫无顾忌地持续铺陈。由此产生的一般叙事结构是一种由从属情节或故事缩影拼凑而成的奇闻轶事,其中可能会留下种种含糊之处悬而未决,而种种矛盾——比如,凯瑟琳·蒙佩森的决定中隐含的婚姻理想和母性典范之间的紧张关系——则可以被忽略。

19世纪对埃姆的兴趣的扩大,是文学和历史创作对过去流行病更广泛迷恋的一部分。③ 当时的文学和历史潮流都与此有关:威廉和玛丽·霍伊特(William and Mary Howitt)对瘟疫的诗意描述是在他们阅读了约翰·威尔逊的"美丽"史诗《瘟疫之城,以及其他诗歌》(*The City of the Plague, and Other Poems*,1821年出版)之后不久写成的,而威尔逊的诗激发了文学创作对瘟疫的兴趣。④ 对于深受欢迎的历史小说家哈里森·安斯沃思(Harrison Ainsworth)来说,瘟疫——对他来说特指伦敦大瘟疫——是他的读者最感兴趣的那个时期的又一个好的故事背景。⑤

---

① Philippa Levine, *The Amateur and the Professional: Antiquarians, Historians and Archaeologists in Victorian England, 1838-1886*, Cambridge: Cambridge University Press, 1986.
② John Holland, *The Village of Eyam: A Poem in Four Parts*, Macclesfield, 1821, pp. 26-29.
③ Christine M. Boeckl, *Images of Plague and Pestilence: Iconography and Iconology*, Kirksville: Truman State University Press, 2000, chap. 6.
④ Mary Howitt, *Mary Howitt: An Autobiography*, Boston, 1889, p. 179. 另请参阅 H. Southern, "Defoe's History of the Plague," *The Retrospective Review* 6 (1822): 19.
⑤ W. Harrison Ainsworth, *Old Saint Paul's: A Tale of the Plague and the Fire*, London, 1847. 这部小说中夹杂着一些对笛福的《抗击瘟疫的准备》(*Preparations Against the Plague*,出版于1722年)一书内容的松散演绎,[D. Defoe], *Narratives of Two Families Exposed to the Great Plague of London, A.D. 1665; with Conversations on Religious Preparation for Pestilence*, John Scott, ed., London, 1832.

可怕的遗产：解读埃姆村的瘟疫（1666-2000）

瘟疫在"旧时代"（Olden Time）是不太吸引人的元素之一，但是彼得·曼德勒（Peter Mandler）证明它对维多利亚时期的通俗史来说是多么的重要。① 对历史上流行病故事的关注也与当时人们的疫病经历密切相关。18世纪晚期和19世纪的外国流行病，特别是18世纪90年代在美国暴发的黄热病，受到人们的广泛讨论。② 在那时，瘟疫已经变成遥远国家的一种疾病，而不再是近在咫尺的威胁。然而，正是瘟疫在本土的消退，使得瘟疫成为辩论的焦点——主要是通过对历史流行病的讨论，探讨疾病的起因和隔离的效果。这些辩论在19世纪10—20年代的季度刊物和议会讨论中都会经常出现。从1832年开始，接连暴发的霍乱疫情给人们留下了新的大规模死亡的反乌托邦印象，尽管疫情被主要控制在了城市贫民之中。反过来，这种新的语境影响了人们对埃姆的看法。1832年霍乱暴发两年后出版的一份埃姆简史写道："最近的霍乱超出了想象，极具破坏性……我们越来越能够充分认识瘟疫可能造成的后果了。"③到了19世纪70年代，埃姆成为英国流行病历史的主要构成元素之一，与14世纪的黑死病（Black Death）和1665年的大瘟疫齐名。1879年，《泰晤士报》上一篇关于俄国瘟疫的文章写道："如果没有提及德比郡埃姆村暴发的鼠疫，即使是对1665年瘟疫历史的最粗浅的描述也是不完整的。"④

19世纪出现的一连串瘟疫记录的特征用法耶·盖兹所说的"哥特式流

---

① Peter Mandler, "'In the Olden Time': Romantic History and English National Identity, 1820-50," in Lawrence W. B. Brockliss and David Eastwood, eds., *A Union of Multiple Identities: The British Isles c1750-c1850*, Manchester: Manchester University Press, 1997, pp. 78-92.

② 黄热病的暴发也促使一些研究过去流行病事件的著作的出版，其中比较著名的有：N. Webster, *A Brief History of Epidemic and Pestiential Diseases*, 2 vols, Hartford, Connecticut, 1799. 一些出版物还节略了笛福《大疫年纪事》的部分篇章，如：*Pathetic History of the Plague in London, in the Year 1665*, Charlestown, 1795; *An Account of the Rise, Progress, and Termination, of the Malignant Fever, Lately Prevalent in Philadelphia. Briefly Stated from Authentic Documents*, Philadelphia, 1793, pp. 3-12.

③ Samuel Roberts, "Cucklet Church," in *Eyam, Its Trials and Its Triumphs*, Sheffield, 1834, p. 4. 本雅明·巴宾顿（Benjamin Babington）在为他翻译的贾斯特斯·赫克的《中世纪的流行病》作序言时，也提出了同样的观点，Justus F. C. Hecker, *The Epidemics of the Middle Ages*, trans. by B. G. Babington, London, 1833, p. v.

④ "The Plague," in *The Times*, 30 Jan. 1879, p. 3.

行病学"(gothic epidemiology)①来概括恰如其分。在贾斯特斯·赫克(Justus Hecker)②写作的黑死病历史(出版于1832年)之后,西方出现了"黑死病学"(the Black Death industry)。法耶·盖兹在剖析这一历史现象的时候提出了"哥特式流行病学"这个概念。③盖兹提出的瘟疫史写作的哥特式框架的许多方面在埃姆的故事中都有明显体现。最显著的一个方面是,埃姆是一个强调苦难和救赎的关于"极端行为"的英雄故事。它也是在几乎被遗忘之后才被"重新发现"的。同赫克一样,研究埃姆的作家们也将瘟疫描述为超出人类理解范围的事物。此外,他们对异国情调和中世纪也有共同的兴趣:在描述埃姆时,他们引用了年代久远的典故,例如奥西恩(Ossian)的诗歌,④以及德鲁伊祭坛(Druid stones)和维京人的典故。⑤

然而,埃姆故事的发展方式与盖兹分析的黑死病的历史有些不同。最明显的是,它表明在疾病史学领域正在出现一个更广泛的、不以霍乱为焦点的著史过程。与早期的黑死病历史不同,有关埃姆的记载主要是由诗

---

① 译者注:在其于1991年发表的论文中,法耶·盖兹认为,14世纪的黑死病在西方产生了大量的历史记录,不论是当时亲身经历过的人写作的,还是后来人写作的。这些大量的历史记录在19世纪早期促使了流行病学以及相应的流行病学史研究的出现与发展,而这些流行病史研究是"哥特式"的。所谓"哥特式",盖兹认为有如下的特点:"对遥远而奇异的地方和时代的兴趣,尤指对中世纪和东方的兴趣;赞美自然的力量及其超越人类认知的本质;不同元素的统一——善与恶,丑与美,死与生;大自然中原始野性的诱惑,怪异事物的诱惑;相对于自然人类的渺小;天才的存在;个体经历的重要性;最后,对苦难、死亡和救赎的关注。" Faye Getz, "Death and the Silver Lining: Meaning, Continuity, and Revolutionary Change in Histories of Medieval Plague," *Journal of the History of Biology* 24, 3 (1991): 279.

② 译者注:贾斯特斯·赫克,德国人,出生于1795年,亡于1850年,是一名医生以及医学史作家。他的写作关注疾病与西方历史之间的关系,曾著有《14世纪的黑死病:基于医师以及普通人的描述》(*The Black Death in the 14th Century: from the Sources by Physicians and Non-Physicians*)等书。

③ Faye Getz, "Death and the Silver Lining: Meaning, Continuity, and Revolutionary Change in Histories of Medieval Plague," *Journal of the History of Biology* 24, 3 (1991): 277

④ 译者注:苏格兰诗人詹姆斯·麦佛森(James Macpherson)自1760年起翻译发表了一系列史诗,并声称奥西恩(Ossian)是这些史诗的讲述者和作者,但是当代评论家对这种说法的真实性看法不一。

⑤ William Wood, *The History and Antiquities of Eyam*, 1st edn, London, 1842, pp. 48, 55, 80; Spencer T. Hall, *The Peak and the Plain: Scenes in Woodland, Field, and Mountain*, London, 1853, p. 314; William and Mary Howitt, *The Desolation of Eyam*, London, 1827, pp. 7-8.

人、作家和当地历史学家,而不是医生撰写的。此外,早期人们对埃姆的好奇表明,至少在英国,既有的对霍乱和赫克著作之前流行病历史的热衷,促发了大众对黑死病的兴趣。除此之外,埃姆的故事在文学和历史上的演变也清楚地表明,流行病是如何作为道德和情感故事的发生背景而融入英国的历史形象之中。18世纪的历史记录基本忽视了流行病,这对19世纪30年代的人们来说似乎是"非常离奇的"。① 在那时,人们对瘟疫的兴趣已经深深地根植在对历史灾难的充满感情的演绎中,就像埃姆的故事在18世纪也经历了同样的演绎。其他关于鼠疫的记述——比如笛福的《大疫年纪事》——在19世纪的复苏也体现了这一社会倾向。在1832年的霍乱之年,《大疫年纪事》的新版编辑正好回顾起安娜·苏厄德在埃姆的故事中所强调的公共利益和私人利益的平衡。这位编辑指出,没有任何一个"主题"比一座城市被瘟疫摧毁"更能折磨人的感情"。然而,它之所以"更能够激发我们的感情"是因为它展示了:

> 挚爱的、最珍视的情与爱的对象如何被从朋友身边夺走,家庭生活中那千万个微小的亲切友爱——它们构成了人类幸福的一大部分——如何也在这样可怕的恐怖中被遗忘了。②

虽然埃姆的故事更加乐观,但安娜·苏厄德的埃姆故事和笛福的《大疫年纪事》都揭示了,对太过脆弱的家庭和社会情感联系的感性关注,是瘟疫文学和历史写作的一大价值所在。③

从19世纪上半叶开始,埃姆鼠疫叙事的另一特点是持续存在的政治主题。我们已经看到,其中有些主题与国家认同有关,有些则影响了当时的公共卫生实践。除了无处不在的浪漫和感伤主题,还有一种对逝去时代——存在于宗派多样化和工业化之前的牧师权威和社会秩序——的怀旧

---

① Daniel Defoe, *A Journal of the Plague Year*, E. W. Brayley, ed., London, 1835, p. xv. 当然,鼠疫在各种医学书籍中并没有被忽视,这些书籍会通过历史案例来阐述有关疾病的论点。
② Daniel Defoe, *The History of the Great Plague in London, in the Year 1665*, London, 1832, pp. iii-iv.
③ 例如,W. Harrison Ainsworth, *Old Saint Paul's: A Tale of the Plague and the Fire*, London, 1847.

之情。历史作家们指出,蒙佩森的决定"具有法令的效力和效果","人们尊敬并欣然服从"他①。尽管是贵格会信徒(Quakers),② 威廉和玛丽·霍伊特描述蒙佩森在隔离村庄的决定中所扮演的角色时,也采取了人们通常描述这位英雄牧师的代表性方式。在他们的诗《埃姆的荒凉》(*The Desolation of Eyam*,1827年作)中,村民们处于集体绝望和逃离的边缘,直到蒙佩森出现让他们平静下来。然后,村民们,

> 聆听,并顺服,——因为心地纯洁,
> 对他们来说,他是他们的真理和高塔。③

神职人员的智慧和美德领导着一群没有学识的乡民——类似的等级观念反复出现。村民们的依赖被理想化为一个逝去的由有机社区构成的世界的一部分,失去这个世界让许多人痛苦忧伤。④ 需要记住的是,在过去,埃姆位于一座荒原之上,这座荒原恰好将阿克莱特爵士(Sir Richard Arkwright)在马特洛克(Matlock)的工厂与谢菲尔德众多蓬勃发展的工厂

---

① Ebenezer Rhodes, *Peak Scenery*; *or the Derbyshire Tourist*, London, 1824, p. 35. 参见 Alice Chandler, *A Dream of Order*: *the Medieval Ideal in Nineteenth-Century English Literature*, pp. 28-30, 128-143; Raymond Chapman, *The Sense of the Past in Victorian Literature*, London: Palgrave Macmillan, 1986, pp. 34-37.

② 译者注:贵格会(Quakers),又称公谊会或者教友派(英文全称为 Religious Society of Friends 或者 Friends Church),是基督新教的一个派别,于17世纪中期起源于英国新教的反对派系,反对英国国教,主张宗教自由。

③ William and Mary Howitt, *The Desolation of Eyam*, London, 1827, pp. 17-19。这些对圣公会牧师的正面描述可能有助于我们理解为什么有评论批评他们的作品是"反贵格会的",William and Mary Howitt, *The Desolation of Eyam*, London, 1827, p. 198。威廉·豪威特(William Howitt)后来将蒙佩森列为那些"卑微的乡村牧师"之一,"他们在自己默默无名的教区内辛苦工作……热情而谦逊",他们是优秀的人,尽管"身处最糟糕的、错综复杂的"教会治理之道(priestcraft)的"体系"之中,William Howitt, *A Popular History of Priestcraft in All Ages and Nations*, 3rd edn, London, 1834, pp. 366, 380.

④ Raymond Chapman, *The Sense of the Past in Victorian Literature*, pp. 145-162. 这一点在19世纪关于手工艺行会的文献中也很明显,例如,Lucy Toulmin Smith, *English Gilds*: *The Original Ordinances of More Than One Hundred Early English Gilds*, London, 1870. 比较 Peter Mandler, "'In the Olden Time': Romantic History and English National Identity, 1820-50," in Lawrence W. B. Brockliss and David Eastwood, eds., *A Union of Multiple Identities*: *The British Isles c1750-c1850*, pp. 88-89.

可怕的遗产：解读埃姆村的瘟疫（1666-2000）

分隔开来。①

就此而言，对于埃姆鼠疫的描写与将中世纪描述为一个完美等级秩序的时期类似。② 然而，与同时期的流行病相比，埃姆的故事具有一种更为具体的意义。从米德的描述开始，在有关传染病和公共卫生的辩论中，埃姆成为一个范例。它极高的死亡人数，通过货物传染的明确轨迹，以及隔离的成功，使埃姆成为那些普通人和医学人士支持瘟疫具有传染性科学论断的完美案例。例如在 1825 年，威廉·麦克迈克尔（William MacMichael）在一个小册子中攻击反对传染理论和反对隔离的社会运动，其中引用了米德和威廉·苏厄德的描述。③ 随着霍乱的到来，埃姆又获得了新的社会共鸣。笛福的瘟疫著作——连同许多其他人认为 "有用的"、有趣的关于过去瘟疫的描述——被再版了，而埃姆提供了一个甚至比笛福的瘟疫著作更有益的例子。④ 有人认为，对 1665 年那场大瘟疫的反思可能会 "唤起读者头脑中的其他反思……使他敬

---

① 译者注：理查德·阿克赖特爵士（1732-1792），英国工业革命早期著名的发明家和企业家，被誉为 "现代工厂系统之父"。阿克赖特的工厂坐落在马特洛克巴斯（Matlock Bath），这是德比郡的一个村庄，位于埃姆南方偏东约 23 公里处。

② Raymand Chapman, *The Sense of the Past in Victorian Literature*; Eric J. Hobsbawm and Terence O. Ranger, eds., *The Invention of Tradition*, Cambridge: Cambridge University Press, 1983.

③ William MacMichael, *A Brief Sketch of the Progress of Opinion Upon the Subject of Contagion; with Some Remarks on Quarantine*, London, 1825, pp. 22-26. 另请参阅 John Howard, *An Account of the Principal Lazarettos in Europe*, 2nd edn, London, 1791, pp. 24-25。相反，偶然传染论者（contingent-contagionist）托马斯·汉考克（Thomas Hancock）总结说，关于埃姆的叙事在解释这场传染病的时候 "忽略了一些东西"，而约翰·米切尔（John Mitchell）在他给下议院传染委员会的证据中驳斥了鼠疫是通过物品传染的 "奇妙故事"。Thomas Hancock, *Researches into the Laws and Phenomena of Pestilence*, London, 1821, p. 213; House of Commons, *Report from the Select Committee Appointed to Consider the Validity of the Doctrine of Contagion in the Plague*, Sessional Papers, Vol. 2, [doc 449 (1819)] pp. 90-91. 关于上述争论，见 Margaret Pelling, Cholera, *Fever and English Medicine, 1825-1865*, Oxford: Oxford University Press, 1978.

④ [D. Defoe], *Narratives of Two Families Exposed to the Great Plague of London, A. D. 1665; with Conversations on Religious Preparation for Pestilence*, John Scott, ed., London, 1832. 关于鼠疫的类似描述有："The Great Plague in the Fourteenth Century," *Fraser's Magazine* 5 (1832): 415-419; J. Ireland, *The Plague of Marseilles in the Year 1720*, London, 1834; "The Plague in Olden Times," *Chambers Journal of Popular Literature, Science and Arts*, London, 1859, pp. 221, 232. 另请参阅 Bokel, *Plague*, p. 145.

畏神旨的施为"。① 埃姆的故事体现了类似的宗教特征，但是相对于医学、史学和文学作品的叙事规则——瘟疫导致了"社会关系的完全解体"，它成为一个例外。②例如，村民们愿意把个人利益置于更大的利益之下，这隐含地批评了那些抵制公共卫生措施的行为。村民们甚至愿意将死者不经过任何仪式埋葬在不圣洁的荒地里，这种做法在19世纪30年代被卫生委员会强制执行时，引起了公众的强烈反对。正如教士兼作家约翰·梅森·尼尔（John Mason Neale）在1845年第二次霍乱流行时对瘟疫的诗意描述中所指出的，对那时"在街上""从一处死亡赶往另一处死亡，脚步永不疲惫"的牧师们而言，蒙佩森是读者能够想到的积极服侍教会和教民的典范。③ 尽管鼠疫死亡率相对较低，但埃姆村民仍保持着纪律，这与当时因反对霍乱管制而爆发的动乱形成对比。④

---

① Henry Stebbing, "'Introduction' to Daniel Defoe," *The History of the Great Plague in London, in the Year 1665*, Stebbing, ed., London, c. 1835, pp. xxx-xxxi. 又见 Daniel Defoe, *A Journal of the Plague Year*, E. W. Brayley, ed., London, 1835, pp. xvi-xvii; Hecker, *The Epidemics of the Middle Ages*, trans. by B. G. Babington, London, 1833, p. v.

② "The Great Plague in the Fourteenth Century," *Fraser's Magazine* 5 (1832): 417。关于鼠疫破坏了社会秩序的类似描述可见于：John Wilson, *The City of the Plague, and Other Poems*, Edinburgh, 1816, pp. 13-15; Charles MacLean, *Summary of Facts and Inferences, Respecting the Causes, Proper and Adventitious, of Plague and Other Pestilential Diseases*, London, 1820, pp. 13-14; H. Southern, "Writers on the Plague," *Retrospective Review* 7 (1823): 220; H. Southern, "Plague, a Contagious Disease," *Quarterly Review* 33, (1825): 223-224; H. Southern, "Plague and Pestilence," *Cornhill Magazine* 11 (1865): 591-603.

③ John Mason Neale, *A Mirror of Faith: Lays and Legends of the Church in England*, London, 1845, p. 141; Susan Drain, "Neale, John Mason (1818-1866)," in *Oxford Dictionary of National Biography*, Oxford, 2004.

④ 类似的观点可见于 "The Great Plague in the Fourteenth Century," *Fraser's Magazine* 5 (1832)。关于在附近的谢菲尔德市人们如何抵制霍乱管制条例，可见 John Stokes, *The History of the Cholera Epidemic of 1832 in Sheffield*, Sheffield, 1921, pp. 23-24, 31-32。伦敦"暴徒"对管理委员会官员的袭击受到阿尔格农·格雷维尔（Algernon Greville）的严厉批评，Algernon Greville, *The Greville Memoirs*, Henry Reeve, ed., 3 parts, London, 1874-1887, part 2, pp. 278-279. 与此相关的一般性文献，见 Robert J. Morris, *Cholera 1832: the Social Response to an Epidemic*, London: Holmes & Meier Publishers, 1976, pp. 108-114; Michael Durey, *The Return of the Plague: British Society and the Cholera, 1831-1832*, Dublin: Gill and Macmillan, 1979, pp. 156-184; Ruth Richardson, *Death, Dissection and the Destitute*, pp. 223-230。类似的社会动乱还出现在更大的空间尺度——欧洲大陆上，Peter Baldwin, *Contagion and the State in Europe, 1830-1930*, Cambridge: Cambridge University Press, 1999, pp. 62-65, 115-116.

可怕的遗产：解读埃姆村的瘟疫（1666-2000）

尽管埃姆故事越来越深刻地被纳入新的国家流行病历史年表中，在19世纪的大部分时间里，地方情怀对埃姆故事再生产的影响不弱于国家层面议题的影响。从一开始，埃姆就受到了与当地有着密切关系的作者们的极大关注。这样做的一个结果是，关于托马斯·斯坦利的角色的辩论——这场辩论始于19世纪早期并一直持续到20世纪——体现了圣公会（Anglicans）和独立派（Independents）① 之间的紧张关系。② 当地人对埃姆瘟疫故事的投入的一个更值得注意的后果，是对评判瘟疫意义的回避。可以肯定的是，对埃姆鼠疫的描述带有浓厚的哥特式色彩，就像盖兹评论赫克写作的黑死病历史一样。③ 例如，在诗歌中，瘟疫被拟人化为恶魔的代理人，一个"黑暗恶魔"在"午夜投掷飞镖（收割人命）"。④ 类似地，在历史和旅游指南中，瘟疫可能会从衣物箱中"突然出现"带走受害者的性命。⑤ 然而，这种把流行病刻画为村民与一个意想中的"疾病-怪物"

---

① 译者注：圣公会是基督新教的一个宗派。英国在16世纪宗教改革之后确立了英国国教，圣公会是从英国国教的宗教实践、礼拜仪式和身份认同中发展而来的。圣公会与英国国教的关系在于：英国国教是圣公会的起源，但是圣公会现在已经遍布全世界，而英国国教只是其中一个分支。独立派则是英国历史上一个反对圣公会的新教教派。与圣公会提倡等级管理体系不同，独立派倡导教会事务的地方自治。在英国内战时期（1642-1651）和空位期（1649-1660），独立派因为国会军队的支持得到长足发展。在1714-1815年，独立派与长老会（Presbyterians）、浸礼会（Baptists）和贵格会（Quakers）成为抵制圣公会的四大反对教派。详见 Nigel Yates, *Eighteenth Century Britain: Religion and Politics 1714-1815*, London and New York: Routledge, 2008, pp. 57-59.

② 关于地方礼拜堂与国教之间的紧张关系，详见 Derbyshire Record Office (DRO), D2602 A/P1, 21/1, pp. 8-9。对斯坦利的看法可见于：John Holland, *The Village of Eyam: A Poem in Four Parts*, Macclesfield, 1821, p. 13; Samuel Roberts, "Cucklet Church," in *Eyam, Its Trials and Its Triumphs*, Sheffield, 1834, p. 8; William Wood, *The History and Antiquities of Eyam*, 1st edn, London, 1842, pp. 107-110。1891年，人们为斯坦利竖立了一座纪念碑，但双方的争执仍在继续。当地历史学家、卫理公会（Methodist）非神职牧师克拉伦斯·丹尼尔（Clarence Daniel）认为，蒙佩森可能认为自己对埃姆村来说太好了。或许是受这一观点影响，R.M. 博蒙特（R.M.B [eaumont]）——19世纪埃姆村一位圣公会牧师的孙子——在1979年发表了一篇为"英雄"蒙佩森辩护的文章，详见 Clarence Daniel, *History of Eyam*, Sheffield, 1932; R.M.B., *The Reverend William Mompesson, 1638-1708, Hero of Eyam*, Southwell: Southwell Minste, 1979, p. 3.

③ Faye Getz, "Death and the Silver Lining: Meaning, Continuity, and Revolutionary Change in Histories of Medieval Plague," *Journal of the History of Biology* 24, 3 (1991): 277.

④ 见 John Holland, *The Village of Eyam: A Poem in Four Parts*, Macclesfield, 1821, p. 15. 另请参见 William and Mary Howitt, *The Desolation of Eyam*, London, 1827, p. 15.

⑤ Ebenezer Rhodes, *Peak Scenery; or the Derbyshire Tourist*, London, 1824, p. 39.

(disease-animal)之间冲突的做法，使得埃姆鼠疫的故事情节比17世纪流行的"天意说"要狭隘得多。① 18世纪末和19世纪的叙事通过只提及瘟疫传染的直接载体——来自伦敦的布料——而回避了瘟疫起因的一般性问题。即使在把蒙佩森描绘成一个现代先知——像亚伦（Aaron）②一样站在"生者与死者之间"——的历史叙事中，也规避了人的罪孽是瘟疫原因的可能性。③ 这种对上帝旨意（providence）的回避也许是当时社会世俗化的结果。然而，与威尔逊的《瘟疫之城，以及其他诗歌》极为强调神的审判——抑或同时期将罪恶、道德沦丧与霍乱联系在一起的做法形成鲜明对比，18世纪末和19世纪的埃姆叙事回避了罪责问题，这反映了当地作者的态度，他们不愿让埃姆蒙上任何污点。④ 威廉·伍德在其历史记录中明确否认鼠疫可能是由埃姆村内部的种种集体罪恶引起的，他这种明确强调的态度表明，在他的读者中至少有些有福音派倾向的人可能并不认可地方叙事对埃姆的开脱和辩解，他们认为鼠疫体现了上帝对村民罪恶的审判。⑤

五 瘟疫和村庄

埃姆在19世纪的名声，如果有什么不同的话，可能是过于明确了：作为一个悲剧的浪漫故事，一个用来感怀秩序、社区和责任的历史轶事，一种对英雄的基督教男性和女性的颂扬，埃姆鼠疫的故事很有吸引力。然而，文学上的成功并不意味着这个村庄一定能够成为文化遗产地和旅游目

---

① Alexandra Walsham, *Providence in Early Modern England*, Oxford: Oxford University Press, 1999; Keith Thomas, *Religion and the Decline of Magic*, London: Weidenfeld and Nicolson, 1971.
② 译者注：亚伦（Aaron），《圣经》旧约中摩西（Moses）的兄长，古以色列人的第一位大祭司，亦是犹太教、基督教、伊斯兰教共同承认的先知之一。
③ John Holland, *The Village of Eyam: A Poem in Four Parts*, Macclesfield, 1821, p. 17; Samuel Roberts, "Cucklet Church," in *Eyam, Its Trials and Its Triumphs*, Sheffield, 1834, p. 1. 此处引用的《圣经》条文为 *Numbers* 16.48。
④ John Wilson, *The City of the Plague, and Other Poems*, Edinburgh, 1816. 关于瘟疫作为审判的看法，还可见于 Pelham Knott, *A Tale of the Plague; the Old Jackdaw; and Other Poems*, Glasgow, 1846. 又见 Ruth Richardson, *Death, Dissection and the Destitute*, p. 227; Robert J. Morris, *Cholera 1832: the Social Response to an Epidemic*, pp. 132-155.
⑤ 译者注：此处译文与原文并不完全一致，因为原文的表达有些晦涩，现在的翻译是与原作者协商后的结果。

的地。为了实现后者，文本中的描写必须映射到村庄的地理空间和经济组织中。就此而言，地方能动性同样将是非常重要的，就像在此之前的文学转型中，地方能动性扮演了重要的角色（反过来，之前的文学转型促使了地方能动性的出现和成长）。同样地，我们可以清晰地追溯地方能动性对埃姆进行的想象性重建过程。

关键的历史转折点出现在1866年埃姆鼠疫暴发200周年的时候。在此之前，埃姆的居民似乎很少在意历史上的那次鼠疫和它的遗迹，他们只是把1755年暴发的一场热病归咎于挖掘出来的传染性物质。[1] 在19世纪早期，鼠疫时期坟墓的墓碑被村民们回收用作地板，卡克雷特教堂也已被遗忘了。赖利墓地（the Riley Graves）是当地最著名的墓地之一，却面临被犁头耙掉的威胁，直到一位本地绅士买下这块地以保存"它永远不应失去的神圣特性"。[2] 借由成功的庆典仪式和由此带来的物质回报，200周年纪念重新塑造了埃姆村对其瘟疫历史的态度。它使得人们领悟到其历史遗产的潜在经济和文化价值。在地方贫困和人口逐渐减少的背景下——因为许多家庭都搬到了发展中的工业区工作，这是一个受欢迎的机遇。[3]

埃姆的鼠疫纪念庆典明显是一个人为创造的传统，霍布斯鲍姆（Hobsbawm）认为这种传统在这一时期正在大量增加。[4] 正如罗兰·奎诺特（Roland Quinault）指出的，在19世纪中期，欧洲各地对英雄和文学名人百岁诞辰的纪念活动急剧增长。[5] 大多数百年纪念活动都归功于地方爱国主义和商业利益的结合，埃姆也不例外。教区牧师约翰·格林（John Green）在描述200周年纪念时记录了他是如何提议举办一场公共活动的——因为通过周年纪念，"我们能够引起公众和郡里绅士们的兴趣并让

---

[1] Anna Seward, *The Poetical Works of Anna Seward*, Walter Scott, ed., 3 vols, Edinburgh, 1810, Vol. 1, p. clxv.
[2] Ebenezer Rhodes, *Peak Scenery; or the Derbyshire Tourist*, London, 1824, pp. 44-45, 52.
[3] 当地的铅矿在1821年倒闭了，人们向制造业地区迁移是1831年当地人口下降的原因，*Census of Great Britain*, *1831*, London, 1832; *Census of Great Britain*, *1851*, London, 1852。
[4] E. J. Hobsbawm, "Mass-Producing Traditions: Europe, 1870-1914," in Eric J. Hobsbawm and Terence O. Ranger, eds., *The Invention of Tradition*, pp. 263-308.
[5] Roland Quinault, "The Cult of the Centenary, 1784-1914," in *Historical Research* 71, 176 (1998): 303-323.

他们帮助我们"。① （在埃姆村的"许多愿望"中，有一个愿望是修复教堂，为此筹集资金从一开始就是庆祝活动的核心目标。）在没有先例的情况下，格林发明了一套纪念流程，包括三段式的纪念布道。他还特别选定了一个日期来纪念那段长达一年的鼠疫。在这一点上，文学传说发挥了作用：他选择了 8 月 26 日，因为这一天最接近凯瑟琳·蒙佩森的葬礼日期。他还印刷并分发了 500 本《埃姆鼠疫的故事》（Story of the Plague of Eyam），以确保埃姆的故事在接近纪念日的时候被广泛传播。② 格林的时机选择尤其幸运。埃姆 200 周年纪念活动不仅是在埃姆鼠疫的作品被出版多年之后，而且还是在一场大规模牛瘟刚刚发生之后，这场牛瘟使许多农民从传染理论的反对者变成了隔离措施的狂热支持者；纪念活动还与一场霍乱同期发生。③ 不用说，这次活动取得了巨大成功。

从 1866 年开始，那场历史上的鼠疫成为当地社区宗教仪式年历（the ritual year）的中心。到了 19 世纪 80 年代，埃姆村每年都会举行纪念活动，而且规模越来越大，最后不得不迁至历史上的标志性地点——卡克雷特地沟之中，也就是鼠疫期间蒙佩森布道的地方。④ 这一系列的仪式使得埃姆成为新出现的大众旅游的热门目的地。到了 20 世纪 30 年代，埃姆成为游客到德比郡必去的地方之一，而纪念仪式是游客行程中的重要活动。

---

① 面对两个选项——建造一所新学校和修缮教堂，村民们决定修复和扩大"教区教堂以纪念那场鼠疫和尊敬的蒙佩森和斯坦利牧师"。这一决定小心地规避了不同教派和人群对这两位英雄的不同看法。格林记录了这些事件。详见 DRO, D2602 A/P1, 21/1, pp. 42-43。
② 筹款募集到 14 镑 3 先令 5 便士。
③ Michael Worboys, *Spreading Germs: Disease, Theories, and Medical Practice in Britain, 1865-1900*, Cambridge: Cambridge University Press, 2000, pp. 49-51. 人们为了纪念那场牛瘟而举办了一次"羞耻日"，时间在 1866 年 3 月 7 日，详见 DRO., D2602 A/P1, 21/1, p. 55。
④ 关于纪念活动是在何时迁至地沟的，现在仍然没有确定的说法。弗莱彻（Fletcher）在其 1924 年出版的指南中提出是在 1905 年，但是 R. M. 博蒙特在 1979 年提出，是他的祖父 E. 哈金（E. Hacking）在 1888 年把纪念活动迁到了地沟。1934 年《泰晤士报》（*The Times*）的一篇文章也提到了这一点，Rev. J. M. J. Fletcher, *The Plague-Stricken Derbyshire Village or, What to See in and around Eyam*, 3rd edn, Tideswell, 1924; R. M. B., *The Reverend William Mompesson, 1638-1708, Hero of Eyam*, p. 3. 《观察家报》（*The Observer*）以图片故事的形式报道了 1925 年的纪念活动，见 *Observer*, 30 Aug. 1925, p. 12。

可怕的遗产：解读埃姆村的瘟疫（1666-2000）

据报道，在1934年有1万人参加了纪念仪式。① 随着旅游业的发展，对那场灾难的可见的标志物的需求导致一个虚假的物的历史（material history）被创造出来。教会得到了一个箱子，并可疑地将其称作历史上将瘟疫带进村庄的那个箱子。② 村庄公共生活的其他方面也被牵涉入瘟疫的影响范围，整个村庄各处都铭刻了捏造的瘟疫故事。在1951年的英国节（the Festival of Britain）期间，③ 这个村庄发起了——或者是复兴了——德比郡的年度装饰水井（well dressing）仪式，在水井和泉眼边上装饰一幅由镶嵌在黏土底座上的花瓣制成的精美图画。这种安排是为了配合"鼠疫星期日"（Plague Sunday），④ 而这些图画通常是为了纪念历史上的那场鼠疫。⑤ 同年，人们在村庄周围的建筑物上贴上铭牌，以说明它们与瘟疫的联系，尽管并没有实际的记录或其他证据来验证这种联系。上述行为体现了一种想象力错位，拉斐尔·塞缪尔认为这对于大众记忆的构建非常重要。⑥

在1966年埃姆鼠疫300周年纪念时，埃姆在宣传自身方面取得的成功有目共睹。现在，埃姆鼠疫的重要性变得毋庸置疑。德比主教和德文郡公爵都发来了慰问信。伦敦市长甚至就"历史暗示"伦敦在向埃姆传播瘟疫的过程中所扮演的角色进行了谨慎的道歉。⑦ 在庆典上，约克大主教替代1866年的乡村教长进行了布道。尽管一位居民把埃姆描述为一座"国家朝圣圣地"（national shrine of pilgrimage），但鼠疫历史遗产对现代埃姆的经

---

① "Deliverance from 1665 Plague," *The Times*, 27 Aug. 1934, p. 7. 类似的报道还有："The Glorious Memory of Eyam," *Observer*, 30 Aug. 1925, p. 12; "Pilgrimage to Eyam", *The Times*, 31 July 1957, p. 10.

② Clarence Daniel, *History of Eyam*, Sheffield, 1932; R. M. B., *The Reverend William Mompesson, 1638-1708, Hero of Eyam*, p. 44.

③ 译者注：1951年，二战刚刚过去不久，英国的城镇还可以看到战争的创伤，为了鼓舞战后重建的士气和增强国家自豪感，英国政府推动举行了英国节。同时，英国节也是对1851年在英国举行的万国工业博览会（the Great Exhibition of 1851）的100周年纪念。

④ 译者注：自1866年鼠疫暴发200周年以来，埃姆村一直在庆祝"鼠疫星期日"（Plague Sunday），最初是在8月中旬庆祝，现在则是在8月的最后一个星期日。

⑤ Peter Naylor and Lindsey Porter, *Well Dressing*, Ashbourne: Landmark Publishing Ltd., 2002, p. 61.

⑥ Clarence Daniel, *The Story of Eyam Plague with a Guide to the Village*, revised edn, Eyam, 1985, chap. 2; Raphael Samuel, *Theatres of Memory*, Vol. 1, *Past and Present in Contemporary Culture*, pp. 8-17.

⑦ 埃姆鼠疫300周年纪念，埃姆，1965。

济意义显而易见。① 有些东西还是老样子：与 1866 年一样，捐款是为了"教堂的紧急维修"。但是，发展了一个世纪的旅游业留下了一个以瘟疫旅游为核心的基础设施体系。当地一处名为"矿工之徽"（The Miner's Arms）的客栈的广告甚至向潜在的游客们保证，他们将住"在村庄受灾最严重的地区"，并且客栈"后面有一个公共墓地"。

六　一场没有英雄的鼠疫

具有讽刺意味的是，当埃姆将自己转变成一个瘟疫主题公园并在中部地区的旅游行程中稳占一席之地时，它的文学呈现开始不再那么明确地采用英雄主义的形式。在 19 世纪的大部分时间里，埃姆的故事以一种随意、放任自流的方式发展着。由此导致的大杂烩并没有在一夜之间消失，事实上，它在今天仍然以类似的形式不断被翻版。② 但是，它现在越来越受到批判性的审视和质疑。在某种程度上，这种对埃姆故事的更为谨慎的评价，得益于在历史写作中学术研究日益占据主导地位，以及与之相关的对虚构和移情伪造物的反对。到 19 世纪晚期，伍德已经开始修改《埃姆的历史和古物》中某些部分的认识视角，将早期版本中描述为真相的部分情节重新标记为"瘟疫的传说"。③ 然而，新的关于鼠疫的历史叙述从根本上是受到了一个更为具体的进展的影响——在 20 世纪初人们发现了鼠疫杆菌以及它的传染媒介老鼠和跳蚤。④ 这开启了一个新的时代，对埃姆鼠疫的描述开始围绕着一种沉重的、时空错置的反讽而展开，这在某些方面与保罗·福塞尔（Paul Fussell）在一战相关作品和记忆中所发现的叙事手法相

---

① Clarence Daniel, *The Story of Eyam Plague with a Guide to the Village*, revised edn, chap. 1.
② 例如：Gladwyn Turbutt, *A History of Derbyshire*, 4 vols, Cardiff: Merton Priory Press Limited, 1999, Vol. 3, pp. 1, 186-190.
③ 如果比较第三版和第五版的内容——这两版都是由伍德完成的，这种对比尤其明显，William Wood, *The History and Antiquities of Eyam*, 3rd edn, London, 1859, pp. 93ff; William Wood, *The History and Antiquities of Eyam*, 5th edn, London, 1865, p. 101。第三版的内容与 1842 年的第一版非常接近。
④ Andrew Cunningham, "Transforming Plague: The Laboratory and the Identity of Infectious Disease," in Andrew Cunningham and Perry Williams, eds., *The Laboratory Revolution in Medicine*, Cambridge: Cambridge University Press, 1992, pp. 209-244; Michael Worboys, *Spreading Germs: Disease, Theories, and Medical Practice in Britain, 1865-1900*.

似。① 老鼠遍布关于鼠疫的作品中——不论是历史研究还是文学虚构，作者们以此来象征现代之前治疗和预防措施的无效：当时人们未能识别出老鼠这种传染媒介，现在回望过去，这一点显而易见，但对当时的人们来说却是毁灭性的。② 在埃姆的案例里，新质疑的背后还有另外一个因素：长期以来，人们广泛批评隔离和孤立措施是无效、代价巨大且存在潜在危险的——这种观点最终导致英国在19世纪后期对港口卫生控制进行了改革——这一观点也被缓慢地映射到文学和历史对埃姆村民自愿隔离一事的评估上。③ 这一映射过程似乎始于流行病历史学家克雷顿（Creighton），尽管他本人拒绝接受细菌学理论，但他在描述"英国最著名的瘟疫"时得出的结论是——尽管村民的行为毫无疑问是英勇的：

> 埃姆的村民依然还是因为某种想法而牺牲了，而这种想法，我们现在可以说，在科学上是站不住脚的。④

从20世纪30年代开始，人们普遍认为埃姆的经历是悲剧性的徒劳或愚蠢，而不是像19世纪人们通常认为的那样是悲剧性的必然。⑤

对隔离措施的重新评价对蒙佩森的声誉产生了巨大的影响。他无疑仍是一位英雄，但已经失去了一些光彩。正如半通俗医学杂志《医学历史年报》（*Annals of Medical History*）的一篇社论所建议的那样：

---

① Paul Fussell, *The Great War and Modern Memory*, Oxford: Oxford University Press, 1975.

② 关于埃姆村的案例，*Eyam and the Plague: A Guide to the Village*, Derby, n.d., p.2; Joyce Dennys, *Isolation at Eyam*, London, 1954, p.9.

③ Michael Worboys, *Spreading Germs: Disease, Theories, and Medical Practice in Britain*, 1865–1900, pp. 240–242, 247–248; Peter Baldwin, *Contagion and the State in Europe*, Margaret Pelling, *Cholera, Fever and English Medicine, 1825–1865*, pp. 26–29.

④ Charles Creighton, *A History of Epidemics in Britain*, 2 Vols, Cambridge, 1891, Vol.1, pp. 682, 687.

⑤ W. R. B., "Editorials: William Mompesson, 1639–1709," *Annals of Medical History* 3rd ser., 1 (1939): 564; Marjorie Bowen, *God and the Wedding Dress*, London, 1938; Gordon Richard Batho, "The Plague at Eyam: a Tercentenary Re-Evaluation," *Derbyshire Archaeological Journal* 84, 1 (1964): 81–91; Clarence Daniel, *The Story of Eyam Plague with a Guide to the Village*, revised edn.

出于最崇高的动机，（蒙佩森）擅自决定他有这个责任，让村民因为一种我们成熟后认为在科学上不合理的观点而牺牲。①

最终蒙佩森或许是错误的——这种想法与反对将其形象进行维多利亚式理想化的大趋势相吻合。20 世纪的作家们开始反对 19 世纪的描述中将蒙佩森刻画为具有坚定专一的信念、信仰和权威的形象，因为这些特征变得越来越令人难以接受。取而代之，他们想象出了一种有缺陷的英雄主义。在小说叙事中，埃姆鼠疫有时会成为一段心灵净化之旅，在这段旅程中，蒙佩森开始时是一个陷入困境的角色。在唐·泰勒（Don Taylor）的戏剧《埃姆的玫瑰》（*The Roses of Eyam*，1970 年首演）中，他过于热忱——"一个充满傲慢和愤怒的年轻人，他会在我们经过的时候在尘土中吐唾沫"，剧中的一位村民角色评论道。在马乔里·鲍恩（Marjorie Bowen）的瘟疫小说《上帝和婚纱》（*God and the Wedding Dress*，1938 出版）中，他过于野心勃勃和世俗。② 在这两部作品中，鼠疫都使蒙佩森成为一个更好的人。对英雄蒙佩森的改造，恰逢人们逐渐认识到传统埃姆故事中的一些尴尬因素。比如，在泰勒的戏剧中，当村民们明确地原谅饱受内疚折磨的牧师的时候，围绕着蒙佩森送走孩子而产生的叙事模糊性被凸显并消解掉了。在 20 世纪写作的埃姆鼠疫历史中也有类似的做法：虽然伍德的解释仍然是基于特定教派路线的，但围绕上述故事要素真实性的一些问题开始被提出来。③ 在埃姆博物馆，这种疑虑体现为展板图形的重新布置。在那里，虽然许多 19 世纪的故事仍然被展示出来，但在展板上却被降级为较小的字体。令人注意的是，新展板证明，纪念仪式的日期是离瘟疫暴发——

---

① W. R. B., "Editorials: William Mompesson, 1639-1709," *Annals of Medical History*, 3rd ser., (1939): 564.

② Don Taylor, *The Roses of Eyam*, London: S. French, 1976, p. 9; Marjorie Bowen, *God and the Wedding Dress*. 泰勒的戏剧在 1970 年 9 月首演于埃克塞特（Exeter）的诺斯科特剧院（Northcott Theatre），后来被搬上电视荧屏。

③ Gordon Richard Batho, "The Plague at Eyam: A Tercentenary Re-Evaluation," *Derbyshire Archaeological Journal* 84, 1 (1964): 81-91; John G. Clifford and Francine Clifford, eds., *Eyam Parish Register*, *1630-1700*, revised edn, Eyam, 2003; David Souden, "Mompesson, William (1638/9-1709)," in *Oxford Dictionary of National Biography*. 这些讨论和演变在埃姆博物馆中也可以看到，馆中的展览大部分是基于克利福德（Clifford）的书。

而不是凯瑟琳的死亡——最近的,这突出了人们态度的转变,对蒙佩森不再是圣徒传记(hagiography)般的神化描写。

这种怀疑态度在最近对埃姆故事的一次更为新颖和不同寻常的重新演绎中达到了高潮。在 1995 年,《埃姆:音乐剧》(*Eyam*: *A Musical*)的作者安德鲁·佩吉(Andrew Peggie)和斯蒂芬·克拉克(Stephen Clark)把埃姆鼠疫演绎成了一部怀有社会良知的流行音乐剧。与众不同的是,他们把埃姆描绘成一个工人阶级居住的矿业社区,艰难而危险的工作和牢固的联系塑造了这里的生活,这些景况与 20 世纪 80 年代和 90 年代陷入困境的英国煤矿小镇如出一辙。在这部作品中,旧的比喻被反转或丢弃了。直到瘟疫快结束的时候,村民们对他们的新任教区牧师都持轻蔑甚至敌视的态度。一些人指责他带来了这种疾病。蒙佩森关于隔离的论点未能说服村民们,而且,与早先的说法截然相反的是,隔离村庄的决定差不多是由社区投票做出的。这一次,蒙佩森的孩子们没有逃脱:凯瑟琳和他们一起到达了村庄的边界,但无法背叛社区。她的回归改变了关于隔离的争论。蒙佩森变成了一个困扰不安的男人,因为各种疑虑而痛苦万分,他的意志在妻子死后瓦解,不得不依靠村民来支撑。在整部音乐剧中,隔离究竟是无意义的还是必要的在某种程度上仍然是一个开放问题,但特别强调的一点是,邻近社区会拒绝任何离开埃姆村的人入内。考虑到这部音乐剧是由《马丁·盖尔》(*Martin Guerre*)①——另外一部对现代早期生活的黑暗解读——的词作者写的,这种视角上的转变或许是可以预见的。然而,这部音乐剧似乎将一些埃姆叙事的新趋势视为自然发展的结果,这些新趋势在最近的其他文艺创作中也可以看到。② 这些版本的埃姆鼠疫故事引入了寻找替罪羊的情节,质疑蒙佩森的领导者地位,并且突出了其中的社会排斥

---

① 译者注:马丁·盖尔是 16 世纪在法国发生的一起离奇的伪装他人诈骗的故事的主角。真正的马丁·盖尔作别妻子儿女离开故乡八年后,一个真名叫阿诺·杜·提尔(Arnaud du Thil)的人伪装成他回到村庄,并且与盖尔的妻子共同生活了三年。但是,三年后,提尔的伪装被识破并且在审判后被处以死刑。在审判期间,真正的盖尔也回到了故乡。盖尔和他的伪装者提尔的故事曾是许多历史著作和文学创作的主题。本文中提到的《马丁·盖尔》是一部两幕音乐剧,于 1996 年在伦敦西区首演。前文提到的斯蒂芬·克拉克是这部音乐剧的三位词作者之一。

② 尤其是在杰拉尔丁·布鲁克斯(Geraldine Brooks)的小说中,替罪和边缘化也是重要的话题。Geraldine Brooks, *Year of Wonders*, London: Penguin Books, 2002.

现象，这种种做法暗示了近来艾滋病对人类认知的影响——人们曾对应对传染病有着更为乐观的预期——以及历史研究方法的变化所产生的累积影响，后者赋予来自社会底层的观点更高的可信度。

结　语

尽管近年来的叙事重点有所转变，但埃姆鼠疫仍然是英国历史上最广为人知的流行病叙事之一，而埃姆作为旅游目的地的受欢迎程度使得埃姆最大限度地利用了它的资源。[1] 但是，埃姆的故事是一个经过人们精心构思的故事：尽管在过去的两个世纪（19~20世纪）里广为流传，但它的叙事基础很薄弱，证据不足，而且直到事件发生一个世纪后才为人所知——在此之前的整个世纪里，它几乎被彻底遗忘。埃姆鼠疫故事的屡次重塑让我们得以极其细致地追溯一场鼠疫相关叙事的演变和流传。在这个意义上，埃姆鼠疫的相关描述告诉我们的，更多的必然是18世纪晚期和19世纪英国社会对地方和历史的关注，而非这场鼠疫本身。本文所揭示的创作和再生产的过程，展现了文学写作与历史研究潮流、政治偶然性、流行病原学和地方利益的相互作用——所有这些因素都在塑造一段历史的过程中发挥了作用。这段历史以其令人心碎的悲剧娱乐了读者和游客并令他们着迷，并在此过程中传递了身份和责任、浪漫爱情和英雄行为的概念。在这一时期，促成这一传统的力量发生了巨大的变化，最明显的变化可能是在19世纪中期到20世纪后期之间教会问题重要性的下降。

在这整个的发展过程中，文本和空间之间的关系是动态的：关于瘟疫的历史细节一旦被重新发现，就会在瘟疫发生地被复活重现。如果说某些做法是在有意尝试去创造联系、填补空白——就像20世纪埃姆通过铭牌给特定的房屋赋予某种角色，但是它很快就变得和村内鼠疫历史的主体内容融为一起，没有区别了。最近，许多学术研究探讨了遗产和历史在民族或政治群体表达身份和价值观方面的作用，这些研究往往特别关注人们如何

---

[1] Christopher W. Antonsen, "*Its Character Shall Not Be Destroyed*": *Narrative, Heritage, and Tourism in the Plague Village*, Ph. D. thesis, Ohio State University, 2001.

通过积极创造具有象征意义的实践和场所来构建或巩固自己的身份。① 相比之下，埃姆的案例强调了地方偶然性和地方投入在诸如此类历史生产中的重要性。当地的需求和关切推动了埃姆作为遗产景观被推广开来，同时，当地文学家提供了这个故事的最初的形式和宣传——尽管就安娜·苏厄德在1765年和威廉·苏厄德在18世纪90年代的作品而言，它们的"舞台"都是国家层面的。以地方叙事作为英国国家认同的基础、以历史作为行为典范的指南——在向这种做法转变的过程中，埃姆鼠疫的故事体现了彼得·曼德勒（Peter Mandler）和保罗·瑞德曼（Paul Readman）最近提出的认同的历史性来源（the historicized sources of identity）。② 实际上，在其早期对场所保护的关注和有关百年纪念的设想中，埃姆早就已经体现出了瑞德曼认为是源于19世纪末英国历史想象和实践的许多特性。通过旅游业的发展，埃姆的这些做法收到了回报。

当然，埃姆鼠疫并不是乡村生活中的一个浪漫插曲：教区登记册上的死亡人数——不管村民死亡人数是超过四分之三还是不到一半——都无疑验证了这场流行病的血腥程度。村民们、蒙佩森、斯坦利和他们的邻居可能拯救了这片地区，使其免于进一步的感染——也可能没有。虽然这个问题仍然没有解决，但他们所经历的恐怖和创伤并不会因此而变少。正是这种经历的极端性赋予了这个故事持久的趣味，而也正因为这些经历的极端性，我们必须在试图理解这些事件或者解读那些英雄的或者浪漫的描述时——这种描述仍然弥漫在流行病叙事中，甚至是在最近的反转演绎中，在其中曾经的英雄被赶下神台，而英勇行为被重新解释为悲剧性的无知——停下来，用最多的时间深思。一方面，历史上的作者们在解读如此久远的流行病时感受到了移情的自由，并且有意愿对个体的失败或英雄主

---

① David Lowenthal, *The Heritage Crusade and the Spoils of History*; Patrick Wright, *On Living in an Old Country: The National Past in Contemporary Britain*, London: Verso, 1985; Robert Hewison, *The Heritage Industry: Britain in a Climate of Decline*, London: Methue, 1987; Eric J. Hobsbawm and Terence O. Ranger, eds., *The Invention of Tradition*.

② Peter Mandler, "'In the Olden Time': Romantic History and English National Identity, 1820-50," in Lawrence W. B. Brockliss and David Eastwood, eds., *A Union of Multiple Identities: The British Isles c1750-c1850*; Paul Readman, "The Place of the Past in English Culture c. 1890-1914," in *Past and Present* 186, 1 (2005): 147-200.

义做出评判；另一方面，最近的历史学家和其他作者认识到，要表达并讨论创伤性事件——例如种族屠杀——是非常困难的，我们试图理解和描述它们的做法总是不得要领；将这两种情况对比来理解是十分有益的。[1] 正如威廉·蒙佩森在鼠疫结束之后所说的："这个地方的情况是如此悲惨，我相信它确实超越了所有的历史和先例。"[2]

A Dreadful Heritage: Interpreting Epidemic Disease at Eyam, 1666-2000 *

Written by Patrick Wallis**

Chinese version translated by Wang Lili, *Proofread by* Wang Liyang***

Abstract: How do societies make sense of epidemics? This article examines how the history of one plague epidemic was constructed over several centuries. The epidemic occurred in a small village in England, Eyam, which became famous because of its plague, and still today attracts many tourists each year to explore its heritage. The story of Eyam's plague was particularly tragic: in its usual form, the history tells how the villagers quarantined themselves and stopped disease spreading, but at the cost of many lives. Yet as I show, this story has little evidence to support it. It is clear that many people died in the plague, but

---

[1] Cathy Caruth, *Unclaimed Experience: Trauma, Narrative, and History*, Baltimore: Johns Hopkins University Press, 1996.

[2] William Mompesson, "Letter to John Beilby, Yorkshire, 20 Nov. 1666," in William Wood, ed., *The History and Antiquities of Eyam*, 1st edn, London, 1842, p. 81.

* Original publication information: Patrick Wallis, "A Dreadful Heritage: Interpreting Epidemic Disease at Eyam, 1666-2000," *History Workshop Journal* 61 (2006): 31-56.

** Author Bio: Patrick Wallis is a Professor in Department of Economic History at the London School of Economics and Political Science.

*** Translator Bio: Wang Lili is an Assistant Professor at Center for Social Sciences, Southern University of Science and Technology.

Proofreader Bio: Wang Liyang is a Lecturer at Institute of Anthropology and Folklore, School of sociology, Shanghai University.

not that this was because of an act of heroic self-sacrifice. Instead, most of its details were invented by several generations of local writers and historians. The ways that they shaped the story reflected the social, cultural and political contexts in which they wrote. The heroes and villains of the story change between generations of writers. Eyam's history is a classic example of the "invention" of history, and offers a warning against drawing lessons from the past.

Keywords: Eyam, Plague, Literary Creation, the History of Epidemic

灾害民族志标准化方法的开发[*]

——访谈、案例的编辑、编码化、灾害过程的认定

〔日〕田中聪　〔日〕林春男　〔日〕重川希志依
〔日〕浦田康幸　〔日〕龟田弘行　著
黄洁　译
王晓葵　校[**]

摘　要：建立灾害民族志被认为是分析灾害过程的重要研究方法之一。然而，发展灾害民族志的标准化程序尚未建立。标准化程序包括访谈、案例分析、案例编码化和灾害过程认定等四种方法。本论文提出了建立发展灾害民族志的标准化程序的方法论，并以1995年发生的阪神淡路大地震灾害为例进行了实例分析。

关键词：灾害民族志　案例编辑　编码化　OCM　灾害过程

引　言

在灾害的调查研究中，引起灾害外力的大小等关于危险（Hazard）的信息，受害的发生状况等关于脆弱性（Vulnerability）和损害程度（Damage）的信息，还有受灾者和灾害应对者的应对行动（措施）等的反

---

[*] 原文出处：田中聡・林春男・重川希志依・浦田康幸・亀田弘行「災害エスノグラフィーの標準化手法の開発—インタビュー・ケースの編集・コード化・災害過程の同定—」『地域安全学会論文集』2号、2000。

[**] 作者简介：田中聪，日本京都大学防灾研究所助手；林春男，日本京都大学防灾研究所教授；重川希志依，日本富士常叶大学环境防灾学部助理教授；浦田康幸，Hyper研究有限公司（Hyper Research Co., Ltd）大版事务所所长；龟田弘行，日本京都大学防灾研究所教授。（以上系论文发表时各作者所在机构及职务。）
译者简介：黄洁，日本爱知大学国际中国学研究中心研究员。
校对简介：王晓葵，南方科技大学社科中心教授、副系主任。

应（Response）相关的信息等，从"作为物理现象的灾害"到"作为社会现象的灾害"，灾害的各个方面的信息，都有必要加以收集和分析。其中，"作为社会现象的灾害"这一视点，以阪神淡路大地震为契机，其重要性已经被深刻地认识到了，并正在逐渐成为灾害调查研究的主要课题之一。另外，在国际防灾支援和技术转移等场合，准确把握当地防灾的诸多课题和社会、经济背景，也对有效地实施救灾极为重要。

那么，作为社会现象的灾害的调查研究，被定义为由灾害这种大规模的环境变化引起的，对受灾者和灾害应对者以及围绕他们的各种文化、制度、装置群的动态的调查研究。[①] 如将这种动态命名为灾害过程，则可以说灾害调查研究的目的，在于对灾害过程的系统性阐明或记述。因此，在关于灾害过程的知识积累不足的情况下，与其他科学一样，必须从实际（实证的）数据中对灾害过程的个别记述的积累开始，只有通过对这些个别记述的比较研究，灾害过程的系统论的记述才会成为可能。

那么，关于灾害过程的个别记述是怎样的呢？那是关于在灾害现场的人际关系的状态，关于在灾害应对中变得特别重要的各对象间关系的状态记述，被称为灾害民族志。关于灾害民族志的目的，林春男、重川希志依做了详细的说明，其中最重要的一点是，排除我们的臆测，从受灾现场的受灾者和灾害应对者的角度来描绘灾害图像，描绘在灾害现场中的默会知识或原则，或者说，是指将受灾者和灾害应对者对于灾害的理解翻译成让当时没有在场的人们能够理解的知识体系，从而可以向在下一次灾害中可能出现在灾害现场的所有人提供有用的防灾信息。[②] 但是，由于民族志通常很大程度上依赖于每个民族志写作者个人的资质和能力，所以结果产生个人差异的可能性很大。因此，为了使灾害民族志能作为防灾学的研究方法而成立，有必要对民族志数据的收集与案例的编辑、分析、评价的各个过程确立标准的调查研究方法，尽可能地排除由个人差异所造成的偏差，并制定一定的程序，（便使得）无论是谁都能准确地创造出一定水平的民族志。

[①] 田中聡・林春男「災害人類学の構築に向けての試み—災害民族誌の試作とその体系化—」『地域安全学会論文報告集』8号、1998、14~19頁。

[②] 林春男・重川希志依「災害エスノグラフィーから災害エスノロジーへ」『地域安全学会論文報告集』7号、1997、376~379頁。

为此，本研究的目的，是确立灾害民族志的标准调查研究方法，整理在灾害民族志开发的方法论的提案和制作上的问题点，并明确今后的方针。本论文以作者在西宫市进行的调查为例，对灾害民族志开发中的数据收集、案例编辑和编码化过程中的方法论和问题点加以研究，并从制作而成的案例中对灾害过程加以认定。

一　数据的收集

（一）访谈调查和参与观察

如何从受灾者和灾害应对者的视角收集与灾害图像相关的信息，对于这样的问题，文化人类学和社会学领域采用了所谓参与观察和访谈调查的调查法。参与观察，是指在调查对象的社会中生活，在与当地人交往的过程中，收集社会生活相关的数据的调查方法。为了使参与观察成为可能，必须以调查对象和观察者之间建立一定的信赖关系（心理学上，用"rapport"一词表示）为前提。当这种信赖关系成立时，调查对象能够实现在没有意识到观察者的存在的情况下行动。不过，一般认为，在这种信赖关系成立之前，观察者通常需要和调查对象共同生活几个月。在灾害现场进行这样的参与观察，调查者和调查对象双方都会产生极大的负担，调查往往变得相当困难。在阪神淡路大地震时，媒体采访者和调查者在没有建立起一定的信赖关系的情况下进入灾区，与受灾者之间发生了不少纠纷，这是众所周知的事实。因此，作为灾害民族志的数据收集法，选择在与受灾者和灾害应对者之间确立了一定的信赖关系之后，把以共享当时的体验为目标的采访调查作为基本的方法论，被认为是最合适的选择。

（二）访谈调查的实施时间

其次，灾害发生后，在什么时候进行调查呢？在灾害发生后尽早实施对作为物理现象的灾害相关数据的收集的话，调查对象的记忆也会相对清晰，信息的精确度自然也比较高。但是，作为社会现象的灾害，也就是说，为了客观地讲述（描述）与灾害有关的时间变迁及从他们的视角所看到的灾害图像，需要一定的时间等调查对象恢复内心的平静，即使是暂时的，也需要一定程度的生活安定。另一方面，从记忆机制的制约来看，谈论体验时，记忆内容合理化、整合化等现象也会产生。因此，把握人们在那个阶段结束后的瞬间是很重要的。合适的时间因人而异，在后述著者们的调查中，是在震灾大约过去了一年以后，（著者们）判断达到了这样的状况，并进行了调查。

（三）访谈调查的方法

访谈调查应注意三点：（1）采用非结构式的访谈法；（2）按时间顺序展开话题；（3）"三个教训"的提问等。

1. 采用非结构式的访谈法

一般来说，访谈的方法分为两大类。一是系统地整理设计好的问卷，并严格按照计划实施的结构化访谈。这种方法，因为提问内容和提问方法是相对固定的，可以从共通的项目较多的访谈对象那里收集数据，有些案例可能和问卷调查类似，其优点在于有可能把结果换算成数值进行统计。但是另一方面，因为事先决定了提问项目，所以不太能期待"意料之外的事实发现"。另外一种是，随着访谈对象的话题展开，尽可能不妨碍其话题的进展，即非结构式的访谈。这种方法可以避免把访谈对象的回答局限在设定的问题之内，但由于（这种方法）很大程度上依赖于采访者的个性和能力，所以结果产生个人差异的可能性很大。在灾害民族志中，如上所述，我们以排除臆测为前提，重视意想不到的事实，因此采用非结构式的访谈法。

2. 根据时间顺序展开话题

在弄清灾害过程时，时间轴起着非常重要的作用。也就是说，由于时间是贯穿灾害过程的唯一的基轴，所以沿着这个时间轴讲述事件的发展（展开），在灾害过程的系统论的记述中是不可或缺的。而且，对于访谈对象而言，与其突然从特定的话题开始说起，不如随着时间的流逝，讲述从受灾前一天到现在（调查日）为止其所采取的行动及其背景、受灾情况及与近邻的关系、思考，受灾者面临的各种各样的课题的经过，等等，这才被认为是自然的流程。

3. "三个教训"的视点

为了更好地引导受灾者感受到地震灾害的教训，有必要对教训加以概括。因此，本研究以以下三点作为教训提出：（1）下一次灾害（发生）时也一定要做的事；（2）在下一次灾害（发生）时，绝对不能做的事；（3）在下一次灾害发生的时候，应该努力改善的事等。

二　调查的概况

本研究以阪神淡路大地震的受灾者为对象，在地震后大约一年的时期，进行了访谈调查。本论文对地震发生时居住在西宫市的三个地区（上原、高松町、今津水波町）的 32 户家庭进行了访谈调查。在获得了从受灾后的行动到大约一年后的应对情况相关的信息后，本论文主要以对其中的高松町居住的 6 户家庭的访谈为例加以分析。

西宫市的高松町是战后不久就开始建造住宅用地的古老住宅区。位于西宫市的中央偏东，阪急西宫北口站的南部。城市东南面是开阔的西宫球场，城市中央贯通着阪急今津线。高松町于昭和 7 年（1932 年）西宫体育场完工后，随着城市建设开始建造，大致分为三个街区。第一个是阪急今津线西侧的街区，是大型超市和住宅展示场占大半的地区；第二个是球场和车站前面的商业街地区；第三个是阪急神户线沿线的住宅区，受灾主要集中在这一地区。

阪急西宫北口站周边一带，在这次地震中震感强烈，特别是球场和阪急神户线之间的住宅区，建筑物的受灾情况相当严重。阪急今津线两侧的西区，除了公营住宅，受灾的人家相对较少。西宫球场受损也不严重。但是，在车站前面的商店街，小的租户大楼和医院等都倒塌了。震灾发生后，以居民为主体进行了自救和互救。其特点是，几乎不寻求外部志愿者的协助。在避难方面，非正式地使用了町内的市民服务中心（厚生事业会馆），在那里的救援活动也全由当地商店店主担任指导。但是也出现了类似近年来才搬进来的新住民，町内会①也无法把握情况。人的受灾方面，高松町因地震灾害直接造成了 4 人死亡（其中女性 3 人）。死者主要集中在町北侧的住宅区。此外，高松町在地震前的居民登记人口为 993 人，525

---

① 译者注：日本的村落或都市的一部分地区中，由住民组织的，促进共通利益、地域自治的民间团体。

户。作为分析案例的 6 户家庭的状况如表 1 所示。

表 1 高松町访谈对象概况

案例#	状况	概要
5	家庭成员数：3 职业：无 住居：两层木结构 受灾情况：房屋全毁，女儿死亡	家族死亡的案例。只有女性的母亲、女儿、孙女三人一起生活，女儿死亡。该对象被名古屋的（另一个）女儿带走，之后住在芦屋的儿子家里。虽然被允许借用"仮设住宅"①，但由于交通不便，9月在原来的地方新建了房子。
7	家庭成员数：2 职业：粮食商 住居：木结构平房 受灾情况：房屋全毁	高松町极力拒绝志愿者和行政的援助，避难所等也是自主运营。该对象是避难所的领导，从上一辈以来一直是粮食商。过去经常扶助近邻。
13	家庭成员数：1 职业：无 住居：两层木结构 受灾情况：房屋全毁	该对象是刚年满退休的单身女性，租住4户独幢楼房的住宅。灾后在避难所中生活，之后，又搬到政府提供的临时住宅。
19	家庭成员数：6 职业：住持 住居：寺院 受灾情况：房屋全毁，母亲死亡	家人死亡，被活埋，建筑物全毁等受灾甚大的案例。在从江户初期开始以高木村作为檀家的真言宗的寺院②。花了数日救出母亲。在志愿者的支援下，收拾整修了寺庙。
24	家庭成员数：3 职业：护士 住居：两层木结构 受灾情况：房屋轻微受损	该对象是很有经验的护士。两个女儿也是护士，经常活跃于对被活埋的高松町受灾者的救援和对受伤者的治疗活动中。作为町内会的中心成员，为避难所的开设做了努力。
29	家庭成员数：5 职业：主妇 住居：文化住宅 受灾情况：房屋全毁	在文化住宅③等小规模住宅密集地区难以重建的情况下，根据受灾者的互相帮助提出了共同住宅的提案。

---

① 译者注：由于自然灾害等原因，失去了可以居住的房屋，政府对用自己的资金无法获得新住宅的人出借的临时住宅，为方便理解，下文记为"临时住宅"。
② 译者注：所谓"檀家"，是指"属于寺院的家"，他们的墓地安置在特定的寺院而不是陵园。檀家制度是在日本江户幕府时代的宗教控制政策中产生的，某个寺院通过垄断地执行各个檀家的葬礼供养这一条件结合并形成了寺庙和檀家的关系，而有着强烈的家族和祖先崇拜的一面。"高木村"为檀家的法名。
③ 译者注：指的是近畿地区高度经济成长期建造的集体住宅。

三　案例的编辑和编码化

（一）　对访谈的编辑

如前叙述的那样，各种访谈是按照时间轴推进的。在那里，访谈并不是平铺直叙地进行着，而是以时间轴上发生的许多事件为节点的一种整理和总结，即以故事中的小事件为单元，展开话题。但是，因为我们的对话在大多情况下，话题或者散漫如天马行空，或者中途突然消失又突然接续，所以如果原封不动地把访谈直接转写成文本的话，会造成意义不明确，作为资料也并不充分。因此，在不改变发言的内容和意图下，整理好顺序，整理成某种程度上容易读懂的文章，进行原稿化处理。这种对访谈的编辑工作需要大量的时间和劳动力，因此希望能够确立工作步骤并实现计算机科学手段的智能化编辑。

（二）　编码化

迄今为止，每当灾害发生时，都会留下大量的文献和资料。即使只限于阪神淡路大地震，这些报告、论文、总论也都数量庞大，在调查某个课题的时候，几乎不可能将这些文献全部浏览一遍。对世界各地发生的灾害的比较研究等，在更广泛的范围中高速进行信息检索的必要性正在增加，在此当下，对文献检索进行有效解决的对策目前仍尚未确立。

解决这个问题的一个办法是赋予其关键词。学术论文一般都会指定关键词，通过关键词进行检索的搜索引擎也被实用化了。一般而言，在作为物理现象的灾害的研究领域中，已经具备较为齐全的关键词体系，也有学术用语集出版了。但是，在作为社会现象的灾害相关的研究领域，关键词体系尚未完善，可以说各著作者常常处于随意确定关键词的状态，极不方便。我们尝试对1999年《地域安全学会论文集》[①] 中的关键词进行分析后发现，27篇论文中一共有120个关键词。然而，除了GIS、Great Hanshin-Awaji Earthquake Disaster 等一部分技术用语和固有名词，几乎没有一致的

[①] 参见：地域安全学会『地域安全学会論文集』、1999。

用语。而且，固有名词的写法也各不相同，搜索上的问题也很多。目前的现状是，除了学术论文，其余资料没有关键词，只能依赖于文章标题和有限的少量信息，通过检索键进行检索。

近年来，在数字化的文献中，全文检索逐渐成为主流。但是，关键词的制定，是对研究人员与资料"作战"的记录。其记录本身和对书籍的写作一样，具有作为研究资料的价值。因此，即使全文检索已经变为可能了，也不能缺少决定应该关注哪个关键词的能力。

（三）OCM 代码

迄今为止，为了对灾害事件进行分类和编码化，已经开发了几个体系。例如，德拉贝克（Drabek）[①]提出了一种将人类之间的应对行动按时间展开灾害过程（Disaster Phase）和作为对象的集团系统层级（System Level）这两个轴进行分类的方法。或者，早稻田大学理工学综合研究中心灾害情报中心[②]则通过对发生灾害、受灾、经过、应对、原因、对策等相关信息的关键词化，并依据（灾害发生的）主要原因进行分类。此外，应用了图书分类法的神户大学附属图书馆震灾文库[③]，则使用诸如地震一般、法律、经济、行政、消防、防灾等那样的 16 个小群组进行分类。

这些分类法大多主要关注灾害时发生的事象，没有过多地考虑其与平常时期的持续性。然而，灾害时发生的问题大多是由平常时期和灾害时期的落差导致的，如何解决这个落差，重新确立平常时期的秩序便成为重要问题。因此，在灾害民族志中，有必要产生一个在灾害时期和平常时期都能共通使用的代码体系。

另一方面，在文化人类学中，将被称为 HRAF（Human Relation Area Files，人类关系区域档案）的民族志的基本文献集按照所谓 OCM[7]（文化项目分类，Outline of Cultural Materials）和 OWC[8]（地域、民族分类，Outline of World Culture）两个代码体系来进行分类。OCM 是将人类使用的

---

① Thomas E. Drabek, *Human System Responses to Disaster*, Springer-Verlag, 1986.
② 参见，早稻田大学理工学综合研究中心灾害情报中心，http://www.rise.waseda.ac.jp/adic。
③ 参见，神户大学附属图书馆震灾文库，http://www.lib.kobe-u.ac.jp/eqb。

工具、行为、思想等有形无形的人类文化的整个领域的所有项目，分为79个大项目和637个将其详细化的小项目，并加上了代码号码。示例在表2和表3中呈现。OCM作为代码体系的逻辑一贯性还不太成熟，但是在实用性方面得到了很高的评价。另一方面，OWC是民族分类。在HRAF中，每一部民族志的各章节段落，都有相当于其内容的OCM代码，如若指定了民族和事象，就可以得出全世界民族志的必要记述。

表2　OCM的大项目举例

10 定向说明会	36 村落	63 领土机构
11 参考文献	37 能量和动力	64 国家
12 方法论	38 化学工业	65 政府的业务
13 地理	39 资本财的产业	66 政治的行动
14 人类生物学	40 机械类	67 法
15 行动的过程和个体性	41 道具和机器	68 侵犯行为和制裁
16 人口学	42 财产	69 司法
17 历史与文化变迁	43 交换	70 军队
18 文化	44 市场营销	71 军事技术
19 言语	45 财务	72 战争
20 交流	46 劳动	73 社会问题
21 记录	47 商工业组织	74 健康和福祉
22 食物获得	48 旅行和运输	75 疾病
23 家畜饲养	49 陆上输送①	76 死
24 农业	50 水上、航空输送	77 宗教的信仰
25 食物加工	51 生活水平和日常生活	78 宗教的惯行
26 食物消费	52 休闲	79 圣职者组织
27 饮料、药物、嗜好品	53 艺术	80 数字和测定
28 皮革、纤维、布类	54 娱乐	81 知识
29 服装	55 个人化和社会移动	82 人与自然相关的概念
30 装饰品	56 社会分层	83 性
31 自然利用	57 社会人际关系（对人关系）	84 生殖
32 原材料加工	58 婚姻	85 乳幼儿期和儿童期
33 建造和建设	59 家庭	86 社会化
34 建造物	60 亲属	87 教育
35 建筑物的附属设备及其维护	61 亲属组织	88 青年期、成年期、老年期
	62 社区	

---

① 译者注：此处原文可能有误，翻译时为方便理解，根据后文中的解说内容加以调整。

灾害民族志的编码化，注重以下三个方面，即（1）高检索性；（2）平常时期和灾害时期的连续性；（3）世界各地灾难案例之间的比较。因此，HRAF中使用的可以说是满足这样条件的代码体系。

表3 OCM 小项目举例

OCM 大项目	15 行动的过程和个体性	36 村落
OCM 小项目	151 感觉和知觉 152 动因和情绪 153 行动的变化 154 适应过程 155 个体性的发展 156 社会性的个体性 157 个体性的特性 158 个体性的异常 159 有关个人生活史的资料	361 村落形态 362 住宅情况 363 街道和交通 364 卫生设施 365 公共设施 366 商业设施 367 公园 368 各种设施 369 都市生活和村落生活

四 使用OCM编码的实践

被编辑的访谈，主要由（1）访谈对象的实际行动，（2）某个时刻、时期的状况描写，（3）访谈对象对这次灾害的所思所想、经验教训等三个要素构成。下面通过列举具体的例子，分别对每个要素的各段落的编码化顺序进行说明（括号内为OCM 小项目）。

（一）访谈对象的实际行动

所谓实际的应对行动，是对访谈对象自己的应对行动，或者是在灾害现场的访谈对象及（当地）人们的关系的状态的记述。因此，以"何时、何地、做了什么"这样的信息为中心。图1是关于案例#7中的避难所运营情况的记述。上半部分谈论到了自治会的干部（624 地区的官员）选定避难所领导的过程（622 头领：社区的首长的存在，资格，选出方式）。继而，后半部分则提示了对灾害发生翌日的清早（所见到的）厕所的污秽（514 排泄：排泄物的处理，厕所的设施和设备）感到吃惊，用塑料罐①（415 用具：塑料桶）去打水，指示着避难者的工作（622 头领：活动职能）的情况。采取此行动的时间，是发生灾害的第二天早晨，也就是发生灾害后 100 个小时以内的记述。

（二）对某个时间点、期间中状况的描写

对某个时间点、期间内状况的描写，是指在某个时间点或某个时期中，对访谈对象进行的观察或传闻等事实的记述。图 2 是对在案例#7 中观察到的避难所中（当地）人们的行动情况的记述。② 第一段落是，关于避难者对避难所配备的（物资的）发放的应对方式的不同（157 个体性的特性）以及对这些人缺乏伦理性的愤慨（577 伦理：良心和人品的观念）的描述。

在第二段落中，则紧接着以不合作的人们的特征，如老人（887 老人的行动）为例进行了说明（157 个体性的特性）。这个记述与其说是对访谈对象行动的记录，不如说是对状况的描写，与对应行动的时间区分无关。

避难所的运营
415 用具（箱）
514 排泄
622 头领（避难所的领导）
624 地区的官员

丈夫：然后，第二天，所有的干部都来了："H，只有一个男人，所以把这里全部隔开的事就都交给你吧。"（那个时候刚好是官员）。"嗯——"，这么说着，"那好啊，这里只有我一个是男的，女人的话呢（做不了那活儿的嘛）。"接着，早上起床来，（看到）厕所，山。"啊，这可真是了不起的事啊。我先去打农业用水，然后回家把五个塑料罐拿过来"，说着，就用摩托车去取了五个塑料罐。全部装了水以后就无法一起搬起来了，所以先拿来三个，再拿剩下的两个。然后，一楼放两个，二楼放两个，三楼放了一个。"女人负责厕所的值日，以各个楼梯来决定。男子取来塑料罐放到台车上，为了去打水。"这么说，决定了就做得了。

图 1　关于访谈对象的行动的记述的例子（案例#7）

---

① 译者注：原文 poly can，指用聚乙烯制成的装液体等的大容器。
② 译者注：图中小项目后括注的文字当是随文注记，与正文中小项目冒号后面的说明文字不尽一致。

> 愿意合作的人，不愿意合作的人
> *157 个体性的特性*
> *577 伦理*
>
> 　　夫）那，虽然也有愿意合作的人，但其中也有人躺着，说"我不需要"。那，罐头也都可以做的吧？这样一来，说"我需要"了就拿走了罐头。（食物）并不是一直都能获得补给，所以一有（供给）就要储备起来吧。仓库的钥匙由会馆的人持有，要打开的时候把它借来。然后，今天把这个和这个加在一起吧。按每层来选定班长，需要水和乌龙茶的人、这里几个人，一般都是由小组来决定。没有的时候就要说出来呢。但是说，带回家的话就不行了呢。（有一次）拿回去了啊。就说起来"有水啊，给我吧"，下次还有的嘛。这样一来，水没了就有麻烦了，所以到半途禁止带出。说是为了一点点积攒下来。所以他们说，水和乌龙茶，一升，不，可能是两升吧，把这个带回去也可以，然后即使这样也交给你。还有我不在的时候。
>
> 　　妻）纸箱呢，我想着大家一起分着用就好了，所以我拿出来了。然后拿出箱子之后，厚颜无耻的人就把箱子全部都拿走了哦。然后呢，即使是那些老奶奶也会边说"给孙子一个"边走过来拿走了哦。结果呢，我们这些当了干部的人最终什么也没有拿到呢。
>
> 　　夫）就是说不能那样做。每个人不管怎么说，一直按决定好的顺序去取就好了嘛。
>
> *157 个体性的特性*
> *887 老人的行动*
>
> 　　夫）说不愿意合作的人的特征吗？嗯，虽说身体虚弱，也是上了年纪的人，尽管如此，也不乏在厕所值日时认真地打扫得非常干净的人呢。明明不是干部，却有像 K 那样开出租车的人（计程车司机），一直以来都是一大早起床就来，把从便当到其他全部（的支援工作）都包揽在肩了。
>
> 　　妻）老爷爷的话，即使是在家里，也绝对不会做，像那样一到清早 6 点就起床来打扫的事吧。也有觉得自己也能做点什么，于是（一大早）起床来（帮忙）的老爷爷呢。

图 2　状况的描写的记述的例子（案例#7）

（三）访谈对象的思考、想法

　　教训等访谈对象从这次震灾中所想到的，或是对震灾的想法，是指关于访谈对象从地震灾害中学习到的东西，或是想法、感受到的东西的记述。图 3 是在案例#24 中，对作为护士的访谈对象关于（地震灾害）现场的急救医疗的想法和感受的相关记述。在第一段落中，举出了作为护士在现场需要的物品担架（493 搬运工具）及消毒药等一套药品（752 外伤）。在第二段落中，则叙述了关于心脏按压等必要措施的效果（763 临终：苏生术）。这些记述也与应对行动的时间区分无关。

作为护士,当时最想要的是什么
493 搬运工具
752 外伤（消毒药）

  那当然还是最需要担架啊。我去球场取来了。因为有受伤的人的话,用担架就能够（将伤员）搬送到任何地方,都可以。嗯,人来做的话,也可以抱着去,时间太短的话,用门板也可以。
  还有,球场医务室的消毒药之类的药品,大体上现在都放在这儿了。

心肺复苏要怎么进行呢?
763 临终
  首先开始心脏按压吧。如果认为做了大概也已经没有用了的话,基本上不会再做了。但如果父母在的话,就不可能那样做了,还是会做（心脏按压）吧。虽然如果是（心脏）刚刚暂停以马上就做（按压）的话,（心脏）肯定会动（复苏）。若已经过了太长时间的话呢（就不一定了）。不过,对去世者的家人来说,会觉得有（做心脏按压）会更好,因为他们认为他们的家人还活着呢。而且,持有护士资格证的人,会觉得倾尽了一切努力之后仍然不行,这对自身来说才是一种安慰。从这个意义上来说,还是给他（她）做比较好。因为知悉了这一点,所以虽然觉得即使做了心脏按压也大概没有什么用了,也仍然会实施呢。高松町没有外科的医生,所以三个护士跑前跑后（进行心脏复苏）。

图 3　教训的记述的例子（案例#24）

五　关于编码化的考察

（一）内容构成的可视化

  案例的编码化所带来的好处之一,是案例内容构成的可视化。一般而言,对受灾者的访谈中,从"作为物理现象的灾害"到"作为社会现象的灾害",包含了灾害的各种侧面,仅凭调查对象的年龄、性别、职业、受灾情况等属性信息,很难把握诸多案例的特征。图 4 所显示的,是在案例#24 中,各项目相对于对象的属性和 OCM 大项目的全部出现项目数的比例分布。图 5 所显示的,则是注意到人对经历过的时间的感知情况可以被对数地把握,而将从发生开始到应对阶段按时间区隔进行划分而成的比例分布。[①]

[①] 这种所谓"10 个小时,100 个小时,1000 个小时"的时间划分,请参照田中聪・林春男・重川希志依「被災者の対応行動にもとづく災害過程の時系列展開に関する考察」『自然災害科学』8 号、1998、36~39 頁；青野文江等「阪神・淡路大震災における被災者の対応行動に関する研究－西宮市を事例として－」『地域安全学会論文報告集』8 号、1998、36~39 頁。

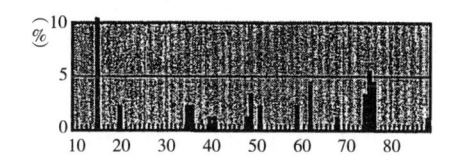

图 4 案例#24 的属性信息和 OCM 大项目的比例

横轴表示"经过时间数",竖轴表示"对象属性占所有大项目数的比例"。图 5 同。

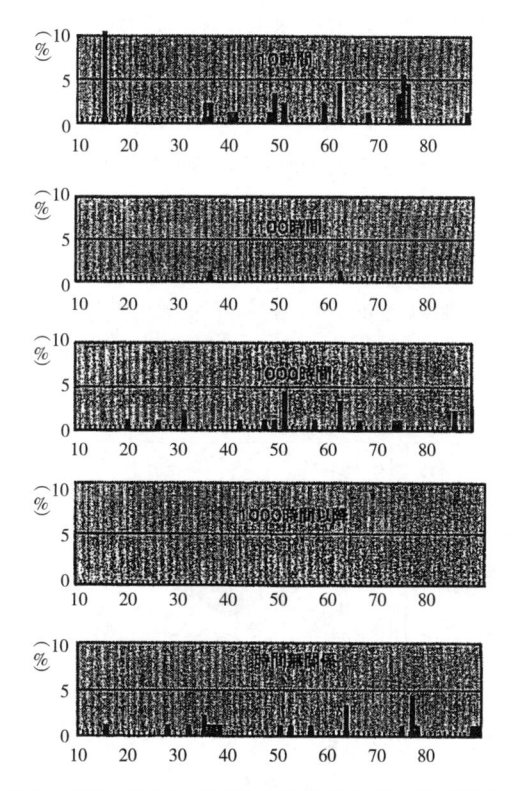

图 5 按时间区分 OCM 大项目的比例(案例#24)

这个案例中,OCM 大项目(括号内是与此相当的小项目)"15 行动的过程和个体性(152 动因和情绪)","49 陆上运输(494 道路输送)","51 生活水平和日常生活(514 排泄,515 个人卫生)","62 社区(621 社区的构造)","75 疾病(752 外伤)","76 死(763 临终,764 葬礼）"相关的记述很多。另一方面，按时间区分来看，"15 行动的过程和个体性（152 动因和情绪）"，"75 疾病（752 外伤）"，"76 死（763 临终，764 葬礼）"相关的项目多以 10 个小时为单位（灾害发生当天）区隔划分。"49 陆上运输（494 道路输送）"，"51 生活水平和日常生活（514 排泄，515 个人卫生）"，"62 社区（621 社区的构造）"相关的项目，多以 1000 个小时（1 个月）为单位区隔划分。

在案例#24 中，访谈对象是一名护士，加上家里的受灾程度也很轻微，因此对紧接着的急救医疗相关情况进行了详细的说明。同时，因为她也是町内会的中心成员，所以避难所成功开设的原委，以及开展了各种各样的支援活动等，也成为（访谈）内容的中心。另外，与此相反的是几乎不到 100 个小时（2~4 天）或是超过 1000 个小时之后相关的记述，这也是内容构成上的一个特征。

图 6 将关于高松町的全部 6 个案例，按时间区隔、OCM 大项目、各项目所占的比例的关系加以呈现。像这样将案例的内容可视化，有可能使我们把握到既往仅依赖于关键词而无法获得的资料的概观。

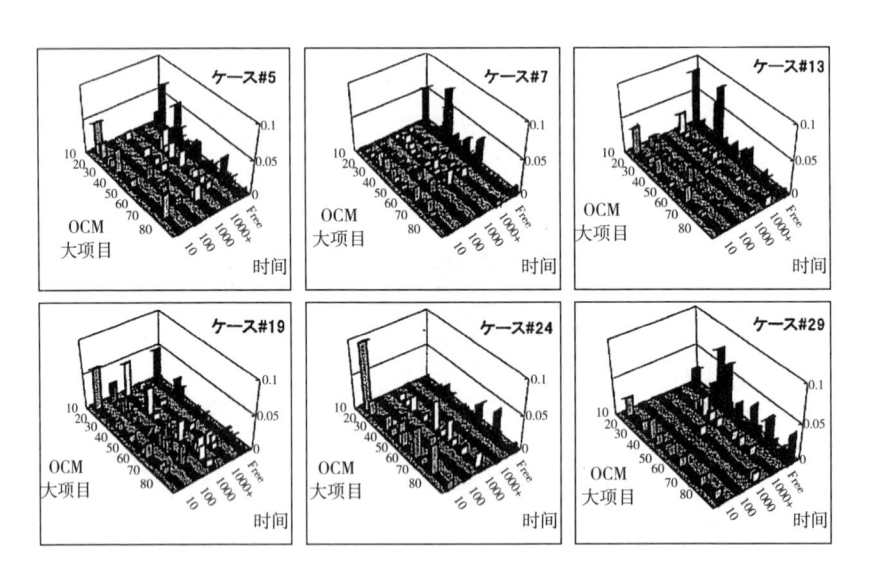

图 6 案例#5、#7、#13、#19、#24、#29 中按照时间区隔划分的
OCM 大项目的比例

(二) 提高检索性及与数据库的协作

在案例编辑中，段落单位的编码化是一项花费时间和劳动力的工作，但有一个优点是可以以有意义的总结（故事中的小插曲）为单位提取信息。而且可以认为，与现有的 HRAF 文件群的合作，对广阔世界上的灾害相关联事件的比较研究也很有效。另外，由于 OCM 的基本性质，不仅可以用于文献资料，也可以活用于物质资料上。详细情况会在其他机会下进行阐述，但是，像这样可以通用于文献资料和物质资料的代码体系的开发，在防灾领域中综合性的分类语言体系的建构上也能做出很大的贡献，是今后的研究课题之一。

(三) 关于 OCM 灾害应用的问题点

1. 最新情报相关项目的缺乏

OCM 是将人类所有的文化要素进行项目化，但其实并不一定对应最新的技术和社会动向。例如，没有计算机、互联网或志愿者等相对应的项目。因此，这次制作的案例中，对这些项目并没有加上代码编号，而只是将项目名称附加到各个段落上了，然而，在案例积累到一定阶段（程度）以后，有必要研究这些项目的重新定位。

2. 灾害特有的事象相关的项目很少

由于 OCM 是面向文化人类学全面开发的，所以虽然有"731 灾害"项目，但其内容中关于灾害特有现象的项目很少。例如，房屋或地区的物理性受灾、急救搬运、避难所、临时住宅、救援物资或受灾程度证明书的开具①等相关的项目也没有。今后的防灾专家应为其内容的充实和体系化建构做出贡献。

---

① 译者注：在日本，由于地震、台风等自然灾害而遭受房屋等损害时，为了办理公共支援手续和申请保险手续，需要町或地方开具受灾情况证明书。

六 灾害过程的认定

（一）案例和民族志

案例的编辑，是指通过访谈这种与受灾者共同操作的形式，将仅局限于地震灾害承受者及受灾地区的震灾相关的各种知识进行共享、语言化，将其转换、翻译成为明确的知识的操作过程。换言之，也可以说是将受灾地区（内部）共享的隐性知识转化为显性知识的工作。可以说正是向语言化知识体系转换的工作。

另一方面，民族志的制作，是通过由案例中所获取的显性知识的组合来创造新的知识的过程。也就是说，通过收集只不过是片断的体验的个别案例，并将其进行体系化，从而构建灾害过程的整体图像的过程。

（二）高松町的灾害过程的分析

前面已经论述了，在明确灾害过程上，时间轴是主轴。因此，首先，在个别案例中，主要概述了各个时间区间所占的比例（见图7）。整体的倾向是到达10个小时之前（当天），以及1000个小时（1个月）或之后的区间（在整个时间划分中）所占的比例很大，100个小时（2~4天）的区间（在整个时间划分中）所占的比例很小。

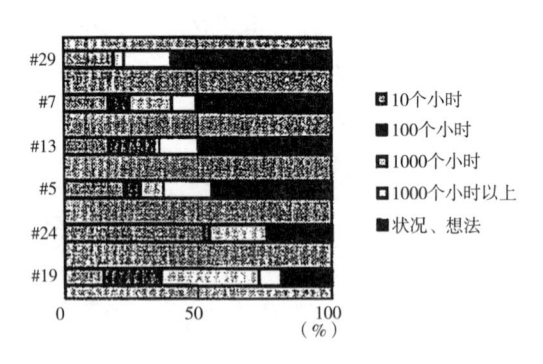

图7 各种时间区间所占的比例

为了重新建构整体图像，以同样体验的多个案例为对象，整理呈现于其中的体验的共性和变化的多样性。为了尽可能减小受采访对象等个人差异的影响的程度，着眼于代码的相对频率（而不是着眼于其出现频率）。根据以下步骤，作为序数数据进行分析。

（1）按10、100、1000、1000+、无时间（情况、教训、想法）的5种时间区间的划分分别进行分析形成段落，以获得OCM大项目级别上各代码的总出现频率。

（2）按每个时间区间（时间段）划分，对OCM大项目的出现频率进行等级化处理，可以明确在哪个时间区间（时间段）中，哪些OCM大项目成为中心课题。另外，出现的OCM大项目的种类的多样性，可以表示体验的变化。

（3）为了明确各个OCM大项目在怎样的时间区间（时间段）出现，而对每个OCM大项目在各个时间区间（时间段）的等级值加以比较，以确定排序级别最高的主题。

（4）在每个时间区间（时间段）的划分中，为了弄清楚作为中心的OCM大项目，根据各个时间区间（时间段）中的出现频率来整理（3）中所显示的最高级别的OCM大项目。

（5）对属于各个时间区间（时间段）的OCM大项目，在作为中心的OCM小项目层次，以体验的共通性、多样性的视点进行记述。

表4是将OCM大项目的出现频率的等级按各时间区间（时间段）划分整理而成的。另外，不考虑时间区间的划分，将（项目在）整体中出现的频率进行排序，作为综合排名。先赋予各个OCM大项目一定特征并进行时间区间（时间段）划分，在各个时间区间中，采用排序最高级别的时间段（即整理出时间区间中出现频率最高的大项目），按照时间区间（时间段）划分对OCM大项目进行排序。此外，为了把握各个时间区间（时间段）划分的总体特征，抽取出了综合排序在第1-10位的项目和排序在第11-20位的项目，并分别解开了各自编织的网。①

---

① 译者注：意即理解了其中的内在肌理。

表 4　按时间区间划分的 OCM 大项目的排序

	OCM 大项目	10	100	1000	1000+	无时间	综合	OCM 小项目
15	行动的过程和个体性	1	2	3	3	2	1	152 动因和情绪
35	建筑物的附属设备及其维护	2	15	31	6	5	5	352 家具
76	死	5	7	8	16	18	8	763 临终 764 葬礼
75	疾病	4	24	17	29	12	12	752 外伤
29	服装	7	15	20	25	42	18	291 一般的服装（防寒服）
41	道具和机器	15	22	27	29	16	19	412 一般的道具（铁锹等） 416 其他的机器（手电筒）
40	机械类	20	24	27	29	42	35	403 电器 404 家用机器
49	陆上运输	9	3	23	21	11	9	494 道路输送
59	家庭	16	6	19	12	24	14	593 家庭关系
26	食物消费	17	5	9	29	44	20	262 就餐 264 就餐行动
65	政府的业务	26	11	34	13	19	22	659 其他的政府业务（消防，灾害救助）
44	市场营销	25	24	31	25	27	31	444 零售业
27	饮料、药物、嗜好品	26	15	34	29	22	32	271 水和干渴
68	侵犯行为与制裁	20	15	34	19	44	34	685 对财产的犯罪
20	交流	10	9	23	21	9	10	203 新闻和信息的传播 206 电话和电报
57	社会人际关系（对人关系）	26	15	16	25	15	21	577 伦理
62	社区	3	1	1	9	4	3	621 社区的构造
51	生活水平和日常生活	14	4	2	8	6	6	514 排泄 515 个人卫生（洗澡）
31	自然利用	26	12	7	13	13	13	312 供水
74	健康和福祉	12	15	11	21	17	15	743 医院和诊疗所 746 公共补助
48	旅行和运输	13	15	10	13	30	17	487 路径 488 仓库业务

续表

	OCM 大项目	10	100	1000	1000+	无时间	综合	OCM 小项目
33	建造和建设	24	24	15	18	23	24	336 配管设施
85	乳幼儿期和儿童期	18	24	5	29	34	25	854 照顾乳幼儿 855 照顾儿童
77	宗教的信仰	26	24	12	20	39	28	778 神圣的事物和场所
79	圣职者组织	26	24	17	29	39	33	794 信徒集团
34	建造物	8	22	6	2	3	4	342 住宅
73	社会问题	11	10	13	4	8	7	731 灾害
42	财产	26	13	13	5	7	11	422 个人财产 423 地产（不动产） 425 财产所得和放弃
37	能量和动力	23	24	34	7	25	23	374 热
60	亲属	18	13	34	10	44	26	602 亲属关系
45	财务	26	24	34	17	37	36	453 银行业 456 保险
36	村落	6	8	4	1	1	2	361 村落形态 362 住宅情况
88	青年期、成年期、老年期	20	24	30	11	10	16	887 老人的行动
16	人口学	26	24	34	29	14	27	165 死亡率
52	休闲	26	24	31	25	21	29	521 会话 523 兴趣
87	教育	26	24	22	29	20	30	872 初等教育 874 职业教育
50	水上、航空运输	26	24	34	29	26	37	505 水上运输 509 航空运输
78	宗教的惯行	26	24	27	29	37	38	788 仪式
82	人与自然相关的概念	26	24	34	29	28	39	823 民族地理学
86	社会化	26	24	34	29	28	39	867 文化诸多规范的传达
55	个人化和社会移动	26	24	34	29	31	41	554 地位、功能、微信

续表

OCM 大项目		10	100	1000	1000+	无时间	综合	OCM 小项目
23	家畜饲养	26	24	34	29	32	42	231 家畜化的动物（宠物）
28	皮革、纤维、布类	26	24	34	29	33	43	287 无纺布（蓝色的苫布）
30	装饰品	26	24	20	29	44	43	302 仪容 305 美容专家
43	交换	26	24	34	29	34	45	436 交换手段（现金）
63	领土机构	26	24	34	29	34	45	632 町 633 市
47	商工业组织	26	24	23	29	44	47	473 法人组织（公司）
66	政治的行为	26	24	23	29	44	47	665 政党
14	人类生物学	26	24	34	21	44	49	145 个体发生相关资料（身体的衰弱）
56	社会分层	26	24	34	29	41	49	561 年龄阶层

综合排序在第 1-10 位的 OCM 大项目

综合排序在第 11-20 位的 OCM 大项目

（三）高松町的灾害过程的认定

根据表 4 的分析结果，尝试对高松町的灾害过程加以认定。

1. 10 个小时以内（震灾发生当日）

受灾者首先被突然的强烈地震吓到，感到恐惧（152 动因和情绪），再加上伴随着地震的摇晃，出现倒塌、损坏的家具（352 家具）。继而，甚至出现了为数众多的被损坏的家具损伤的受灾者（752 外伤）。在倒塌的房屋中，用手边仅有的工具（412 一般的道具）进行营救活动，然而，尽管极尽努力进行抢救（763 临终），也仍然有大批死者（764 葬礼）。

2. 100 个小时以内（2-4 日）

这个时期的特征是沟通和社区。确认亲人的安危（593 家庭关系）等各种信息较多（203 新闻和信息的传播）且通信手段不足（206 电话和电报）的情况很严重。同时，因为交通被截断，交通堵塞也很严重（494 道路运输），在受灾地区内外的移动极为困难。避难所是在得到了地区社区（621 社区的构造）的支援下运营起来的。在避难所内的社区中，也发生了避难者的伦理性（577 伦理）的问题。这个时期，食品（262 就餐，264 就餐行动）和饮料水（271 水和干渴）等救援物资陆续抵达，消防和自卫队的活动也正式展开。此外，（灾害发生后变得没有人住的）空房子里开始有小偷进入（685 对财产的犯罪）的情况发生。

3. 1000 个小时（1 个月）以内

在避难生活正在持续的过程中，日常生活中出现了各种各样的问题。特别是供水的停止（312 供水）所引起的厕所（514 排泄）和浴室（515 个人卫生）的问题非常严重。生活在极度恶劣的环境中，身体状况开始恶化的人也开始出现了（743 医院和诊疗所）。同时，从受灾的家里取出的行李的保管也成了很大的问题（488 仓库业务）。此外，来自行政方面的支援政策也开始（实行）了（746 公共补助）。

4. 1000 个小时（1 个月）以上

到了这个时期，受灾者关心的焦点就转移到了居住问题的解决上。接下来的人生，进入了决定在哪里（361 村落形态，362 住宅情况），在什么样的建筑物（342 住宅）中开始的时期。与此同时，如何处置新获得的财产和目前为止所拥有财产的问题（425 财产所得和放弃），以及金钱的问题（453 银行业，456 保险）也逐渐引起了关注。

5. 状况、训读、想法

人们试图对在这次地震中自己新（初次）体验到的事情赋予意义，这成为话题的中心。（其中）主要的是，避难所里的各种问题，成了教训的支柱，也就是，避难所的居住环境的问题（362 住宅情况）和避难所里的老人的问题（887 老人的行动），或者避难者的伦理观（577 伦理）。同时，还有（灾害发生后）紧接着的救助活动（165 死亡率，874 职业教育）和关于安全与否的确认（206 电话和电报）等相关的教训。另外，在临时住宅（361 村落形态）中，通过与兴趣爱好等相关的会话（521 会话，523 兴趣）来进行交流也很重要。

总　　结

在这项研究中，我们以在灾害民族志中建立标准的调查研究方法为目标,第一步,以具体的案例为基础,对数据的收集,案例的制作及其编码化,对方法论的建议和制作上的问题进行了探讨。此外,通过对这些案例的分析,对分析对象地区的灾害过程进行了认定和识别。今后,(我们将)在对案例编码及其手法进行比较研究的同时,在其他地区也进行灾害过程的认定,通过已认定的灾害过程之间的比较,推进方法论的体系化。

Development of Standardized Procedure for Disaster Ethnography-Interview, Case Compilation, Coding, and Disaster Process Identification[*]

Written by Tanaka Satoshi, Hayashi Haruo, Shigekawa Kishie, Urata Yasuyuki, and Kameda Hiroyuki[**]

Chinese version translated by Huang Jie, *Proofread by* Wang Xiaokui[***]

Abstract: The disaster ethnography is recognized as one of the important research methods for analyzing the disaster process. However, the standardized procedure for developing disaster ethnography has not been established yet. The standardized procedure consists four methodologies, which are interview, case compilation, coding case, and disaster process identification. This paper presents these methodologies to establish the standardized procedure for developing disaster

---

[*] Original publication information, please see 田中聡・林春男・重川希志依・浦田康幸・亀田弘行「災害エスノグラフィーの標準化手法の開発―インタビュー・ケースの編集・コード化・災害過程の同定―」『地域安全学会論文集』2号、2000. This translation is permitted by the editors, publisher and the authors.

[**] Author Bio: Tanaka Satoshi work at Disaster Preverntion Research Institute, Kyoto University; Hayashi Haruo work at Disaster Preverntion Research Institute, Kyoto University; Shigekawa Kishie work at College of Envirorment and Disaster Research, Fuji Tokoha University; Urata Yasuyuki work at Hyper Research Co., Ltd; Kameda Hiroyuki work at Disaster Preverntion Research Institute, Kyoto University.

[***] Translator Bio: Huang Jie is a Research Fellow at International Center for Chinese Studies, Aichi University, Japan.

Proofrender Bio: Wang Xiaokui is a Professor and Vice director at Center for Social Sciences Southern University of Science and Technology.

ethnography. And an example analysis is carried out for the case of 1995 Hanshin Awaji earthquake disaster.

Keywords: Disaster Ethnography, Interview, Case Compilation, Coding, OCM, Disaster Process

遗产保护研究

中国传统村落的研究现状及保护策略*
——基于"引文空间"分析方法的计量分析

马知遥　吴建垲**

摘　要：借助"引文空间"分析软件 CiteSpace，对 2001-2019 年"中国知网"收录的研究传统村落的 1299 篇文章进行分析，可以发现：其一，国内学者对传统村落的研究逐渐形成具有中国自身特色的研究体系；其二，传统村落研究的核心作者以及核心机构数量偏少，且相互之间合作不多；其三，传统村落研究的热点包含"遗产保护、风景园林、村落文化、城镇化、乡村振兴、文旅融合"等主题，且与国家政策、方针的联系渐趋紧密。但是，有关传统村落的研究也存在四个问题：一是高质量研究成果数量少，二是宏大理论体系建构尚待探索，三是立法研究与国际化对接薄弱，四是研究方法的科学性及综合性有待加强。展望未来，全面小康社会建设即将完成，传统村落的研究需要重点关注全面小康社会建设成效、系统性理论构建、乡村居民主体视角、传统村落的现代化发展等内容。

关键词：传统村落　引文空间　知识图谱　可视化

引　言

中国自 1978 年改革开放到 21 世纪初，农村地区似乎一直扮演着服务

---

*　基金项目：本研究是教育部人文社会科学研究青年基金项目"工匠身份视角下传统工艺发展的理论逻辑与实践路径研究——基于京津冀的调查"（项目编号：19YJC760106）、天津市哲学社会科学规划项目"信息技术支撑下的天津宝坻皮影戏田野调查和信息资源档案库建设"（项目编号：TJSR15-008）的阶段性研究成果。

**　作者简介：马知遥，天津大学国际教育学院教授、博士生导师；吴建垲，天津大学教育学院在读研究生。

于城市发展的角色，二者间的发展差距逐渐被拉大。而后，这种二元化对立发展造成的"农民真苦、农村真穷、农业真危险"[1]的"三农"现状受到党和政府的高度关注。2002年，党的十六大报告首次提出"统筹城乡发展"的思想，并于2003年的十六届三中全会得以明确。随着惠农政策的完善，作为传统文化重要记录者的古村落也打破了以往的平静，进入更多研究者的视野。古村落保护也由简单的单体保护发展到融合物质及非物质的整体性保护理念，2012年传统村落保护和发展专家委员会第一次会议将古村落更名为"传统村落"。

有研究人员指出，自2015年来，传统村落已经由快速消失进入保护、改善、复苏阶段。[2] 近几年，受乡村振兴与文旅融合热潮推动，传统村落的活态传承获得进一步关注。在此背景下，一方面需要清楚地看到，国家对传统村落的保护力度不断加大，整个社会见证着传统村落的一步步发展；另一方面需要更加客观地认识到，现有的传统村落保护体系在立法、资金配置、发展模式、发展理念、规划设计等方面还存在问题。因此，对理论研究而言，适时对传统村落已有研究进行阶段性梳理与回顾，摸清传统村落的发展现状，总结传统村落的发展经验，避免重犯历史性错误，有助于在全面小康社会建成之际为传统村落的未来走向及创新性发展提供借鉴与指导。

通过文献查阅发现，已有学者对不同时段的传统村落相关研究进行了总结与归纳，但大部分是基于大量传统文献的阅读与分析，容易存在文献漏读、工作量过大、个人主观性过强等问题。对此，本文引入"引文空间"分析原理，借助CiteSpace这一可视化工具，对中国传统村落的研究现状及保护策略进行梳理与分析，构建可视化知识图谱，以此加强文献分析的客观性与科学性。

国内于2005年引入并定义"科学知识图谱"（Mapping Knowledge Domains）概念，[3] "CiteSpace"则是科学知识图谱绘制软件的家族成员之

---

[1] 宋潇、杨涛：《"给总理写信的人"李昌平：用一生与三农为伴，寻找乡村振兴答案》，中国网，2019年6月5日，http://sc.china.com.cn/2019/fangtan_0625/325954.html。
[2] 赵晖：《中国传统村落消失局面得到遏制，已迈入改善复苏阶段》，中国政库，2015年11月16日，http://www.thepaper.cn/baidu.jsp?contid=1397343。
[3] 陈悦、刘则渊：《悄然兴起的科学知识图谱》，《科学学研究》2005年第2期。

一。它是在科学计量学、数据可视化背景下发展起来的一款可视化分析软件，可以导入中英文文献进行分析，具有突变词显示、时区分割、关键词共现、共被引分析等功能，能较好地呈现某一研究领域的综合信息，有助于深入了解该领域的过去与现状。自"引文空间"分析理论引进国内后，学界主要将其运用于管理学和技术科学领域，具体学科包括图书情报学、管理学、新能源技术、电子信息技术等，[①] 也见于教育学、旅游学等人文社科类研究。经"中国知网"（CNKI）检索，共有12篇文献基于"CiteSpace"软件对传统村落的相关研究进行了梳理——李师龙、朱海燕于2016年最早将"CiteSpace"用于国内的传统村落研究，但文章内容过于简单，未对已有研究进行深入梳理与分析，仅仅是对知识图谱的数据阐释；[②] 其余学者则更侧重于传统村落的旅游开发、空间形态、保护规划等某一具体领域的分析。鉴于此，本文将结合近年来的国家政策及发展趋势，从整体上对传统村落的发展现状及保护对策进行梳理，对已有研究存在的问题进行分析，并对未来需重点关注的研究主题与方向进行说明。

一 样本与方法

（一）样本选择

数据样本来源于"中国知网"上的文章。虽然早在20世纪之前，国内就有学者注意到传统村落问题，但尚未形成研究体系，传统村落研究成形主要是在2000年以后，因此，本文将研究时限设定在2001-2019年。考虑到国内传统村落的提法不一，为最大限度检索出相关文献，笔者在"中国知网"高级检索下的期刊页面先以"传统村落""古村落""古村""历史文化名村""古村寨"在"篇名"中进行检索，再以"传统村落"在"主题或关键词"下同时检索，经对比，发现后者所涵盖文献数量较前者更加丰富，故本文以后者为准。考虑到文章的质量与代表性，将期刊类别设定为"SCI来源期刊""EI来源期刊""核心期刊""CSSCI来源期刊"，

[①] 侯剑华、胡志刚：《CiteSpace软件应用研究的回顾与展望》，《现代情报》2013年第4期。
[②] 李师龙、朱海燕：《基于CiteSpace的古村落研究知识图谱分析》，《河南图书馆学刊》2016年第2期。

共获得1389条检索结果。剔除会议记录、图画欣赏、撤回文献以及国外传统村落研究论文等非期刊文献和无关信息，剩余1299篇，在文献管理中心的"refworks"格式下导出，检索时间为2020年1月7日。

（二）分析方法

文章选用"CiteSpace"5.1，R6 SE（64-bit）版本可视化软件对2001-2019年的1299篇文章进行分析，重点对19年来学界的研究热点、研究机构与研究者进行分析，对传统村落的研究现状进行梳理并探讨了未来有待研究的话题。对"中国知网"的基础数据处理完后，导入"CiteSpace"运行界面，软件界面中包含有主题分析选择、阈值选择、时区选择及剪枝选择等功能。"CiteSpace"可以将导入的数据进行格式化转换，绘制成可视化图谱，并通过节点、网络连接度等要素展示研究问题的时区分布与热点动向。[①] 本文的"节点类型"（Note Types）选取关键词、研究机构、发文作者进行分析。

二 2001-2019年传统村落研究的基础数据分析

（一）2001-2019年传统村落研究的发文量分析

将2001-2019年有关传统村落的发文量进行统计（见图1），可以发现，国内有关传统村落的研究大致分为三个时期。（1）2001-2004年，国内有关传统村落的研究属于起步阶段，发文量总和不足20篇，内容主要涉及传统村落的民俗[②]、文化[③]、建筑[④]、旅游发展[⑤]。（2）2005-2011年，传统村落的研究有了初步发展，但发文数量依旧有限；2008年发文数量最

[①] 李伯华：《基于Citespace的中国传统村落研究知识图谱分析》，《经济地理》2017年第9期。
[②] 刘铁梁：《传统乡村社会中家庭的权益与地位——黄浦江沿岸村落民俗的调查》，《北京师范大学学报（人文社会科学版）》2001年第6期。
[③] 路阳：《乡村文化对生育心理的影响——河北省丰宁县上庙村的调查分析》，《南方人口》2001年第1期。
[④] 蔡凌：《视野与方法——文化圈背景下的侗族传统村落及建筑研究》，《贵州民族研究》2003年第4期。
[⑤] 刘昌雪、汪德根：《皖南古村落可持续旅游发展限制性因素探析》，《旅游学刊》2003年第6期。

多，也仅36篇。(3) 2012-2019年，情况变化明显。2012年，传统村落保护和发展专家委员会第一次会议在北京召开；2013年，中国传统村落保护与发展研究中心在天津大学冯骥才文学艺术研究院成立，会议上聘请了一批人类学、民俗学、建筑学、遗产学领域的学者作为委员会委员，① 由此最早推动了国内传统村落相关研究的快速发展。此后，传统村落的保护力度及社会关注度不断加大。2016年，住房和城乡建设部启动了"濒危传统村落保护专项行动"。2017年，首部《中国传统村落蓝皮书》发布，党的十九大正式提出乡村振兴战略。2018年，以"传统村落保护与乡村振兴"为主题的第八届海峡两岸文化遗产保护论坛在贵阳召开。2019年，纪录片《中国村落》正式上映。学界对传统村落的研究同样持续增加，2017年、2019年发文量均超过200篇，虽然整体数量依旧有限，但呈现出不断增长的态势。

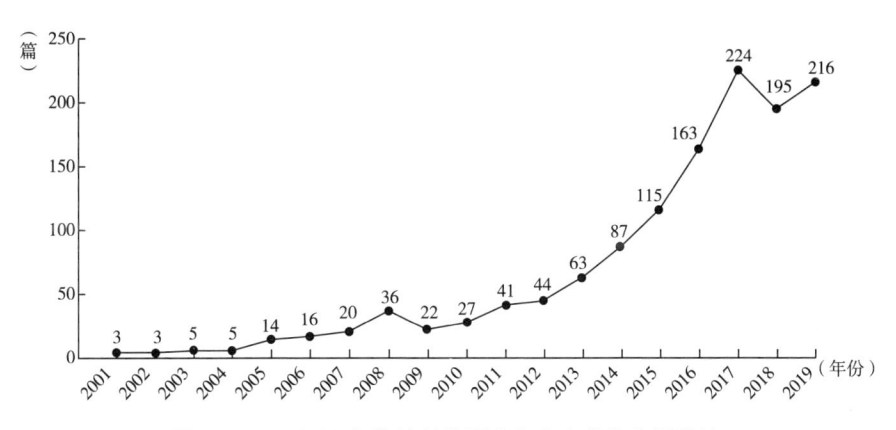

图1 2001-2009年传统村落研究年度文献发文量统计

（二）2001-2019年传统村落研究的作者与机构分析

1. 核心作者分析

经由"CiteSpace"分析，得出2001-2019年传统村落研究的核心作者

---

① 程竹：《中国传统村落保护与发展研究中心成立》，中国民俗学网，2013年6月5日，https：//www.chinesefolklore.org.cn/。

（见图2、表1）。图2中作者的名字字号大小表示发文数量多少，名字字号越大，其发文量越多。这里将发文量在5篇及以上的作者作为重点分析对象，涉及刘沛林（21篇）、李伯华（16篇）、周家金（10篇）、窦银娣（10篇）、王萍（7篇）、陈驰（6篇）、肖大威（6篇）等共13人，他们为传统村落研究的理论与实践做出了重要贡献。其中，刘沛林、李伯华、窦银娣、陈驰、刘一曼5人所在单位同为衡阳师范学院，发文多为共同合作，构成最主要的研究合作群；类似的合作群还有周家金、孙庆彬等人。不足的是，这些作者的发文数量合计为109篇，占有效文章比例仅为8.4%，可见核心作者的比例偏低，研究者在研究合作方面有待进一步加强。

图2 2001-2019年传统村落研究核心作者合作网络

CiteSpace, V. 5.1; 2020年2月5日 下午02时13分; Timespan: 2001-2019 (Slice Length = 1); Slection Criteria: Top 50 per slice. LRF = 3; LBY = 8, e = 2.0; Network: N = 159, E = 102, (Density = 0.0081); Notes Labeled: 2.0%; Pruning: None; Modularity: Q = 0.927; Mean Silhouette = 0.3656.

表1 2001-2019年传统村落研究前20位作者及所在单位

发文量	作者姓名	作者所在单位
21	刘沛林	衡阳师范学院
16	李伯华	衡阳师范学院
10	周家金	玉林师范学院体育健康学院
10	窦银娣	衡阳师范学院
7	王萍	四川大学
6	陈驰	衡阳师范学院
6	肖大威	华南理工大学
6	彭兆荣	厦门大学、四川美术学院
6	孙庆彬	玉林师范学院体育健康学院
5	刘一曼	衡阳师范学院
5	王云庆	山东大学
5	田毅鹏	吉林大学
5	鲁可荣	浙江师范大学

2. 核心研究机构分析

表2为2001-2019年传统村落研究的核心机构，同样，本文选取发文量在5篇及以上的研究机构作为分析重点。涵盖衡阳师范学院城市与旅游学院（24篇）、华南理工大学建筑学院（15篇）、湖南省人居环境学研究基地（12篇）、天津大学建筑学院（9篇）、江西师范大学城市建设学院（9篇）等20个研究单位，发文共计163篇，占有效文章总数比例为12.5%，占比不高。由表2可知，一是研究单位以高等院校为主，如华南理工大学、天津大学、山东大学、中山大学等，其余的研究院所数量少，仅见湖南省人居环境学研究基地等研究院所2个。二是从院校分布来看，南北方的院校数量均衡，除衡阳师范学院城市与旅游学院发文数量较多，各高校之间发文数量较为平均；但是，这些院校多集中于中东部地区，如广东、浙江、山东、湖南，而西北、西南、东北地区分布较少。

表2 2001-2019年传统村落研究发文量5篇及以上核心机构

序号	发文量	发文单位
1	24	衡阳师范学院城市与旅游学院
2	15	华南理工大学建筑学院
3	12	湖南省人居环境学研究基地
4	9	天津大学建筑学院
5	9	江西师范大学城市建设学院
6	8	中南大学建筑与艺术学院
7	8	山东大学历史文化学院
8	8	西安建筑科技大学建筑学
9	8	同济大学建筑与城市规划学院
10	7	四川大学公共管理学院
11	6	中国科学院地理科学与资源研究所
12	6	中山大学地理科学与规划学院
13	6	华南理工大学亚热带建筑科学国家重点实验室
14	6	华中师范大学社会学院
15	6	玉林师范学院体育健康学院
16	5	湖南大学建筑学院
17	5	山东大学文化遗产研究院
18	5	安徽建筑大学建筑与规划学院
19	5	武汉大学社会学系
20	5	西北大学城市与环境学院

三 研究核心与热点：2001-2019年传统村落研究的主题内容分析

文章借助"CiteSpace"软件对关键词进行词频分析，分别实施关键词共现分析（见图3）和热点演进时序分析（见图4）。关键词共现分析的目的在于揭示整个时间段内某一领域的研究重点；而时序分析则通过时间段的划分，说明该领域研究趋势的演变。两者的结合使用，有助于研究者了解某一领域的整体发展概况。图3、图4中时间切片设置为1年，每个时间切片选取前50个高频关键词，共有关键节点253个，288个连接，密度为0.009，并通过"寻径"（path finder）加以简化突出重点。两图中模块值（Q 值）均大于 0.3，说明划分出的社团结构显著；因非聚类分析，故无须参考 S 值。图中以节点和线段说明关键词信息，节点越大表明关键词频率越高，节点连线越多表明关键词共现次数越多，线段粗细则代表关键词联系程度强弱。

图 3 2001—2019 年传统村落研究共现关键词知识图谱

CiteSpace，V.5.1；2020 年 2 月 5 日 下午 02 时 41 分；Timespan：2001—2019（Slice Length = 1）；Slection Criteria：Top 50 per slice. LRF = 3；LBY = 8，e = 2.0；Network：N = 253，E = 288，（Density = 0.009）；Notes Labeled：2.0%；Pruning：None；Modularity：Q = 0.8203；Mean Silhouette = 0.4163。

经统计，导入的文献中出现频率前 15 名的关键词分别为：传统村落（361）、古村落（72）、村落（68）、乡村振兴（43）、保护（42）、村落文化（32）、城镇化（27）、风景园林（25）、村落共同体（19）、传统民居（19）、影响因素（16）、旅游开发（15）、少数民族（15）、空间分布（15）和传统村落保护（14）。[①] 在不同时段内，研究重心也不断改变，早

---

① 括号内数值为关键词具体出现频次。

期的研究话题相对单一，从关键词来看，偏重于"传统村落""村落社会""古村落""村落社区"等村落内容本身；而近些年来则体现出整体性研究视角，话题延伸至人居环境、文化景观、乡村治理与建设等内容（见图4）。

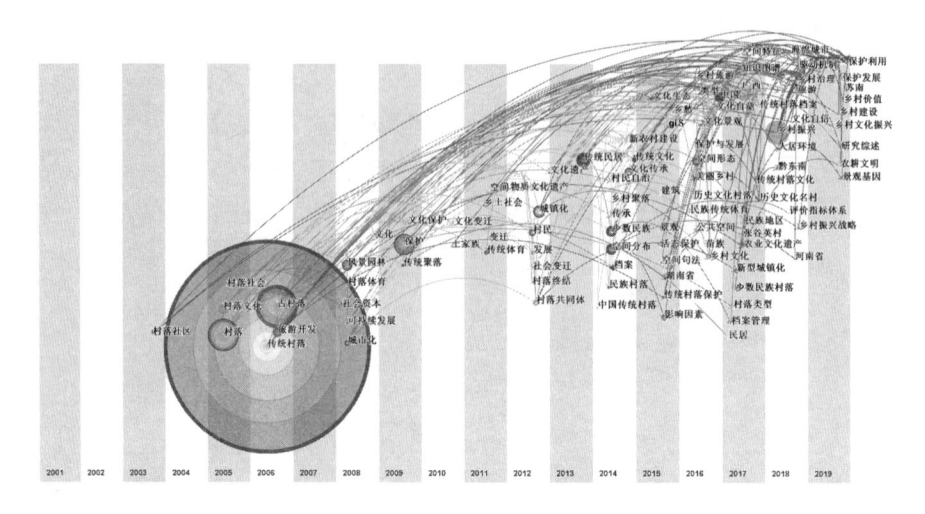

图4 2001–2019年传统村落研究共现关键词时区

CiteSpace，V.5.1；2020年2月5日 下午02时51分；Timespan：2001–2019（Slice Length=1）；Selection Criteria：Top 50 per slice. LRF=3；LBY=8，e=2.0；Network：N=253，E=288，（Density=0.009）；Notes Labeled：2.0%；Pruning：None；Modularity：Q=0.8203；Mean Silhouette=0.4163。

在图3的基础上，根据节点脉络的大小、联系的紧密度梳理出传统村落主要的研究路径。第一条为：传统村落（古村落）—村落—文化遗产—旅游开发—传统村落保护。第二条为：保护—乡村振兴战略—活态传承—可持续发展—乡村价值。第三条为：城镇化—村落共同体—村民—文化生态—城市化。第四条为：风景园林—空间形态—文化景观—公共空间—乡村旅游。第五条为：乡村振兴—文化传承—美丽乡村—村落文化—传统民居。很明显，虽然路径分析有助于研究者对传统村落的整体性认识，但无法全部涵盖研究主题，且部分主题存在重复表述，最关键的是无法呈现相关主题的研究变化。对此，本文在节点分析基础上，结合文献梳理，将上述主题进一步归属分类，分别为：传统村落的文化演变，传统村落的保护对策演变，传统村落的现代化发展。例如，传统村落的文化演变主要涵盖第四条研究路径及文化传承、村落文化、传统民居等内容，每个主题所涉范围侧重点不同,以下基于上述收集文献资料具体说明。

(一) 传统村落的文化演变

1. 传统村落的景观文化演变

景观可分为自然景观与人文景观。在早期,2001-2010年,学界对传统村落景观的探讨大多集中在生态系统失衡、民居及村落环境适应性、乡村图景与民居景观分布、人居环境的乡土景观特色方面。这种研究视角,更多的是将景观视为存在本身,作为村落文化重要的组成部分。而后,随着美丽乡村、文旅融合、遗产保护、乡村振兴等理念逐渐普及,人们愈加认识到生态景观不单纯是意象的表达,而应该被视为一个综合整体,除了要符合自然规则,还需满足一定的社会功能。[①] 原本略显单纯的传统村落景观被外在地赋予多重功能意义,成为经济、旅游、教育、科研发展的潜在带动者。例如,李欣原等以漓江风景名胜区周边传统村落作为案例,梳理了当地村落民族文化交融的过程、文化折射与表达的形式以及空间承载的文化内涵。[②] 有学者则将景观基因理论引入传统村落研究中,从地理学与旅游学视角探讨村落景观基因对地方认同的建构作用、[③] 传统聚落景观保护与旅游规划发展。[④]

2. 传统村落的人文文化演变

20世纪以来,中国传统社会先后由农业社会转入工业社会,再由工业社会转入信息社会,传统村落作为一场场时代变革的无声记录者,被生动地刻画在费孝通、林耀华等学者的笔下。要想清楚地重现中国现代化的转型发展,观看传统村落文化的演变无疑是最好的选择之一。但是,相较于自然景观,仅仅20年间人文文化研究的变化并不明显。从文献来看,一直

[①] 王向荣、林箐:《现代景观的价值取向》,《南京林业大学学报(人文社会科学版)》2002年第4期。

[②] 李欣原等:《传统村落建筑空间的文化折射与表达——以漓江风景名胜区周边传统村落为例》,《桂林理工大学学报》2019年第1期。

[③] 杨立国、刘沛林、林琳:《传统村落景观基因在地方认同建构中的作用效应——以侗族村寨为例》,《地理科学》2015年第5期。

[④] 胡慧、胡最、王帆、易臻照:《传统聚落景观基因信息链的特征及其识别》,《经济地理》2019年第8期。

以来，传统村落地区的风俗信仰、宗族伦理、神话传说都是学界关注的重点，研究者们通过对民间地域性文化的解剖，从最贴切的中国大地上透视时代的发展。不同的是，对于全球化、城镇化所引发的文化加速流动，近些年来传统村落地方性文化的仪式活动、传承方式以及原有的文化理念都受到影响。这种影响一方面是在地文化与外来文化的交流与融合，另一方面是社会发展对地方性文化进行的"干预性调整"。具体来看，其一是传统村落地区民俗文化活动仪式的简化与创新，且民俗文化更多地被纳入文化遗产视域中进行人文关怀；其二是文化传承方式多元化，文化传承的理念由静态保护转向活态保护，各高校研究团队的整理挖掘、媒体的影像记录与制作、大数据运用以及博物馆品牌打造等方式极大地弥补了口传心授、师徒传承等文化传承模式的欠缺；其三是同景观文化一样，传统村落地区的人文文化同样甚至更加被赋予了时代内涵与功能意义，传统村落中的民俗传统被赋予了振兴乡村的职责，一方面是重建乡村精神传统，打造德治、法治、自治一体的人文生态，[①] 另一方面是以其原有的民俗文化打造适应市场所需的文化空间，调整传统村落原有的生产关系与社会关系。[②]

（二）传统村落的保护对策演变

传统村落受到关注、研究的最初出发点，是其生存土壤由于时代发展出现了问题，而其珍贵的文化、精神、技艺价值又使得我们必须对其加以保护。2001-2019年，传统村落发展空间与面临的问题不断转化与深化，社会各界所探讨的保护模式也随之不断改变。2010年之前，传统村落发展面临的主要问题有村落发展中的生态性失衡，[③] 古村落保护开发与旅游业发展关系的不协调，[④] 农民工外流对村落的传统文化、经济、教育、社会

[①] 萧放：《民俗传统与乡村振兴》，《西南民族大学学报（人文社会科学版）》2019年第5期。
[②] 冯智明、秦炜棋：《湖南江永勾蓝瑶寨"三维一体"旅游空间生产与文化再造研究》，《文化遗产》2019年第2期。
[③] 李娟：《试析徽州古村落的现代生态失衡之原因》，《安徽大学学报（哲学社会科学版）》2007年第3期。
[④] 刘昌雪、汪德根：《皖南古村落可持续旅游发展限制性因素探析》，《旅游学刊》2003年第6期。

分层的冲击与影响等;① 因而,提出的保护模式也侧重于这些方面,如文章《全方位参与和可持续发展的传统村落保护开发》《农民工在村落变迁中的作用——基于南北两个村落的调研》② 等。

2011年,时任国务院总理温家宝,在中央文史馆成立60周年座谈会上指出:"古村落的保护就是工业化、城镇化过程中对于物质遗产、非物质遗产以及传统文化的保护。"为落实总理指示,2012年,国家四部委召开传统村落保护和发展专家委员会第一次全体会议,并印发了《关于成立传统村落保护和发展专家委员会及工作组的通知》。此后,国内传统村落的研究逐渐体系化,传统村落的保护对策研究也更加多元。具体体现如下:其一是保护内容方面,保护范围更具综合性,由侧重物质文化遗产到兼顾非物质文化遗产的双向发展,内容涵盖经济、文化、生态、宜居环境、法制等;其二是在保护群体及保护方法上,政府、专家学者、企业、民众各个群体都参与到传统村落的保护中,形成了民族学、人类学、建筑学、地理学、民俗学、传播学等多学科、综合性的研究格局,由此呈现出多角度、多层面、多样化的外在研究特征;③ 其三是保护模式与政策导向联系更为紧密,突出了乡村振兴、文旅融合、精准扶贫等话题,更注重从多层面、多视角、多学科关注村落的发展,村落生活的主体——乡村居民也受到更多的关注。

(三) 传统村落的现代化发展

1987年,费孝通在与巴博德(Burton Pasternak)的谈话中就谈及农村、农业的现代化问题,将农村工业与农业比喻为母子关系。④ 在文旅融合、非物质文化遗产保护、大数据及乡村振兴背景下,传统村落的现代化发展成

---

① 张红:《农民工在村落变迁中的作用——基于南北两个村落的调研》,《理论与改革》2009年第1期。
② 郭谦、林冬娜:《全方位参与和可持续发展的传统村落保护开发》,《华南理工大学学报(自然科学版)》2002年第10期。张红:《农民工在村落变迁中的作用——基于南北两个村落的调研》,《理论与改革》2009年第1期。
③ 崔海洋、苟志宏:《传统村落保护与利用研究进展及展望》,《贵州民族研究》2019年第12期。
④ 费孝通:《中国文化的重建》,华东师范大学出版社,2014,第77~126页。

为当前的探讨热点。据文献统计，早在2000年伊始，不少学者就从旅游层面考虑传统村落的发展，探讨的话题主要集中于以下几个层面：传统村落旅游资源的开发利用，[①] 村落旅游地的开发模式分析，[②] 旅游产业的发展带给传统村落的影响与变化，[③] 以及综合视角下讨论旅游在乡村聚落的生产、生活、生态的系统演化过程中所扮演的角色，乡村地区的城镇化问题。[④] 大部分学者肯定了旅游的作用，认为当前传统村落的现代化发展面临严峻挑战，旅游的活化开发成为传统村落延续文化机理的重要渠道，有助于推动实现传统村落的活态保护与可持续发展。[⑤] 但也有学者指出，随着旅游产业的发展，一些传统村落出现了村落文化消退、特色民居建筑损坏严重、民间艺术与传统技艺后继无人等现象，使得原生态文化变形与扭曲。[⑥]

随着大数据技术的发展，将大数据技术应用到传统村落的传承与保护中也日益受到关注，但当前有关传统村落大数据技术研究文献的数量尚不多。岳艳明提到了广东开平的"开平碉楼与村落"信息专题数据库建设，但文章内容过于宽泛简单，欠缺实际的建设意义；[⑦] 王萍、雷江霞基于数字化传播视角，对传统村落文化数字化传播的现状及存在的问题进行了分析，指出当前传统村落文化的数字化传播在传播整合力、传播影响力、传播互动力、传播感染力、传播融合力等方面仍有待进一步加强。[⑧]

自乡村振兴战略实施以来，学界基于乡村振兴背景对传统村落的研究也逐渐增多。作为农村精准扶贫重点对象的传统村落，其发展问题俨然成为乡村振兴大背景下政府及学界的关注重心。当前，学界对传统村落精准

---

① 周其厚：《桂林古村落旅游的开发与利用》，《社会科学家》2014年第3期。
② 王纯阳、黄福才：《基于多方博弈的村落遗产地旅游开发模式形成机理研究——以开平碉楼与村落为例》，《数学的实践与认识》2013年第1期。
③ 刘韫：《旅游背景下少数民族村落的传统民居保护研究——以嘉绒藏族民居为例》，《西南民族大学学报（人文社会科学版）》2014年第2期。
④ 席建超、王首、张瑞英：《旅游乡村聚落"生产-生活-生态"空间重构与优化——河北野三坡旅游区苟各庄村的案例实证》，《自然资源学报》2016年第3期。
⑤ 孙琳、邓爱民、张洪昌：《民族传统村落旅游活化的困境与纾解——以黔东南州雷山县为例》，《贵州民族研究》2019年第6期。
⑥ 时少华、梁佳蕊：《传统村落与旅游：乡愁挽留与活化利用》，《长白学刊》2018年第4期。
⑦ 岳艳明：《开平碉楼与村落信息专题数据库建设研究》，《图书馆学研究》2013年第4期。
⑧ 王萍、雷江霞：《传统村落文化数字化传播：现状、问题与应对》，《图书馆》2019年第8期。

扶贫的关注点主要侧重于经济与文化两个方面。潘续丹提到了以乡村旅游特色为代表的江南模式、以返乡创业为代表的中原模式、以民族特色产业为代表的黔东南模式，并对传统村落的经济文化发展过程中存在的问题进行了分析，提出经济与文化融合发展的路径；[①] 范莉娜等基于访谈及问卷调查对黔东南三个侗寨展开调查，探讨了村落旅游的发展对当地精准扶贫的效用以及当地居民的反应。[②]

四 中国传统村落研究现状的特征与不足

（一）研究热度逐步上升，但重点文献偏少

图1表明，2012年以来，国内传统村落的研究渐成体系，2015-2019年的研究成果达到一个新高度。这与近年来国家对乡村振兴、遗产保护、文旅融合的重视以及城镇化所引发的社会大众的乡土情结紧密相关。例如，2014年，住房和城乡建设部、文化部、国家文物局等部委联合提出加强传统村落保护的指导意见；2015年，讲述中国传统村落千百年传承故事的纪录片《记住乡愁》上映；2017年，党的十九大报告提出乡村振兴战略。按照上文检索方式，在中国知网期刊页面，同样以"传统村落"为主题或关键词进行同步搜索，时间段仍为2001-2019年，有关传统村落的全部期刊发文量达7200余篇，但核心文献数量仅1200余篇，不足五分之一，所占比例偏低。显而易见，核心文献偏少与国内核心作者数量及核心刊物数量、人文社科发文模式等客观情况有关，但也足以警示当前的研究质量有待进一步提高。

（二）研究视角更加多元，但宏大理论的建构有待探索

当前，随着多群体、多学科的介入，传统村落的研究视角呈现出多元性与综合性特征，涵盖民俗、经济、文化、法制、宗族、空间分布、环境质量等内容，极大地丰富了传统村落的研究资料。分析发现，已有研究多

---

① 潘续丹：《精准扶贫视野下传统村落开发的经济与文化价值融合研究》，《农业经济》2019年第10期。
② 范莉娜、董强、吴茂英：《精准扶贫战略下民族传统村落居民旅游支持中的特性剖析——基于黔东南三个侗寨的实证研究》，《贵州民族研究》2019年第8期。

基于个案案例，以发展中的具体问题阐述及实际调查分析为主，具有切实意义；多数研究也借鉴相邻学科理论以传统村落的研究，常涉及建筑学、管理学、地理学、经济学学科，如人类聚居学理论、文化景观基因理论、复杂性科学理论、行动者网络理论、文化表征理论等。理论的借鉴与创新有助于弥补传统村落基础理论的不足，但明显的是，这种单纯跨学科的理论互鉴正是自身理论体系缺失的印证，且很难构建体系化的宏大理论。如同美国民俗学家阿兰·邓迪斯（A. Dundes，1934-2005）对"宏大理论"的偏爱，某种层次上，宏大理论的建构将代表某一具体学科研究的高度。虽然传统村落研究尚未构建自身的学科体系，当前逐渐丰富的研究成果逐渐显现出对宏大理论探索的需要。

（三）研究内容更加深化，但立法研究及国际化对接相对薄弱

在多方主体的努力下，整个社会对于传统村落的认知有所深化；在乡村振兴大背景下，传统村落、历史文化名村、少数民族特色村寨、特色景观旅游名村被一同列为特色保护类村庄。① 不少学者都已意识到，不能再将传统村落视为一个保护单体，它是整个乡村振兴中的重要一环。② 又如，早期通过旅游业带动传统村落发展的设想备受争议，现在来看，这一模式已经成为传统村落活态传承的重要方式之一。然而，不足的是，传统村落面临的问题将更加复杂、多元，但从法律层面探讨传统村落问题的研究却十分有限，高质量的研究更是寥寥无几。虽则不少地方政府推出了传统村落保护条例，如《丽水市传统村落保护条例》《台州市传统村落保护利用管理条例》，但国内尚无一部真正对应并足以涵盖传统村落相关内容的立法文件，这方面的学术研究略显滞后，尚未完全发挥应有的理论指导作用。此外，现有研究多基于对国内现实情况的写照，与国际社会研究成果的对接有限，加强对国外学界研究的了解与借鉴，如立法保护等内容，或许能为国内传统村落的研究提供新的研究思路。

---

① 详见中央农办等五部门印发《关于统筹推进村庄规划工作的意见》，2019年1月。
② 唐胡浩：《乡村振兴背景下少数民族传统村落保护发展策略研究——基于恩施州鹤峰县三家台蒙古族村的调查》，《贵州民族研究》2019年第11期。

（四）研究方法更加丰富，但方法运用上需要科学与综合

大概由于传统村落所涉学科偏向人文学科，当前传统村落的研究多采取质性方法，量化研究较少。在质性研究方面，现有研究案例多以田野调查为主，这部分研究中常常可见的情况是，作者在简单案例描述后便做出相应的逻辑阐述，最为关键的论述部分对案例的提及则寥寥无几，如《乡村振兴视域下农村传统公共文化空间的复兴与重构——基于江西莲花县村落祠堂的调研》《传统村落文化生态保护性发展思考——基于海南岛屿传统村落视域的问题探微》[①]等文章。案例的存在是文章论点得以验证并深化的基础，这种相对简单、宽泛的案例呈现实际上只是给文章搭建了一个像样的架子，而架子与架子之间的联系是否足够承载整个建筑本身的重量则有待商榷。更重要的是，这种不够深入细致的调查本身便是文章科学性无法获得保障的致命缺陷。量化研究方面，随着更多地理学、建筑学、生态学等领域学者的加入，选择量化方法的研究将不断增加。但由于传统村落本身蕴含的文化理念、精神信仰、价值伦理等人文因素，单纯的数据统计与分析很难最完整地呈现出最后的研究目的，而现有的质性研究则容易忽视数据的存在，如能在未来的研究中多考虑两者的结合，或许有助于提升研究质量与研究深度。

结论与展望

2020年，中国将建成全面小康社会；作为重点建设对象的传统村落地区，必然面临新的发展形势与机遇，同时也给传统村落的保护与建设带来新的难题。基于上述对研究重点及存在问题的分析，以下话题将置于全面小康社会建成后的环境下的接续研究，有待做进一步探析。

（一）传统村落地区全面小康社会建设成效研究

全面小康社会的建成，标志着中国社会进入新的发展阶段，也意味着

[①] 贺一松等：《乡村振兴视域下农村传统公共文化空间的复兴与重构——基于江西莲花县村落祠堂的调研》，《农林经济管理学报》2019年第6期。娄瑞雪：《传统村落文化生态保护性发展思考——基于海南岛屿传统村落视域的问题探微》，《云南行政学院学报》2019年第6期。

乡村地区的经济建设、文化建设、民生建设跨入新的水平。此时，对于传统村落地区而言，其发展成效到底如何，是否真的实现了全面脱贫，村落居民的生活条件是否得到实质性改善，而非暂时性的表面工程式帮扶；传统村落文化遗产的保护与修缮是否符合活态性传承原则，其空间创造与功能满足有没有达到可持续发展效果；现有的保护模式与发展方向是否足以应对当前形势快速变化下传统村落发展模式的转变，这一过程有没有出现偏差；能否对2020年以前传统村落的治理经验、保护理念、保护模式进行归纳与总结，汲取好的内容，避免重犯以往的相似错误，这些疑问值得研究者们进一步调查与研究。

（二）传统村落的理论建设与立法保护研究

胡惠林在《文化产业发展的中国道路——理论·政策·战略》中探讨了文化产业的理论研究与政策研究，指出20世纪90年代文化研究的贵族心态曾使得中国文化产业的理论指导与政策制定同实际拉开了距离，进而严重滞后于文化产业发展的实际。[①] 这种情况值得引起警惕。中国地域辽阔、传统村落数量众多、各地情况复杂多变，全面建成小康社会后将面临新的发展形势，这些问题急需科学理论的分析与指导。由于国内传统村落研究的理论建设还存在较大空缺，未来的研究有必要注意以下两方面：其一是传统村落自身理论体系的思考，包括宏大理论的探讨；其二是加强对传统村落立法保护的研究，切实发挥理论指导实际的应有作用。

（三）作为传统村落生活与保护主体的乡村居民视角研究

以往研究多强调外来主体力量对传统村落的保护——政府提供政策与资金，专家学者贡献自己的专业才能，企业基于利益的考虑引入资金与人员，游客在情感满足之下奉献自己的钱包。这些外来群体有知识，有地位，有资金，有话语权，自然而然成为传统村落保护的"表面核心"，但掩盖了本应发出更大声音与话语的当地居民的存在。冯骥才指出，当前传

---

① 胡惠林：《文化产业发展的中国道路——理论·政策·战略》，社会科学文献出版社，2018，第4~5页。

统村落保护有两个难以破解的难题,其中之一就是村落空心化,"村落保护和非遗一样都需要活态传承,最根本的还是需要依靠原住民",如果村落的居民都不在了,何谈保护?[①] 对此,未来的研究视角应该更注重世居群体自身的话语,要多听听他们的想法与看法,而非仅仅囿于自身有限的知识和意愿。

（四）传统村落现代化发展的进一步探讨

当前传统村落已经与文化旅游、大数据、文化遗产、乡村振兴等时政热点密不可分,尤其是旅游业在20世纪初期乃至更早便被考虑为传统村落保护与发展体系的一环。在2020年以及未来的研究中,尽管旅游开发的争议短期内不会消失,但文化与旅游仍然是传统村落场域中的关键话题,成为传统村落发展不可逾越的阶段性特征。实际上,依照当前的整体性研究视角,上述几个关键词本身就已经构筑成一个无法分割的实体。传统村落是文化遗产的一部分,也是文化旅游中"文化"的重要保证,而文化旅游与大数据又是乡村振兴得以实现所离不开的硬件支撑。在未来,现代科技将更加先进、乡村振兴事业进一步深入、遗产保护理念更加普及以及旅游需求进一步扩大,这些话题与视角仍将是学界关注的重点。

最后需要说明的是,本文基于可视化软件"引文空间"的分析,对国内2001-2019年传统村落的相关文献进行了梳理,虽然能够较为客观地呈现这一时段的研究状况,但不可忽视的是,借助软件进行分析,其自身的局限性在一定程度上会影响最后结果的呈现。本文在中国知网上进行文献样本选取时,为保证文章质量与分析的简化,排除了非核心期刊文献与报纸类文献,加上检索关键词的差异以及网站自身的原因,不可避免地遗漏了少部分研究成果,如冯骥才的研究主要发表于报刊上,故本文未将其列入核心作者群,后续研究中将不断完善与补充。

---

① 冯骥才:《中国传统村落何去何从》,中国民俗网,2019年4月8日,http://www.chinesefolklore.com/news/news_ detail.asp? id=4518。

The Status Quo of Chinese Traditional Village Research and Conservation Strategies: A Quantitative Analysis Based on CiteSpace [*]

Ma Zhiyao, Wu Jiankai[**]

Abstract: Facilitated by the CiteSpace software, this article analyses a dataset of 1,299 papers on traditional villages included in CNKI. net between 2001 and 2019. The main conclusions of the analysis are as follows: (1) Chinese scholars have developed a system for traditional village research that uses Chinese characters; (2) there are few core researchers and research centres in this field, and there is a lack of collaboration; and (3) the hot topics in traditional village research are heritage protection, landscape, village culture, urbanisation, village revival, and the fusion between culture and tourism. These topics demonstrate the increasingly close connection between traditional village research and national policies. There are four problems associated with the current field: (1) lack of high quality research; (2) lack of an overarching research framework; (3) lack of research from the legal perspective or of attempts to globalise the research; and (4) insufficient scientific and systematic approaches. Looking forward, as we approach the goal of building a well-off society, research on traditional villages should focus on the following areas: (1) reviewing the effectiveness of the methods for constructing a well-off society; (2) building a systematic theoretical framework; (3) highlighting villagers' subjectivity; and (4) demonstrating the traditional village's modernisation process.

Keywords: Traditional Village, CiteSpace, Knowledge Graph, Visualising

---

[*] Fund: supported by grants from the Ministry of Education Humanities and Social Science Youth Foundation of China (No. 19YJC760106), the Tianjin Philosophical and Social Sciences Planning Program (No. TJSR15-008).

[**] Author Bios: Ma Zhiyao, Professor affiliated with College of International Education, Tianjin University, PhD advisor. Wu Jiankai, graduate student in College of Education, Tianjin University.

基于文化社区模式的古村镇遗产保护*

——以大理喜洲古镇为例

张柔然 孙蒙杰**

摘　要：随着"全域旅游"的提出和推进，中国旅游业迅猛发展，人们的出行选择日益多样化，底蕴丰富的传统古村镇异军突起。但是，在旅游发展过程中，遗产开发导致的问题逐渐凸显，对古村镇文化遗产、非物质文化遗产的保护仅仅依靠政府行为显然是不够的，还需要多方主体的共同努力。以大理喜洲古镇为例，现有的文化社区仍处在一个较为松散的状态，社区所具有的潜在优势未能充分发挥。这既需要喜洲镇政府积极发挥社区管理者的统筹和带动作用，主动打破政府与其他主体的距离感，加强与遗产传承人、手工业经商者的合作，带动文化遗产的开发保护和合理商业化；也需要其他主体积极参与社区管理，从自身角度为政府管理提供意见，推动政府对于文化社区管理的规范和改进。

关键词：古村镇　遗产保护　"文化社区"模式　社区居民

引　言

伴随全域旅游的提出和推进，中国迅速迈入全民旅游的时代，人们的出游类型越来越个性化，对旅游内容的追求多样化，不再仅局限于传统的观光游览，各类型底蕴丰富的目的地特别是众多历史古村镇越来越成为游

---

* 本文系国际古迹遗址理事会（ICOMOS）与世界自然保护联盟（IUCN）合作项目"文化-自然之旅"、国家自然科学基金资助项目（51908295）"探索'非权威'利益相关者对中国世界遗产地价值认知"阶段性成果。

** 作者简介：张柔然，深圳大学建筑与城市规划学院副教授，国际古迹遗址理事会文化旅游科学委员会副主席；孙蒙杰，广州天力物业发展有限公司。

客的重要选择,全国范围内掀起古村镇旅游开发的热潮。但是,在古村镇旅游快速发展的同时,我们必须看到,在一些特色古村镇的开发中,存在过度粗放、经济利益至上等现象,对古村镇最核心的旅游吸引物——文化遗产和非物质文化遗产(以下简称"非遗")造成了不可逆转的破坏。在长期的发展过程中,村镇都是中国社会的基础组成单位。在全民努力实现社会主义现代化目标的过程中,各具特色的传统古村镇所保存的民族特色、民俗风情,包括村镇布局、建筑样式以及丰富的传统手工艺等愈显珍贵,亟须加以保护和发展。

中国的传统古村镇数量巨大,各具特色。对于文化遗产的保护,仅依靠政府、企业等某一方的努力是远远不够的,必然需要各方的共同努力。本研究以大理喜洲古镇作为案例,通过对古镇居民的深度访谈,从遗产利益相关者的视角分析喜洲在文化遗产和非遗保护方面的运行机制,探索区别于传统社区概念的以文化遗产保护为目标的"文化社区"模式,并对喜洲古镇现有的遗产保护中的问题提出相应建议。

一 文献综述

中国对于古村镇文化遗产保护的研究起步较晚,但是近些年来已经取得了重要进展。在保护体系上,袁奇峰等认为,中国的文化遗产保护体系是在计划经济背景下,通过一系列行政法规建立起来的垂直型控制模式,政府自上而下的主导作用过大,中国公众参与文化遗产保护表现出明显的"依赖政府"。[1] 罗瑜斌选取珠江三角洲特定历史文化村镇作为研究对象,指出中国的遗产保护制度的缺失和不足,强调了制度的完善对于历史文化村镇保护的重要性。[2] 胡鹏程通过分析法国魔鬼桥保护开发案例,指出中国政府亟须加强文化遗产保护的长远规划,推进文化遗产管理制度及管理体系的改革;在长期的发展过程中,中国政府在遗产保护方面过度干预的历史遗留问题,造成了民间力量特别是基层群众的参与严重不足,政府工

---

[1] 袁奇峰、蔡天抒:《以社会参与完善历史文化遗产保护体系——来自广东的实践》,《城市规划》2018年第1期。
[2] 罗瑜斌:《珠三角历史文化村镇保护的现实困境与对策》,博士学位论文,华南理工大学,2010。

作在很多情况下未能获得其他利益相关者的有效支持和配合。① 佟玉权等指出，农民是中国传统村镇文化遗产的主要使用者和传承者，但以农民为主的基层群众对遗产保护的重视程度不够，经常不屑一顾，对文化遗产的认识产生严重偏差。②

针对中国在古村镇遗产保护中出现的问题，一些学者从不同角度给出了建议。徐晶晶从城市设计的角度，对旅游开发下的西塘古镇中出现的问题进行探讨，提出了古镇空间格局上的优化建议。③ 孟繁洲以武汉市黄花涝古镇为例，从新农村建设的视角探讨了现存状况的调查是对古镇进行保护的基本依据。他认为，在古镇的保护和发展中，需要着重注意保留传统建筑格局以及整治古镇空间形态，对古村镇的保护可以按照分区式保护、博物馆式保护、生态式保护、景观式保护和景点式保护等模式进行。④ 黄弈佳从文化生态位角度出发，提出在古镇的保护规划中，需要将物质文化与非物质文化相结合。⑤ 在保护效果评价上，张艳玲运用多学科方法，构建了主观与客观一分为二的评价体系，确定主观与客观评价的因子、权重，并设计开发了"历史文化村镇评价系统"自动化软件。⑥ 成斌构建了由客观性指标、主观性指标、整体性评价组成的文化遗产保护真实性评价体系，并提出了真实性理论与古村镇遗产保护规划的结合。⑦

从整体上看，中国学者在古村镇的文化遗产保护，特别是在新农村建设、城镇化及旅游视角下的研究已取得了很丰富的成果，但对文化遗产保护中社区参与的研究仍然是一块短板。随着中国经济水平的提高和社会的发展，特别是教育事业的快速进步，普通民众的自我意识也在逐步提升，

---

① 胡鹏程：《法国文化遗产保护管理利用管窥——以魔鬼桥遗产点为例》，《文博学刊》2019年第1期。
② 佟玉权、马鹤丹：《社区参与——促进农村文化遗产保护之关键乡镇经济》，《乡镇经济》2009年第12期。
③ 徐晶晶：《旅游开发下西塘古镇保护与发展研究》，硕士学位论文，北京建筑大学，2018。
④ 孟繁洲：《新农村建设中古村镇的保护与发展——以武汉市黄陂区黄花涝古镇为例》，硕士学位论文，武汉纺织大学，2017。
⑤ 黄羿佳：《基于文化生态位的城市近郊区历史古镇保护规划研究》，《智能城市》2018年第18期。
⑥ 张艳玲：《历史文化村镇评价体系研究》，博士学位论文，华南理工大学，2011。
⑦ 成斌：《皖南古村镇遗产保护的真实性研究》，硕士学位论文，武汉大学，2004。

对于社会事务的参与热情愈发高涨，因此，有必要对有效的社区参与进行更深入的探讨。

目前，中国已有一些学者对遗产保护的公众参与进行了研究和讨论。黄涛等指出，联合国教科文组织于2003年颁布了《保护世界非物质文化遗产公约》，但由于政府等社区外部力量的干预，各国非遗保护实践普遍出现了社区参与不足的问题，民众对此知之甚少甚至产生抵触；同时，应该将非遗保护的社区参与深入和延展到社区认同。① 袁奇峰等将社区参与遗产保护的研究重点放在了第三方民间组织——民间文化保育组织和团体，并以广东省民间文化保育组织的发展为例，探讨广东社会参与网络的构建过程。② 赵建伟等总结了罗定市合江民族村构建特色民族文化社区的有益经验，但更多侧重在民族村日常的管理上，对于村镇文化遗产的保护未做过多研究。③ 屈册等基于话语分析视角研究元阳梯田世居群体的遗产认同，发现因角色的不同会对遗产有不同的看法，如何加强政府与普通世居群体的对话、提高社区居民的自觉性，需要思考。④

以往对于文化遗产保护社区参与的研究，肯定了社区群众、农民、民间组织等的重要作用，也探讨了提升社区参与的具体措施及如何构建有效的社区认同。但是，目前研究中不同学者对于"社区"或"文化社区"的定义均存在差距。费孝通在《社会学概论》中对"社区"的定义为："若干社会群体或社会组织聚集在某一地域里，形成一个在生活上相互关联的大集体。"⑤ 我们日常用语中还没有一个专门名词，英文把这个大集体称为"community"，我们译为"社区"。黄涛等对文化社区的界定为：文化项

---

① 黄涛、郑文清：《非物质文化遗产保护工作中社区认同的内涵与重要性》，《中国人民大学学报》2018年第1期。
② 袁奇峰、蔡天抒：《以社会参与完善历史文化遗产保护体系——来自广东的实践》，《城市规划》2018年第1期。
③ 赵建伟、康就升：《合江民族村特色民族文化社区建设经验的文化哲学解读——以罗定市加益镇合江民族村为例》，《前沿》2011年第6期。
④ 屈册、张朝枝：《元阳梯田原住民的遗产认同：基于话语分析的视角》，《旅游学刊》2016年第7期。
⑤ 费孝通：《社会学概论》，天津人民出版社，1984，第213页。

目所传承并认定的在特定区域内生活的民众、传承人;[①] 赵建伟等认为，文化社区主要指合江民族村的多民族混居村落;[②] 屈册等在研究中指出，社区主要指当地传统生活社区，且研究中提到"除政府机构外，也要发挥专家、学者、当地社区、非政府机构和其他利益相关者的作用"，[③] 即将社区看作文化遗产保护中与其他主体处于平行或并列关系。以上研究中对于社区的定义，多遵循了"特定地域或空间范围内的群体"这一原则。但是，在社会学范畴中，社区可大可小，小至街道、村落，大至城镇、省市、国家。已有的众多关于古村镇文化遗产保护的研究，将社区与政府、工商部门、企业、学者等不同主体分割开来，没有将游客纳入古村镇社区的考虑范围，略显局限化。当前，古村镇旅游兴起，传统古村镇作为旅游目的地，大量游客的涌入必然带来原始社区的人员变动，一定程度上打破了传统意义上社区的地域限制。在旅游业发展下，传统意义上的社区居民、当地政府、企业以及部分游客等不同群体，均会参与到对古村镇的遗产（包括文化遗产和非遗）的保护中。本研究观察以喜洲为例的"文化社区"情况，旨在提出有利于喜洲乃至全国遗产保护的"文化社区"模式。

二 研究设计

（一）喜洲古镇文化遗产与非遗情况

喜洲古镇是重要的白族聚居地，隶属云南省大理白族自治州，位于大理市北18公里处，西向苍山，东接洱海，下辖13个行政村。截至2017年底，喜洲人口总计6万余人，其中白族人口占到89%；除了白族，喜洲还居住着汉族、回族、彝族、纳西族等22个民族。喜洲是大理文化的重要发祥地，早在六诏河蛮时代就已是白族聚居地，南诏时期喜洲为"十睑之一"，1985年经云南省政府批准设为建制镇。喜洲的文化遗产十分丰富。

[①] 黄涛、郑文清：《非物质文化遗产保护工作中社区认同的内涵与重要性》，《中国人民大学学报》2018年第1期。
[②] 赵建伟、康就升：《合江民族村特色民族文化社区建设经验的文化哲学解读——以罗定市加益镇合江民族村为例》，《前沿》2011年第6期。
[③] 屈册、张朝枝：《元阳梯田原住民的遗产认同：基于话语分析的视角》，《旅游学刊》2016年第7期。

物质文化遗产主要表现形式为传统建筑，主要包括白族传统民居与宗教建筑两大类。喜洲白族古建筑群于2001年6月入选第五批全国重点文物保护单位，现共存明、清、民国时期较为完整的民居101座，其中国家级文保单位4处，其余均为自治州级及乡镇级保护单位。宗教建筑以白族特有的"本主教"建筑及清真寺为主。非物质文化遗产包括饮食文化、服饰文化、宗教文化、传统技艺、民俗风情等，截至2018年6月，喜洲共拥有官方认证州级、国家级非遗20余项。[①]

（二）深度访谈

笔者于2018年3-6月、2019年4月，两次前往云南大理喜洲古镇进行为期五个月的田野调查。研究通过拍照、观察、街头访谈等形式，走访不同类型商店、居民院落、民族宗教建筑、文化中心等共计80多处，对喜洲古镇的文化遗产和非遗保存状况及保护状况进行深入了解和剖析。

在田野调查过程中，笔者遵循随机、客观、广泛、真实的原则，从喜洲古镇当地随机选择人员进行深度访谈。访谈主要以开放式和半结构化的方式进行。因文化社区模式的主体构成尚不明确，因此笔者在人员的选择上，涵盖了尽可能多的影响因子，如喜洲当地人与外来人口、不同受教育水平、不同年龄段、不同职业等。在访谈过程中，根据已获取的访谈内容中得到的饱和信息不断对访谈提纲和问题进行修正及补充，使最终的访谈结果可以提供尽可能多的有效信息。按照如上流程，获得当地居民、外来经商人员、本地商户、手工业从业者、传统手工艺传承者及游客的访谈样本共计20例（见表1），共收集访谈录音162分钟，整理获得访谈记录约4万字。

笔者通过深度访谈探究的内容包括：（1）文化社区模式主体的界定；（2）不同主体对古镇文化遗产状况的认知；（3）不同主体对古镇遗产保护现状的认知；（4）不同主体对自身及其他主体在古镇文化遗产保护中的作用的认知和定位。据此制定了访谈提纲。访谈提纲的设计尽量客观，避免

---

① 大理市文化局：《大理非物质文化遗产保护名录一览表》，大理市人民政府网，2017年1月6日，http://www.yndali.gov.cn/dlszf/c103383/201701/354f862f3d23423391c5adaec6c7c6ef.shtml。

引导性和趋向性问题的出现。访谈的主要问题包括：（1）您知道喜洲有哪些保护文化遗产的措施？（2）对于已有的措施您有什么看法？（3）您认为自己在喜洲的文化遗产保护中起到了什么样的作用等。

表1 访谈对象一览

编号	性别	年龄	教育水平	职业	是否本地人
S1	男	34	硕士	导游	否
S2	男	30	本科	咖啡店老板	否
S3	女	23	本科	酒店员工	否
S4	男	31	高中	酒店员工	是
S5	女	33	高中	饭店老板娘	是
S6	男	43	高中	旅游车司机	是
I1	女	30	硕士	柴烧手艺人 申窑陶社老板娘	否
I2	男	42	初中	手工银匠	否
I3	男	27	本科	甲马传承人 客栈老板	是
I4	女	32	硕士	古法扎染传承人 "蓝续"老板娘	是
I5	男	68	初中	洞经古乐传承人 演奏家	是
G1	女	28	本科	喜洲镇政府工作人员	是
R1	男	38	高中	农民	是
R2	男	65	初中	赋闲	是
R3	男	61	初中	渔民	是
R4	女	57	初中	农民	是
R5	女	23	本科	在校学生	是
T1	女	26	本科	上海游客	否
T2	女	25	本科	浙江游客	否

续表

编号	性别	年龄	教育水平	职业	是否本地人
T3	男	27	硕士	广州游客	否

注：S 代表服务业从业者；T 代表旅游者；G 代表政府工作人员；I 代表遗产继承人；R 代表当地居民。

（三）批评话语分析

研究主要运用"批评话语分析"（Critical Discourse Analysis）完成对访谈资料的分析。批评话语分析方法[①]起源于 20 世纪中叶。该研究方法主要是指对语句的分析不限于其内部规律，而是将研究重点扩展到分析话语在具体社会情景下与研究对象之间的互动关系。[②] 沃特顿（Emma Waterton）等认为，批评话语分析方法是通过语言来研究社会，能够分析当前文化遗产实践中各个利益相关者的话语关系。[③]

为了避免对访谈材料分析的主观因素影响，笔者使用了内容挖掘软件"ROST Content Mining"作为辅助。笔者将全部访谈材料转录为文字，共获得约 4 万字的访谈记录 txt 文件。将文件进行分词处理后导入软件，获得了访谈记录的高频词词频统计数据、行特征词表及共现矩阵词表。在手动筛除无效词汇后，将词表和矩阵词表导入软件，即可获得访谈者关于不同问题的语义网络图（见图 1）。在语义网络图中，定点表示概念，箭头标示了概念之间的语义关系。结合访谈的具体语境、访谈者的话语等，挖掘出话语中包含的社会意义。

三　研究结果

（一）喜洲古镇文化社区构成主体

1. 对文化社区模式主体判定的核心依据

大多数受访者表示，如果假设中的"文化社区"确实存在，其成员

[①] N. Fairclough, *Language and Power*, London/New York: Longman, 1989, p. 34; N. Fairclough, *Discourse and Social Change*, Cambridge: Polity Press, 1992, pp. 67-75.
[②] 穆军芳：《2017 年国内批评话语分析研究述评》，《天津外国语大学学报》2018 年第 6 期。
[③] E. Waterton, L. Smith and G. Campbell, "The Utility of Discourse Analysis to Heritage Studies: The Burra Charter and Social Inclusion," *International Journal of Heritage Studies* 4 (2006): 339-355.

必须"住在喜洲才行"（I2），"不能待几天就走"（S3）。社区主体需持续参与社区生活，才有可能进入社区文化圈，参与到社区的文化遗产保护中来。因此，笔者将"稳定持续参与社区生活"作为文化社区主体判定的核心依据。在此基础上，对各主体可以从两个维度进行类别的划分：（1）本地世居群体/外来人口；（2）服务业从业者/其他行业从业者/普通居民。依据这两个维度，可将文化社区的主要构成主体共划分为五个类别：（1）本地服务业从业者；（2）本地非服务业从业者；（3）本地普通居民（此处普通居民，主要指非从事工商企事业单位工作的普通农民渔民及赋闲居民）；（4）外来服务业从业者；（5）外来非服务业从业者。在以上几类人员中，会存在一个共同部分——文化遗产传承人。各主体的类别并非完全割裂的，同一成员有可能从事不同工作，具有不同身份。

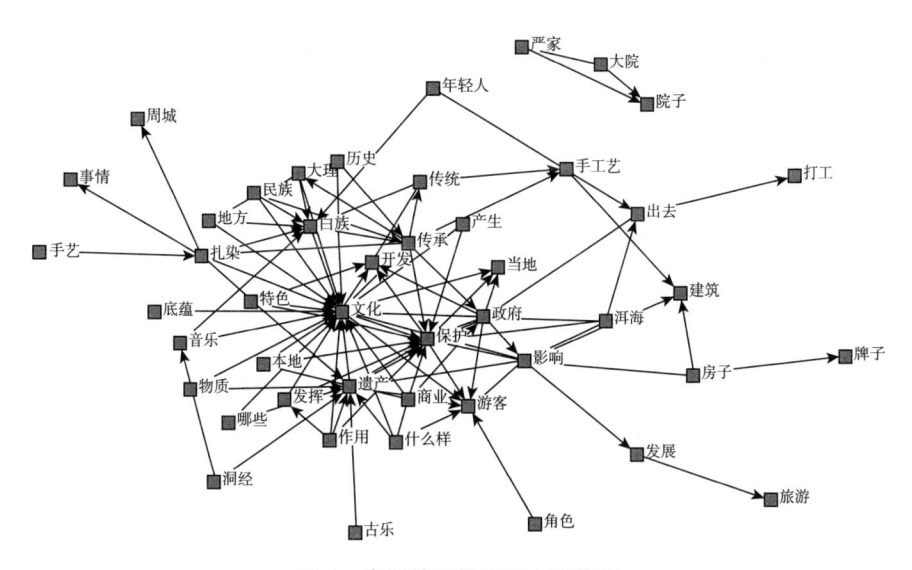

图1 喜洲社区居民语义网络图

2. 世居群体是古镇文化社区的核心主体

喜洲镇下辖13个行政村，共计6万余人，其中白族人口占89%，世居群体在数量上占到了绝对主体。通过对所有访谈记录的汇总和分析，"文化""白族"在高频词中分别位列第二位和第四位，白族文化的主导对于当地浓厚的社区生活氛围的影响是决定性的。从语义网络图中可以看出，"文化""白族"在整个网络中位于中心位置，对遗产的保护、传承、开发均需围绕"文化"进行。在访谈过程中，不同主体也表现出对白族文化较为一致的倾向性。

> 我觉得我需要去倡导的是，如果作为白族的年轻人，不管是去到天涯海角，要知道自己是一个白族人，他需要知道白族文化是什么。（R4）
>
> 到现在也去过不少地方，见过不少事情，但越来越觉得白族的文化底蕴的珍贵，不能说比谁优越吧，但是很独特，很美好。在喜洲待久了，多少会把这当成一个家的。（I1）
>
> 作为一个白族人我觉得我有责任把白族文化继承和传承下去，也有责任让更多的人了解白族文化。（S1）

在谈到参与喜洲文化遗产保护的动力时，世居群体和外来人员均表现出对白族文化的高度认同，特别是世居群体会表露出非常浓烈的归属感，将传播白族文化作为自身的责任和使命，且这种归属感和使命感在不同年龄段、不同职业身份的访谈对象身上都有体现。而外来定居人员，在融入喜洲生活之后，也将喜洲视作自己的"家"，产生浓厚的归属感，这种归属感则来源于对喜洲人、对喜洲白族文化的认同。

3. 游客是文化社区的间接参与者

在谈及游客对于喜洲文化遗产保护的作用时，多数访谈对象都表现出了较为统一的看法，即游客对于喜洲文化遗产保护的作用比较小。客栈老板认为：

> 我接待的游客，大多数其实是去大理古城玩，是听别人说有喜洲这么一个地方才顺便过来转一圈，其中大部分都是看看就走了，基本不过夜，留下住宿的可能只有一小部分。对他们来说，更多的是一种走马观花吧！喜洲保护得好不好，跟他们大多数人没什么关系。（I3）

来自上海的游客在喜洲停留了三天,也有相似的看法:

> 我和朋友是自由行过来的。本来在喜洲只计划玩一个下午,但是这里确实很好,正好我们时间比较充裕,就多住了两天。个人觉得,像我们的话,体验的成分会更多一些。如果非要说我们对喜洲的保护有什么影响,最多就是回去后会跟朋友推荐,让身边人知道这里不错,但整体上应该对喜洲影响不大。(T1)

从图1可以看出,在关于喜洲文化遗产保护的语义网络中,游客处在整个网络的边缘部分,距离"保护"一词的位置较远,虽然相关性较弱,但是仍与"角色"一词存在连接。喜洲镇政府数据显示,喜洲入选全国首批特色小镇后,2016年,喜洲全镇接待游客327万人次,旅游经济收入达1.8亿元;2015-2018年,喜洲农村常住居民人均纯收入均增加10%以上。① 正如政府工作人员所说:"旅游对喜洲经济的贡献率在逐年上升。"(G1)旅游收入的增加,带动了喜洲的财政收入增长,喜洲镇政府在文化遗产保护上的资金投入也相应增加,特别是2018年5月16日,喜洲开始为期一年半的古镇街区的风貌改造提升工作,包括传统古建筑围挡修复、违法违规建(构)筑物拆除、排水排污线路铺设等。② 因此,在对于游客作用的问题上,我们不能完全否认和忽视。大部分游客虽然并未直接参与喜洲的文化遗产保护,但是他们在旅游过程中的消费行为以经济刺激的方式,间接推动了喜洲的遗产保护,比较明显地表现在政府的遗产保护财政投入的增长与古镇居民从事特色传统手工艺商品的制造售卖行为的增加上。同时,游客对喜洲的宣传间接上也能为喜洲带来更多的资源。

针对游客作用的问题,申窑陶社老板娘也表达了她的看法:

---

① 大理市统计局:《大理市2018年国民经济和社会发展统计公报》,大理市人民政府网,2019年10月12日,http://www.yndali.gov.cn/dlszf/c100849/201910/a728f3bb4f254b0e84abe42bae09540e.shtml。

② 字丹瑶、杨秀杰:《5月16日起,喜洲古镇街区进行风貌提升改造》,云南网,2018年5月16日,http://news.yunnan.cn/system/2018/05/16/030245545.shtml。

影响还是非常大的，这个要分正面和负面来看。除了游客，还会有这么一批从外面过来，愿意留在喜洲的人，他们对于当地的，就是我们刚才说的文化保护上的东西，做得比政府还要更领先。他们找到本地的传统的手工艺，在传统的材料基础之上，做工艺和审美上的改良，使之变成适合现在的商品，投放市场吸引更多的人去关注它，愿意过来学习它，并把这个传统文化宣扬出去……我本来也是来喜洲玩的，但是来了以后就留下来了，算后面这一种吧。产品上努力帮助当地手工艺发展推广，设计上尽最大可能维护住原有建筑，并且赋予它新的使用功能，让它可以在市场经济中立住脚。（I1）

同时，除了上述的访谈对象，笔者在田野调查的过程中，还与一些游客进行了随机的短暂交流，发现喜洲还存在两类比较具有代表性的游客群体：一类游客表示"听朋友（亲人/同事）介绍，专门过来""专门来感受白族文化"，他们以美术、建筑、手工艺等行业的从业者以及重视深度和个性体验的游客为主，表示"喜洲的老建筑""传统手工艺"是来喜洲的主要原因，比较典型的是一位从事古建筑研究的老师，专门带队来到喜洲进行调研，并且"留下了很多本地人的联系方式，后面还会持续关注"；还有一类游客多表示"之前已经来过了，认识了不少好朋友，会经常联系"，"很喜欢这里"，"自己有时间的话就会（经常）回来"，"有留下来的意愿，条件允许的情况下会留下来"。可见，喜洲古镇的游客群体中，大部分游客为随机到访，在行程结束后会回归自身的日常生活。游客认为文化遗产和非遗是喜洲的核心吸引力，推动了当地对文化遗产的重视，他们出于特定的目的来到喜洲，在到访喜洲后与当地建立一定的弱连接，并将这种弱连接不断强化。小部分游客会成为类似申窑陶社老板娘这一类，从游客转变为喜洲居民，直接参与到喜洲的社区生活及文化遗产保护传承的工作中。

综上所述，大多数游客虽然并不直接参与喜洲的文化遗产保护，但仍通过旅游过程中的经济行为间接参与到这一系统中来。小部分游客则存在在旅游过程中与喜洲社区稳定联系及转变为社区成员的潜在可能。

4. 地方政府是文化社区管理者

对文化社区,社区管理者是维护稳定的社区秩序,最大限度发挥社区功能的驱动因素。通过对访谈记录的分析可以发现,在喜洲古镇,政府是各主体都认为可以发挥重要作用的利益相关者:

> 哪怕政府没有人,没有足够的资金去操作一些具体项目,但只要他们有这种态度和这种要求,那么其实就会对当地的文化保护产生巨大的作用。(I3)

> 其实应该是由政府作为主导,引进外来的设计力量,帮助本地的村民去传承传统的手工艺技能,开发更适合现在市场的产品。(I1)

> 肯定是政府的作用大,个人的作用微乎其微吧,我觉得。像喜洲的国家特色小镇的申请,各级文保单位的申请和非遗传承人的认证都是政府在做,政府要是不参与的话,那些开店的影响力毕竟有限。(R2)

(二) 喜洲文化社区的特征表现

1. 古镇世居群体对自身角色和作用的认知有限

古镇世居群体在古镇的文化遗产保护中扮演着重要角色,但对自身作用的认知有限,且受所从事职业和教育水平的影响很大。首先,整体来看,从事服务业的居民由于每天接触大量的游客,经常能够听到"文化遗产""遗产保护"等话语,且部分工作要求其对当地文化遗产有一定的了解,因此,相对于从事非服务行业的居民来说,对喜洲的文化遗产保护状况及自身在喜洲文化遗产保护中扮演的角色能够有更清晰的了解。典型的例子是一对父子,儿子是喜洲一家知名文化酒店的员工(S4),主要负责酒店内的文化活动的开发,他认为自己"在这方面可能就是发挥着一种传播的作用,然后让更多的人知道喜洲有这么多的文化遗产,需要更多的人知道并且来保护她"。父亲是一位普通农民(R1),在访谈中提出"我不太明白你说的遗产是啥",在了解文化遗产的定义后,他大概理解文化遗产就是"先人留下的老物件",认为"遗产保护应该跟我没啥关系,没有怎么关注过"。但是,在面对问题"如果喜洲举办节日活动,你是否会参加","古镇一些老建筑进行修复需要筹款你是否会主动捐款","你是否支持年轻人学习传统手艺"等问题时,均给出了正向的答复。他表示,"以前人留下来的东西,传了这么多年,肯定不能弄丢了……要继续好好传下去,娃娃得知道咱有这个东西"。与之类似的喜洲农民很多。在2018年的火把节前,喜洲古镇超过九成的世居群体均主动参与募捐,用于九坛神庙和正义门的修复,以及举行火把等节庆用品的购置。可见,大多数普通居民与文化遗产的直接接触虽仅限于当地的各个民俗节日和庆典活动,对于文化遗产的概念也并不了解,但他们仍自发参与其中,发挥着重要作用,只不过大多数人未意识到自身的角色。

其次,笔者在访谈过程中发现,居民对自身角色和作用的认知程度与其学历水平具有一定的相关性。在访谈过程中,学历水平为本科或硕士的人,均能清晰地表达自己对喜洲古镇的文化遗产保护的看法,而表示对"文化遗产"这一概念不了解或了解很少的访谈对象多为小学或初中学历的当地居民,同时他们对于自身的定位和作用的认知也比较模糊。部分学历水平较低的当地居民在访谈中对自己所了解的喜洲的遗产状况可以流畅表达,但是当提到一些专业度较高的话语如"遗产认同""对自己的定位"等时,在理解和表达上会有困难。可以看出,居民的学历水平与他们对自身角色和作用的认知呈一定的正相关趋势;但具体的相关关系,则需要通过更多的资料收集进行定性研究,进行量化。

2. 政府发挥的作用较为片面

从图2中可以看出,喜洲地方政府的精力更多集中在以古建筑古院落为主体的物质文化遗产的保护上,多以行政方式进行,对非遗的保护参与略少,且与其他主体的协作互动行为较少。政府在非遗的保护方面,比较多的是协助非遗传承人的申请、认证,在合作开发方面缺少与手工艺人、非遗传承人的协作。另外,政府的开发行为一定程度上表现出过度的商业化倾向,影响古镇的原真性。普通居民由于参与文化遗产保护较少,与政府的关系比较分离,对政府更多是一种观察者的角色。一位老人说:

（政府）这两年有好有坏吧。路修起了，去年把排水管道建起（来了），修了污水厂，办文化节，让游客过来看。喜洲的外国人还是很多的，这个好，让外国人看看白族的好东西，看看火把节、本主节、太子会。但是，有时候他们乱搞，修个水管三四个月挖开不管放那里，非要把四方街门面都弄成一样的，原来的一家一个样看着多有意思是吧，这几天还把老树给拔了，几百年的树，为了挣钱也不要了。（R3）

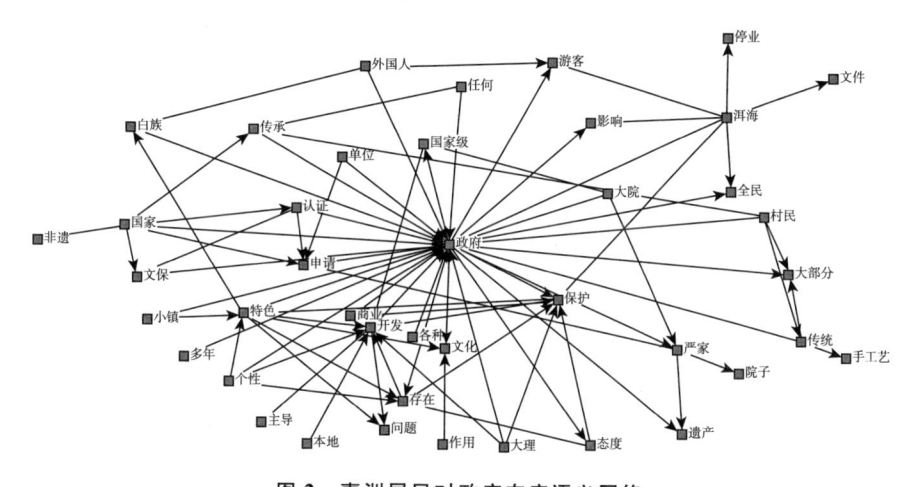

图 2　喜洲居民对政府态度语义网络

对于普通居民来说，政府的行为，如对老建筑的修缮，对古镇风貌的维护，以及污水处理厂、公共厕所等硬件设施的建设，更多是影响到他们的生活层面。但对众多服务业、手工艺从业者及非遗传承人而言，政府与他们的沟通和互动远远不足。周城古法扎染传承人认为：

政府的话对于喜洲的物质遗产保护更多一些吧！感觉在跟政府打交道时，各种审批还是比较繁琐，而且扶持力度也并没有期望中那么大，更多需要靠的是我们自己的商业运作。

但是目前这一块，大部分都是外来的人自主去做的，没有政府的大力支持。（I4）

而另一位店主认为,"政府可以发挥更大的作用,现在的作用比较有限"(I2)。喜洲的手工艺传承人和店主,多数认为政府在非遗的传承上,缺少和其他主体的联动,且有时推出的政策对个人经营和非遗的传承会产生一定的负面作用。对于普通居民和手工艺人、传承人对政府的态度,喜洲古镇开发公司的工作人员提出了这样的看法:

> 政府在遗产保护上还是下了不少功夫的,像近些年一直在积极申请,包括还组织了不少大型活动,邀请媒体过来宣传,还有不少企业过来合作。村民的话,可能因为很多节庆活动是他们很多年的传统,所以对一些细微的变化不太关注……政府更多只能作为一个监管者而不是参与者加入到商业经营里去,一方面要避免太快商业化了,一方面也需要发展,需要不断去平衡这个东西。现在因为资源有限,可能有一些地方我们确实没有做到位,我们也一直在讨论,也在考虑更多地去听他们的想法和建议,做一些改进。(G1)

可以看出,政府与其他主体在目的上还是基本一致的,只不过由于角色差异,各主体之间缺乏更有效的沟通。而政府作为地方的管理者,应更多地听取来自不同方面的声音。

结　论

本研究运用批评话语分析的方法,探究了喜洲古镇文化遗产保护的内在机制,并据此得出以文化遗产保护为目标的"文化社区"模式。本研究中的"文化社区"不同于传统意义上的"社区",它是一个更为广义上的综合性系统,将"文化社区"当作一个整体的文化概念而不是地域概念或行政概念看待,更加重视文化内核带来的凝聚力。对于社区主体构成的鉴别,不同于传统上将不同人群严格分类,而是在考虑到不论从理论还是实际出发,每个人在生活中的角色和身份都是多样的这一情况后,使用一定的原则进行确定。即只要满足持续稳定参与社区生活,认同并主观上愿意融入该文化社区的文化,就可以认为他是该文化社区的成员。

文化社区是旅游发展背景下以文化遗产保护为目的的高度开放和稳定

的多元化生活社群。社区以在地原生文化为核心,以当地世居群体为主体,构成成员多样化。在发生以游客为主的大规模人口流动的情况下,社区主体构成人员保持基本稳定;不同类别社区成员间以对在地文化的高度认同感和归属感为纽带,这种认同感和归属感,可能是显性的,也可能是潜在具有未明显表现的。游客通过其在旅游过程中与各主体直接发生的经济行为,为社区提供重要的经济支撑,间接参与社区的文化遗产保护;少数游客在特定条件下会发生身份的转变,直接参与到文化社区中。在该模式下,社区管理者通过强化社区成员对于社区文化的认同感,构建稳定的归属感,推动成员文化遗产保护意识由自发向自觉的转变,从而将社区整体的遗产保护效用最大化。

喜洲古镇现有的文化社区,可以看到仍处在一个较为松散的状态,社区所具有的潜在优势未能充分发挥。主要表现在三点:(1)社区普通居民的遗产保护意识较弱,仍处在原始的自发状态;(2)喜洲镇政府在遗产保护中发挥了重要作用,但是在其他主体看来存在感较低,政府作为社区管理者,其引领作用和统筹作用尚未充分发挥;(3)各主体之间缺乏有效的沟通和配合,特别是政府与手工艺经商者和各类文化遗产传承人缺少直接协作,政府的带动效应和上述主体的市场效应未能有效结合,致使众多非遗的传承保护及商业推广进展缓慢。因此,针对上述问题,喜洲镇政府应当充分发挥其职能,从"观望"转向"带动",积极发挥社区管理者的统筹和带动作用,主动打破政府与其他主体的距离感,加强与遗产传承人、手工业经商者的合作,利用政府的公共平台优势,提供高效的宣传、引流效应,带动文化遗产的开发保护和合理商业化。其他主体也应积极参与社区管理,从自身角度为政府管理提供意见,推动政府对于文化社区管理的规范和改进。政府还应该着重打造强势"文化共同体"理念,推动社区成员特别是普通居民的文化遗产保护意识,实现由自发向自觉的转变,强化社区各主体对于喜洲文化遗产保护的参与感和凝聚力,强化社区成员"喜洲人"的自我定位。

A Cultural Community Model for the Protection of Cultural Heritage in Ancient Villages and Towns: A Case Study of Xizhou Ancient Village [*]

Zhang Rouran, Sun Mengjie [**]

Abstract: With the promotion of "regional tourism", China's tourism industry is developing rapidly. Ancient towns and villages with rich traditions are suddenly emerging as diversified travel choices. However, it is obvious that government actions alone will not protect the cultural heritage and intangible cultural heritage of ancient villages and towns during the process of tourism development. This study consists of in-depth interviews with the major stakeholders of Xizhou in Dali. It uses the qualitative research method of critical discourse analysis to analyse the cognition of the major stakeholders on the protection of Xizhou's cultural heritage and intangible cultural heritage. It proposes a new cultural community model aimed at protecting cultural heritage.

Keywords: Ancient Village, Heritage Protection, Cultural Community Model, Community Residents

---

[*] This paper is the stage result of the ICOMOS and IUCN project "Culture-Nature Journey". The National Natural Science Foundation of China Project "Exploring the Value of Stakeholders on the Meaning of China's World Heritage Sites" (Grant No. 51908295) and funded the research on which this paper is based.

[**] Author Bio: Zhang Rouran is an Associate Professor at School of Architecture and Urban Planning, Shenzhen University. He also is a Vice President of ICOMOS International Scientific Committee on Cultural Tourism. Sun Mengjie is a staff member at Guangzhou Tianli Property Development Co.

以退为进：日本"非遗名录"申报策略的转变*
——以 2013-2019 年实施的申报项目为例

白松强**

摘 要：早在 2009 年，日本在"非遗名录"所拥有的项目数量上已稳居世界第二位。2013 年后，随着联合国教科文组织在名录申报体系方面的政策调整，日本采取了以退为进的策略。表面上看，2013 年，日本所拥有"非遗名录"项目就达 22 项；2014 年、2016 年、2018 年又各有一项申报成功，然而总数却是不升反降，只有 21 项；但实际上，日本连续三年通过整合各类优势资源尤其是文化资源，突出地方文化特色，穿线成珠、连点成面，从单一观光到多元观光，从景点观光到文化观光，进而构建了符合日本国情的"文化+观光（旅游）"战略发展模式，使境内所拥有的代表作名录团体（机构或单位）多达 62 个。日本为适应教科文组织申报/评审制度探索出的"大胆创新、合理利用、惠国惠民、世界扬名"这一有强大生命力的创新发展之路，值得中国借鉴。

关键词：日本 非遗 非遗名录 保护公约

引 言

20 世纪，日本作为世界上最早立法保护非物质文化遗产（以下简称

---

* 本论文为国家社会科学基金重大项目"南方少数民族手工艺资源体系与基因要素图谱研究"（编号：17ZDA166）阶段性研究成果。

** 作者简介：白松强，湖北民族大学讲师，中南民族大学在站博士后。

"非遗")的国家,① 其于1950年颁布的《文化财保护法》被视为日本第一部有关文化遗产保护的综合性法典；尤其是其中所涉及的有关"无形文化财（非遗）"的保护理念，为世界其他国家的"非遗"保护与利用事业做出了积极的表率和示范作用，在世界文化遗产保护史上占据重要地位。

2009年，日本以一次性成功申报13项"人类非物质文化遗产代表作名录"（以下简称"非遗名录"）为基础，加上之前成功申报的3项，成为世界上第二个"非遗名录"项目拥有大国（当时，中国以29项位居世界第一），积极构建和巩固了世界"非遗"大国的体系与地位。

"非遗名录"是联合国教科文组织（以下简称教科文组织）主导的两大文化遗产名录制度之一。它与"世界遗产名录"相比，在亚非拉等发展中国家中更是受到了广泛支持。亚非拉地区的广大发展中国家，受自然条件、人口数量、社会环境等因素制约，彼此之间的文化、经济发展差距也比较大。此外，《保护非物质文化遗产公约》（以下简称"《保护公约》"）相比《世界遗产公约》，晚实施了三十余年，体系自身相对成熟较迟。为了不重蹈世界遗产分布地域不均衡的历史覆辙，保护和传承好世界各国各民族的优秀民间传统文化，进而为丰富文化多样性和人类的创造性做出贡献，在"非遗名录"申报/评审制度方面，教科文组织则不断对其进行优化，做了诸多方面的修订和完善。

一 教科文组织"非遗名录"的昨日今朝

教科文组织主导实施的"非遗名录"制度，与日本有着很深的渊源关系。1999年11月，松浦晃一郎作为首次入选担任教科文组织总干事的亚洲人，同时也是首位担任此职的日本人走马上任。履职伊始，其基于对《保护民间创作建议书》（1989）、《人类口头和非物质文化遗产代表作宣言》（1997）、《〈人类口头和非物质文化遗产代表作宣言〉章程》（1998）等理念的再认识，基于对亚非拉地区为数众多的民族民间传统文化的深切

---

① 河野俊行「無形文化遺産条約の思想と構造—世界遺産条約、日本法との比較において」『シンポジウム　有形・無形の文化遺産の包括的アプローチ』、2004年3月、37-45頁。

关注,以及基于"世界遗产名录"项目分布地域的不均衡性,在参照借鉴日本无形文化财保护体系的基础上,推动教科文组织相继通过了《世界文化多样性宣言》(2001)、《保护公约》(2003)、《保护和促进文化表现形式多样性公约》(2005)等一系列有关"非遗"保护的文件法规,极大地促进了世界各国各民族尤其是亚非拉地区广大发展中国家对"非遗"的保护意识和重新认识。

正是得益于日本超前的"非遗"保护体系,得益于松浦晃一郎的真知灼见,得益于教科文组织的积极推动,2001年,教科文组织公布了从34个申报国家中所遴选出的19项第一批人类口头和无形遗产杰作宣言名录项目,中国等亚非拉国家约占项目总数的79%,而欧洲国家仅占4项,这与"世界遗产名录"的拥有国形成了极大反差。可见,对亚非拉地区国家来说,深厚的历史文化底蕴,积淀了数不胜数的民族民间传统文化。基于世界多数发展中国家对"非遗"保护的认识与重视,其申报项目的成功入选,促使教科文组织在相关立法工作方面也积极跟进,但因为来自西欧国家的反对,《保护公约》的制定和通过则相对滞后。直到2003年10月,在教科文组织第32届总会上,《保护公约》才获得大会通过。

《保护公约》共九部分四十条,与《世界遗产公约》所界定的"具有突出的普遍价值"评价基准不同,① 《保护公约》不去评判"非遗自身其价值的优劣与高低"②,而将"多彩多样的民族民间传统文化"视为评价规范的标准,③ 且更多地去关注"创造、延续和传承这种遗产(非遗)的社区、群体,有时是个人的最大限度的参与"(第十五条),④ 这也正是该公约的最大特色。在第十六条、第十七条、第十八条中,则明确了设立"人类非物质文化遗产代表作名录""急需保护的非物质文化遗产名录"(以下简称"急需保护名录")和"保护非物质文化遗产优秀实践名册"(以下简称"优秀保护实践名册")的章程。

---

① 韩嫣薇、杨凡等编《世界遗产概论》,浙江工商大学出版社,2014,第14页。
② 岩崎まさみ「無形文化遺産保護条約の概要とその意義」『年報新人文学』9号、2012年12月、72頁。
③ 河野俊行「無形文化遺産条約の思想と構造—世界遺産条約、日本法との比較において」『シンポジウム 有形・無形の文化遺産の包括的アプローチ』、2004年3月、41頁。
④ 王文章编《非物质文化遗产概论(修订版)》,教育科学出版社,2013,第381页。

2003年，教科文组织又公布了第二批人类口头和无形遗产杰作宣言名录项目，共28项，在60多个申报国家中，发展中国家囊括了入选项目的92%，欧洲国家仅占2项。2005年，教科文组织又公布了第三批人类口头和无形遗产杰作宣言名录共43项；较之前两批，本批共有74个国家积极申报，其中22国为首次项目入选国，欧洲共有10个国家项目入选，占名录总数的23%。可见，《保护公约》之倡导精神，已逐渐为世界大多数国家所接受。如今，《保护公约》已发展到178个缔约国，仅有17个国家尚未加入。

2006年1月，《保护公约》生效的要件满足——第30个缔约国罗马尼亚成功加盟，① 在其缔约时间满三个月后的4月20日，《保护公约》正式生效。公约生效后，当初曾反对该公约的一些国家也逐渐改变了态度，开始积极加盟。6月，作为公约生效后的首次重大事项，第一届缔约国大会在教科文组织总部法国巴黎召开，所有缔约国的代表均可参加缔约国大会的决议，并享有表决权。会议要求委员会将指导《保护公约》实施的《实施〈保护公约〉的业务指南（草案）》提交第二届常会批准（1.GA 7A号决议）。

此外，会议还设置了公约的主要执行机构——政府间委员会，并选举产生了18个委员国，中国、日本等国家首批入选。11月，基于津巴布韦作为公约的第50个加盟国被教科文组织批准，教科文组织又召开了临时缔约国大会，将政府间委员会委员国由18国增加到了24国，并制定了各国任期的抽选规则。同月，第一届政府间委员会会议在《保护公约》的第一个加盟国——阿尔及利亚的首都阿尔及尔召开。各缔约国须在2007年1月前就《实施〈保护公约〉的业务指南（草案）》提交书面意见；事务局指定了公约实施的辅助机构，"非遗名录"的评审基准等被视为本次大会的核心内容。可见，2006年是重要的时间节点，第一届缔约国大会和第一届政府间委员会会议均圆满召开，大会上所商讨的议题和通过的决议，为日后教科文组织"非遗"保护事业的辉煌发展奠定了基础。

---

① 根据《保护公约》第三十四条之内容"本公约在第三十份批准书、接受书、核准书或加入书交存之日起的三个月后生效，但只涉及在该日或该日之前交存批准书、接受书、核准书或加入书的国家"，罗马尼亚的缔约使得《保护公约》的生效成为可能。

继第一届缔约国大会和第一届政府间委员会议之后，到2013年日本实施新的项目申报策略转变之时，缔约国大会前后共召开了三届，政府间委员会会议则共举办了七届（未含两届临时政府间委员会会议），基于教科文组织的"非遗"保护体系尚不成熟，《保护公约》的缔约国主要以亚非拉地区的发展中国家为主体，故每届缔约国大会或政府间委员会会议都有针对《实施〈保护公约〉的业务指南》《〈保护公约〉缔约国大会议事规则》《保护非遗政府间委员会议事规则》以及教科文组织"非遗名录"申报/评审规则等事宜的议项和修订。历经七年（2006-2013年）的实践探索和科学求证，教科文组织的"非遗"保护也利用自身的内在统一，服务体系越来越科学，法律机制越来越健全，申报规则越来越严谨，评审标准越来越成熟，引领着人类的"非遗"保护事业不断进步，备受国际社会瞩目。

如上所述，日本在"非遗"方面培育了健全、有效的法律体系和条款，松浦晃一郎在履职教科文组织总干事期间，充分借鉴和吸收了日本《文化财保护法》中针对"无形文化财"与"无形民俗文化财"的种类界定和保护措施等内容与框架，先后创设了"非遗名录"，主导制定了《保护公约》，为此提供了日本智慧，进而借助教科文组织的国际影响力，在全球范围内积极开展了针对"非遗"的保护传承事业。[①] 故此可以说，有着悠久历史的教科文组织，借鉴日本的保护体系，进而构建了针对全人类的"非遗"保护事业，使其迎来了新的发展阶段。[②] 同时，从另一角度看，正是通过教科文组织，日本在促进文化遗产保护方面，特别是"非遗"保护领域，发挥了作为国际先行国的引领作用。

二　日本前期的"非遗名录"申报（2009-2013）

教科文组织自2009年公布第二批"非遗名录"以来，其遵循着每年认定一批的惯例，但日本在2015年、2017年却未有项目入选，而且从

[①] 松浦晃一郎・加藤清隆「インタビュー 松浦晃一郎（ユネスコ事務局長）ユネスコ事務局長再選に意欲」『世界週報』40号、2004年10月、18~21頁。

[②] 松浦晃一郎・清水真理子「松浦晃一郎 UNESCO事務局長に聞く」『Africa』4号、2009年7月、6-11頁。

2013年以后的申报项目看，成功入选的都是扩展项目。为何日本自2014年后凡单数年份就未有项目入选，而2014年、2016年、2018年又会连续采用单纯的项目扩展的战略呢？要知道，项目扩展之法并不是一劳永逸的，因为它不会使得日本在教科文组织"非遗名录"中的入选总数有所提升。从这个意义上来讲，探究和阐述这些原因，则有助于我们深入了解日本的文化战略精髓，进而还可思考其对中国的借鉴意义。

"非遗名录"和"世界遗产名录"虽都由教科文组织主导实施，但两者的申报/评审制度无论从时间、组织还是审议等方面看都有很大不同。就"非遗名录"来说，虽说其体系变数更多，但日本在这方面则做了充分的准备。针对2009年度的申报事宜，2007年11月，日本文化厅新设了针对《保护公约》的特别委员会，由其负责遴选出申报项目。随后，在申报截止日之前（2008年8月底），特别委员会分别召开了5次会议，确立了"重要无形文化财""重要无形民俗文化财""选定保存技艺"等3个大类的遴选范围，最终推选了14项申报项目。

针对2009年度的"非遗名录"申报，当时经教科文组织事务局确认，共有来自38个缔约国的147项项目。但囿于事务局的人力限制，会议只审议了126项，认定了91项列入第二批"非遗名录"项目。日本在本次申报中可谓几乎全胜，成功申报了13项，仅有"木雕修复技艺"的申报项目因内容说明不够充分而被辅助机构预审为不记载，而日本也在政府间委员会召开之前就自行撤销了该项申报，但92%的项目成功申报率，还是极大地锤炼了日本对"非遗名录"申报的自信。

2010年度的项目申报，基于2009年8月底就已截止，故此，整体上申报数量和2009年一样，共有32个缔约国递交了147份申请，日本也又申报了13项。同样囿于教科文组织的日常处理能力，辅助机构只审议了54项（含日本的2项），未审议93项（含日本的11项）。最终在11月召开的第五届政府间委员会会议上，包括日本的2项在内的共51项获得通过。同时会议还就2012年度及以后的项目申报截止日期做了更改（2012年度的名录项目须在2011年3月底之前递交申请）。而就以后针对申报项目的审议而设置的优先度标准，则有视多国联合申报的项目和缔约国首次申报的项目为优先两原则。

此外，基于多数缔约国所申报的项目文本相关资料不完善，就之前辅助机构在对申报项目审议时给予"记载"或"不记载"之建议的这一条规，本届大会决议通过了在两者之间再增设"信息照会"条律一项，从2011年度正式实施。对日本而言，虽申报的13项仅成功了2项，但原因并不在于自身，与项目申报书内容的优差无关，中国、韩国等非遗大国的申报也面临着同样的情形，故此本年度的低申报率未对日本的申遗事业造成影响。

2011年度的项目申报中，各缔约国仅提交了14项，加上去年有93项未审议，所以该年度共有申报项目107项。但基于2010年政府间委员会声明该年度只能审议其中31-54项，因此这也可以视为教科文组织首次就评审项目数量多少给予明确回应。就日本而言，2010年未进入评审环节的11项申报项目，顺延成了2011年度的申报对象。这11项，辅助机构基于处理能力和优先度原则，只评审了其中的6项，最终其建议政府间委员会给予2项记载、4项信息照会的评审结果。2011年11月，在印度尼西亚巴厘岛召开的第六届政府间委员会会议上，与辅助机构给出的评审结果一样，日本2项项目获得审议通过，4项项目①获得信息照会，对于给予信息照会的原因，委员会答复这些项目虽然都符合记载基准1的条件，但与日本之前申报成功的项目内容雷同。可见，项目之间的相似性也会成为其落选的理由。也正是基于这一原因，日本针对"非遗名录"的申报体系，高度重视教科文组织带来的新模式、新业态、新机遇，全面应对挑战，做出了大胆的创新与尝试。

2012年12月，第七届政府间委员会会议在巴黎召开，基于前两届政府间委员会会议审议申报项目的客观数据，本届会议仍参照前例，咨询机构和辅助机构共受理、评审了56项，最终在政府间委员会上审议通过了44项。本年度日本仅推选了"那智田乐"一项申报项目，但6月经辅助机构的评审，该机构给出了信息照会的建议，这一结果则意味着日本该年度无缘项目成功申报。有鉴于此，日本向政府间委员会提出了申诉，后经政府间委员会会议再审议，基于该项目满足记载基准1的条件，故最终否决了辅助

---

① 这4项项目是：本美浓纸、高山祭花车节祭典、男鹿生剥鬼节、秩父祭花车节祭典与神乐。

机构给予的信息照会的建议①，准予该项目成功载入"非遗名录"。② 至此，日本成功申报的人类"非遗"代表作项目已达 21 项。

同时，基于 2011 年度因申报项目之间的相似性而导致 4 项申报项目被给予信息照会，作为担任 2010-2014 年度政府间委员会 24 国之一的日本，在本届政府间委员会会议上就"关于非遗的适度规模及范围事项"（决议 13.b）重新提出了"扩展项目"这一建议。扩展项目其实在修订的《实施〈保护公约〉的业务指南》（2010 年修订版）中曾有明文规定："一个或多个缔约国经各有关缔约国同意，可提议将已列入名录的遗产以扩展遗产的名义列入。"③ 可见，这里所说的扩展项目，重点在于扩展某一项目的持有国数量。而日本所建议的则是"一个国家的扩展建议（扩展某项目所拥有团体的数量）"，④ 这既是对已有的持有国数量扩展制度的大胆创新与尝试，也是日本政府对 2011 年申报项目遭遇滑铁卢的前车之鉴试图从法律上为其寻找一种合理性、正当性理由的迫切期望。最终，日本政府的这一建议在"有关非遗名录项目的扩展建议的手续事项"（决议 13.c）中获得多数缔约国支持——同意这一建议在 2013 年第八届政府间委员会会议上进一步深入、全面研讨，以便于日后对《实施〈保护公约〉的业务指南》相关条目进行修改。会议还就 2014 年、2015 年度的项目申报在数量上限上做出了决议，含"非遗名录""急需保护名录""优秀保护实践名册""国际援助项目"等在内只评审 60 项，一国只评审其中的一项申报项目，且对申报项目的评审设置了优先度。

2013 年度，日本申报的"非遗名录"项目是和食。针对这一项目，日

---

① 辅助机构信息照会的建议：那智田乐申报项目虽然符合记载基准 1（《保护公约》第二条所定义的"非物质文化遗产"的构成要素），但申报书内容尚不完善，仍有必要进一步明确该申报项目的特质，明示其传承范围，提供论证其在传承者和实践者的互动交流中所形成的社会作用与文化意义等相关信息。
② 日本文化庁「ユネスコ無形文化遺産保護条約第 7 回政府間委員会（結果概要）」，2013 年 1 月 17 日，http://www.bunka.go.jp/seisaku/bunkashingikai/isanbukai/mukeitokubetsu/1_02/pdf/shiryo_1.pdf。
③ 中国非物质文化遗产网：《实施〈保护非物质文化遗产公约〉的业务指南》（2010 年修订版），中国非物质文化遗产网站，2019 年 3 月 12 日，http://www.ihchina.cn/Uploads/File/2019/03/12/u5c873098f2017.doc。
④ 日本文化庁「ユネスコ無形文化遺産保護条約第 7 回政府間委員会（結果概要）」，2013 年 1 月 17 日，http://www.bunka.go.jp/seisaku/bunkashingikai/isanbukai/mukeitokubetsu/1_02/pdf/shiryo_1.pdf。

本也甚是动了一番脑筋，充满了智慧，可谓一举两得。2011年3月，在日本东北部太平洋三陆冲海域发生了日本史上最强烈的9级地震，此次地震引发的巨大海啸对日本东北部岩手、宫城等地造成了毁灭性破坏，并引发福岛第一核电站核泄漏。这次强震、海啸和核泄漏相叠加的复合型灾害作为战后日本60多年来的最大灾难，不但给日本旅游业造成了重创，也给交通、住宿、饮食等相关产业以及日本经济、社会带来了沉重负担。如何促进日本旅游业及国民经济的恢复，日本政府想到了借助"非遗名录"来提升日本经济的文化战略。

2013年度日本以和食为推荐项目，既有基于2010年法国美食、墨西哥传统菜肴、土耳其祭祀菜肴等项目的成功申报的考虑，也与饮食文化作为日本文化包容性、创造性的体现，对增强民族凝聚力、塑造良好国际形象所具有的重要意义等因素有关。总之，日本迫不及待地选择了可代表从北海道至冲绳地方的菜系在内的日本传统饮食——和食。

2011年7月，日本即启动和食的申遗工作。基于和食不属于日本遴选"非遗名录"预备清单时所确立的"重要无形文化财""重要无形民俗文化财""选定保存技艺"中的任何一类，2012年2月，日本文化审议会就和食申遗提案进行了表决。3月初，在"非遗"保护公约关系省厅联络会议上，和食作为日本政府的提案获得通过。3月底，日本政府向教科文组织提交了申请。2013年12月，在阿塞拜疆首都巴库召开的第八届政府间委员会会议上，包括日本申报的"和食：日本人的传统食文化"等30项顺利成功入选第六批"非遗名录"，且和食申报书在与法国、秘鲁、韩国、比利时、意大利等国家所申报的同类型饮食文化项目中，被辅助机关评价为最具范例申报书。①

除此之外，第八届政府间委员会会议还决议，针对像中国、日本、韩国拥有"非遗名录"多达15项的国家，2015年、2016年度的申报项目评审，按照评审优先度原则，只能给予2年内1次的评审机会。会议还就日本政府提出的某一项目在某一国内的数量扩展之建议，表决通过，这为日本2014年所实施的申报策略转变提供了法律依据。

---

① 日本文化厅「ユネスコ無形文化遺産保護条約第8回政府間委員会（結果概要）」，2014年1月8日，http：//www.bunka.go.jp/seisaku/bunkashingikai/isanbukai/mukeitokubetsu/2_01/pdf/shiryo_6.pdf。

就此，基于上述 2009-2013 年的"非遗名录"申报/评审制度的逐渐异变和改进，对于每个缔约国来说，流程越来越规范，评审越来越完善，规则越来越细化，而记载项目的门槛则是越来越高，其既需维系着相关社区、群体、个人的认同感和持续感，也需确保是世界文化多样性和人类创造力的重要资源之体现。基于此背景，对日本政府而言，如何既能不受制于教科文组织申报/评审制度的制约和局限，又能继续夯实中央政府自 20 世纪 90 年代伊始所实施的"文化立国"战略，就要从"文化遗产""传统文化""地方文化"等三个方面着手，进一步扩大"世界遗产""非遗名录""日本遗产"等方针施策的成效，另辟新文化战略路线。

三 日本近期的"非遗名录"申报（2014-2019）

针对 2014 年度及以后的"非遗名录"项目申报规则，日本政府立足于自身改革创新，在各缔约国中率先探索性地实施了"一个国家的扩展建议"之战略。这种精明，其实正是融合了日本人潜在的"创新意识"的结果。日本政府深知，就"非遗"而言，某项遗产项目受众越多，其实践就越活跃，其项目本身就越富有活力。基于此，在 2014 年度，日本提交的申报项目是"和纸：日本的手漉和纸技艺"，其包括 3 个同类型项目（石州半纸、本美浓纸、细川纸），其中本美浓纸和细川纸均为石州半纸的扩展项目。石州半纸在 2009 年就已被日本政府成功申报"非遗名录"；2011 年，本美浓纸也被日本政府推选为"非遗名录"申报项目，因其与石州半纸有诸多类似性，在评审时被政府间委员会给予信息照会而落选；而细川纸则是首次被加入申报项目中。

日本政府的此次申报，得惠于《实施〈保护公约〉的业务指南》（2014 年新修订版）中"I.6 对已列入遗产项目的扩展或缩减"[①] 之条目内

[①] 在 2014 年 6 月《保护公约》第五届缔约国大会上通过的新修版《实施〈保护公约〉的业务指南》中，就"I.6 对已列入遗产项目的扩展或缩减"有如下说明："对已列入急需保护的非物质文化遗产名录或代表作名录的遗产项目，应其所在缔约国的请求，经相关社区、群体和有关个人同意，可将该遗产项目扩展至国内和/或国外的其他社区、群体和有关个人。"具体参见《实施〈保护非物质文化遗产公约〉的业务指南》（2014 年修订版），中国非物质文化遗产网网站，2019 年 3 月 12 日，http://www.ihchina.cn/Uploads/File/2019/03/12/u5c872f097bbf9.doc。

容的实施,再加之申报项目文本格式规范,内容表述正确,故此,日本政府对项目的成功申报抱有极大的自信。2014 年 11 月,在巴黎召开的第九届政府间委员会会议上,政府间委员会对申报的 60 项项目进行了严格评审,最终,包括和纸在内的共 38 项非遗项目榜上有名。此外,针对事务局提出的废止"信息照会"的提案,经政府间委员会会议决议,信息照会被继续保留。会议还表决通过了针对 2016 年、2017 年度的项目申报数量,所有的审议项目合计上限在 50 项。

和纸虽成功申报,但因其是 2009 年成功申报的石州半纸的扩展项目,故和纸与石州半纸仍算同一个项目,也即和纸取代石州半纸,而石州半纸则被政府间委员会从原"非遗名录"中除名,原有资格等自行失效。这样,2013 年虽有和食申报成功,但日本所拥有的"非遗名录"项目数量与 2013 年一样,仍为 22 项。

然而,这仅是日本政府对外的数据,实际上通过本次的项目扩张,除了岛根县的石州半纸,日本国内又多了岐阜县的本美浓纸和埼玉县的细川纸等 2 项"非遗名录"项目,实为 24 项。无疑,借助"非遗名录"、世界遗产、现代艺术等媒介,对提升日本文化的实力和水准,增强日本文化的国际影响力和知名度为目标的文化立国战略来说不无裨益。不可小觑日本政府这一步,此正是其在项目申报过程中的创新之处、高明之道。毕竟,这种策略的探索实施也仅日本一国。

2015 年度的缔约国项目申报中,基于第八届政府间委员会会议决议,日本和中国均没有获得进入评价机构接受其评审的资格。在第九届政府间委员会会议上,此项条规内容还被进一步扩大至所有缔约国,即政府间委员会只能保证所有的缔约国在 2 年内有 1 次项目申报的机会,而不是仅针对像中日韩等拥有"非遗名录"项目超过 15 项的缔约国。此外,遵照 2013 年政府间委员会会议决议"预审机构的行政一体化"(决议 13.d),从 2015 年度开始,新内设的评价机构正式确定并开始运行,原咨询机构和辅助机构不再保留。机构改革后,申报项目的预审工作将进一步实现统一决策,可很好地整合资源,有利于人类"非遗"保护事业的整体推进和繁荣发展。因该年度日本未有项目入选,故此处论述略去。

日本鉴于 2014 年含有扩展项目之和纸的成功申报,2016 年度的项目申报则继续遵从了申报扩展项目的战略。该年度选定的申报项目是"花车节祭典（山·鉾·屋台行事）"，其既是"日立风流物""京都祇园祭花车节祭典"的扩展项目，又是"高山祭花车节祭典""秩父祭花车节祭典与神乐"的扩展项目。除了这 4 个子项目，还有其他 28 个，共计 32 个，均属于"重要无形民俗文化财"之类属。2014 年，日本正式向教科文组织事务局提交了项目申报申请。2015 年，随着岐阜县的"大垣祭轴节"被认定为重要无形民俗文化财，日本再次修订了该项目申报的数量，计 18 县共 33 项。但囿于日本在 2015 年无资格进行项目申报与评审，故该申报项目评审顺延至了 2016 年度。2016 年 11 月，在埃塞俄比亚召开的第十一届政府间委员会上，经政府间委员会对 50 项申报项目进行决议，最终包括日本花车节祭典在内的共 42 项"非遗"入选第九批"非遗名录"项目。

日本花车节祭典在庆典活动上使用彩车的起源，据说是京都府的八坂神社的祇园祭。[①] 八坂神社创建于公元 656 年，是日本全国约三千座八坂神社之总本社。在八坂神社例行的祭祀活动称为祇园祭，其与东京的神田祭、大阪的天神祭并称为日本的三大祭。日本各地均能见到花车节祭典，甚至各地都形成了不同地方的风格流派。这些"山·鉾·屋台行事"以地车、山鉾、曳山、笠鉾等各种形式为代表，形式多样，内容丰富，花车最为普遍。花车节祭典与各地风俗习惯密切结合，蕴含着民族精神和民族心理的基本素质，集结了日本各地文化的精髓，是日本民族传统文化的重要有机组成部分。

申报成功的 33 项均为日本国家级重要无形民俗文化财，花车不仅保留着多个世纪前的木工、金工、油漆、染色等传统工艺技术，花车节祭典本身更是日本传统的民间集会活动，是日本民俗文化的重要构成部分，其既是一种社会现象，也是一种文化体现。花车节祭典活动形式多样，不但充分满足了地方民众的精神生活需求，更是增强了当地居民的凝聚力和乡土意识，丰富了人们的娱乐生活。诚如中国的国家级"非遗"代表性名录项

---

① 桥本章「戦略としての祇園祭と京都：山·鉾·屋台行事が日本全国に展開する現状との関係性から」『日本民俗学』4 号、2018 年 11 月、102~114 頁。

目中的剪纸（项目序号315，编号Ⅶ-16）一样，共53项（首批新增项目11项，后期扩展项目42项），这些因地理环境、风俗习惯和审美趣味之不同而形成的风格迥异的剪纸艺术，体现着其内容的相对稳定性和特色鲜明的地方性。而日本花车节祭典和中国的剪纸艺术一样，尽管扩展项目数量众多，但在文化类型上却有着高度的一致性，这种明显的类型化和一致性明示着它们之间有着某种程度的关联，即日本花车节祭典与日本各地方社会拥有的其他历史传统文化结成可以"互释"的密切关系，只有发生"在地化"的花车节祭典，才能使花车节祭典得以普遍流行。此观点也可以推广到对于凡能体现出节气更迭、除厄纳福、祈求丰收等诸多传统习俗现象的研究之中。

依据《实施〈保护公约〉的业务指南》I.6之条规，日本2009年成功申报的"日立风流物""京都祇园祭花车节祭典"自行被本次名录所替代。就此，日本政府所拥有的"非遗名录"项目由22项减少至21项。但实际上，通过本次的项目扩展，日本境内所拥有"非遗名录"的团体（机构或单位），一次性增至53个，使更多地方、更多主体获得了国际殊荣。一项非遗项目就包括33项子项目，这在"非遗名录"项目上尚属首次。对此，政府间委员会评价曰："对于申报国（日本）将以前的'非遗名录'项目，以国家级非遗之标准进行扩展，且再次提出申报之事给予称誉。""申报国（日本）所提交的申报项目，关注其对人文环境所赋予的积极影响，特别在保证且强调对申报项目关联的自然资源的可持续利用方面，尤其值得赞誉。"① 由此可见，针对一国内的某一项目进行扩展之事，教科文组织是积极提倡和高度评价的。而在日本国内，2017年5月，在富山县南砺市举办的全国花车节祭典联合会总会上，日本文化厅向33个"非遗名录"项目——花车节祭典——的传承保护团体颁发了教科文组织授予的认定证书。同时，各地均为此举行了隆重的庆祝仪式，使得"非遗"概念更加深入人心，提升了日本国民的"非遗"保护意识，激发了民众保护"非遗"的热情，有效推动了"非遗"资源的转化发展，使得民族民间传统文化真

---

① 日本文化庁「ユネスコ無形文化遺産保護条約第11回政府間委員会決議文仮訳」，2017年2月22日，http：//www.bunka.go.jp/seisaku/bunkashingikai/isanbukai/mukeitokubetsu/5_02/pdf/shiryo_1_besshi.pdf。

真正正地融入了现代生活。

2017年度的项目申报评审中，基于2015年度会议决议，日本未有项目进入评审流程，而2016年所提交的申报项目因故延期于2018年度审议。2018年11月，在毛里求斯召开的第十三届政府间委员会会议上，政府间委员会共审议了各类申报项目50项，最终包括日本在内的39项申报项目荣登第十一批"非遗名录"。本年度日本申报的项目为"来访神：假面·假装的诸神"，仍为扩展项目，包括10个子项目。其中甑岛来访神为2009年已成功申报的项目，男鹿生剥鬼节则为2011年申报时落选项目，其余8项均为首次申报项目，这10项扩展项目均为"重要无形民俗文化财"大类中的"风俗习惯、年中节庆"之类属。基于萨摩硫磺岛假面神、恶石岛假面神均于2017年才被认定为重要无形民俗文化财，所以日本政府又对2016年提交的申报数量给予了修正。

由此可见，日本政府针对非遗申报工作，有其独特的策略和做法，值得借鉴。2019年12月，在哥伦比亚召开的第十四届政府间委员会会议上，来自世界各地的42项民族民间传统文化荣升为"非遗名录"项目，中国、日本、韩国亦如2017年一样，未有项目入选。截至2020年11月，日本所拥有"非遗名录"项目共21项，但因为其三年连续实施了项目扩张的战略，实际上日本境内所拥有的"非遗名录"的团体（机构或单位）多达62个。

结　语

由教科文组织主导实施的"非遗名录"申报/评审制度自2001年运行以来，随着"非遗名录"成功申报项目数量的不断增加，政府间委员会不拘于时、不限成规、因事而化、因时而进、因势而新，进行了一系列的制度革新。但同时，其相对也为世界各国在相同领域的"民族民间传统文化"单独申请增加了难度。针对像中国、日本、韩国这样的"非遗"大国，从2014年起，基本上都是两年一评审，也即2015年、2017年、2019年、2021年均不能申报评审，而只能在2016年、2018年、2020年才有资格申报评审。这意味着，日本在最大限度上也仅是两年才有一次成功申报的机会。对此，日本则可谓积极应对，依据教科文组织的制度变化，因势利导，保持了良好的战略定力，在申报"非遗名录"项目方面，走出了一条特色鲜明、富于创新的探索之路。

既然扩展项目的申报模式益处多多，想必日本政府还会继续申报。但从日本文化厅网站公示文件中得知，① 2020 年度日本政府申报的是"传统建筑工匠技艺"。为何会如此？这大概可以从日本、韩国所拥有的"非遗名录"项目总数中寻找答案。截至目前，日本拥有 21 项，韩国拥有 20 项，而面对 2020 年的评审，如果日韩两国均各自采取 2018 年的申报战略的话，那么韩国将会在数量上追上日本，与日本并列位居世界第二，而日本为了独自保住总数世界第二的位置，则不会再走项目扩展的路线。然而，传统建筑工匠技艺作为新申报项目，也并不是单一项目，而是有着 14 个子项目、16 个保护团体的规模性集合体，甚至有 92%的子项目都来自有形文化遗产。②

截至当前，在《保护公约》的 178 个缔约国和 127 个"非遗名录"拥有国中，只有日本一个国家在采用一国内单一项目扩展的方法，而且是连续三年使用此法。该战略的优势自不待言。按照新增项目的申报办法，日本应该拥有 25 项；而按照扩展的申报方式，日本拥有 21 项，减少了 3 项，总量还是世界第二，但国内所拥有"非遗名录"的项目或团体却至少多出了 37 项，增长了 48%，这还仅仅是三次所申报的成就。日本政府的这种做法，当然决不单纯是为了数字政绩，其背后与日本政府自 2006 年所实施的"地方魅力 日本美丽"之观光立国战略有关。作为其中的一环，借助不断成功申报的"非遗名录"项目，整合各类优势资源，尤其是文化资源，突出地方文化特色，串线成珠、连点成面，从单一观光到多元观光，从景点观光到文化观光，进而构建了符合日本国情的"文化+观光（旅游）"战略发展模式。

---

① 日本文化厅「『伝統建築工匠の技：木造建造物を受け継ぐための伝統技術』のユネスコ無形文化遺産への提案について」，2018 年 2 月 27 日，http：//www.bunka.go.jp/koho_hodo_oshirase/hodohappyo/1401748.html.

② 该项目共由 14 项子项目组成，均来自日本遴选申报代表作名录项目的四大数据库之一的"选定保存技艺"，该数据库目前包括有形类（46 项）、无形类（30 项）、与有形-无形相关类（3 项）等共计 79 项。传统建筑工匠技艺项目有 13 项来自有形类、1 项来自无形类。具体可参看"日本文化厅国指定文化财数据库（https：//kunishitei.bunka.go.jp/bsys/categorylist.asp）"相关信息。

"天下大事，必作于细。"而日本为适应教科文组织"非遗名录"申报/评审制度而尝试性地探索出的"大胆创新、合理利用、惠国惠民、世界扬名"这一有强大生命力的创新发展之路，确实可为中国提供些许全新的思路和有益的借鉴。展望未来，中国秉承中共十九大报告中"加强文物保护利用和文化遗产保护传承……完善文化经济政策，培育新型文化业态……加强中外人文交流，以我为主、兼收并蓄……提高国家文化软实力"①之精神，必然也会在借鉴—融合—创新的发展过程中，借鉴日本经验，走出走好自己的中华优秀传统文化创造性转化、创新性发展之路，提炼和升华在"非遗"保护与传承方面的中国经验。

Door-in-the-Face: Strategic Changes in Japan's Applications to the List of ICH: A Case Study of Japan's Applications (2013-2019) *

Bai Songqiang**

Abstract: In 2009, Japan ranked second in terms of the number of intangible heritage items on the "List of Intangible Cultural Heritage (ICH)", thus representing a significant portion of the world's intangible heritage. Japan had 22 items on the "List of ICH" in 2013 and had successful applications in 2014, 2016 and 2018. However, the number of Japan's intangible heritage items on the List has dropped, instead of risen. Japan currently has only 21 projects on the "List of ICH". Japan is the first of the 178 member states to adopt the strategy of

---

① 习近平：《决胜全面建成小康社会 夺取新时代中国特色社会主义伟大胜利——在中国共产党第十九次全国代表大会上的报告》，人民出版社，2017，第40页。

* This paper is a staged research result of a major project of the National Social Science Fund "A Study on the Handicraft Resource System and Gene Element Atlas of Southern Ethnic Minorities" (No.: 17ZDA166).

* Author Bio: Bai Songqiang is a lecturer at College of Ethnology and Sociology, Hubei University. He also is a postdoctoral and master tutor at College of Ethnology and Sociology, South-Central University for Nationalities.

having a large number of successful applications but a smaller number of items on the List. In this paper, the origin and development of this strategy are analyzed. An innovative model is developed with demonstrable significance, which provides some useful insights for China's vigorous campaign to apply to enter the "List of ICH".

Keywords: Japan, Intangible Cultural Heritage, the List of ICH, Convention on Protection

图书在版编目(CIP)数据

遗产.第三辑/周永明主编.--北京：社会科学文献出版社，2020.12
 ISBN 978-7-5201-7582-1

Ⅰ.①遗… Ⅱ.①周… Ⅲ.①文化遗产-保护-世界-文集 Ⅳ.①K917-53

中国版本图书馆 CIP 数据核字（2020）第 266352 号

遗　产（第三辑）

主　　编／周永明
执行主编／王晓葵

出 版 人／王利民
组稿编辑／宋月华
责任编辑／胡百涛

出　　版／社会科学文献出版社·人文分社（010）59367215
　　　　　　地址：北京市北三环中路甲 29 号院华龙大厦　邮编：100029
　　　　　　网址：http://www.ssap.com.cn
发　　行／市场营销中心（010）59367081　59367083
印　　装／三河市尚艺印装有限公司

规　　格／开本：787mm×1092mm　1/16
　　　　　　印张：22.75　字数：357千字
版　　次／2020 年 12 月第 1 版　2020 年 12 月第 1 次印刷
书　　号／ISBN 978-7-5201-7582-1
定　　价／148.00 元

本书如有印装质量问题，请与读者服务中心（010-59367028）联系

▲ 版权所有 翻印必究